COMENTARIOS
BÍBLICOS
CON APLICACIÓN

SANTIAGO

del texto bíblico
a una aplicación
contemporánea

NVI™

DAVID P. NYSTROM

 Vida

La misión de Editorial Vida es ser la compañía líder en satisfacer las necesidades de las personas, con recursos cuyo contenido glorifique al Señor Jesucristo y promueva principios bíblicos.

COMENTARIO BÍBLICO CON APLICACIÓN NVI: SANTIAGO

Editorial Vida–©2014
Publicado en Nashville, Tennessee, Estados Unidos de América.

Este título también está disponible en formato electrónico

Originally published in the U.S.A. under the title:
The NIV Application Commentary: James
Copyright © 1997 by David P. Nystrom
Published by permission of Zondervan, Grand Rapids, Michigan 49530.
All rights reserved.

Editor de la serie: *Dr. Matt Williams*
Traducción: *Loida Viegas Fernández*
Edición: *Juan Carlos Martín Cobano*
Diseño interior: *José Luis López González*

CATEGORÍA: Comentario bíblico / Nuevo Testamento

IMPRESO EN ESTADOS UNIDOS DE AMÉRICA
PRINTED IN THE UNITED STATES OF AMERICA

21 22 23 24 25 LSC 12 11 10 9 8

Contenido

Introducción a la Serie CBA NVI

Los Comentarios Bíblicos con aplicación: Serie NVI son únicos. La mayoría de los comentarios bíblicos nos ayudan a recorrer el trecho que va desde el siglo XXI al siglo I. Nos permiten cruzar las barreras temporales, culturales, idiomáticas y geográficas que nos separan del mundo bíblico. Sin embargo, solo nos ofrecen un billete de ida al pasado y asumen que nosotros mismos podemos, de algún modo, hacer el viaje de regreso por nuestra cuenta. Una vez nos han explicado el *sentido original* de un libro o pasaje, estos comentarios nos brindan poca o ninguna ayuda para explorar su *significado contemporáneo*. La información que nos ofrecen es sin duda valiosa, pero la tarea ha quedado a medias.

Recientemente, algunos comentarios han incluido un poco de aplicación contemporánea como *una* de sus metas. No obstante, las aplicaciones son a menudo imprecisas o moralizadoras, y algunos volúmenes parecen más sermones escritos que comentarios.

La meta principal de los Comentarios Bíblicos con aplicación: Serie NVI es ayudarte con la tarea, difícil pero vital, de trasladar un mensaje antiguo a un contexto moderno. La serie no se centra en la aplicación solamente como un producto acabado, sino que te ayuda también a pensar detenidamente en el *proceso* por el que se pasa del sentido original de un pasaje a su significado contemporáneo. Son verdaderos comentarios, no exposiciones populares. Se trata de obras de referencia, no de literatura devocional.

El formato de la serie ha sido concebido para conseguir la meta propuesta. El tratamiento de cada pasaje se lleva a cabo en tres secciones: *Sentido Original, Construyendo Puentes,* y *Significado Contemporáneo*.

Sentido Original — Esta sección te ayuda a entender el significado del texto bíblico en su contexto del siglo I. En este apartado se tratan de manera concisa todos los elementos de la exégesis tradicional, a saber, el contexto histórico, literario y cultural del pasaje. Los autores analizan cuestiones relacionadas con la gramática, la sintaxis y el significado de las palabras bíblicas. Se esfuerzan asimismo en explorar las principales ideas del pasaje y el modo en que el autor bíblico desarrolla tales ideas.[1]

Tras leer esta sección el lector entenderá los problemas, preguntas y preocupaciones de los *primeros receptores* y el modo en que el autor bíblico trató tales cuestiones. Esta comprensión es fundamental para cualquier aplicación legítima del texto en nuestros días.

Construyendo Puentes   Como indica el título, en esta sección se construye un puente entre el mundo de la Biblia y el de nuestros días, entre el contexto original y el moderno, analizando tanto los aspectos circunstanciales del texto como los intemporales.

La Palabra de Dios tiene un aspecto circunstancial. Los autores de la Escritura dirigieron sus palabras a situaciones, problemas y cuestiones específicas. Pablo advirtió a los Gálatas sobre las consecuencias de circuncidarse y los peligros de intentar justificarse por la ley (Gá 5:2-5). El autor de Hebreos se esforzó en convencer a sus lectores de que Cristo es superior a Moisés, a los sacerdotes aarónicos y a los sacrificios veterotestamentarios. Juan instó a sus lectores a "someter a prueba a los profetas" de quienes enseñaban una forma de gnosticismo incipiente (1Jn 4:1-6). En cada uno de estos casos, la naturaleza circunstancial de la Escritura nos capacita para escuchar la Palabra de Dios en situaciones que fueron *concretas* y no abstractas.

No obstante, esta misma naturaleza circunstancial de la Escritura también crea problemas. Nuestras situaciones, dificultades y preguntas no siempre están relacionadas directamente con las que afrontaban los primeros receptores de la Biblia. Por tanto, la Palabra de Dios para ellos no siempre nos parece pertinente a nosotros. Por ejemplo, ¿cuándo fue la última vez que alguien te instó a circuncidarte, afirmando que era una parte necesaria de la justificación? ¿A cuántas personas de nuestros días les inquieta la cuestión de si Cristo es o no superior a los sacerdotes aarónicos? ¿Y hasta qué punto puede una «prueba» diseñada para detectar el gnosticismo incipiente ser de algún valor en una cultura moderna?

---

1. Obsérvese que cuando los autores tratan el sentido de alguna palabra en las lenguas bíblicas originales, en esta serie se utiliza el método general de transliteración en lugar del más técnico (el que utiliza los alfabetos griego y hebreo).

Afortunadamente, las Escrituras no son únicamente documentos circunstanciales, sino también *intemporales*. Del mismo modo que Dios habló a los primeros receptores, sigue hablándonos a nosotros a través de las páginas de la Escritura. Puesto que compartimos la común condición de humanos con las gentes de la Biblia, descubrimos una *dimensión universal* en los problemas a los que tenían que hacer frente y en las soluciones que Dios les dio. La naturaleza intemporal de la Escritura hace posible que nos hable con poder en cualquier momento histórico y en cualquier cultura.

Quienes dejan de reconocer que la Escritura tiene una dimensión circunstancial y otra intemporal se acarrean muchos problemas. Por ejemplo, los que se sienten apabullados por la naturaleza circunstancial de libros como Hebreos o Gálatas pueden soslayar su lectura por su aparente falta de sentido para nuestros días. Por otra parte, quienes están convencidos de la naturaleza intemporal de la Escritura, pero no consiguen percibir su aspecto circunstancial, pueden "disertar elocuentemente" sobre el sacerdocio de Melquisedec ante una congregación muerta de aburrimiento.

El propósito de esta sección es, por tanto, ayudarte a discernir lo intemporal (y lo que no lo es) en las páginas del Nuevo Testamento dirigidas a situaciones temporales. Por ejemplo, si la principal preocupación de Pablo no es la circuncisión (como se nos dice en Gá 5:6), ¿cuál es entonces? Si las exposiciones sobre el sacerdocio aarónico o sobre Melquisedec nos parecen hoy irrelevantes, ¿cuáles son los elementos de valor permanente en estos pasajes? Si en nuestros días los creyentes intentan "someter a prueba a los profetas" con una prueba diseñada para una herejía específica del siglo I, ¿existe alguna otra comprobación bíblica más apropiada para que podamos cumplir hoy este propósito?

No obstante, esta sección no solo descubre lo intemporal de un pasaje concreto, sino que también nos ayuda a ver *cómo* lo hace. El autor del comentario se esfuerza en tornar explícito lo que en el texto está implícito; toma un proceso normalmente intuitivo y lo explica de un modo lógico y ordenado. ¿Cómo sabemos que la circuncisión no es la principal preocupación de Pablo? ¿Qué claves del texto o del contexto nos ayudan a darnos cuenta de que la verdadera preocupación de Pablo se halla a un nivel más profundo?

Lógicamente, aquellos pasajes en que la distancia histórica entre nosotros y los primeros lectores es mayor, requieren un tratamiento más extenso. Por el contrario, aquellos textos en que la distancia histórica es más reducida o casi inexistente demandan menos atención.

Una clarificación final. Puesto que esta sección prepara el camino para tratar el significado contemporáneo del pasaje, no siempre existe una distinción precisa o una clara división entre esta y la siguiente. No obstante, cuando ambos bloques se leen juntos, tendremos la fuerte sensación de haber pasado del mundo de la Biblia al de nuestros días.

Significado Contemporáneo Esta sección permite que el mensaje bíblico nos hable hoy con el mismo poder que cuando fue escrito. ¿Cómo podemos aplicar lo que hemos aprendido sobre Jerusalén, Éfeso, o Corinto a nuestras necesidades contemporáneas en Los Ángeles, Lima o Barcelona? ¿Cómo podemos tomar un mensaje, que se expresó inicialmente en griego y arameo, y comunicarlo con claridad en nuestro idioma? ¿Cómo podemos tomar las eternas verdades que en su origen se plasmaron en un tiempo y una cultura distintos, y aplicarlos a las parecidas pero diferentes necesidades de nuestra cultura?

Para conseguir estas metas, la presente sección nos ayuda en varias cuestiones clave.

En primer lugar, nos permite identificar situaciones, problemas o preguntas contemporáneas verdaderamente comparables a las que la audiencia original hubo de hacer frente. Puesto que las situaciones de hoy rara vez son idénticas a las que se dieron en el siglo primero, hemos de buscar escenarios semejantes para que nuestras aplicaciones sean relevantes.

En segundo lugar, esta sección explora toda una serie de contextos en los que el pasaje en cuestión puede aplicarse en nuestro tiempo. Buscaremos aplicaciones personales, pero también nos veremos estimulados a pensar más allá de nuestra situación personal, considerando cuestiones que afectan a la sociedad y la cultura en general.

En tercer lugar, en esta sección tomaremos conciencia de los problemas o dificultades que pueden surgir en nuestro deseo de aplicar el pasaje. En caso de que existan varias maneras legítimas de aplicar un pasaje (cuestiones en las que no exista acuerdo entre los cristianos), el autor llamará nuestra atención al respecto y nos ayudará a analizar a fondo las implicaciones.

En la consecución de estas metas, los colaboradores de esta serie intentan evitar dos extremos. El primero, plantear aplicaciones tan específicas que el comentario se convierta rápidamente en un texto arcaico. El segundo, evitar un tratamiento tan general del sentido del pasaje que deje de conectar con la vida y cultura contemporáneas.

Por encima de todo, los colaboradores de esta serie han realizado un diligente esfuerzo para que sus observaciones no suenen a perorata moralizadora. Los Comentarios Bíblicos con aplicación: Serie NVI no pretenden ofrecerte materiales listos para ser utilizados en sermones, sino herramientas, ideas, y reflexiones que te ayuden a comunicar la Palabra de Dios con poder. Si conseguimos ayudarte en esta meta se habrá cumplido el propósito de esta serie.

Los editores

Prefacio del editor

En estos días, vemos muchos ejemplos de personas que dicen creer una cosa, pero que no actúan de un modo que respalde su creencia o, peor aún, se comportan de una forma que la contradice: políticos públicos que hablan de remordimiento, pero demuestran muy poco; individuos privados que toman resoluciones con respecto a lo que comen, beben y dicen y que no siguen hasta el final; un mínimo de conducta ética que solo puede atribuirse a algún tipo de "entumecimiento" nacional (tomo prestada la expresión de David Angstrom en las páginas que siguen). Creencia y práctica no parecen llevarse demasiado bien en la mente de las personas. Y eso que se las debería considerar una pareja.

Esto es lo que lleva a Santiago a redactar una carta tan importante, porque trata precisamente sobre este problema. Y lo hace de un modo sofisticado. Santiago no se limita a decir: "Practiquen lo que predican", aunque esto forme parte del mensaje. Aporta razones para lo que afirma y muestra sutiles conexiones entre la fe, las acciones, la sabiduría y lo que se hace en la iglesia un domingo por la mañana que ayuda de verdad a resolver la desconexión entre la fe y el estilo de vida cristiano al que nuestra cultura parece tan susceptible.

¿Por qué somos tan suspicaces? En su libro *Amusing Ourselves to Death* [Divirtiéndonos hasta la muerte], Neil Postman afirma que la televisión ha creado una baja ratio de información-acción en nuestra cultura. La gente está acostumbrada a enterarse de buenas ideas, pero no actúan sobre ellas. Es la naturaleza de la forma en que recibimos nuestra información a través de los medios públicos. Lamentablemente, demasiados sermones han seguido este modelo, en el entendible interés de la buena comunicación. Ya que los estadounidenses aprenden de esta manera, enseñemos y prediquemos según esta pauta.

El libro de Santiago es un buen antídoto. Nos pide cuentas de una ratio muy alta de información-acción. Como muestra Nystrom con gran competencia, Santiago elabora su argumento sirviéndose de las siguientes propuestas:

(1) La vida cristiana es más que limitarse a asentir intelectualmente ante algunas creencias. Significa actuar de forma inspirada por ellas y que guarde coherencia con ellas. Supone desarrollar un estilo de vida

sabio que hace que la práctica cristiana sea más verosímil. Y significa adorar de maneras que, en realidad, tengan una oportunidad de traducirse a la acción.

(2) Existen puntos de fijación observables donde la disyunción entre la fe y la práctica aparecen con mayor frecuencia: en tiempos de persecución y prueba, cuando abrimos la boca y hablamos con la lengua; en todas nuestras relaciones continuadas con otras personas, y en los desconcertantes asuntos que pertenecen al manejo del dinero.

(3) Se puede establecer claros puntos de referencia que nos muestran cuándo lo estamos haciendo bien.

Llamémosles destructores de comunidad. Santiago enumera al menos tres. (1) Nuestra lengua puede manifestar con suma facilidad una discrepancia entre la fe y la práctica, sobre todo cuando la usamos para hablar del amor de Dios de un modo que exhibe muy poco de este para con nuestros congéneres. (2) Podemos hablar de tratar a todos por igual, pero, en la práctica, con demasiada frecuencia mostramos favoritismo hacia el rico en detrimento del pobre, y esto incluso en la iglesia. Según Santiago, el dinero es algo tan peligroso como la lengua. Con facilidad nos volvemos incoherentes entre lo que afirmamos creer y nuestro modo de actuar cuando la ganancia económica forma parte de la ecuación. (3) La verdad puede enseñarse con arrogancia o con humildad; la misma verdad, ¡imagínate! Y es que esta es "más veraz" cuando se enseña con humildad personal y un deseo de paz, y "menos cierta" cuando se imparte con la arrogancia que nace de un deseo de manipulación. La verdadera sabiduría solo surge cuando nuestras actitudes y nuestras prácticas coinciden con el contenido de lo que aseveramos.

Santiago es, por excelencia, el libro neotestamentario para nuestros días y para esta era en la que vemos un cristianismo injustamente caricaturizado, ya sea de legalismo moral o de pura ética. Santiago afirma que el cristianismo es ambas cosas, pero ninguna de ellas cuando falta una de las dos. Sigue leyendo y verás por qué.

Terry C. Muck

Prefacio del autor

El libro de Santiago es, en cierto modo, una singularidad. El apóstol combina las instrucciones prácticas con una fuerte seguridad independiente de otras voces pertenecientes al coro neotestamentario. E. Thurneysen comentó que "Santiago predica a Jesucristo, su cruz y su resurrección, el poder del perdón y la obediencia a la fe, y nada más; pero lo predica en su propio estilo particular". C. F. D. Moule escribe que Santiago "refleja un tipo de cristianismo tan diferente al paulino o joánico como se pueda imaginar, pero que confiesa a Jesús como Señor [...] cree en el renacimiento obrado por Dios por medio del evangelio [...] y espera un desenlace...". Tomando prestada la expresión de J. A. T. Robinson, es un documento "intemporal", con una clara guía ética y una evidente conexión con la enseñanza de Jesús que lo han convertido en un desafiante favorito de los cristianos a lo largo de los siglos. Esta combinación me ha parecido fascinante, ya que pasé todo un trimestre en el seminario estudiando la carta de Santiago. Nos ofrece una imagen de los cristianos primitivos cuando estos luchaban con la aplicación de la vida y las enseñanzas de Jesús en el paisaje concreto de su propia vida. Es un libro que reta, afirma, desestabiliza y convence, pero que no se trivializará jamás. En mi opinión, hoy es necesario que se escuche su mensaje.

Un proyecto como este no se puede llevar a su fin sin una importante cantidad de ayuda de la propia comunidad de familiares y amigos. Me siento muy agradecido a la Universidad de North Park por concederme la reducción de curso que me proporcionó el tiempo necesario para acabar este libro. Entre los numerosos individuos que merecen ser mencionados, me gustaría extender una cálida gratitud a los editores Jack Kuhatschek y Terry Muck; ambos hicieron muchas sugerencias útiles y proporcionaron el estímulo necesario. Verlyn Verbrugge no solo editó el manuscrito, sino que su forma de hacerlo ha supuesto que tenga una enorme deuda con él. Por ello y por su cálido espíritu, le doy las gracias. Mis colegas Scot McKnight y Sonia Bodi leyeron todo el manuscrito y, en numerosos puntos, ofrecieron el beneficio de su sabio consejo. Valoro muchísimo su apoyo y amistad. También me siento muy agradecido a los profesores Daniel de Roulet y Klyne Snodgrass de North Park por su genuino interés. A mi hermano, el profesor Bradley Nystrom, también le doy las gracias. Es un compañero, un amigo y, en muchos sentidos, un modelo para mí. No habría letanía de agradecimiento completa sin mencionar a mi amigo y exmaestro, el profesor L. D. Hurst, de quien tanto aprendí. Finalmente, quiero dar las gracias a mis padres, Paul y Aileen Nystrom, y mi esposa Kristina. A ellos les dedico este volumen.

David P. Nystrom

Abreviaturas

ABD	*Anchor Bible Dictionary*
ANRW	*Aufstiegund Niedergang der römischen Welt*
BBR	*Bulletin for Biblical Research*
CBQ	*Catholic Biblical Quarterly*
DJG	*Dictionary of Jesus and the Gospels*
EvQ	*Evangelical Quarterly*
Exp Tim	*Expository Times*
HNT	Handbuch zum Neuen Testament
HTR	*Harvard Theological Review*
ICC	International Critical Commentary
JB	Biblia de Jerusalén
JBL	*Journal of Biblical Literature*
JETS	*Journal of the Evangelical Theological Society*
LXX	Septuaginta
NCBC	New Century Bible Commentary
Neot	*Neotestamentica*
NICGT	New International Commentary on the Greek Testament
NICNT	New International Commentary on the New Testament
NIDNTT	*New International Dictionary of New Testament Theology*
NIV	New International Version
NVI	Nueva Versión Internacional
NRSV	New Revised Standard Version
SJT	*Scottish Journal of Theology*
TDNT	*Theological Dictionary of the New Testament*
TNTC	Tyndale New Testament Commentaries
WBC	Word Biblical Commentary
WTJ	*Westminster Journal of Theology*
ZNW	*Zeitschrift für die neutestamentliche Wissenschaft*

Introducción a Santiago

El 1 de enero de 1990, Vaclav Havel,[1] presidente de Checoslovaquia, se dirigió a su nación. Habían transcurrido unas pocas semanas desde que su país había expulsado al gobierno totalitario comunista que había ostentado el poder durante cuarenta años. Tan solo dos días antes, Havel había sido elegido presidente por un parlamento todavía dominado por los comunistas. Havel declaró:

> Vivimos en un entorno moral contaminado [...]. Aprendimos a no creer en nada, a ignorarnos los unos a los otros, a no preocuparnos más que de nosotros mismos. Conceptos como el amor, la amistad, la compasión, la humildad y el perdón perdieron su profundidad y sus dimensiones, y, para muchos de nosotros, llegaron a representar meras peculiaridades psicológicas o a asemejarse a saludos perdidos hace mucho tiempo [...]. Cuando hablo de atmósfera moral contaminada [...] me estoy refiriendo a todos nosotros [...]. ¿Por qué digo esto? Sería bastante poco razonable entender el triste legado de los últimos cuarenta años como algo extraño, algo que nos fue transmitido por algún pariente lejano. Por el contrario, debemos aceptar esta herencia como un pecado que cometimos contra nosotros mismos.[2]

Existen numerosos puntos de similitud entre este breve extracto del discurso de Havel y la carta de Santiago. Este político escribe desde el corazón y, como el apóstol, el suyo es un corazón que ha conocido tanto la adversidad como el gozo. Ambos son sagaces observadores de la naturaleza humana. Ambos están fundamentalmente interesados en la creación de una verdadera comunidad, una marcada por el interés mutuo y la responsabilidad interdependiente. En una era en que el sentido de la responsabilidad personal parece verse amenazado, Havel lo denomina verdad. A Santiago tampoco le da miedo llamar al pecado por su nombre real, y, como el político, no nos permitirá encogernos de hombros ante la responsabilidad por nuestros propios actos ni por el mal que ocurre a causa de nuestra inactividad.

---

1. Vaclav Havel, *The Art of the Impossible: Politics as Morality in Practice, Speeches and Writings, 1990-1996*, tr. Paul Wilson et al. (Nueva York: Knopf, 1997), 3-4.
2. *Ibíd.*

Juan escribió a una iglesia asediada por varios problemas. Entre ellos, disensiones, intolerancia, favoritismo y el deseo abrumador de riqueza y posición. Dar forma a los problemas e impulsarlos era algo presente y popular dentro de la comunidad de enseñanza itinerante, lo suficientemente dinámica como para cuestionar el gran mandamiento que Jesús expresó y, a pesar de ello, conservar un lugar de influencia dentro de la congregación. Era una doctrina hecha a medida, para aquel tiempo, porque permitía que sus seguidores consideraran la iglesia como una oportunidad entre muchas para escalar socialmente y hacer gala de su esnobismo.

Esta falsa enseñanza no solo exacerbaba las actividades egoístas y aberrantes, sino que también las sancionaba como aceptables y hasta ejemplares. El peligro de este falso sistema es tan obvio como letal. La más grave de estas tensiones fue, tal vez, la división entre los ricos (y los que deseaban serlo) y los pobres de la comunidad. En la mente de Santiago, lo más importante es la creación de un colectivo de verdaderos cristianos que surgiera del escombro interpersonal causado por los estallidos de la enseñanza del egoísmo.[3]

Santiago combate esta enseñanza y sus efectos con un ataque frontal. Indica que los ricos serán humillados y los pobres exaltados, que estos últimos son los escogidos de Dios; lejos de constituir una muestra del desagrado divino, él usa los periodos de adversidad para purificar y fortalecer a aquellos a los que ama. Santiago respalda este planteamiento apelando a las nociones judías de sufrimiento, pecado, pobreza y sabiduría. Deja sumamente clara su afirmación en cuanto a que la amistad con el mundo es enemistad con Dios (4:4). Quienes deseen tener el favor de ambos son de doble ánimo y el apóstol les advierte que esta necedad acarrea consecuencias desagradables y eternas. Les ofrece el perdón de Dios que puede ser suyo con solo arrepentirse.

---

3. W. Cyrness, "Mercy Triumphs Over Justice: James 2:13 and the Theology of Faith and Works", *Themelios* 6 (1981): 11-16, argumenta que la idea de la misericordia vincula el conjunto de la carta, y esto se ve sobre todo en la ética de la comunidad (como en 2:1-12) y en la amorosa hospitalidad y bienvenida a aquellos que están en necesidad (como en 2:14-26). Véase también M. J. Townsend, "Christ, Community and Salvation in the Epistle of James", *EvQ* 53 (1981): 115-23 que expone el caso centrándose en el uso del término "hermano" y en la ética del perdón, de la misericordia y de la gracia, tal como se expresan en la carta.

Santiago y su carta

Esta epístola es, en todos los sentidos, una especie de rareza entre los libros que componen el Nuevo Testamento. La carta resulta difícil de catalogar y entresaca una amplia variedad de descripciones. Es sencilla y directa, y está marcada por una enseñanza ética sin ambigüedades y un pronunciamiento autoritario, pero parece carente de todo argumento teológico sostenido. Estos factores llevaron, en parte, a que Dibelius concluyera que Santiago es una serie de trocitos inconexos y revueltos de material de enseñanza, entrelazados de una forma bastante al azar.[4]

Por otra parte, Francis ha argumentado que, lejos de ser una colección aleatoria de enseñanzas inconexas, la carta de Santiago es en realidad un documento cuidadosamente elaborado que se conforma a los patrones establecidos.[5]

El libro de Santiago se resiste a proporcionar evidencias en cuanto a las típicas cuestiones de la autoría, la fecha y a quién se dirigía. Reivindica la autoría de Santiago, aunque existen varias personas con el mismo nombre en el Nuevo Testamento. La epístola está destinada a una audiencia genérica ("a las doce tribus que se hallan dispersas por el mundo", 1:1), y no a una iglesia específica, como la mayoría de las cartas de Pablo. El cuerpo de la misiva tampoco es de gran ayuda a la hora de responder a estas interrogantes. Las dificultades que la epístola intenta resolver, aunque onerosas, parecen haber afligido a numerosas comunidades cristianas primitivas. Cualquier tentativa de dar respuesta a estas incógnitas es, necesariamente, una aventura que requiere cierta disposición a conformarse con la incertidumbre.

No obstante, se pueden hacer varias observaciones generales con bastante dosis de confianza. (1) Es evidente que podemos situar a Santiago dentro del contexto de las primeras formas de cristianismo. Hay sobradas pruebas para respaldar esta opinión.

- Existen numerosos e impresionantes paralelismos con las enseñanzas de Jesús en la tradición sinóptica y, al parecer, en una forma más primitiva de la que aquí aparece. Tal vez el mejor ejemplo sea 5:12, que guarda un estrecho parecido con lo que

---

4. Martin Dibelius, *James: A Commentary on the Epistle of James,* Hermeneia, reeditado por H. Greeven, tr. M. A. Williams (Filadelfia: Fortress, 1976), 4, 6.
5. Véase Fred O. Francis, "The Form and Function of the Opening and Closing Paragraphs of James and 1 John", *ZNW* 61: 110-26.

Jesús afirmó en cuanto a los juramentos en Mateo 5:33-37. El texto mateano contiene todos los elementos hallados en Santiago 5:12, más varios otros. Esto sugiere que había tenido contacto con una fuente primitiva de los dichos de Jesús, la(s) misma(s) de la(s) que dispusieron los sinópticos (en especial Mateo).

- Los otros muchos paralelismos entre Santiago y los sinópticos consolidan casi por completo esta conclusión. Por ejemplo: que los creyentes han de regocijarse en las pruebas (Stg 1:2; *cf.* Mt 5:12); que los creyentes están llamados a ser perfectos/ completos (Stg 1:4; *cf.* Mt 5:48); que se alienta a los creyentes a que le pidan cosas a Dios, porque a él le gusta dar (Stg 1:5; *cf.* Mt 7:7); que los creyentes deberían esperar ser probados y preparados para soportarlo, tras lo cual recibirán una recompensa (Stg 1:12; *cf.* Mt 24:13); que los creyentes no deben enfadarse (Stg 1:20; *cf.* Mt 5:22); que la fe y la acción van de tal manera juntas que los actos son la prueba de la fe verdadera (Stg 2:14; *cf.* Mt 7:16-19); los pobres son bendecidos (Stg 2:5; *cf.* Lc 6:20); a los ricos se les da una advertencia (Stg 2:6-7; *cf.* Mt 19:23-24); los creyentes no deben calumniar (Stg 4:11; *cf.* Mt 5:22); los creyentes no deben juzgar (Stg 4:12; *cf.* Mt 7:1), y, finalmente, se alaba a los humildes (Stg 3:13; *cf.* Mt 5:3).

- Más allá de las similitudes meramente aforísticas y de terminología, entre Santiago y Mateo existen otras más profundas, como la teología de la oración que comparten.[6]

- Tanto a Santiago como a Pablo les preocupa la dinámica de la fe y las obras, y, aunque probablemente sea incorrecto leer esta epístola como una reacción del primero en contra del segundo, no obstante resulta ser una evidencia del entorno cristiano de Santiago, cuando no también una pista en cuanto a la fecha.

- Cuando Santiago define a Jesús como "glorioso" en 2:1, resulta difícil no ver en esto una familiaridad con una trayectoria cristológica que también aflora en el Evangelio de Juan.

En resumen, numerosas son las pruebas que demuestran que Santiago pertenece al mundo de las formas más primitivas de la fe cristiana.

---

6. R. M. Cooper, "Prayer, a Study in Matthew and James", *Encounter* 29 (1968): 268-77.

(2) Santiago se encuentra como pez en el agua en el mundo del judaísmo. Aunque es incuestionable que este libro es cristiano, sus raíces judías son fuertes y profundas.

- La primera carta de Pedro es la compañera cercana de Santiago. Sin embargo, mientras que 1 Pedro utiliza a Cristo como su héroe de resistencia y fe, Santiago escoge modelos de fe del Antiguo Testamento como Abraham, Rajab y Job.

- La imagen que Santiago proporciona de Dios está en consonancia con la forma judía de entenderlo. Sabe que "hay un solo Dios" (2:19). Conoce la importancia de los términos "Todopoderoso" (5:4) y "Padre" (3:9) que se utilizan en alusión a Dios. Enseña que Dios es misericordioso (4:8) y que desea pureza y humildad en su pueblo (4:8, 10). Es consciente de que el mundo tiende a obrar en formas que se oponen a Dios y a sus intenciones (4:4). Finalmente, sabe que Dios desea dar (4:2).

- Santiago está al tanto de otros rasgos característicos de las creencias del judaísmo del primer siglo. Conoce el término *Gehena*, y que solía servir de código para el poder satánico (3:6). Está enterado de la antropología teológica y psicológica rabínica, en especial la creencia en *yeṣarim*, los dos impulsos dentro de cada uno de nosotros (1:14): El "buen impulso" *(yeṣer ha-tov)* es puro, mientras que el "impulso malvado" *(yeṣer ha-ra)* conduce a la persona al pecado. Santiago sabe que, dentro del judaísmo de su época, siempre se había asociado a los pobres con los justos (2:5; 5:6). Finalmente, conoce la ley perfecta, la del amor al prójimo tal como se encuentra en Levítico 19:18 (Stg 1:25; 2:11).[7]

- Además, Santiago usa el Antiguo Testamento con frecuencia. Hace referencia a lo que "dice la Escritura" (4:5) y hasta incluye citas veterotestamentarias (4:6). Su preocupación por las viudas y los huérfanos (1:27) muestra su familiaridad con la noción profética de justicia. Además, alude a los grandes héroes de la fe del Antiguo Testamento, como Abraham, (2:23), Rajab (2:25), los profetas (5:10), Job (5:11) y Elías (5:17-18).

---

7. Véase L. T. Johnson, "The Use of Leviticus 19 in the Letter of James", *JBL* 101 (1982): 391-401, resalta el uso generalizado de la "ley real" en Santiago.

- A diferencia de Pablo, Santiago no argumenta la posición cristiana en contra de las leyes de la pureza o alimentarias.

(3) Pero Santiago también está familiarizado con el mundo helenístico. Estos factores no hacen sino garantizar que el autor de este libro es alguien muy al tanto de la más amplia cultura helenística.

- La carta está escrita en buen, e incluso fluido, griego, delatando un vocabulario relativamente amplio (con raros fallos) y destreza en los juegos de palabras y figuras retóricas. Por otra parte, la carta evita tanto los términos como las frases complicados, que marcan la más alta literatura griega.

- El autor conoce el uso de las tradiciones literarias helenísticas y las utiliza (1:1-12).

- La carta también evidencia un interés en la composición oral griega, como de ello dan prueba el uso de aliteraciones y rimas.

- Numerosas metáforas del libro se han sacado de los anales de la sabiduría del mundo helenístico mediterráneo y son desconocidas en el contexto palestino.

- Santiago usa más de sesenta *hapax legomena,* de las que nuestro autor es el primero en utilizar nada menos que trece.[8]

Autoría y fecha

Los eruditos ofrecen tres opciones básicas en cuanto a la autoría y la fecha. (1) Santiago es un documento esencialmente judío precristiano al que, en una fecha posterior, se le dio una pátina de enseñanza cristiana después de su aceptación por una de las comunidades cristianas nacientes. Según los defensores de esta postura, el autor y el(los) editor(es) son desconocidos Las fórmulas cristológicas halladas en 1:1 y 2:1 se ven como las principales adiciones cristianas. Quienes respaldan este criterio consideran que la preocupación del libro por conformarse a las estipulaciones de la ley es una prueba del origen judío de la carta. Además, los muchos rasgos que delatan la comodidad de la misiva con el Antiguo Testamento y otros temas típicamente judíos van dirigidos a respaldar esta opinión. Esta postura es cada vez más difícil de sostener.

---

8. Véase Peter H. Davids, *The Epistle of James,* 58-59.

(2) Otros estiman que la carta está formada por un tipo distinto de desarrollo en dos fases. Martin, por ejemplo, conjetura que la misiva se originó con la enseñanza de Santiago, el hermano de Jesús, que fue martirizado por el sumo sacerdote Anás, alrededor del 62 d.C. Luego, después de la Guerra Judía del 66-70 d.C., la comunidad de la que Santiago había formado parte abandonó Palestina y se asentó en Siria. Allí refinaron las enseñanzas del apóstol y crearon el producto final, la carta que conocemos como Santiago. Los conflictos de los que la misiva da testimonio (los ricos frente a los pobres; los saduceos frente a los sacerdotes mesiánicos; y los zelotes frente a los ricos) ya estaban en marcha en la más amplia matriz del paisaje sociocultural judeopalestino.[9]

A. S. Geyser ha aportado bastantes argumentos sobre el mismo punto, afirmando que el documento original fue una carta escrita por Santiago, el hermano del Señor, antes del concilio de Jerusalén, probablemente no más tarde del 48 d.C.[10] La idea de que detrás de esta carta exista una tensión inspirada por los zelotes dentro de la comunidad también tiene quien la respalde.[11] Davids[12] ofrece una propuesta sobria y más modesta. Imagina que las tradiciones primitivas que acabaron por abrirse camino hasta llegar a la carta empezaron a circular a finales de la década de los 40 y se editaron justo antes de la Guerra Judía. En su opinión, los conflictos con los que nos enfrentamos al leer la carta reflejan, con mayor probabilidad, las condiciones palestinas *anteriores* a la guerra. Sus afirmaciones son admirables por su moderación y por corresponderse con las pruebas de las que se dispone.

(3) Una tercera opción es que Santiago, el hermano del Señor, es el único autor de la carta. Existen seis (quizá siete) personas con este mismo nombre en el Nuevo Testamento: Jacobo el hermano de Judas (Jud 1), Jacobo el padre de Judas (Hch 1:13), no el Iscariote, "Jacobo el menor" (Mr 15:40), Jacobo el hijo de Zebedeo (3:17), Jacobo el hijo de Alfeo (3:18) y Jacobo el hermano de Jesús (Mt 13:55; Gá 1:19). Si la carta de Santiago fue escrita por alguien que no se halle entre estos seis, entonces tenemos siete personas con este nombre en el Nuevo Testamento [en las versiones españolas de la Biblia, unas veces aparece

---

9. Ralph P. Martin, *James*, lxvi-lxvii.
10. A. S. Geyser, "The Letter of James and the Social Condition of His Addressees", *Neot* 9 (1975): 7-24.
11. Véase M. J. Townsend, "James 4:1-4: A Warning Against Zealotry?", *ExpTim* 87 (1976): 211-13.
12. Davids, *The Epistle of James*, 28-34.

como Santiago y otras como Jacobo, aunque son las mismas personas; N. de T.].

Sin embargo, no existe ninguna buena razón para suponer que Santiago, el hermano de Jesús, no sea nuestro autor. Santiago, el hijo de Zebedeo, es el único otro candidato serio, pero su temprano martirio (véase Hch 12:2) parece descartarlo. Además, las referencias que Pablo hace a Santiago (1Co 9:5, 14; 15:7; Gá 1:15–2:12) y Hechos (15:13-21) dejan claro que Santiago, el hermano de Jesús, ocupaba un lugar destacado en el cristianismo palestino primitivo.

No obstante, la postura no es irrefutable. Una de las dificultades es la escasez de referencias a Santiago entre los primeros padres de la iglesia en cuanto a los demás libros en el canon del Nuevo Testamento. Orígenes (h. 185–251 d.C.) hace mención de la carta y afirma que la escribió Santiago. Eusebio (h. 266–339 d.C.) hace la misma aseveración, observa que la carta de Santiago se "leyó en público en muchas iglesias", pero añade que algunos de su época ya dudaban que hubiera escrito él la carta que lleva su nombre. Hoy, la opinión de que Santiago, el hermano de Jesús, escribió la epístola con la forma sustancial con la que la tenemos no es popular, pero se debe admitir que las pruebas de una redacción posterior en cuanto a sus bases de estilo, teológicas u otras no es, a veces, del todo firme; en los casos en que son aparentemente firmes, no son plenamente seguras.[13] Resumiendo, parece probable que Santiago, el hermano de Jesús, fue el autor de la carta, o, como mínimo, es el origen de la enseñanza que contiene.[14]

La enseñanza de Santiago

Santiago ofrece instrucción sobre una amplia gama de cuestiones, y las que aquí analizamos se hallan entre las más relevantes. Cada una sirve para atender a la comunidad y a los individuos dentro de la misma y ayudarlos a entender la senda a la madurez cristiana.

---

13. Por ejemplo, la tensión entre la fe y las obras en Santiago se puede utilizar para argumentar una fecha posterior, porque es una polémica en contra de Pablo, o una fecha anterior, porque parece desconocer la posición paulina.

14. R. A. Rendall, *The Epistle of James and Judaic Christianity* (Cambridge: Cambridge Univ. Press. 1927) argumenta que el autor es un judío palestino muy versado en las escrituras helenísticas.

El sufrimiento

De muchas maneras, la teología del sufrimiento es el punto de partida de la carta. Es el tema con el que Santiago le da comienzo y, a la vez, el que vincula a todos los demás hasta formar un conjunto. Santiago afirma que las pruebas suelen ser un desafío a la fe del creyente y que, cuando fluctuamos, esta se puede convertir en una tentación para nosotros (1:12-15). Los términos *prueba* y *tentaciones* derivan del mismo vocablo griego *peirasmos*. Esto indica que no solo se trata de la *condición* de la prueba, sino también de la *actitud* de aquel que pasa por ella. Estos asuntos del carácter personal y su desarrollo son los que, para Santiago, tienen toda la relevancia. Por eso no deberíamos entregarnos a la tentación, sino más bien resistir y hasta regocijarnos en las pruebas, ya que son oportunidades que Dios utiliza para moldearnos y formarnos como quiere, hasta que seamos perfectos e íntegros, sin que nos falte nada (1:2-9). Esta teología del sufrimiento apoya su debate sobre la disensión de la comunidad en el capítulo 2, así como sobre el sufrimiento del pobre (4:13–5:12).

Existen ricos antecedentes veterotestamentarios de esta teología del sufrimiento. En algunas ocasiones, el judaísmo relacionaba el sufrimiento con el pecado, como se puede ver en la tradición de la sabiduría. Proverbios, por ejemplo, argumenta que el justo y el diligente son bendecidos, mientras que el impío y el holgazán sufren (véase Pr 10:1-6). No obstante, la experiencia personal enseñó a los hebreos que los justos han nacido para sufrir y que, en realidad, son precisamente los siervos escogidos de Dios a quienes él les permite sufrir.

Job es un excelente ejemplo. Es la figura arquetípica de la sabiduría. Es recto y Dios le ha bendecido. Satanás desafía a Dios afirmando que el respeto que Job siente por él es superficial y frágil, y que la única razón de que le tema es la propiedad material que su vida pura ha conseguido de él. Los amigos de Job creen que su aflicción se debe a algún pecado cometido. Nótese el comentario de Elifaz: "Ponte a pensar: ¿Quién que sea inocente ha perecido? ¿Cuándo se ha destruido a la gente íntegra? La experiencia me ha enseñado que los que siembran maldad cosechan desventura" (Job 4:7-8). Sin embargo, hacia el final del libro, Job ha alcanzado mejor conocimiento, ha llegado a saber que la vida no es tan simple ni clara. Su sufrimiento ha ampliado su entendimiento con respecto a Dios y a sí mismo.

El libro de Daniel ofrece otra variación sobre este tema. Daniel es justo y, por causa de su constancia, soporta el sufrimiento. En el judaísmo el sufrimiento suele ser, por tanto, la suerte del justo, porque en ocasiones el mundo persigue a los rectos solo por serlo. Dios puede utilizar el sufrimiento para purificar y fortalecer a su pueblo. El sufrimiento es, pues, en un sentido, una señal de la actividad divina en la vida del creyente.

La iglesia a la que Santiago escribió estaba experimentando adversidad y el apóstol considera esta serie de pruebas como causa de gozo, porque discierne que Dios tiene un propósito purificador. Sabe que si resiste con paciencia serán purificados y también aprobados (1:12). Pero existe otra posibilidad. Si, como hizo Israel en el desierto, culpan a Dios o intentan echarle la culpa a otros por esta adversidad, fallarán en la prueba que se habrá convertido en una tentación para ellos. Habrán sucumbido al impulso malvado (1:14).

Aquí parece haber tres fuentes principales de adversidad que afligen a la comunidad a la que Santiago se está dirigiendo. La primera es el "impulso malvado" que hay dentro de la persona. Santiago la señala como la causa de la actitud egoísta que ha conducido a las divisiones internas dentro de la iglesia (4:1-6).

La segunda fuente de adversidad implica el dinero y la posición. La comunidad estaba marcada por la presencia de individuos que deseaban reconocimiento y estatus, y que no temían usar a la iglesia para lograr este fin. Esto es lo que subyace tras la prohibición de mostrar favoritismos en 2:1-4. Pero la iglesia también ha sufrido por problemas relativos al dinero. Algunos de la comunidad se estaban consumiendo por sus ansias de hacerse ricos, mientras que otros estaban acostumbrados a las prerrogativas que afirmaban que los ricos se apropian de todo. En cualquier caso, tales personas ignoraban sus responsabilidades para con los demás de la comunidad (2:4; 4:13; 5:5-6, 9).

La tercera fuente de adversidad es Satanás. Santiago introduce a este personaje lentamente, de un modo velado, pero no porque considere que su papel es insignificante. Es la fuente máxima de la falsa enseñanza que ha identificado, unido y defendido los distintos elementos de las pruebas que afectan a la comunidad.

El pecado

A la idea del sufrimiento va estrechamente asociada la noción que Santiago tiene del pecado. Existen dos principales fuentes para el mal que nos conduce a la transgresión. (1) La primera es externa y Santiago aclara que se trata de Satanás. Pero expone esta idea de una forma curiosa, comenzando con circunloquios a modo de alusiones antes de identificar al diablo con toda claridad. En primer lugar alude al Gehena (o "infierno") en 3:6, que, según él, enciende el fuego maligno y consumidor que es la lengua. La segunda referencia es a "lo diabólico" (trad. lit.) en 3:15, por medio de la cual Santiago indica la fuente de la "falsa sabiduría" de los maestros ambulantes que han causado tanto problema para la iglesia. Es una expresión de Satanás y de sus subalternos que trabajan en sintonía con los "malos deseos". Finalmente, en 4:7, el apóstol instruye a los cristianos que "resistan al diablo".

De este modo, Santiago nos presenta una imagen dualista del mundo, pero solo en una forma truncada y limitada. Satanás es poderoso, pero cuando se mide contra el poder de Dios, no es un serio contrincante para gobernar el universo. Dios es tan superior a Satanás que el creyente puede resistir a este último, y huirá (4:7). No obstante, sin una atención vigilante, su engaño sobre el creyente puede tener efectos devastadores. Por ello, Santiago implora a sus lectores que "se acerquen a Dios" (4:8). Existen fuerzas cósmicas benignas y malignas que obran en nuestro mundo, pero Dios es mucho más poderoso que el diablo.

(2) Santiago sabe que esta conversación del diablo conlleva el potencial de peligrosos efectos secundarios. Podría hacernos creer que no somos responsables de nuestros actos pecaminosos, porque Satanás es la fuente de tentación. Santiago no nos permite engañarnos en este asunto ni eludir cobardemente nuestra responsabilidad. Aún hay otra fuente de tentación: los "malos deseos" que anidan dentro de cada uno de nosotros. Aquí, Santiago se está basando en la idea judía de los *yeṣerim*. La antropología hebrea teológica y psicológica sugería la existencia de dos deseos en cada individuo. El primero es el impulso bueno, el *yeṣer ha-tov*, el otro es el malo, el *yeṣer ha-ra*[15]. Este último (gr. *epithymia*, 1:14) está dentro de nosotros, como componente integral de la condi-

---

15. Véase J. Marcus, "The Evil Inclination in the Epistle of James", *CBQ* 44 (1982): 606-21. Peter H. Davids, "Theological Perspectives on the Epistle of James", *JETS* 23 (1980): 97-103.

ción humana. Nos incita por su propia cuenta al mal y, por tanto, somos responsables de lo malo que hacemos.

Pablo también se basa en esta noción cuando, en Romanos 7:21-24, habla de "otra ley" que obra dentro de sí mismo, una que lo impulsa al pecado y al mal. Santiago quiere que sepamos que, en última instancia, somos responsables de nuestros actos. De forma similar a Pablo en Romanos, Santiago insta aquí a los cristianos a controlar sus malos deseos internos y a vivir de un modo en que la fe y las acciones estén en armonía. Cuando no vemos la adversidad como una oportunidad para que Dios nos purifique y no somos capaces de considerar la prueba como una razón de gozo, demostramos que amamos el mundo (4:4) y nos desconectamos de Dios (4:3). Contribuimos, pues, a la lucha dentro de la comunidad entregándonos al deseo de poseer cosas; esta es una de las fuerzas más agrias y capaz de socavar la salud de la iglesia (4:1-2).

Cristología

Santiago no desarrolla una cristología para nosotros, sino que, cuando surge la necesidad, fuerza una que se supone.[16] Para Santiago, Cristo es "Juez" (5:9); varias veces, "Señor"; y tal vez incluso rey (*cf.* 2:8). El uso que hace del término "Señor" es particularmente impresionante. Nótese cómo Santiago:

- Se declara a sí mismo "siervo de Dios y del *Señor* Jesucristo" (1:1)

- Ofrece la afirmación de que el *Señor* da (81:7)

- Describe a "nuestro" *Señor* como "glorioso" (2:1)

- Indica que alabamos a nuestro *Señor* y Padre (3:9)

- Instruye que deberíamos "humillarnos" delante del *Señor* (4:10) y que deberíamos preocuparnos por la voluntad del *Señor* (4:15)

- Alude al "*Señor* todopoderoso" (5:4)

- Afirma que el *Señor* volverá (5:7) y que su venida está cerca (5:9)

- Nos recuerda que los profetas que "hablaron en el nombre del *Señor*" son ejemplos de paciencia (5:10)

16. Como Davids, *The Epistle of James,* 39.

- Afirma que el *Señor* usa la adversidad para purificarnos y equilibra esta declaración con la controversia de que el *Señor* está lleno de compasión y misericordia (5:11)

- Nos recuerda que deberíamos orar en el nombre del *Señor* (5:14)

- Finalmente, afirma que el *Señor* "levantará" a los enfermos (5:15).

Es más que evidente que Santiago usa *kyrios* ("Señor") tanto en contradistinción para "Dios" como en formas que parecen equiparar a ambos. Su referencia al "Señor todopoderoso" está yuxtapuesta a la declaración de que el Señor regresará (5:4-7). La frase "Dios Todopoderoso" (heb. *'el šaddai*) es una referencia común para Dios en el Antiguo Testamento. Si "Señor todopoderoso" en 5:4 alude a Dios y "la venida del Señor" de 5:7 se refiere al regreso de Cristo (como debe ser), tenemos la prueba de una alta cristología.[17] Además, Santiago dice que tanto Dios como "el Señor" dan (1:5-7) y que los cristianos han de venir en humildad tanto a Dios como "al Señor" (4:8, 10). En resumen, Santiago no ofrece un desarrollo cristológico, pero su supuesta cristología es una que vincula libremente al Jesús resucitado como Señor con Dios Padre.

Y aún debemos decir más. Para Santiago, Cristo no solo es el Señor celestial que vendrá como juez, sino que también es el líder de la iglesia. Los miembros de la comunidad le pertenecen (2:7) y la iglesia sigue estando guiada por él. Santiago está profundamente interesado en la aplicación moral del señorío de Cristo en lo concreto y común de la vida cotidiana. Obsérvese la cita frecuente que Santiago hace de las enseñanzas de Jesús y las alusiones a las mismas. En realidad, no sería inexacto afirmar que el apóstol no representa la enseñanza sobre Jesús sino la enseñanza de Jesús aplicada a una nueva situación.

Los pobres son justos

La piedad y la rectitud de los pobres es un tema frecuente en Santiago (véase 1:9-11, 27; 2:3-7, 15-16; 5:7-11). En el mundo antiguo, más del noventa por ciento de la población podía calificarse de "pobre". En Palestina, como en cualquier otro lugar del antiguo Mediterráneo, los pocos que poseían riqueza ejercían poder sobre los muchos que no la tenían. Ciertamente, en el Antiguo Testamento hallamos ejemplos de

---

17. Véase el debate de este comentario, pp. 348- 350.

riqueza como señal del favor de Dios (p. ej. Pr 14:24: "La corona del sabio es su sabiduría"), pero las exigencias de la vida enseñaron a los hebreos que los justos suelen sufrir de pobreza. Como resultado de la experiencia nacional del exilio y las amonestaciones de los grandes profetas, los pobres llegaron a ser considerados como "los justos", porque no tenían más recurso que confiar en Dios. Por esta razón, "el Señor oye a los necesitados" (Sal 69:33). Se tomaba a los pobres por sufridores inocentes, en particular a manos de los insensibles ricos (véase Stg 5:4), y se describe a Dios como defensor de estos pobres inocentes y de la justicia (Stg 1:27; *cf.* Am 4:1; 5:11-12, 24).

Los pobres a los que Santiago conoce han sido marginados de la sociedad: son las viudas, los huérfanos y las víctimas de las condiciones económicas así como de la falta de honestidad de sus patrones. Los pobres son piadosos, porque se ponen bajo la misericordia de Dios frente a la injusticia. Esta inclinación es la que Santiago realza.

El apóstol tiene poco bueno que decir sobre los ricos. Pero no es tanto su riqueza lo que le parece odioso, sino más bien el efecto corrosivo que esta ha tenido. Sus bienes han embotado su espíritu y su mente de manera que ignoran las prohibiciones del Antiguo Testamento con respecto al cuidado del pobre. Con descaro afirman su derecho a estar por encima del mandamiento de Jesús de amar al prójimo y, al hacerlo, en realidad se convierten en "dios". La posesión de riqueza y el deseo de tenerla ha sido la causa de su enamoramiento con el mundo, de que posean un espíritu dividido al procurar posición social y que su corazón esté endurecido hacia los demás. A ellos, Santiago les ofrece una seria advertencia. El juez está a la puerta (5:9), su riqueza es tan transitoria como la floración (1:11) y, de hecho, ya ha empezado a ser inútil (5:2-3). Santiago manifiesta gran compasión por los pobres, y a los ricos les aconseja humilde arrepentimiento.

Sabiduría

La idea de la sabiduría tiene una relevancia clave para Santiago. No es una derivación principalmente humana, sino que más bien:

- Es un buen don del cielo que tiene la capacidad de convertirnos verdaderamente en hijos de Dios (1:17-18)

- Es el don de Dios, por medio de la oración, que asiste al cristiano en tiempos de pruebas y nos ayuda a entender por qué Dios permite la adversidad (1:5-8)

- Es la fuente de una variedad de virtudes cristianas que Dios desea desarrollar en la vida de los creyentes (3:17)[18]

- Sirve de puro contrapunto a los malos deseos que hay en nuestro interior

- Está vinculada a la paz y a la salud en el seno de la comunidad (3:17), y al discernimiento con respecto a la sanidad (5:14-15).

En el Antiguo Testamento, la sabiduría está estrechamente vinculada a la obra del Espíritu Santo. Isaías 11:2, por ejemplo, afirma: "El Espíritu del Señor reposará sobre él: espíritu de sabiduría y de entendimiento". El *locus classicus* de la sabiduría es quizá el libro de Proverbios, en el que la sabiduría personificada juega los papeles que por lo general se asignan al Espíritu (Pr 1:20-33; 8:1-36). La teología de la sabiduría es la de la creación, y esto explica la inclinación de Santiago por los asuntos de la intención original de Dios (Stg 1:4; 2:7; 3:7). Para Pablo, la sabiduría está vinculada a la cristología, pero Santiago nos presenta una pneumatología de la sabiduría.

La importancia de Santiago

Aplicar el mensaje de Santiago a nuestro mundo es algo plagado de dificultades. El apóstol toca asuntos familiares, pero los detalles no siempre guardan una estrecha correspondencia con nuestro propio siglo. Su preocupación por los pobres es vital, por ejemplo, pero en su mundo, este sector constituye más del noventa por ciento de la población. Escribe a los ricos terratenientes que abusaban de la confianza y de los derechos de sus jornaleros, pero tampoco abundan los "granjeros caballerosos" en los Estados Unidos de hoy. Estas diferencias menores podrían hacernos pensar fácilmente que Santiago es tan solo una carta interesante, y, quizá, hasta pintoresca, con un interés puramente antiguo, pero llegar a esta opinión implicaría un peligro para nosotros. El mensaje de este breve libro es tan intenso y necesario hoy como siempre. Tal vez nuestra tendencia a leer su instrucción inequívocamente ética como algo distante refleja la precisión del análisis que Santiago

---

18. Santiago afirma que la sabiduría celestial es "pura" y "pacífica, bondadosa, dócil, llena de compasión y de buenos frutos, imparcial y sincera" (3:17).

hace del pecado, tanto el de sus antiguos hermanos y hermanas como el nuestro.

Santiago tiene algunas palabras duras que decir en cuanto a la riqueza, y la gente del mundo occidental se encuentra entre los seres más ricos que han vivido jamás. Escribo esto en mi ordenador portátil en casa, y tengo otro en la oficina. Estoy rodeado de muebles y tengo un bonito automóvil en el garaje. ¿Qué me diría Santiago con respecto al uso de mi riqueza? La iglesia necesita tomarse en serio la ética que él perfila aquí.

Cuando Santiago dice que la verdadera religión consiste en cuidar de las viudas y de los huérfanos está hablando con una seriedad mortal. Es necesario que tengamos los ojos y el corazón abiertos a las "viudas y los huérfanos" de nuestro mundo. Tenemos una responsabilidad con los demás y se nos ha llamado a utilizar nuestra riqueza teniéndola en mente. Al igual que Jesús, Santiago nos ofrece una advertencia en los términos más severos junto a su mandato: la riqueza puede tener efectos agrios y letales. Aquí hay materia para el pensamiento cuidadoso, para la oración profunda y para una valiente acción profética.

Santiago elogia también las virtudes de la adversidad. Esto es claramente una idea extraña para nuestra cultura. Parecemos fascinados, e incluso obsesionados, con la eliminación de cualquier molestia, por no hablar de verdaderas pruebas. Pero Santiago nos llama a rehuir los patrones de pensamiento que afianzan y sostienen nuestra cultura, y, en lugar de ellos, orar pidiendo sabiduría de Dios para discernir el propósito que él tiene en las pruebas. El apóstol nos exhorta a alentarnos unos a otros por el camino de la oración, porque esta es la clave para resistir las aflicciones.

Santiago también nos proporciona una imagen del pecado. Como cultura no estamos demasiado dispuestos a admitir el pecado. Al revisar un número de escándalos públicos, el *Wall Street Journal* comentaba:

> Los Estados Unidos tienen un problema de drogas, de sexo en la escuela secundaria, de guerra, de sida y de violaciones. Nada de esto desaparecerá hasta que más personas que desempeñen puestos de responsabilidad estén dispuestas a dar un paso al frente y expliquen, en términos francamente morales, que algunas de las cosas de las que la gente hace hoy día están mal.[19]

---

19. "The Joy of What?", *Wall Street Journal* (12 diciembre 1991).

Cuando no reconocemos que las cosas que hacemos son pecado, las tratamos como algo sin importancia, menores, demasiado débiles para influir en nuestra vida, como si el Padrenuestro declarara: "Perdónanos nuestros cálculos erróneos como nosotros perdonamos a los que calculan mal en contra nuestra."[20] En otras ocasiones redefinimos el pecado en términos que suenen más agradables. Asimismo, confundimos naturaleza con conducta. "Soy así", declara el pecador habitual. "Así es como funciona el mundo", afirma el rico a sus anchas. Hemos empezado a aceptar este tipo de pensamiento y lo consideramos correcto. Pero Santiago no reconoce esta fórmula. Su vocabulario está salpicado de términos como "inmundicia" y "humíllense". Ante esta falsa opinión, afirma que el pecado tiene el poder de surgir dentro de nosotros, se entrelaza con la esencia de nuestra vida y acaba causando la muerte. Él lo dice de este modo y quiere que entendamos el origen, el progreso, los poderes engañosos y las consecuencias eternas del pecado.

Santiago también nos llama a la verdadera comunidad. Su corazón anhela que se forme en la iglesia. Como los profetas del Antiguo Testamento, define "la verdadera religión" con el vocabulario de la compasión de Dios: "La religión pura y sin mancha delante de Dios nuestro Padre es ésta: atender a los huérfanos y a las viudas en sus aflicciones, y conservarse limpio de la corrupción del mundo" (1:27). Él concibe una comunidad cristiana compuesta por relaciones de cuidado y responsabilidad mutuos. El desafío para hoy no solo incluye la creación de una comunidad así dentro de nuestras iglesias locales, sino también de un espíritu semejante entre los cristianos a nivel mundial.

Un rasgo particular de la preocupación que Santiago tiene por la comunidad es la eliminación de las divisiones basadas en la riqueza. Esto presenta un serio desafío a la iglesia evangélica estadounidense, porque nos segregamos según los bienes, es estatus y la raza. Santiago nos llama a buscar formas de admitir que esos muros existen, y a que practiquemos la humildad los unos con los otros con el fin de procurar el entendimiento muto, y, finalmente, de trabajar juntos para eliminar estas murallas.

Al final, la carta de Santiago es eminentemente práctica. Un reto al que nos enfrentamos es abstenerse de castrar la practicidad de la carta

---

20. Véase Cornelius Plantinga, *El pecado: sinopsis teológica y psicosocial* (Grand Rapids, MI: Libros Desafío, 2001) p.19. Hay una nueva edición del mismo libro, titulada *El pecado: las cosas no son como deberían ser* (Grand Rapids: Libros Desafío, 2011).

con ofuscación académica o una reinterpretación santurrona. Es necesario que permitamos que Santiago nos haga sentir incómodos, porque su mensaje tiene consecuencias eternas.

Bosquejo

Presentación y saludo (1:1)

I. Edificar la madurez cristiana (1:2–1:27)

   A. Pruebas y tentaciones (1:2-11)

   B. Los deseos malos (1:12-18)

   C. La verdadera religión es la compasión en acción (1:19-27)

II. Edificar una comunidad sana (2:1–5:18)

   A. Los efectos de la enfermedad (2:1-26)

      1. El pecado del favoritismo (2:1-13)

      2. La fe y los actos (2:14-26)

   B. La fuente de la enfermedad (3:1-18)

      1. Maestros y lengua (3:1-12)

      2. Sabiduría real y falsa (3:13-18)

   C. Síntomas y antídoto (4:1–5:18)

      1. La amistad con el mundo (4:1-10)

      2. La calumnia y el deseo por el dinero (4:11-17)

      3. El poder corrosivo de la riqueza (5:1-6)

      4. La paciencia frente al sufrimiento (5:7-11)

      5. La oración de fe (5:12-18)

Conclusión: el perdón de Dios (5:19-20)

Bibliografía comentada

James B. Adamson, *The Epistle of James*. NICNT Grand Rapids: Eerdmans, 1976. Adamson estudió bajo la tutela tanto de C. H. Dodd y C. F. D. Moule, y su comentario refleja el cuidadoso análisis que cabe esperar de alguien con este pedigrí. Adamson argumenta que el estilo, el contenido y la estructura de la carta manifiestan la enseñanza de Jesús tal como se transmitió por medio de Santiago, su hermano. La carta no solo delata el entorno de Palestina, sino también "el vínculo familiar entre Santiago y Jesús". Es un buen comentario, pero empieza a parecer antiguo.

Peter H. Davids. *The Epistle of James. A Commentary on the Greek Text*. NICGT. Grand Rapids: Eerdmans, 1982. Este es un comentario estimulante, que muestra gran conocimiento, sobre todo en lo que concierne a los antecedentes judíos relacionados con el pensamiento de Santiago. Davids argumenta que la carta refleja las condiciones de Palestina antes de la Guerra Judía de 66–70 d.C. Se componía de homilías y máximas que se originaron con Santiago, el hermano de Jesús. No es en absoluto cierto que el apóstol esté aquí intentando combatir o que haya malentendido la posición paulina. Davids percibe que la carta está elaborada alrededor de tres grandes temas que se presentan en la doble apertura: ricos y pobres, lengua y discurso, pruebas y riqueza. Aunque hay mucho que encomiar en esta opinión, debemos admitir que gran parte de lo que según Davids se relaciona con la lengua en 3:1–4:12 tiene una naturaleza mucho más variada. No obstante, es un comentario espléndido.

Peter H. Davids. *James*. Good News Commentary. San Francisco: Harper & Row, 1983. Un comentario más breve y popular que su publicación de 1982. Dadas sus limitaciones, es una obra excelente. Si solo se pudiera escoger uno de los comentarios de Davids, el otro es preferible.

D. E. Hiebert. *The Epistle of James. Test of a Living Faith*. Chicago: Moody, 1979. El excelente comentario de Hiebert va dirigido al estudiante que no sabe griego, pero que aun así estudia a fondo. Hiebert considera el énfasis principal de Santiago como la prueba de la fe. Argumenta que la carta fue escrita por Santiago, el hermano de Jesús, alrededor del 46 d.C.

Sophie Laws. *The Epistle of James*. Black's New Testament Commentaries. Peabody, Mass.: Hendrickson, 1980. Aunque algo breve (273 pp.), este comentario independiente transmite una enorme cantidad de información y observaciones útiles con un mínimo de material superfluo. Laws argumenta a favor de una fecha relativamente posterior y una autoría pseudónima. En su opinión, la carta se escribió desde Roma y reacciona ante un malentendido de la posición paulina en el asunto de la fe y las obras. Laws no proporciona bosquejo para la carta, siguiendo a Dibelius, que la considera una colección de unidades de material que no encajan entre sí. Argumenta a favor de una base teológica sobre la cual descansa una enseñanza ética rigurosa y ve un contraste principal entre la doblez de los seres humanos y la unicidad de Dios. En general es un recurso revelador e imparcial.

Ralph P. Martin. *James*. WBC Waco, Tex.: Word, 1988. Este comentario de un distinguido erudito y exprofesor del *Fuller Theological Seminary* es ricamente culto y posee todo lujo de detalles. Martin está encantado con la teoría de que Santiago representa una tensión que implica a los pobres (por los que siente gran simpatía) y los ricos (a los que condena), pero Santiago no llega tan lejos como para aceptar los violentos planes revolucionarios de los zelotes. Martin ha sondeado todo el material relevante y ofrece el beneficio de su juicio perspicaz y equilibrado. Es un comentario de primera clase.

C. L. Mitton. *The Epistle of James*. Grand Rapids: Eerdmans, 1966. Este antiguo comentario es, sin embargo, capaz de producir observaciones que merecen la pena. Mitton indica que Santiago ha estado sujeto a un trato displicente y busca rehabilitar la carta. Lo hace señalando conexiones entre la enseñanza de Santiago y de Jesús, Pablo e incluso Juan. Asimismo cree que la carta fue escrita por Santiago, el hermano de Jesús, y para beneficio de los visitantes cristianos judíos de Jerusalén. Como otros que desean tomar en serio las pruebas que en Santiago apoyan una composición temprana así como las que sostienen una tardía, Mitton argumenta a favor de un desarrollo en dos fases.

J. A. Motyer. *The Message of James. The Test of Faith.* The Bible Speaks Today. Downers Grove, Ill: InterVarsity, 1985. Motyer ofrece la interesante observación de que el control de la lengua se presenta en 1:26 para después ampliarlo en 3:1-12, y el cuidado de los necesitados se trata en 1:27 y se desarrolla en 2:1-26, formando así una estructura de quiasmo. Es un comentario práctico, pero pone demasiado énfasis en el papel de las metáforas biológicas de Santiago.

Douglas J. Moo. *Comentario de la epístola de Santiago.* Miami: Editorial Vida, 2009. Es un breve pero útil comentario basado en el texto de la NIV. Moo enseña en la Trinity Evangelical Divinity School.

J. H. Ropes. *A Critical and Exegetical Commentary on the Epistle of St. James.* ICC. Edimburgo: T. & T. Clark, 1916. Este comentario sigue siendo un buen recurso para las investigaciones del texto griego de Santiago. El comentario sobre el argumento y el contenido temático de Santiago, ya escaso, está hoy anticuado. Ropes argumenta a favor de una autoría tardía y pseudónima.

E. M. Sidebottom. *James, Jude, 2 Peter.* NCBC. Grand Rapids: Eerdmans, 1982. Este comentario, obra de un célebre erudito, adopta la postura de que Santiago se escribió en el contexto de la pleamar del cristianismo paulino. Sidebottom argumenta que Santiago, el hermano de Jesús, es el responsable de la carta y que se escribió en la década anterior a la Guerra Judía del 66–70 d.C.

George M. Stulac. *James.* The IVP New Testament Commentary Series. Downers Grove, Ill: InterVarsity, 1993. Este esfuerzo reciente por parte del pastor de la *Memorial Presbyterian Church* de St. Louis es a la vez nuevo y útil, aunque va dirigido a los que no dominan el griego. La serie tiene por objeto que la usen los "pastores, maestros de la Biblia y líderes de pequeños grupos".

Santiago 1:1

Santiago, siervo de Dios y del Señor Jesucristo, a las doce tribus que se hallan dispersas por el mundo: Saludos.

Sentido Original

El siglo I conoció muchos tipos distintos de cartas.[1] En los años recientes, los eruditos han hablado de dos categorías principales: cartas literarias (las escritas con la mirada puesta en la posteridad y, en general, marcadas por una preocupación por el estilo) y las documentales o no literarias.[2] Por descontado, una simple carta puede contener evidencias de muchos "tipos" de misivas.

A pesar de esta variedad, la práctica de escribir cartas era bastante conservadora, ya que las costumbres cambiaban poco con el tiempo.[3] La mayoría de las epístolas de la antigüedad, y, de hecho, gran parte de las que tenemos en el Nuevo Testamento, se pueden considerar en general como el tipo de carta común entre particulares.[4] Siguen un patrón formal establecido: primero el nombre de quien la envía, a continuación el nombre del destinatario, una palabra de saludo, habitualmente una bendición o la expresión de un deseo de buena salud, el cuerpo de la carta y, finalmente, el cierre. En griego, la práctica usual era emplear el término ("saludos") como palabra de salutación.[5] La forma típica

---

1. El manual que se atribuye a Demetrio de Falero, *Sobre el estilo,* enumera veintiún tipos de cartas. Esta guía parece ocuparse tan solo de las cartas oficiales escritas por personas en el servicio público. Véase Stanley K. Stowers, "Letters (Greek and Latin)", *ABD* 4:290-93.
2. Véase John L. White, *Light From Ancient Letters* (Filadelfia: Fortress, 1986), 3.
3. Las cartas producidas por los cristianos primitivos son extraordinarias, en parte por su disposición a traspasar estos parámetros establecidos.
4. Otros tipos son, por ejemplo, cartas filosóficas (que a menudo contenían exhortación moral) y misivas de enseñanza. Las cartas cristianas primitivas, incluidas las del Nuevo Testamento, son muy similares a estas (véase Stanley K. Stowers, "Letters [Greek and Latin]"). También están las cartas entre amigos y conocidos, como las de Cicerón y las de Plinio y el emperador Trajano. Estas evitan, por lo general, los patrones más formales.
5. Miles de estas cartas son conocidas y se han recopilado. Se puede encontrar un breve muestreo en el volumen recientemente reeditado por A. Deissmann, *Bible Studies* (Peabody, Mass.: Hendrickson, 1988), 22-25.

en hebreo era shalom ("paz"), aunque entre los judíos de habla griega *charein* era un vocablo común.[6]

El libro de Santiago es también una carta, aunque de un carácter un tanto diferente. Posee una cualidad homilética y se lee como un tratado o un ensayo didáctico. Esto es así por al menos dos razones: (1) la carta comienza, casi de inmediato, con una exposición de sus temas, con poca o ninguna evidencia de sentimiento personal y (2) la audiencia es esencialmente indeterminada. Como otros ejemplos en el Nuevo Testamento, Santiago ha alterado la fórmula estándar añadiendo temas de importancia teológica e incluyendo en su apertura una sinopsis de los temas principales de la carta.

La misiva se inicia con una afirmación de que es Santiago quien la escribe. Como hemos visto,[7] no existe razón viable para dudar de que el hermano de Jesús sea la fuente de esta epístola. El autor desea enfatizar varios puntos: aunque ejerce autoridad, dicha autoridad tiene carácter de servicio y lealtad a Jesucristo y no resta en modo alguno lealtad a Dios.

Siervo. Santiago alude a sí mismo como "siervo" (*doulos*). Existe poco acuerdo entre los comentaristas en cuanto a su pretendido significado. Algunos[8] argumentan que Santiago quiere distanciarse de sus lectores asumiendo un manto de autoridad. Otros[9] afirman que le interesa presentarse como uno entre muchos hermanos, con el énfasis sobre su autoridad coloreada por la humildad. Tal vez sea mejor explorar la gama completa de posibilidades antes de determinar el significado del uso que Santiago hace de *doulos*.

(1) Esclavitud. *Doulos* era el término común para "esclavo", aunque podría también utilizarse para "siervo".[10] Nuestra forma de entender

---

6. Podemos ver ejemplos de este patrón general en Hechos y en el corpus paulino. En Fil 1:2, Pablo ecribe: "Que Dios nuestro Padre y el Señor Jesucristo les concedan gracia y paz". En Hch 15:23 encontramos la apertura de la carta del concilio de Jerusalén a los creyentes gentiles: "Los apóstoles y los ancianos, a nuestros hermanos gentiles en Antioquía, Siria y Cilicia: Saludos".
7. Véase la Introducción, pp. 19-21.
8. Véase Ralph P. Martin, *James*, 4.
9. Véase Sophie Laws, *The Epistle of James,* 45-46; James Hardy Ropes, *The Epistle of St. James,* 118.
10. M. A. Beavis ha argumentado recientemente que, en el Nuevo Testamento, *doulos* significa esclavo, y no siervo. Véase su artículo: "Ancient Slavery As an Interpretive Context for the New Testament Servant Parables With Special Reference to the Unjust Steward (Lk 16:1-8)", *JBL* 111 (1992): 37-54.

esta palabra se ve fuerte y desafortunadamente coloreada por la experiencia estadounidense, un modelo que apenas guarda similitud con la esclavitud en el Imperio romano. Esto es así por al menos dos razones: (a) la esclavitud romana tenía poco, por no decir nada, que ver con la raza.

(b) La esclavitud romana era mucho más compleja que sus manifestaciones modernas, y constaba de cuatro tipos principales: (i) la forma más indignante solía reservarse para criminales u otros considerados enemigos del estado romano. Las expectativas de vida eran bajas, aunque a pesar de esto conocemos de casos de comunidades cristianas que proporcionaban cuidados a los cristianos condenados a las minas.[11] (ii) Luego estaba la esclavitud rural. Los manuales agrícolas de Colomela, Catón y Varrón describen condiciones nada envidiables: unas cuadrillas de presos encadenados realizaban el trabajo,[12] la vida familiar existía a capricho del amo y las raciones podían reducirse al más estricto mínimo para los esclavos cuando enfermaban.[13] (iii) El tipo de esclavitud que el Nuevo Testamento tiene más a la vista es la modalidad urbana doméstica. Aquí las condiciones también variaban, pero conocemos casos en los que las personas mismas se vendían como esclavas,[14] contando con obtener beneficio personal. El nuevo amo proporcionaba comida, alojamiento y formación en un oficio. Muchos eruditos creen que los esclavos urbanos domésticos podían esperar la manumisión (palabra que alude al proceso mediante el cual un esclavo quedaba legalmente en libertad) tras unos pocos años de servicio solamente,[15] y algunos argumentan que era casi automática cuando alcanzaban la edad de treinta

---

11. Eusebio en su *Historia eclesiástica* (4.23.10) relata que Dionisio, obispo de Corinto alrededor del 170 d.C., escribió una carta a Sotero, obispo de Roma. En ella, Dionisio elogiaba a la iglesia romana por su generosidad al enviar contribuciones a iglesias de muchas ciudades, "aliviando así la pobreza de los necesitados y ministrando a los cristianos en las minas".
12. Catón, *De Agri Cultura,* 56; Colomela, *Rei Rusticae,* 1.2.12.
13. Catón, *De Agri Cultura,* 2.5.
14. Véase Filóstrato, *Apollonius,* 8.7.12; Dión Crisóstomo, *Discursos,* 15.22-23. Pablo habla contra la práctica en 1Co 7:23. Primera de Clemente 55:2 afirma que algunos cristianos se vendieron como esclavos para asegurar el rescate de otros cristianos esclavizados: "Sabemos de muchos de entre nosotros que se han entregado a la esclavitud, con el fin de poder rescatar a otros. Muchos también se han rendido a la esclavitud para poder proporcionar alimentos a otros con el precio recibido por ellos mismos".
15. Véase Susan Treggiari, *Roman Freedmen During the Late Republic* (Oxford: Clarendon, 1969), 12-20, 111-12, 255.

años.[16] La manumisión se podía conseguir bajo una variedad de condiciones, incluido el premio de una suma de dinero a la persona liberada o incluso la adopción por parte del amo. Esto ayuda a entender los mandatos a los esclavos de "complacer" a sus amos,[17] y tal vez incluso a estos a que "provean a sus esclavos lo que es justo".[18] (iv) El tipo final de esclavitud era la imperial: esclavos en la casa del emperador. Algunos de estos ostentaban posiciones de poder y riqueza, como segundos, directamente por debajo del emperador mismo.[19]

(2) Antiguo Testamento. En el Antiguo Testamento, la palabra "siervo" ('ebed) se utiliza a veces para los grandes héroes de la fe en Israel, y, como tal, es una designación de honor. Salomón concluyó su oración de dedicación del templo con una alusión a Moisés de este modo: "Tú los

---

16. Véase G. Alfoldy, *Noricum,* tr. E. Birley (Londres: Routledge y K. Paul, 1974), 129-31, íd., *The Social History of Rome,* tr. David Braund y Frank Pollock (Baltimore: Johns Hopkins Univ. Press, 1988), 135. Bajo la ley romana, al esclavo de un ciudadano romano también se le ofrecía la ciudadanía cuando se le concedía la manumisión. En el siglo I, semejante condición era algo altamente apreciable y un tanto raro en las provincias romanas, como atestigua la sorpresa de los oficiales filipenses cuando Pablo afirmó ser ciudadano romano. Una serie de leyes promulgadas bajo Augusto pretendían limitar el número y los derechos de los esclavos liberados, probablemente porque este emperador temía que estos *liberti* (libertos) invadieran el estado.

17. Véase Ef 6:5-8; Col 3:22-25; 1Ti 6:1-2, Tit 2:9-11. En todos estos pasajes, el término griego es una forma de *doulos* en 1P 2:18ss. Encontramos una enseñanza similar, pero Pedro usa el término griego *oiketai,* más específico para un esclavo/siervo doméstico. La carta de un liberto a su exdueño, en Egipto, en el 14 a.C., nos proporciona un interesante paralelo. Dice así: "Sabes en tu corazón que me he comportado de una forma que sobrepasa todo reproche, buscando siempre tu benevolencia, así como el esclavo quiere complacer con el fin de asegurar su libertad" (*Berliner Griechische Urkinden, Ägyptisch Urkinden aus Königlichen Museen zu Berlin,* 4.1141 [pp. 23-25]).

18. Col 4:1; Ef 6:9.

19. Narciso, el liberto del emperador Claudio, amasó cuatrocientos millones de sestercios, una de las mayores fortunas conocidas durante el imperio primitivo. Traducir estos números del mundo antiguo (aquí sestercios) a sus equivalentes modernos sería un asunto peligroso e impreciso. Lo mejor sería, quizá, ofrecer paralelos de valores monetarios en términos de mercancías compradas. C. Nicolet ("Economy and Finance", *The Cambridge Ancient History,* eds. J. A. Crook, A. Lintott, E. Rawson [Cambridge: Cambridge Univ. Press, 1994], 10:631) estima que el precio de compra de una casa de clase alta en Italia durante el siglo I a.C. sería de 4.000.000 de sestercios, o el equivalente de "cuatro toneladas de plata". Ramsay MacMullen en su *Roman Social Relations, 50 B.C. to A.D. 284* (New Haven, Conn.: Yale Univ. Press, 1974), 145, estima que el coste de edificación de un templo es de 100.000 sestercios, de un teatro 400.000 sestercios y de una biblioteca 500.000 sestercios. MacMullen concluye que estos números apoyan "la más bien inesperada posibilidad de que todo un equipamiento arquitectónico de una ciudad pueda provenir de las fortunas de tan solo unas pocas familias ricas, gastado a lo largo de una generación más o menos".

apartaste de todas las naciones del mundo para que fueran tu heredad. Así lo manifestaste por medio de tu siervo Moisés cuando tú, Señor y Dios, sacaste de Egipto a nuestros antepasados" (1R 8:53). El capítulo 7 de 2 Samuel es clave, porque relata la promesa de Dios de establecer una dinastía davídica eterna. En él se describe cómo el Señor vino a Natán y le dijo: "Ve y dile a mi siervo David" (2S 7:5). De manera similar, Dios describe a sus profetas como "mis siervos" (Jer 7:25).

Estos pasajes demuestran que, en el Antiguo Testamento, el término *siervo* se usa con frecuencia para personas que ocupan posiciones de autoridad, porque combinan la lealtad a Dios con la humildad ante él. Esto es especialmente cierto en el caso de los "Cantos del Siervo" de Isaías 42–53.[20] En resumen, el Antiguo Testamento describe con frecuencia como "siervos" a una persona o personas escogidas por Dios para tener autoridad. Esta designación indica una humilde inclinación a estar a disposición de Dios y vivir según sus principios.

Probablemente sea del todo incierto afirmar que Santiago usaba *doulos* tan solo como marca de autoridad sobre sus lectores, o únicamente como señal de solidaridad con ellos. Lo sensato sería entender que quería decir algo parecido a lo que la iglesia primitiva pretendía cuando, en su sabiduría, usó la frase en latín *nolo episcopari* como requisito para el oficio de la iglesia: "No deseo ser obispo". Solo quienes no deseaban el poder personal eran dignos de confianza para recibir autoridad dentro de la iglesia. Por supuesto, esto no debería confundirse con un fuerte sentido del llamado. De lo que aquí se trata es de la integridad y de la pureza de motivos. Santiago es un líder porque Dios lo ha colocado en ese papel que él, a su vez, ha reconocido y aceptado; no desempeña este cometido por desear papel personal. Luego, el apóstol habla como quien tiene autoridad, pero con la mente de Cristo, el siervo de todos.

Señor y Dios. En este primer versículo, Santiago se describe a sí mismo como "siervo de Dios y del Señor Jesucristo". Es una construcción extraña que, de todo el Nuevo Testamento, solo se encuentra aquí. Tampoco queda todo lo claro que aparenta ser en un principio. Algunos comentaristas han ofrecido la siguiente interpretación: "Siervo de Jesucristo, que es Señor y Dios". Esta hipótesis es intrigante, y la respaldan una variedad de puntos ciertamente poco convincentes. Los títulos divinos están vinculados en otros lugares de Santiago (1:27; 3:9). Además,

---

20. En la LXX, *doulos* puede referirse también a todo Israel, y no solo a los héroes y a las autoridades (véase Dt 32:36).

esta construcción en latín (*dominus et deus*) fue aceptada por el emperador Domiciano (81–96 d.c.), una variación que hasta los romanos consideraban extraordinaria e inquietante. Estaban acostumbrados a conceder el estatus divino solo a la muerte del emperador.[21] Domiciano era poco amigo de los cristianos, ya que permitió una feroz persecución de la iglesia primitiva. En la tradición cristiana, ocupa un lugar contiguo al de Nerón como tipo del anticristo y parece que el escritor de Apocalipsis así lo contempla. Desde luego, su aparente afirmación de su condición divina trajo a la memoria de los lectores el "hombre de maldad" de 2 Tesalonicenses 2.

La apoteosis (elevación a la dignidad divina) del estado en la persona del emperador molestó tanto a los judíos como a los cristianos, que, conjuntamente, creían que solo Dios merecía semejante lealtad inquebrantable. Los romanos catalogaban a estos de "ateos", porque creían en un único Dios y no en los muchos del paganismo mediterráneo. Tal vez Santiago utilizara esta fórmula para designar a aquel que verdaderamente es Señor y Dios.

En contra de esta postura, muchos sostienen que la teología santiaguina es demasiado simple para haberse escrito con tanta posterioridad como el reinado de Domiciano.[22] En cualquier caso, sigue siendo posible que el apóstol usara esta construcción como forma de contraargumentar a las afirmaciones del estado romano. En resumen, aunque "Jesucristo, que es Señor y Dios" sea una posibilidad gramatical, es menos probable que la interpretación tradicional.

Lo más probable es que la intención de Santiago aquí sea la misma que en Tito 1:1: demostrar que la lealtad a Jesucristo no socava la que

---

21. Vespasiano es famoso por el comentario sardónico que hizo en su lecho de muerte: *Vae, puto deus fio* ("¡Ay de mí! Creo que me estoy convirtiendo en un dios"). A regañadientes, Vespasiano entendió la necesidad que el estado sentía de perpetuar la adoración del culto al emperador, pero no albergaba la más mínima ilusión sobre su propio estatus. Domiciano, el hijo de Vespasiano, se tomó este discurso en serio, porque era un hombre de menos capacidad y mayor inseguridad y tiranía que su padre.

22. Esta idea de que una mayor complejidad teológica va de la mano con un desarrollo cronológico ha alcanzado el nivel de axioma practicamente incontestable en los estudios del Nuevo Testamento. Es, asimismo, una falacia, como G. B. Caird señaló ("The Development of the Doctrine of Christ in the New Testament", *Christ For Us Today*, ed. N. Pittenger [Londres: SCM, 1968], 66-80). La cristología de Marcos, por ejemplo, es "superior" (o más "divina" y menos "humana") que la de Lucas, aun a pesar de que casi todos concuerden en que este escribió más tarde que Marcos.

se le tiene a Dios, y que, en definitiva, son una misma cosa.[23] Equilibrar la divinidad de Jesucristo con el monoteísmo no fue un problema menor para el cristianismo primitivo,[24] y la fórmula que Santiago usa constituye una porción de su respuesta a este dilema.

Las doce tribus. Santiago dirige su carta a "las doce tribus que se hallan dispersas por el mundo". Esta construcción también es poco usual. El único paralelo en el Nuevo Testamento es 1 Pedro 1:1. Existen dos líneas principales de interpretación disponible: con las "doce tribus" se refiere a judíos y/o cristianos judíos, o bien alude a la iglesia multirracial.

Quienes sugieren el primer punto de vista señalan lo siguiente:

- Esta es una forma obvia de referirse a la nación judía (p. ej. Hch 25:7).

- Los paralelos en la literatura de Qumrán y de la Hagadá se refieren a las distinciones étnicas.

- *Phyk* ("tribu"), sin modificar, debe referirse al Israel histórico.[25]

- Aunque el Nuevo Testamento usa el término en alusión a la iglesia, puede hacer uso de él para referirse al Israel étnico (p. ej. Ap 21:12).

- Aunque es posible una interpretación simbólica de las "doce tribus", el añadido "dispersadas entre las naciones" limita necesariamente el referente a los judíos, y, probablemente, a los cristianos judíos,[26] aunque es posible que Santiago espere que su carta tenga éxito y atraiga a los judíos a la nueva fe.

Contra esta opinión está el punto de vista que afirma que la frase en cuestión debería contemplarse de forma simbólica.

- Si las "doce tribus" debe referirse al Israel étnico, entonces no queda claro cómo puede aludir solo a los judíos que resultan ser cristianos. La lógica exige una de dos: o bien entendemos el tér-

---

23. Aquí, el paralelismo con el Evangelio de Juan es evidente (p. ej. Jn 14:10).
24. Véase G. B. Caird y L. D. Hurst, *New Testament Theology* (Oxford: Clarendon, 1994), 338-40.
25. Ralph P. Martin, *James, 9,* argumenta que el uso de la expresión "las doce tribus" no tendría sentido en relación con Lucas 2:36 si la frase quisiera decir "la iglesia multirracial".
26. Esta es la línea de pensamiento seguida por James Adamson, *The Epistle of James,* 49-50.

mino tan solo en alusión a todos los judíos, o bien de forma simbólica.

- Otros argumentan que mientras que "las doce tribus" indica claramente al Israel étnico/geográfico, al añadir "que se hallan dispersadas por el mundo" se abre la posibilidad de un significado
simbólico,[27] ya que después de la caída del reino del norte las diez
tribus se "perdieron". La reconstitución de las doce tribus era algo
que pertenecía a la esperanza mesiánica y el paralelismo adicional
de estas tribus, que se entienden como el pueblo de la peregrina-
ción de Dios, es tan similar al uso que el Nuevo Testamento hace
de la iglesia que es probable que Santiago tenga en mente a la
iglesia multirracial.

- "Doce tribus" representa la unidad y la integridad de la nación de
Israel/pueblo de Dios. La iglesia, en la visión universal del Nuevo
Testamento, es la sucesora del judaísmo a este respecto. En la LXX
y otra literatura judía, la frase suele llevar un genitivo, el de definición más aproximada, como las "doce tribus de Israel" (Éx 24:4)
o "las tribus de Jacob" (Siracides 48:10). La ausencia aquí de un
genitivo de este tipo abre el camino para una interpretación simbólica, en especial porque el Nuevo Testamento atribuye a la iglesia todos los atributos ideales del judaísmo en relación con Dios.

- Que los judíos grecoparlantes de Jerusalén pudieran emplear una
fórmula que se aproximaba al saludo tradicional hebreo tiende a
implicar que los pretendidos receptores de la carta de Santiago
formaban una audiencia mixta.[28]

¿Qué se puede decir a modo de resumen? Santiago escribe en el conocimiento de haber recibido autoridad en la iglesia. Sin embargo, también
es consciente de que esta autoridad tiene el carácter y el tenor de servicio: servicio a Dios y servicio a los demás. Por esta razón llama a los receptores de su carta "hermanos". Dirige su carta a la iglesia multirracial,
pero el mundo originario en el que pensó a la hora de redactarla es el judaísmo, el multiforme judaísmo del siglo I, y, de forma más particular,
el judaísmo mesiánico. Finalmente, el apóstol escribe con una sensibili-

---

27. Sophie Laws, *The Epistle of James*, 47-49.
28. En 2 Macabeos 1:1, los judíos de Jerusalén envían saludos a los judíos de todo el mun-
    do con la fórmula *eirenen agathon*. Si Santiago hubiera deseado restringir su mensaje
    a los judíos o incluso, de una forma más estrecha, a los cristianos judíos, habría cabido
    esperar que usara una fórmula que se aproximara al saludo tradicional hebreo.

dad hacia el monoteísmo judío, pero desea defender que se le debe lealtad a Jesucristo y que esta no pone en peligro la que se le tiene a Dios.

Construyendo
Puentes

Santiago 1:1 contiene varias cuestiones importantes para nuestra consideración en esta sección. Las dos primeras tienen que ver con la forma en la que podemos traducir correctamente las palabras empleadas en la Escritura en nuestro contexto moderno. La tercera se ocupa de la idea del servicio, una idea clave en este versículo. ¿Cómo podemos establecer un puente fidedigno sobre la laguna existente entre el contenido cultural y teológico de esa idea en el siglo I y nuestra propia definición del término?

Esclavo, siervo y autoridad. Argumentamos más arriba que no hay que entender la palabra "esclavo" (*doulos*) según su definición contemporánea, sino más bien a la luz de las varias condiciones de esclavitud dentro del Imperio romano. Pero también argumentamos que, en este caso particular, existe una evidencia insuficiente para afirmar que Santiago solo tiene una imagen particular en mente. Podría parecer una conclusión arrogante e injustificada. Pero debemos recordar que los escritores bíblicos pensaban en términos de conceptos señalados por cualquier número de vocablos. No solían hacerlo en términos de palabras con significados estáticos. La idea del amor generoso de Dios, por ejemplo, está profundamente incrustada en la Escritura. Escritores como Anders Nygren[29] y C. S. Lewis[30] han señalado que esta noción está vinculada al verbo griego *agapao*. Pero, como ha demostrado James Barr, tanto la LXX como el Nuevo Testamento usan el verbo griego *phileo*, que suele entenderse como indicativo de la idea del "amor fraternal" de forma intercambiable con *agapao* para transmitir la misma idea.[31]

De manera similar, una simple palabra o expresión puede implicar una variedad de significados distintos. Jesús, por ejemplo, llenó la pa-

---

29. Anders Nygren, *Eros and Agape*, tr. P. S. Watson (Filadelfia: Westminster, 1953). Nygren entendió que no siempre se trataba de la idea del amor abnegado cada vez que aparecía alguna forma de *agapao*. Sin embargo, la percepción popular siempre adoptaba esta opinión.
30. C. S. Lewis, *Los cuatro amores* (Nueva York: Rayo, 2006).
31. Véase James Barr, "Words for Love in Biblical Greek", *The Glory of Christ in the New Testament: Studies in Christology in Memory of George Bradford Caird*, eds. L. D. Hurst y N. T. Wright (Oxford: Clarendon, 1987), 3-18.

labra *kyrios* ("Señor") de un nuevo sentido, de manera que en el Nuevo Testamento puede implicar a un opresor o a un siervo-líder. En una palabra, los términos bíblicos son mucho más flexibles de lo que a menudo interpretamos.

Además, aunque sabemos mucho acerca del mundo antiguo, nuestro conocimiento se ve sobrepasado por lo que desconocemos. La sobriedad, la honradez y la humildad deberían caracterizar nuestras conclusiones.[32]

Las doce tribus. También argumentamos más arriba que, muy probablemente, la frase "las doce tribus" no aluda al Israel étnico, sino al nuevo, a la iglesia multirracial. Algunos eruditos de renombre han adoptado la postura contraria. Aquí, la conclusión a la que uno llega en esta cuestión no es lo particularmente importante, sino el principio de interpretación teológica que puede ser de gran ayuda a la hora de crear un puente que salve la distancia entre el texto y nuestro propio mundo. Algunos destacan que el significado original de "las doce tribus" se restringía al Israel étnico. Este argumento que afirma que cuando descubrimos el significado original de un término descubrimos su sentido en un texto se denomina argumento etimológico. Muchos lo tienen como una ruta segura a la verdad, pero con frecuencia no lo es. No deberíamos dejarnos arrastrar de manera irreflexiva por los cantos de sirena del significado original.

Aunque descubrir el sentido original de un término puede ser satisfactorio y absolutamente útil, no tiene por qué haber una garantía de que, al hacerlo, hayamos discernido la significación que el autor pretendía atribuirle *en un texto en particular.* Los ejemplos de esto abundan en las Escrituras. En el Antiguo Testamento, los patriarcas utilizaban originalmente la palabra *ger* ("extranjero") como autorreferencia (véase Gn 21:23; 23:4), porque vagaban por una tierra que no era la suya. Hasta el nombre que Moisés dio a su hijo, Gersón, refleja esta idea. Sin embargo, una vez establecidos en el territorio, *ger* acabó refiriéndose a los no judíos. El concepto es que un término significa exactamente lo

---

32. Como Martin Hengel dijo recientemente: "La erudición del Nuevo Testamento siempre ha sido, en gran parte, una *ciencia de conjeturas* [...]. Este hecho debería hacer que fuéramos más modestos [...]. Con demasiada frecuencia, existe el peligro de confundir lo que es precisamente posible con lo que, en realidad, tan solo es probable [...]. No deberíamos avergonzarnos de hablar con franqueza de nuestra gran incertidumbre" ("Tasks of New Testament Scholarship", *BBR 6* [1996]: 75-76). Hengel habla aquí de la erudición novotestamentaria como una rama especializada reconocida de la disciplina de la historia antigua.

que el autor desea que quiera decir, pero jamás deberíamos permitir de forma irreflexiva que gobiernen nuestra interpretación.

Autoridad y servicio. Un tema importante de este pasaje es el equilibrio de la autoridad con el servicio. Era precisamente un componente habitual del *mythos* romano. Creían que sus conquistas les venían impuestas por el destino, que tenían una misión civilizadora que ejercer sobre el resto del mundo.[33] Virgilio lo expresó muy bien cuando observó que era tarea de los romanos "someter a todo el mundo al gobierno de la ley" (*totum sub leges mitteret orbem*)".[34] Los romanos creían que ellos vencían para beneficio de los demás pueblos. En cierta medida tenían razón. En ocasiones y en algunos lugares, Roma podía ser un amo benefactor y generoso.[35] Pero la inmensa mayoría de los que vivían bajo dominio romano no conocía esta experiencia. Muchos conocían figuras de autoridad, gobernantes y señores, romanos o élites provinciales, como opresores solamente.[36] De manera similar, la mayoría de los esclavos calificarían su relación con las figuras autoritarias como menos

---

33. Los romanos usaban el término griego *oikoumene* (lat. *oecumene*) para referirse al mundo o, más adecuadamente, al mundo habitado. Este término, derivado de *oikos*, vocablo griego que significa "casa", indica el grado hasta el que los romanos entendían su "derecho" de patronazgo. El emperador Adriano incluso construyó un extenso conjunto palaciego en Tibur (la moderna Tívoli), en el que se exhibía *flora, fauna* y réplicas de edificios de todo el mundo. La idea era, obviamente, que todo el mundo es el hogar, propiamente dicho, de los romanos.

34. Virgilio, *Eneida,* 4.231. Una noción similar se encuentra en la frase latina *fiat iustitia pereat undus*, "Que se haga justicia aunque el mundo perezca".

35. Con tres ejemplos bastará. (1) Bajo el emperador Trajano, se estableció una política por la cual prestaba dinero de su tesoro imperial a los terratenientes italianos, con la condición de que pagaran un impuesto del cinco por ciento a la caja municipal; los ingresos se utilizarían para cuidar de los niños de las familias necesitadas de la zona. Esta práctica se conoce como instituciones alimentarias. (2) En la correspondencia entre Trajano y Plinio leemos acerca de la preocupación del emperador por asuntos mundanos, como un suministro de agua adecuado para los municipios provinciales. (3) Nótese el caso del emperador Tiberio. Cuando se le aconsejó elevar los impuestos en las provincias, respondió que era tarea del buen pastor esquilar a las ovejas, no despellejarlas (Suetonio, *Tiberio,* 32).

36. Josefo nos dice que la combinación de los tributos romanos y los impuestos del templo "sangró al país hasta dejarlo seco" (véase su *Antigüedades* 17.304-8). Los agricultores judíos cuyas familias habían sido asesinadas por los romanos por no poder pagar sus impuestos se convirtieron en bandidos e iniciaron una abierta rebelión, aprovechando el debilitamiento del gobierno romano. Sobre el bandidaje como movimiento campesino en Palestina bajo el dominio romano, véase Gerd Theissen, *The Shadow of the Galilean* (Filadelfia: Fortress, 1987), 75ss. S. Applebaum, "Judaea As a Roman Province: The Countryside As a Political and Economic Factor", *ANRW,* 2a serie (Berlín: de Gruiter), 8:355-99.

que deseables. La esclavitud urbana doméstica tampoco gozaba de una condición que garantizara el bienestar. Plinio nos dice que algunos eran maltratados con severidad.[37] En realidad, el grueso de la población, mujeres y hombres, esclavos, campesinos y pobres urbanitas, que formaban más del noventa por ciento de la población, percibían la autoridad como cruel, indiferente y humillante.

Nuestro mundo no es demasiado diferente. Experimentamos la autoridad en un sentido negativo, y, básicamente, nos parece que actúa en su propio interés. El creciente problema de los grupos violentos, ilegales y mal dirigidos en contra del gobierno no es más que una expresión de esta percepción. Vivimos esta disociación a diario, aunque en formas más suaves. La evidencia está ahí, desde la apatía de los electores hasta el temor a la policía y las bromas sobre el pago de impuestos.

Santiago talla aquí una imagen diferente. En su mundo, como en el nuestro, la combinación de autoridad con servicio que transmite mediante el uso del término *doulos* es más bien rara. La estrecha yuxtaposición del vocablo *doulos* con la idea del servicio pretende obligarnos a tomar nota. La familiaridad con la idea y la frase "liderazgo de siervo" puede habernos hastiado. Es una noción tan radical y de tan gran alcance como ninguna otra en la Escritura. Jesús nos llama a vivirla, a no limitarnos a hacerlo de labios. No hacerlo es una forma de doble moral.[38] El reino de Dios tiene las prioridades invertidas. La sabiduría de Dios es necedad para el mundo, y la sabiduría del mundo es necedad para Dios. El liderazgo, en especial el que se desempeña en la iglesia, debe asumirse tan solo mediante un fuerte y sincero compromiso de buscar la voluntad de Dios y la manifestación de esta en el bienestar de los demás. Al exponer su caso de este modo, Santiago establece un patrón para el liderazgo eclesial.

Significado Contemporáneo Las cuestiones clave para Santiago en 1:1 son la combinación de autoridad y servicio y la noción de lealtad a Dios ¿Cuál es

---

37. Plinio, *Epistulae,* 3.14.
38. "La honestidad —dijo Juvenal— recibe alabanzas, pero la dejan morir de frío" (*probitas laudatur et alget*) (*Sátiras,* 1.74). Nuestra falta de resolución por vivir los principios del servicio no es menos digna de resaltar.

la forma y la textura de estas dos cuestiones en nuestro entorno contemporáneo?

Servicio y autoridad. Santiago, como Pablo en Filipenses 2, emite un fuerte llamado para que el carácter básico de la vida cristiana sea el de servicio, siguiendo el modelo de Jesús mismo. El testimonio de los Evangelios es que Jesús era un Siervo-Mesías.[39] Quienes están en el liderazgo deben vivir el modelo de servicio. Santiago lo deja claro cuando combina imágenes y asuntos de autoridad con la camaradería y el servicio en su salutación de apertura. El liderazgo en la iglesia de Jesucristo debería reservarse para quienes no tengan un programa egoísta. Las metas establecidas y la práctica utilizada para conseguirlas deben ir marcadas por una actitud de siervo.

Ser percibidos como agentes de Dios es una cosa sagrada y terrible. El potencial para tal poder atrae a charlatanes. Recientes exposiciones por parte de periodistas han catalogado casos en los que ciertos "evangelistas" han utilizado el nombre de Jesucristo para desplumar a los fieles y hacerse ricos. Hace poco leí sobre un caso en el que el receptor de una carta de oración respondió (junto con una donación de diez dólares) con la petición de que el evangelista en cuestión "dejara de explotar a la gente que sufría con su arrogante deificación de sí mismo". Una semana después llegó la respuesta. El "evangelista en cuestión" ofreció esta petición de intercesión especial durante tres días y sus noches durante una vigilia, estando en su cámara especial de oración. Luego tuvo la audacia de pedir más dinero.[40]

Pero este poder tiene una cualidad seductora menos obvia, aunque potente. Los pastores y otros líderes de la iglesia son humanos. En ocasiones abusan de nuestra confianza, ya se trate de un pecado sexual, tratos financieros inadecuados o, sencillamente, una tendencia a la autoimportancia. Cuando yo estaba en el seminario, conocí a muchos estudiantes que decían: "Me encanta predicar", de una forma despreocupada o frí-

---

39. En el bautismo de Jesús, la voz que se oyó del cielo combinó la condición de rey (citando Sal 2) con el servicio (citando Is 42). Los relatos de la tentación confirman que Jesús resolvió ser un Mesías-Siervo. Hasta su autodesignación favorita, "Hijo del Hombre", lo señala. El Hijo del Hombre en Daniel 7 ha de ser servido, pero Jesús adjunta a la noción de Hijo del Hombre la idea del servicio: "Porque ni aun el Hijo del hombre vino para que le sirvan, sino para servir y para dar su vida en rescate por muchos" (Mr 10:45).
40. David C. Myers, *The Pursuit of Happiness: Whos Is Happy–And Why* (Nueva York: William Morrow and Company, 1992), 180-81.

vola. Como pastor y profesor no puedo afirmar esto. Aunque a menudo siento la presencia y el gozo del Señor mientras predico, también soy profundamente consciente de la responsabilidad que el oficio y la función colocan sobre mí. Nadie prepara una conferencia sobre Alejandro Magno suponiendo que quienes aguardan su disertación esperan que Dios les hable a través de ella. Pero muchos santos sí lo esperan de un sermón.

Este asunto cuenta con otro lado. La mayoría no aspira a posiciones de liderazgo cristiano totalmente por un deseo de poder. La inmensa mayoría ama a Dios y desea ver el progreso de su reino en nuestro mundo. Una de las razones por las que quienes están en el liderazgo tienen problemas es que hemos establecido un nivel increíblemente alto para nosotros mismos. A menudo esperamos que nuestros pastores prediquen igual de bien que los que vemos en la televisión, que asesoren como lo hacen los terapeutas profesionales y administren con la misma destreza que un director ejecutivo. Ser pastor es algo difícil y, con frecuencia, solitario.

Estas altas expectativas suelen tener dos resultados: (1) muchas personas de talento y piadosas escogen no entrar en el ministerio, porque han sido testigos del dolor que los pastores han soportado y no desean ser unos blancos tan fáciles. (2) Frente a tales expectativas, muchos pastores escogen la respuesta humana de ignorar lo evidente. Pueden fingir que las condiciones son mejores de lo que son en realidad, o se niegan a admitir que sus aptitudes son débiles en ciertos ámbitos. Al actuar de este modo, se van volviendo más distantes de sí mismos y de los demás, porque no se sienten capaces de ser sinceros con la iglesia, con ellos mismos, o quizá hasta con Dios. Es lo opuesto a la idea de comunidad del Nuevo Testamento. Se supone que la iglesia es un lugar donde (en los contextos adecuados) podemos abrirnos y ser francos unos con otros, confiando en que recibiremos aliento, oración e incluso disciplina en la combinación apropiada. Quienes están en los bancos tienen la responsabilidad con aquellos a los que Dios ha llamado a liderar.

El liderazgo de siervo significa en primer lugar resolver llevar a cabo lo que es la voluntad de Dios en los mejores intereses de los demás. Pero también significa realizar los esfuerzos de una forma que comunique a los demás la preocupación y la compasión de Jesús. De esta forma se conoce el gozo, ese que viene de entregarse a uno mismo.

La lealtad a Dios. Un tema principal para Santiago en 1:1 es la lealtad. Pero no es una lealtad ciega, sino una que procura entender a Dios, crecer en lo que Dios pretende. En varias formas, Santiago también expone que la fidelidad a Jesucristo no es una amenaza para el monoteísmo, que, en realidad, ser leal a Jesucristo y a Dios equivale a lo mismo.

Esta idea también conlleva una advertencia implícita: sé vigilante e introspectivo con respecto a tu propio corazón y mente. La lealtad al gobierno, a un partido político particular o a una filosofía, a una expresión religiosa específica, o a cualquier otra cosa aparte de Dios y del compromiso concomitante de ser humilde delante de Dios siempre contiene el potencial para que las semillas de la idolatría germinen y florezcan. En la comunidad evangélica de Estados Unidos, sobre todo en la "derecha cristiana", muchos se identifican con el cristianismo. Aunque la nación norteamericana puede a veces defender lo que es moral y correcto, con frecuencia no lo hace. Confundir la lealtad al estado con la fidelidad a Dios es idolatría, el mismo pecado del que los antiguos israelitas cayeron presa. Santiago nos empuja aquí a considerar las formas en que concedemos nuestra lealtad, sin sabiduría, a otras cosas cuando en derecho le pertenece tan solo a Dios.

Santiago 1:2-11

Hermanos míos, considérense muy dichosos cuando tengan que enfrentarse con diversas pruebas, ³pues ya saben que la prueba de su fe produce constancia. ⁴Y la constancia debe llevar a feliz término la obra, para que sean perfectos e íntegros, sin que les falte nada. ⁵Si a alguno de ustedes le falta sabiduría, pídasela a Dios, y él se la dará, pues Dios da a todos generosamente sin menospreciar a nadie. ⁶Pero que pida con fe, sin dudar, porque quien duda es como las olas del mar, agitadas y llevadas de un lado a otro por el viento. ⁷Quien es así no piense que va a recibir cosa alguna del Señor; ⁸es indeciso e inconstante en todo lo que hace.

⁹El hermano de condición humilde debe sentirse orgulloso de su alta dignidad, ¹⁰y el rico, de su humilde condición. El rico pasará como la flor del campo. ¹¹El sol, cuando sale, seca la planta con su calor abrasador. A ésta se le cae la flor y pierde su belleza. Así se marchitará también el rico en todas sus empresas.

Sentido Original Santiago sigue su introducción y salutación con un pasaje lleno de preguntas y respuestas prácticas ricas en contenido teológico. Expone su argumento de dos amplias pinceladas. En la primera (1:2-8) trata el asunto de las pruebas: ¿cuál es la fuente del infortunio? ¿Por qué permite Dios las dificultades en nuestra vida? ¿Cómo debemos responder a ellas? A estos interrogantes, Santiago responde que la oración, y en especial la sabiduría de Dios, son las herramientas necesarias para desenvolvernos con éxito en el campo de minas de las pruebas y dar respuesta a las preguntas que ellas nos suscitan. En el segundo trazo del pincel (1:9-11), el apóstol debate la pobreza y la riqueza, y los efectos que estas condiciones pueden tener sobre la vida espiritual. Insta a sus lectores a recordar que la riqueza es fugaz y que Dios exalta al pobre.

Las pruebas (1:2-8)

Santiago expone su argumento de que (1) se deberían aceptar las pruebas con gozo, porque resultan beneficiosas, y que (2) la sabiduría como don de Dios es necesaria para percibir las aflicciones de esta manera. Al hacerlo de este modo, la sección comienza a exponer la explicación de que la verdadera religión se compone del desarrollo tanto del carácter individual (1:2-18) como del corporativo (1:19–2:26; es decir, que la iglesia misma debería representar la verdad y desdeñar la duplicidad tanto en la enseñanza como en la adoración). La sección también presenta algunos de los temas principales de la carta: la oración, la fe y la prueba.

Santiago 1:2-8 es un argumento en cadena al que se le da unidad estructural mediante el uso de vínculos verbales (las palabras "saludos" [*charein*] y "dichosos" [*charan*] en los versículos 1 y 2, "constancia" en 3 y 4, y "faltar" en 4 y 5, "pedir" en 5 y 6) y la colocación de una idea sobre otra, para conseguir el efecto de una fuerte exhortación moral (*cf.* también Ro 5:3-5; 1P 1:6-7). Aunque existen algunas diferencias en estos tres pasajes,[1] todos comparten la idea de la *resistencia*. Es posible que todas dependan de una fuente común, como la enseñanza de Jesús.

Muy dichosos. En esta expresión, "muy" traduce *pasan* ("total, completo, absoluto"), elevando así el efecto de la dicha. Platón usa esta palabra cuando en *Las leyes* hace que Clinias argumente que es improbable que un hombre "se tire de cabeza a las profundidades *absolutas* de la depravación"[2] y que lo haga voluntariamente. En los apócrifos se describe a Dios como aquel que es "misericordioso [...] con favor completo" (2 Mac. 2:22). En Colosenses, Pablo ora pidiendo que los creyentes de Colosas fueran llenos "con *toda* sabiduría y comprensión espiritual" (Col 1:9-11). La "dicha" de la que habla Santiago aquí es un gozo completo y rebosante. Aunque parezca extraño, las pruebas han de ser ocasiones de este tipo de gozo.

Hermanos míos. Con estas palabras volvemos a considerar la cuestión de los destinatarios. Anteriormente llegamos a dos conclusiones: (1) Santiago habla con autoridad, pero como alguien entre colegas; (2) Santiago escribe a la iglesia multirracial. "Hermanos míos" transmite calidez y camaradería, que concuerda con nuestra anterior conclusión. Otros dos factores afianzan el argumento. Santiago no reivindica autoridad apostólica alguna,[3] y el uso que hace de *doulos* ("siervo", v. 1) argumenta que desea minimizar el aura de autoridad.[4]

---

1. Pedro está más preocupado con la prueba, a la que da valor, mientras que Pablo y Santiago concuerdan en que las virtudes producidas por esta son la cuestión más importante.
2. *Las leyes*, 646B.
3. Desde luego, un atípico lapsus si el escrito es pseudónimo.
4. J. H. Ropes, *The Epistle of St. James*, 118, argumenta que Pablo solo afirma ser un siervo en Romanos y Filipenses, dos ocasiones en las que deseaba evitar las reivindica-

Esto nos deja la cuestión de la identificación étnica de sus "hermanos". El hebreo *ah* ("hermano" = gr. *adelphos*) se utiliza, por ejemplo, para compatriotas en Éxodo 2:11 y 2 Macabeos 1:1. Por otra parte, en la antigüedad, las religiones paganas usaban "hermanos míos" para referirse a otros adherentes de variados trasfondos étnicos.[5] El uso del término más confirmado con diferencia se encontraba dentro de la iglesia primitiva. Aquí, "hermanos" podría usarse para otros judíos, como Pablo hizo algunas veces (p. ej. Ro 9:3), pero el uso abrumador en el Nuevo Testamento y en la literatura del cristianismo primitivo es de hermanos cristianos en contraste con el mundo en general.

No es en absoluto improbable que el extenso uso en el Nuevo Testamento fuera producto de la utilización que hizo Jesús de ello (Mt 23:8; Mr 3:35; Lc 22:32) y de la definición radicalmente distinta que dio a la comunidad. La lealtad a Dios, y no la composición étnica, fue su llamada a rebato. Santiago enseña que los cristianos se encuentran a veces en pruebas por esta lealtad a Dios. Que Jesús redefiniera de un modo tan radical la composición del pueblo de Dios nos proporciona la seguridad de que la conclusión previa en cuanto a entender las doce tribus como símbolo de la iglesia era exacta.

Enfrentarse a pruebas. Los cristianos se "enfrentan" a pruebas. La palabra griega utilizada aquí (*peripto*) sugiere una experiencia desagradable e imprevista. Jesús usa el mismo término cuando cuenta la historia del buen samaritano, cuando el hombre "cayó en manos de unos ladrones" (Lc 10:30). No hay lugar aquí para la idea de buscar las pruebas como forma de "demostrar la fe" ante uno mismo o a los demás. Santiago supone aquí que son inesperadas y desagradables, al menos en un principio.

En vista de lo que conocemos del pensamiento contemporáneo judío, las pruebas "diversas" surgieron probablemente tanto de fuentes externas como internas. Existe poca duda de que contempla una gran variedad de tipos, multicolores, complejas y diversas. Esto contrasta con la franca integridad de Dios (v. 5) y recuerda la sutileza de Satanás.

El vocablo hebreo que subyace en la palabra griega "pruebas" (*peirasmos*) es *nasah*, que significa demostrar la cualidad o el mérito de

---

ciones de autoridad personal.

5. Véase G. Adolf Deissmann, *Bible Studies,* tr. Alezander Grieve (Peabody, Mass.: Hendrickson, 1988), 142.

alguien o algo a través de la adversidad. Su sentido es neutral. *Peiras-mos* está vinculado a *peirates* ("atacador, pirata") y puede significar incitaciones a pensamientos y actos malvados, y también dificultades que ponen a prueba el temple.

Aquí es necesario exponer diversos puntos. (1) La prueba puede vincularse a Satanás. El Nuevo Testamento se refiere a veces a Satanás como el atacador o el pirata (Mt 4:3; 1Co 7.5; 10.13; 1Ts 3:5; 1Ti 6:9). La provocación a hacer el mal equivale a una porción de la cartera que Satanás se ha atribuido a sí mismo. (2) La prueba es sutil y multiforme, imágenes que nos recuerdan la descripción de la serpiente en Génesis 3:1. (3) La antropología teológica y la psicología judía pueden estar detrás de este pasaje. Aquí se hace necesario un breve debate del criterio bíblico sobre Satanás para entender el pensamiento de Santiago (véanse comentarios en la sección "Construyendo Puentes").

Existen, asimismo, aquí vínculos con los Evangelios. La creencia popular judía sostenía que el infortunio podía ser el resultado de alguna falta o impulso internos o de cierta fuerza externa. Juan 9:1-2 ilustra bien lo primero. Al pasar por delante del templo, Jesús y sus discípulos vieron a un ciego de nacimiento. Al preguntarle ellos si había pecado el hombre o sus padres, estaban expresando la creencia popular de que el hombre estaba experimentando el infortunio como resultado del pecado. En cuanto al segundo punto, tanto el Nuevo Testamento como la tradición rabínica reconocían que Satanás puede seducir, y de hecho lo hace, a los seres humanos para que pequen (*cf.* la tentación de Jesús, Mt 4:1-11; Lc 4:1-13).

También hay otros vínculos con Jesús. Las pruebas son la experiencia común de la humanidad, incluido Jesús; es decir, nos enfrentamos a ella tal como lo hizo Jesús (véase Heb 4:14-16). Además, en Lucas 6:22, Jesús nos llama bienaventurados cuando somos perseguidos por culpa del reino.

En resumen, Santiago no solo recurrió a la tradición rabínica en desarrollo, sino también a la vida y a la enseñanza de Jesús para su entendimiento de las pruebas. Pueden ser parte de la decadencia normal y el curso de la vida, el resultado de las artimañas de Satanás o (como estamos a punto de ver en 1:12-18) Dios mismo las puede permitir e incluso enviar. Independientemente de su origen, el apóstol insiste en que no deberíamos responder a ellas con enojo o decepción, sino con un gozo absoluto.

Responder a las dificultades con gozo parece absurdo. Santiago lo sabe y, por ello, en el versículo 3 ofrece su respuesta a nuestra pregunta natural: ¿por qué deberíamos regocijarnos frente a las pruebas? Porque tienen una cualidad purificadora; son el campo en el que algo se desarrolla y el proceso por el cual lo hace. Aquí, en Santiago, tenemos un paralelo de la idea hebrea en cuanto a que la prueba puede resultar en purificación, aun siendo el resultado del impulso natural de una persona al pecado (*yeṣer ha-ra*).

Las pruebas pueden tener este efecto como resultado del significado de "probar" (*dokimion*). La raíz de esta palabra significa "carácter aprobado", de manera que podemos ver el estrecho vínculo entre la prueba y su pretendido resultado. El judaísmo provee un rico trasfondo para entender las pruebas.[6] En Salmos 66:10-12 habla de cómo Dios prueba a su pueblo como a la plata para luego conducirlo a un lugar espacioso. Proverbios 3:11-12 contiene la que quizá sea la declaración clásica de esta idea: "Hijo mío, no desprecies la disciplina del Señor, ni te ofendas por sus represiones. Porque el Señor disciplina a los que ama, como corrige un padre a su hijo querido". En 2 Macabeos 6:12-17, leemos acerca de las calamidades que sobrevinieron sobre la nación judía como resultado de que Dios decidiera castigarla. Santiago cree que esas pruebas son la evidencia de la misericordia de Dios (Stg 1:16).

Constancia y perfección. El resultado de probar la fe es la "constancia" o la resistencia (*hypomone*), un rasgo altamente apreciado. *Hypomone* es un nuevo rasgo añadido al carácter de un cristiano en el crisol de la prueba. Esta palabra no alude a un acto solitario y excepcional de fortaleza, sino a un componente más profundo del carácter que se manifiesta en varias situaciones. Significa una constancia activa, un poder perdurable, una constancia y una determinación en la adversidad. Pero va coloreada con la idea de esperanza,[7] que anima y enriquece estas otras cualidades.

Hypomone es, asimismo, un medio para obtener un fin. No deberíamos sentirnos satisfechos con la constancia, por importante que sea esta

---

6. Véase 4 Macabeos 17:2-4.
7. Véase, por ejemplo, Sal 71:4-5. En 4 Macabeos 17:23 leemos un giro ligeramente distinto: "No es razonable que quienes son religiosos no se levanten contra la adversidad".

virtud, sino que deberíamos dejarla crecer hasta su plenitud para ser "íntegros, sin que les falte nada".[8] Esta idea de perfección tiene sus raíces
en el Antiguo Testamento y puede ilustrarse por dos palabras con significados mutuamente implicatorios. El primer término es *tamîm*, que
quiere decir "irreprensible" o "inocente". Implica un carácter sin defecto y describe a la persona que vive en obediencia a Dios. Este vocablo
se utiliza con respecto a Noé en Génesis 6:9 (Noé era un hombre justo
y honrado entre su gente). La segunda palabra es *shalem*, "perfecto,
íntegro, determinado". En el *Testamento de José* 2:4-7, se describen los
sufrimientos de José, proporcionando así un paralelo con el pensamiento expresado en Santiago.[9]

> Durante un breve tiempo, puede mantenerse a un lado con
> el fin de poner a prueba la disposición del alma. En diez
> pruebas me reveló que tenía su aprobación y, en todas ellas
> perseveré, porque la perseverancia es una fuerte medicina y
> la resistencia proporciona muchas cosas buenas.

La idea que se debe notar aquí es que la razón para la prueba (Stg 1:2-4)
está vinculada con el carácter de Dios (1:5-8) y Dios es el único que
merece semejante confianza. La persona "íntegra" es aquella cuyo carácter se ha formado por completo según los principios cristianos. No
se trata de una "perfección" según algunos valores comunes a la cultura
popular. En la iglesia de Corinto, Pablo encontró a muchos culpables de
aceptar los estándares de su sociedad y les recordó que la sabiduría de
Dios parece locura a este mundo, así como la sabiduría de este mundo
es necedad a los ojos de Dios (1Co 1:18-31).

"Perfectos" (*telios*) denota una "meta" o "un propósito legítimo". Es
un término clave para Santiago; ningún otro libro del Nuevo Testamento lo usa con mayor frecuencia. Cuando se emplea en relación con el
carácter, implica que Dios es una parte del proceso, cualquiera que este
sea, involucrado en la formación del carácter. Su gama de significado se
extiende hasta la más completa expresión del carácter en el siglo veni-
dero.[10] Asimismo, resulta importante observar que no se trata de un alto

---

8. Véanse paralelos en Ro 6:1-23 y Gá 5:6.
9. Véase Pheme Perkins. *First and Secont Peter, James and Jude* (Louisville: John Knox, 1995), 96.
10. Ralph P. Martin. *James*, 17.

estándar inalcanzable,[11] sino, más bien, de que podemos convertirnos en personas de *integridad*, personas decididas en su lealtad y devoción a Dios. Es el carácter plenamente desarrollado de la rectitud estable.

Los Evangelios suelen considerar la madurez como imitar a Dios, desarrollar sus rasgos de carácter dentro de nosotros. En la conclusión de las bienaventuranzas lucanas, Jesús advierte:

> Ustedes, por el contrario, amen a sus enemigos, háganles bien y denles prestado sin esperar nada a cambio. Así tendrán una gran recompensa y serán hijos del Altísimo, porque él es bondadoso con los ingratos y malvados. Sean compasivos, así como su Padre es compasivo. (Lc 6:35-36)

Lo que subyace tras este pasaje es lo que los gramáticos definen como "clasificación de *ben* [hijo]". Ser hijo de alguien o de algo es ser igual que la cosa a la que se le compara. Como ejemplo tenemos a Jacobo y a Juan que se enojaban rápidamente y se les atribuyó el nombre de *"hijos del trueno"* (Mr 3:17). Jesús nos llama, ni más ni menos, a ser como Dios en cuanto al carácter.

Dios nos da sabiduría. En este punto, Santiago pasa de la integridad moral a la sabiduría (*sophia*), cuya única fuente es Dios.[12] Aunque los seres humanos son responsables, al menos en parte, de su desarrollo moral, la sabiduría solo viene de Dios. En general, en el Nuevo Testamento, la sabiduría va asociada a entender los propósitos y el plan de Dios e indica una determinación a vivir de acuerdo con ellos. Necesitamos sabiduría para saber cómo gestionar las pruebas, porque ella nos proporciona una visión clara de nuestra situación desde la perspectiva de Dios. Con sabiduría percibimos que lo que el mundo denomina infortunio, cualquiera que sea su origen, es una oportunidad para que Dios haga que su propósito se cumpla. Como don de Dios, la sabiduría conduce lógicamente a que seamos nosotros quienes la pidamos. De nuevo, aquí vemos vínculos verbales a Jesús: "Pidan y se les dará" (Mt 7:7; Lc 11:9). "Cualquier cosa que ustedes pidan en mi nombre, yo la haré; así será glorificado el Padre" (Jn 14:13).

---

11. Por ejemplo, en Stg 3:2, ser "perfecto" es la capacidad de controlar la lengua. Aunque admirable, esto apenas se reserva a quienes son moralmente perfectos o incluso superiores en moral.

12. En el Antiguo Testamento hay muchas referencias a Dios como fuente de la sabiduría. Pr 2:6 declara: "Porque el Señor da la sabiduría; conocimiento y ciencia brotan de sus labios".

Algunos comentaristas señalan que, en Lucas 11:11-13, Jesús promete dar el Espíritu, mientras que en Santiago el don que viene de Dios es la sabiduría.[13] No existe aquí conflicto básico alguno ya que el judaísmo ha desarrollado una rica teología de sabiduría, y con frecuencia la han considerado como algo personificado: la señora Sabiduría que busca revelarse a la humanidad (p. ej. Pr 1:20:21). La concesión de sabiduría por parte de Dios, el único que es verdaderamente sabio, es una noción complicada. Los judíos no solo entendían la sabiduría como la mente y los propósitos de Dios, sino también como el contenido de la verdad revelada. En Juan, el Espíritu Santo realiza ambas funciones. Jesús prometió a sus discípulos que el Espíritu Santo vendría, y les dijo: "[Él] estará en ustedes" (Jn 14:17) y "les hará recordar todo lo que les he dicho" (14:26). Por esta razón es mejor hablar de la "pneumatología de la sabiduría" de Santiago y no de su "cristología de la sabiduría".

Santiago prosigue diciendo que Dios da con generosidad y sin vacilación (v. 5). Contrasta su firme devoción y propósito con la naturaleza variada y compleja de los fraudulentos esquemas creados por el maligno. Dios también da "sin menospreciar a nadie" (*me oneidizontos*). La raíz significa "proferir insulto" y conlleva un tono activo. Como en la literatura judía, uno que da sin reproche sabe que a los pobres se les debe amabilidad y generosidad (ver Sirácides 18:15-18). Si tomamos todo esto en conjunto, comprobamos que Santiago transmite la noción de que la espontánea generosidad de Dios no fluctúa, independientemente de lo que hayamos hecho en el pasado (véase Lc 6:35).

Sin dudar. Una vez debatido el carácter de Dios como dador de cuanto necesitamos, Santiago vuelve su atención al asunto de aquellos que no reciben sabiduría de Dios. Apela a nosotros para que pidamos sin dudar, es decir, sin divagaciones. Emplea la metáfora de una nave sin timón a merced de un mar embravecido, golpeada por fuertes vientos. Parece evidente que estas fuerzas están vinculadas al impulso malvado del hombre, sobre todo, en tanto en cuanto esta inclinación no solo permite que el cuerpo cometa el mal, sino que también son un obstáculo cuando la mente y el corazón deciden hacer el bien. Esto se hace eco de Efesios 4:13-14, donde Pablo habla de nuestro proceso de maduración como cristianos hasta llegar al punto de no ser ya como niños fluctuantes llevados por doquier por todo viento de doctrina.

---

13. Sophie Laws, *The Epistle of James,* 56.

El versículo 6 ofrece el lado humano de la oración. Aunque, en general, Lutero adoptó una visión poco entusiasta de esta carta, favoreció este versículo, ya que escribió en sus *Instructions for the Visitors of Parish Pastor*: "Los pastores deberían, asimismo, instruir a su gente con respecto a que la oración incluye fe en que Dios nos va a escuchar, como Santiago escribe en Stg 1:1".[14] Cuando alguien pide algo a Dios, "debe creer y no dudar". Dios no vacila a la hora de darnos cosas, aunque nosotros no nos atrevamos a pedir algunas veces. El verbo *aiteo* ("pedir") también aparecía en el versículo 5 en cuanto a la oración, donde se dijeron cosas extraordinarias como: Dios da de forma universal, su don es benefactor y se concede independientemente de merecerlo o no. Aquí, sin embargo, se utiliza en situaciones en las que Dios no da.

El versículo 6 es, por tanto, un pasaje difícil, y muchos de los intentos por explicarlo parecen convertir su significado en algo más opaco que lúcido. Estas complejidades giran en torno al sentido y las implicaciones de la "fe". Algunos sugieren que la oración efectiva es la que se hace con confianza y plena convicción, sobre todo con una fe que se manifiesta en obras.[15] En contraste está la opinión de que, aquí, fe quiere decir "confianza en la oración" y no "constancia en la religión cristiana". Se refiere a venir a Dios creyendo que es capaz de hacer una cosa en concreto.[16]

Existen fuertes objeciones a esta segunda interpretación. Santiago acaba de exponer la idea de la generosidad universal de Dios y no queda del todo claro cómo se puede compatibilizar esa imagen con el hecho de que Dios únicamente dé a aquellos que tengan la suficiente confianza en que él pueda realizar una determinada tarea. Algunos argumentan que es precisamente esta confianza la que desataba los poderes sanadores de Jesús. Es una idea equivocada.[17] Quienes sostienen esta postura tam-

---

14. Véase *Luther's Works*, ed. Conrad Bergendoff (Filadelfia: Muhlenberg, 1958), 40:278-79.

15. Martin, *James*, 18-19.

16. James Adamson, *The Epistle of James*, 57. Con todo, Adamson observa que, en 1:3, la fe no significa "constancia en la religión cristiana".

17. La opinión común de que Jesús no podía curar a menos que hubiera suficiente fe en el corazón del afligido se desmonta con facilidad. Podemos suponer que nadie argumentaría que Lázaro o la hija de Jairo, y ni siquiera alguno de los que presenciaran cualquiera de estas ocasiones tenían fe en que pudiera producirse una resurrección. El *locus classicus* de esta opinión, con frecuencia malinterpretado, se halla en Mr 6:1-5, donde el evangelista nos dice que Jesús "no pudo hacer allí ningún milagro" por la falta de fe. Una cuidadosa inspección del texto revela que Jesús sanó a personas de sus

bién creen que aquel que duda no tiene confianza en que será salvo.[18] Por tanto, parece más verosímil que Santiago se esté refiriendo a una fe que se manifiesta en la acción. Los versículos anteriores han hecho gran hincapié en el carácter y en una integridad sin fluctuaciones, dos temas que tienen que ver con la acción. Además, en 2:22, Santiago describe la fe de Abraham como una en la que esta y las acciones funcionan juntas. Por tanto, es posible que Santiago esté argumentando que aquellos que están creciendo en la voluntad del Padre recibirán aún más de Dios, de la misma forma en que este crecimiento permite más espacio para la gracia. Básicamente, es el pensamiento de Juan 14:13-14.

Aquí, el contraste se establece con la "duda",[19] y como esta es un fluctuar hacia adelante y hacia atrás, el resultado de la duda es la falta de acción. Aquel que duda fluctúa y es lanzado de un lado a otro como en un mar tempestuoso. Aquí no se está hablando de las sinceras dudas intelectuales. Después de todo, dudar es humano, como atestiguan los Salmos. David, por ejemplo, expresa sus dudas en cuanto al carácter y la fiabilidad de Dios (*cf.* Sal 96:1). En el salmo 6 se pregunta en voz alta si Dios lo ha rechazado e incluso intenta obligar a Dios a actuar mediante un soborno evidente. Con todo, en medio de su sincera duda, a David se le recuerda todo lo que Dios ha hecho por él en el pasado y recobra la esperanza necesaria para continuar. Aquí, en Santiago, la fe entiende y ha experimentado el carácter de Dios que da de manera gratuita y generosa; esta experiencia es la que hace que una persona así

---

aflicciones, siendo esto, con toda seguridad, lo que nosotros consideraríamos un milagro. El problema está en el vocabulario empleado por el Nuevo Testamento, ya que los términos que se usan con mayor frecuencia (*thauma* ["prodigio, milagro"], *semeion* ["señal"], y *semeia kai terata* ["señales y prodigios"]) poseen un abanico de significados mucho más amplio que nuestra noción de "milagro". El anciano Simeón considera que la presencia misma del bebé Jesús ya era "una señal" en Lc 2:34. Mr 6:1-5 es la única ocasión en la que uno de estos términos se utiliza en referencia a Jesús, que se "maravilló" (*ethaumazen*) por la incredulidad de ellos. Aquí, la idea consiste en que los milagros no "causan" necesariamente la fe (véase Lc 16:31), y, por tanto, Jesús declina realizarlos cuando percibe que el resultado sería la clase de fe equivocada, es decir, creer en él como hacedor de maravillas. Esta creencia errónea, que tal vez era fe en su propia visión de lo que el Mesías haría y sería, caracterizó a los discípulos que abandonaron a Jesús en Juan 6:66. Jesús buscaba crear y nutrir una clase distinta de fe, una en sí mismo como agente de Dios, como aquel que revela al Dios vivo. En el caso del llamado "secreto mesiánico" se da una situación similar.

18. En Mr 9:14-32 Jesús sana a un niño que tenía un espíritu maligno. En el versículo 24, el padre exclama: "Sí, creo. ¡Ayúdame en mi poca fe!".

19. Véase Ropes, *The Epistle of St. James,* 140-41.

tenga confianza. Finalmente, la oración debería ofrecerse en integridad, debería ser decidida, así como Dios es íntegro y tiene determinación.

Indeciso e inconstante. Santiago describe a continuación al que duda como a alguien de doble ánimo (*dipsychos*). Detrás de esto subyace la idea hebrea de tener doble lengua o dos caras (p. ej. Sal 11.2). Deuteronomio 26:16 advierte a los israelitas en contra de adorar a Dios con doble ánimo y Salmos 121:2 dice del hipócrita: "No hacen sino mentirse unos a otros; sus labios lisonjeros hablan con doblez [lit. corazón a corazón]". Un corazón semejante contrasta en gran manera con Dios, que es leal. Santiago está hablando de alguien que cambia constantemente sus lealtades y cultiva la pátina de la fe, pensando de forma equivocada que una acción mecánica es el corazón de la fe. Santiago nos llama a ser gente de carácter, cuya fe se manifiesta en una acción proporcional con aquello que Dios nos ha llamado a ser.

Santiago toca aquí una importante cuestión bíblica: Dios es aquel que, cuando dice algo, siempre es lo que quiere decir, quien siempre cumple su propósito: "Así es también la palabra que sale de mi boca: No volverá a mí vacía, sino que hará lo que yo deseo y cumplirá con mis propósitos" (Is 55:11). Su palabra es como un martillo que hace las rocas astillas (Jer 23:29). Por el contrario, las palabras de los seres humanos son con frecuencia solo viento (Job 16:3); no pueden mantenerse en pie (Is 8:10), y caen al suelo (1S 3:19).

Santiago no solo tiene en mente la simple confianza en que Dios puede responder, sino que añade a ello el compromiso más profundo de vivir según la voluntad del Padre, aunque esta aspiración falle a menudo. A quien se excluye claramente es a la persona para la cual la fe es un asunto de poco o ningún valor, cuyas palabras no son proporcionales al corazón que es el manantial de los hechos (*cf.* Lc 6:43-44), porque el corazón es el *locus* del carácter.

El hombre de doble ánimo es "inconstante en todo lo que hace". Esta frase denota a una persona inestable que no está tranquila. Refuerza la imagen del que duda añadiendo "indeciso". Ser "inestable" es una cualidad que marca toda la existencia de una persona y no solo su vida espiritual. Conlleva la idea de inclinarse de un modo u otro, sin comprometerse jamás. Pablo usa la forma del sustantivo de esta palabra para dar la idea de "desorden" (1Co 14:33; 1Co 12:20), y, en Lucas, Jesús la emplea para señalar "revoluciones" (Lc 21:9). Resulta raro encontrar esta palabra en la literatura griega anterior a Santiago, pero en literatura cristiana posterior es dominante, hecho que quizá da fe de la influencia de este libro.

La pobreza y la riqueza (1:9-11)

Ahora, Santiago pasa a las cuestiones de la pobreza y la riqueza dentro de la comunidad cristiana. Merece la pena recordar que la visión del judaísmo encerrada dentro de la ley mosaica era la de una sociedad marcada por un alto grado de preocupación igualitaria. Sin embargo, los excesos de Salomón y sus sucesores llevaron a los profetas a castigar a los inflados ricos por su falta de preocupación hacia los pobres. De manera similar, la aristocracia sacerdotal del periodo correspondiente al segundo templo era notoria por sus dispendios materiales. Esto condujo a dos conclusiones populares. En primer lugar, los pobres eran los piadosos, porque habían apoyado a Judas Macabeo contra la aristocracia helenizante de Jerusalén. En segundo lugar, la riqueza tiende a hacer que su poseedor tenga doble ánimo, así como los pobres opinaban que la aristocracia sacerdotal había vendido su religión y su pueblo a los intereses del poder personal.

Santiago está decidido a enfrentar estos dos criterios populares: "El hermano de condición humilde debe sentirse orgulloso de su alta dignidad, y el rico, de su humilde condición...". Este versículo es llamativo, porque aparece de repente y parece tener poco que ver con lo que figura anteriormente. Pero tras una reflexión adicional, la atención se centra en las conexiones. (1) Las condiciones de la pobreza constituyen otra "prueba" paralela a las demás que Santiago ya ha descrito. (2) El contraste entre la fe y el doble ánimo parece igualar al que existe entre la humildad y la riqueza.

Aquí se introducen nuestras preguntas: ¿son cristianos el rico y el pobre? ¿Se trata de una pobreza económica o espiritual? ¿Por qué debería cada uno de ellos "sentirse orgulloso" o "exultar"? ¿Qué nos revelan las riquezas acerca de nosotros? La primera pregunta es la que ha ocasionado mayor debate. Todos concuerdan en que el hermano pobre es miembro de la comunidad cristiana. ¿Pero qué hay del rico? "Se jacta" en sus riquezas. En esto no estaba solo. En un mundo sin abundantes oportunidades de distinguirse, la exhibición de la riqueza era una de las pocas opciones disponibles.[20] Como dijo Plutarco: "La mayoría de los hombres creen que se les roba su riqueza si no se les permite exhibirla, y este despliegue suele hacerse en las cosas superfluas de la vida, no en las necesidades".[21]

Existen abundantes razones para considerar al rico como cristiano. Según la forma gramatical, ambos términos "hermano" y "sentirse orgulloso" en el versículo 9 van ligados al "rico" del versículo 10. Además, suponer que los ricos no son miembros de la comunidad cristiana parece disociar innecesariamente esta sección del énfasis sobre las "pruebas" con la que todo el pasaje va sellado. Si los ricos están fuera de la comunidad cristiana, ¿por qué deberían tan siquiera pensar en vivir según los principios cristianos?".[22]

Muchos comentaristas optan por creer que el rico no es miembro de la comunidad cristiana. En esta opinión, el rico está afuera y considera que su riqueza es digna de su jactancia.[23] Estos eruditos señalan que la palabra *plousios* ("rico") se usó en 2:7 de forma exclusiva para personas no cristianas. Esto significa que "sentirse orgulloso" debe tener aquí un tono irónico. Los ricos ya tienen lo que buscaban y lo único que pueden esperar es el juicio escatológico. Esta línea de interpretación, se afirma, complementa la enseñanza de Santiago en cuanto a que los pobres serán justificados, y los ricos, destruidos.[24]

Pero existe otra forma de entender el asunto. La riqueza que Amós apoda "toros de Bazán" (Am 4:1-3) eran israelitas, pero, a pesar de ello, recibieron condenación por no estar sus actos en consonancia con su reivindicación de ser hijos de Abraham. Como los toros de Basán

---

20. Con la conquista de la cuenca mediterránea, Roma trajo paz y administración romana a la región. Esto resultó en una falta de oportunidades de progreso mediante el valor desplegado en la guerra o mediante la vida política. Las ciudades y las familias destacadas se vieron obligadas a competir con sus semejantes para lograr la fama por otras vías. Conocemos centenares de casos de familias ricas que cayeron por sus propios actos, sin orden ni concierto, en la bancarrota por su esfuerzo en pagar obras públicas para que la fama de su nombre se difundiera y durara de forma perpetua. De manera similar, había tan pocas oportunidades disponibles que Plinio se quejó al emperador Trajano diciéndole que las ciudades de Asia Menor se estaban arruinando económicamente intentando superarse unos a otros en la edificación de obras públicas enormes y sofisticadas. Véase Plinio, *Epistulae*, 10.39, y p. 39, nota 19.

21. Plutarco, *Marco Catón*, 18.3.

22. Véase el debate de un caso similar en Santiago 4:4, en el que se utiliza el término "gente adúltera".

23. Martin (*James,* 23) es aquí representativo.

24. *Ibíd.,* 25-26.

es posible que, en Santiago, "ricos" incluya a miembros ricos[25] de la comunidad cristiana, cuyo patrón de vida manifestaba poco o nada su compromiso cristiano, descalificándose así de la membresía auténtica.[26] Esta es una de las cuestiones de 1 Corintios 11, donde los cristianos ricos, emulando los banquetes públicos romanos, patrocinaban una eucaristía marcada por las delimitaciones del estatus social y económico. De este modo imponían los valores culturales romanos a la iglesia, valores que presuponían la legitimidad de marcadores como la posición y la riqueza para determinar el mérito a los ojos de la comunidad. Con toda la razón, Pablo respondió con profunda tristeza.

Los humildes deberían regocijarse (1) porque su pobreza proporciona campo para que su fe sea probada y, por tanto, para tener la resistencia necesaria para crecer, y (2) porque serán exaltados, así como habían prometido los profetas y Jesús. Estos pobres lo son espiritual y materialmente. El mundo antiguo no sabía casi nada de lo que nosotros llamaríamos una "clase media". Alrededor de un noventa por ciento de la población del Imperio romano vivía rayando o por debajo de lo que los modernos considerarían el umbral de la pobreza. Excepto en localidades urbanas selectas, como Corinto, la escalada social en el mundo romano era prácticamente algo imposible.[27] Pero también están los pobres en cuanto a lo espiritual, y, aquí, Santiago toca la rica teología del pobre en el judaísmo, donde pobreza y justicia van de la mano.

---

25. En 2Ts 3:6-14 Pablo habla contra la ociosidad e instruye a los que son trabajadores que adviertan a los ociosos y los avergüencen para que se pongan manos a la obra. Con todo, no debería tratarse al ocioso como a un enemigo, sino como a un hermano. Aquí, "un hermano" corre peligro de perder su membresía por culpa de su conducta. Creo que aquí, en Santigo, tenemos una situación paralela.

26. No se trata en este caso de opiniones arminianas o reformadas de la seguridad eterna. La idea que tenemos aquí está más bien en total consonancia con las palabras de Juan el Bautista (Mt 3:9) en cuanto a que Dios podría levantarle hijos a Abraham de las piedras esparcidas por todas partes. Es una cuestión de lealtad que se manifiesta en acción.

27. La economía romana sencillamente no lo permitía. La escalada social podía lograrse a través de tres medios básicos, todos ellos escasos. El primero era una excelente carrera militar. Vespasiano, por ejemplo, fue un campesino italiano que alcanzó el grado de general llegando a ser emperador en el año del caos que siguió a la muerte de Nerón. A medida que el imperio iba envejeciendo, esto llegó a ser más común. Pero estadísticamente siguió siendo la extraordinaria excepción. La segunda forma era la de la ciudadanía y, después, los ciudadanos libres de Roma iban acumulando riqueza. En el *Satiricón* de Petronio, Trimalco es uno de ellos. Existe un considerable debate en cuanto a lo extendida que estaba esta práctica.

El rico debería gloriarse en su humillación, no solo porque las riquezas son transitorias, sino porque son un estorbo. Las pruebas los liberarán de este obstáculo o introducirán un *shock* de claridad. Si se las entiende como es debido a través del don de la sabiduría de Dios, las pruebas concederán una nueva perspectiva en la que se vea a los ricos tal como son. Las riquezas tienen la capacidad de embotar nuestra vista hasta que dejemos de ver la imagen de Dios en aquellos que nos rodean. Tienen el potencial de atraernos a una aceptación ciega de los principios del mundo y a considerarlos como los valores correctos de la iglesia.

Los ricos, como sus riquezas, están destinados a una existencia transitoria. Dejarán de existir y se secarán en el abrasador calor del viento de verano. Este tiene el poder de arruinar las flores en cuestión de minutos. La imagen pretende transmitir tanto la rapidez de esta turbación como la tenue fragilidad de muchas de las cosas que estimamos seguras. Esta es la suerte de los ricos que se niegan a ver el mundo desde la perspectiva de Dios, para quien el orgullo de la riqueza juega el papel que le corresponde a él y usurpa el lugar de Yahvé.

Construyendo Puentes

Satanás, el mal y las pruebas. Santiago no menciona a Satanás en este pasaje, aunque en la teología rabínica en la que se basa se consideraba que el diablo era una de las fuentes del infortunio, una opinión que Jesús compartía. En nuestros días, hay momentos en los que, de manera informal, nos referimos a Satanás como la fuente del mal y el infortunio. Algunos movimientos (como La Viña)[28] y ciertos escritores[29] dentro del evangelicalismo moderno ofrecen un

---

28. Véase John Wimber, *Evangelización poderosa* (Nashville, TN: Editorial Caribe, 1997). En este libro, Wimber, el fundador del movimiento Vineyard "Signs and Wonders" (La Viña) argumentó que aunque las causas de la enfermedad pueden ser "físicas, psicológicas o espirituales [...] los cristianos tienen poder sobre ella. Los cristianos del siglo I consideraban que esta era obra de Satanás, un arma de sus demonios, una forma en que el mal gobernaba el mundo" (p. 97). En los últimos años, La Viña ha modificado su opinión. Véase Wimber, "Signs, Wonders and Cancer", *Christianity Today* (7 octubre 1996), 49-51.

29. Frank Peretti es un buen ejemplo. Sus novelas (la más famosa es *Esta patente oscuridad* [Miami: Vida, 1986]) son tremendamente exitosas. Ofrecen la metáfora de la "guerra espiritual" como algo emblemático de la vida cristiana. Esta imagen del estilo de vida cristiano ha sido examinada por robert A. Guelich, el fallecido catedrático de Nuevo Testamento en el *Fuller Theological Seminary*, a quien la obra de Peretti le parece interesante aunque ofrece una imagen distorsionada de la evidencia bíblica.

criterio del papel de este en la desdicha que, a veces, parece ajeno al material bíblico. Si queremos establecer un puente seguro sobre la brecha existente entre el mundo de la Biblia y el nuestro, sería adecuado e importante debatir brevemente la opinión bíblica sobre el diablo.

En el Antiguo Testamento, Satanás (del hebreo *šatan*, que significa "acusar" u "oponerse") ha sido nombrado por Dios como fiscal, papel que desempeña en Job 1–2 y Zacarías 3. Aunque claramente interesado en perseguir sus propios designios, sigue siendo un tanto reticente a oponerse a la autoridad divina. Sin embargo, en el Nuevo Testamento, Satanás es abiertamente hostil a Dios y ha reunido en torno a sí a sus secuaces, naturales y sobrenaturales. Además de su toga legal se ha apropiado tanto del manto de tirano como del disfraz de *agente provocador*. Es el hombre fuerte que, sin derecho legal alguno, ha ganado control *de facto* sobre la tierra. Cuando, en el relato de la tentación, Satanás ofrece a Jesús todos los reinos de la tierra, posee el poder pero no el derecho de actuar de ese modo.

Satanás también nos incita al pecado. Su senda habitual es la del robo y el engaño (*cf.* 2Co 11:14), ensañándose con nuestras imperfecciones morales. En especial, suele tener éxito cuando se disfraza y se hace pasar por bueno. Opera principalmente a través de instituciones y estructuras, los "principados y potestades". De este modo, en Apocalipsis se describe a Roma como la consorte de la bestia, como una herramienta en manos de Satanás. En la crucifixión, el poder del diablo se vio severamente restringido (Jn 12:31), pero sigue siendo peligroso.

Los desarrollos dentro del judaísmo, en especial la antropología y la psicología teológicas judías en Qumrán y dentro de la tradición rabínica, forman parte del trasfondo del pensamiento de Santiago aquí. En estos contextos, se empezaba a considerar el pecado como el resultado de un impulso dentro de todo ser humano. Esta inclinación era, por tanto, natural y endémica de la condición humana. En algunos casos, este impulso no se diferenciaba y podía oscilar hacia el bien o hacia el mal. En otros casos, había dos impulsos, el *yeṣer ha-ra* ("el impulso malo") y el *yeṣer ha-tov* (el "impulso bueno"). En la literatura rabínica posterior, estos impulsos se asocian con varias partes del cuerpo; controla el

---

Véase Robert A. Guelich, "Spiritual Warfare: Jesús, Paul and Peretti", *PNEUMA: The Journal of the Society for Pentecostal Studies* 13 (primavera 1991): 33-64.

cuerpo y actúa de forma adversa a este.[30] La idea que Pablo tiene de la lucha con la carne perfilada en Romanos está sacada de este trasfondo.

En algunos contextos dentro del judaísmo, el *yeṣer ha-ra* se identificaba prácticamente con Satanás; en otros, el impulso maligno es receptivo a Satanás, un campo preparado y fértil, preparado para que él plante sus semillas repugnantes. El remedio no es la escisión del impulso, sino el añadido de una fuerza pura más fuerte que la de Satanás con el fin de limitar el impulso maligno o incluso dirigirlo hacia el bien.[31] En ocasiones, esta fuerza integral se describía como la sabiduría, en otras, como el Espíritu de Dios.

Coexistente con estos desarrollos, había otros que veían el pecado como algo exteriorizado. Aquí, Satanás y Dios se veían como en conflicto y competición contra los seres humanos. En esta opinión, Satanás espera apartar al pueblo de Dios y, después, hacerlos sufrir. Pablo, como Santiago, es consciente de estos desarrollos. En su criterio, Satanás tiene parte en llevar a las personas por mal camino (2Co 2:11), y Pablo sabe del impulso maligno (Ro 7:13-23) y de su pura contrapartida, el Espíritu Santo (8:1-17).[32]

Sabiduría. Tal como en la antigua Palestina, nuestra cultura asocia la sabiduría con la edad y la experiencia. Pero, como demuestra el uso de imágenes de abuelos en la publicidad de las empresas de inversión, a menudo aplicamos la sabiduría al "éxito personal" y a la salud financiera. Una clave para interpretar este pasaje correctamente consiste en evi-

---

30. En el Talmud babilónico, *Nedarim* 32b, leemos que el cuerpo se compone de 248 partes, y que Satanás tiene poderes seductores sobre la humanidad durante 364 días cada año, con la única excepción del Día de la Expiación. El *Midrash Rabbah* de Ec 9:14-15 afirma que "el impulso maligno" es como el rey poderoso de 9.14 y asedia el cuerpo así como el poderoso rey asedia la ciudad. "El impulso bueno" es como el pobre de 9:15, pobre porque no todos lo poseen, y, de aquellos que lo tienen, muchos no lo obedecen. *Aboth Rabbí Nathan* 16 afirma que el *yeṣer ha-ra* tiene 13 años más que el *yeṣer ha-tov*, porque comienza a desarrollarse en el vientre. El *yeṣer ha-ra* también es "rey sobre sus 248 miembros. Cuando emprende alguna buena acción, todos sus miembros empiezan a tirar. Y es que el impulso maligno dentro del hombre es monarca sobre sus 248 miembros, mientras que el bueno es como un cautivo en prisión". El impulso maligno se encuentra en la apertura del corazón y es el que, incluso cuando somos niños, nos lleva a hacer daño a los demás y hasta a nosotros mismos.

31. Tal vez esta idea se halle detrás del pensamiento de Pablo en 1Co 2:6-8, donde los principados y potestades causan, sin saberlo, su propia destrucción al crucificar al "Señor de gloria".

32. Para todo este asunto, véase Peter H. Davids, *The Epistle of James,* 36-38, y W. D. Davies, *Paul and Rabbinic Judaism* (Filadelfia: Fortress Press, 1980), 20-35.

tar entender la "sabiduría" según nuestros propios estándares. Santiago recurre a la riqueza de la tradición de la sabiduría judía en tres pasajes: 1:5-8; 1:16-18 y 3:13-18.

Para Santiago, la sabiduría tiene tres funciones principales: (1) produce las virtudes de la vida cristiana; (2) otorga lo que se necesita para estar firme en la prueba y, por tanto, ayuda a "perfeccionar"; y (3) conduce a la vida, lo contrario que el "deseo" (*epitkymia*), que lleva a la muerte.[33] Para Santiago, la sabiduría es inicialmente el don de Dios al cristiano. En el Antiguo Testamento, la sabiduría se puede buscar, pero en Santiago es algo que se concede como resultado de la oración. Además, en Santiago, la sabiduría tiene aplicación práctica, ya que resulta en una serie de virtudes (humildad, perseverancia, paciencia) que tienen el efecto de preservar a la comunidad.

El apóstol contrasta también la sabiduría de Dios con la del mundo. La sabiduría celestial concede a los que sufren la capacidad de dar sentido a las injusticias y las dificultades de la vida, o de confiar en Dios aunque no lleguen a comprender el porqué de su situación. La sabiduría del mundo, por el contrario, nos enseña que debemos evitar aquello que percibimos como pruebas e infortunios. Desde este punto de vista solo hay un pequeño paso hasta la errónea conclusión de que las pruebas son una evidencia de que a Dios no le importa o que es incapaz de actuar. Santiago advierte contra estos pensamientos en 1:12-16.

Pruebas. Estrechamente aliadas a la sabiduría se encuentran, claro está, las pruebas. Como hemos visto, pueden ser provocadas por Satanás, permitidas o enviadas por Dios, o ser una parte normal del ciclo de la vida. Al considerar las pruebas, son cuatro los riesgos que se deben evitar. (1) No debemos considerar las pruebas como señal de nuestra elección, de manera que las procuremos en un esfuerzo por demostrarnos, a nosotros mismos o a los demás, que hemos sido elegidos. Santiago no está de acuerdo con nada de esto. Para él, Dios puede usar las pruebas para desarrollar el carácter, pero cualquier intento de buscar las pruebas debe verse como la satisfacción de una necesidad egoísta. Semejante intento niega por completo la posibilidad de un desarrollo del carácter, aunque proclama su necesidad.

(2) No debemos considerar las pruebas necesariamente como una herramienta de Satanás. Muchos afirman, en el nombre de Cristo, que la

---

33. Véase Davids, *James,* 54-55.

enfermedad y las dolencias son señales del pecado o de Satanás. Pero la Biblia también deja claro que este no tiene por qué ser el caso. A veces Dios usa la dolencia para su propósito, como en el caso del aguijón en la carne de Pablo (2Co 12:7-10) o del hombre ciego de nacimiento (Jn 9:1-2). No todas las enfermedades y dolencias son un ataque contra Dios y su pueblo. Si enseñamos esto les estamos haciendo flaco favor a los demás, ya que los cargamos con una culpa innecesaria.

(3) Según dice Santiago, la pobreza puede ser una situación para que se den pruebas en ella y por medio de ella en las que nuestro carácter pueda ser moldeado y formado. Existe una rica herencia teológica dentro del judaísmo que vincula la pobreza con la espiritualidad, porque el pobre siente de forma más intensa la necesidad humana universal que tiene de Dios. Recientemente, en una conferencia, hablé con un hombre que trabaja con las personas sin hogar de Portland, Oregón. En los suburbios —me dijo— existe una lucha para convencer a las personas de que necesitan ser perdonadas, pero resulta fácil convencer a las personas de que Dios las ama. Sin embargo, con los sin hogar de la ciudad —prosiguió—, la situación es a la inversa. Los sin techo ya saben que necesitan a Dios y su perdón. Lo difícil —observó— es convencerles de que Dios los ama, porque muchos no han percibido esto a nivel humano. La pobreza —me explicó— no solo permite que las personas constaten su necesidad de Dios con una profunda claridad, sino que también contribuye a su moldeado a manos de Dios.

(4) No debería entenderse aquí que Santiago está abogando por una actitud despreocupada hacia el pobre por parte del rico, suponiendo que esta posición sea algo "bueno" para ellos. Tampoco permite el pasaje una resignación pesimista a semejante estado, y, de hecho, la totalidad del Nuevo Testamento emite un llamado a la obligación de la comunidad. Los cristianos que tengan la capacidad deberían presentar un esfuerzo responsable en beneficio de un mayor bien, de ayudar a los pobres (véase, p. ej. 2Ts 3:6-14). Independientemente de cuál sea la situación, aquellos de nosotros que tengamos recursos tenemos un llamado a usarlos con sabiduría y generosidad.

Auténtica humanidad. En este pasaje, Santiago trata una variedad de cuestiones relacionadas con la condición humana. Sabe que la fragilidad del hombre hace que seamos propensos a divagar. Pero también es consciente del llamamiento que tenemos a una completitud perfecta. El Nuevo Testamento habla de ella de diversas maneras, dejando claro que

Jesús ha sido el pionero. Hebreos define a Jesús como "el autor y consumador de nuestra fe" (Heb 12:2). Pablo se refiere a él como el segundo o el postrer Adán (1Co 15:45). En Juan, Jesús aludió a su crucifixión con estas palabras: "pero yo, cuando sea levantado, atraeré a todos a mí mismo" (Jn 12:23).

Los tres autores señalan una verdad central: Jesús anula el pecado de Adán, completa lo que este dejó sin hacer y, por tanto, vive una existencia humana completa. Las implicaciones teológicas de esta idea son varias, y, en nuestro texto, Santiago las ha dejado dispersas como si fueran los materiales para un proyecto de construcción. En la sección siguiente se tocarán algunas de estas implicaciones. Con el fin de hacer justicia a estas cuestiones a las que Santiago ha dedicado menos tiempo, debemos explorar algo de la noción que la Biblia tiene de la condición humana.

Santiago habla aquí de nuestra fluctuación y duplicidad, así como de nuestro legítimo propósito de "perfección". Esta tensión penetra directamente hasta el núcleo central de lo que significa ser humano. Por lo general solemos pensar en este asunto bajo dos categorías: somos humanos, Dios es divino. Hablamos de Jesús como un ser a la vez humano y divino, y, cuando escudriñamos los Evangelios en busca de aspectos de su condición humana, señalamos que tenía sed y sentía cansancio (Jn 4), o que lloró ante la tumba de Lázaro (Jn 11). Sin embargo, es bastante posible que la Biblia conozca una imagen diferente, una en tres partes formada por componentes divinos, completa o idealmente humanos e infrahumanos.

Cuando Dios creó a la humanidad nos hizo a su misma imagen. Pero, como resultado de la caída, soportamos una cualidad de existencia inferior a la que él pretendía que tuviéramos. En un sentido es, si se quiere, infrahumano. Por esta razón, el salmo 8, primer comentario de Génesis 1:26-27, puede hablar de la humanidad como algo solamente un poco inferior a Dios mismo (Sal 8:5),[34] porque habla de seres humanos tal como Dios quiso que fueran originalmente, para que tuvieran una comunión estrecha y constante con él. En Santiago encontramos esta tensión entre quiénes somos y lo que Dios nos llama a ser. Como seres humanos somos frágiles, fallamos y necesitamos la gracia, el cuidado y el perdón de Dios. Pero tenemos un llamado a convertirnos en auténticos humanos. La nuestra no es una religión de obras, sino que implica

---

34. La NVI, como muchas traducciones, utiliza "que a un dios". Esta traducción se deriva de la LXX, que escogió traducir el término hebreo para Dios como "ángeles".

un llamado a la acción. Dios, que hace sonar su clarín para que seamos como Cristo, también es un Dios que perdona, porque entiende nuestro dolor y nuestra fragilidad.

La duda. Uno de los elementos de auténtica humanidad que preocupa a Santiago es la duda. Debemos comprender al apóstol de una forma correcta en este punto. Aunque los cristianos modernos suelen pensar con frecuencia que la duda es algo que se debe evitar, la Biblia conoce los efectos saludables y hasta útiles de la duda sincera. Hemos de construir un puente sobre esta grieta con el fin de ver que la duda que Santiago quiere que eludamos no es la duda sincera, sino aquella que conduce a la tentación.

Según Santiago, los seres humanos experimentan un amplio abanico de emociones, incluida la duda, la ira y el dolor. En esto, el apóstol tiene mucho en común con los salmos, porque en estos himnos antiguos de fe se mezclan lo santo y lo mundano. Los salmos tratan sinceramente con la emoción humana. A veces, el salmista expresa ira hacia otros seres humanos, aunque haya tratado de dominar sus emociones y su lengua:

Me dije a mí mismo:
«Mientras esté ante gente malvada
vigilaré mi conducta,
  me abstendré de pecar con la lengua,
me pondré una mordaza en la boca».
  Así que guardé silencio, me mantuve callado.
¡Ni aun lo bueno salía de mi boca!
  Pero mi angustia iba en aumento;
¡el corazón me ardía en el pecho!
  Al meditar en esto, el fuego se inflamó. (Sal 39:1-3)

La ira del salmista tampoco va dirigida tan solo a las personas. A menudo la orienta a Dios, porque parece como si el Señor hubiera permitido que el impío floreciera. ¿Dónde está la justicia? ¿Dónde está la imparcialidad? El salmista pregunta, por tanto, con bilis en la lengua y dolor en el corazón: "¿Hasta cuándo, Señor, vas a tolerar esto?" (Sal 35:17) y "¿Hasta cuándo, Señor, me seguirás olvidando?" (13:1). En las presiones de la vida, nosotros, como el salmista, nos preguntamos a menudo dónde está Dios, si de verdad le importa y qué espera. Como pastor he visto el dolor de una pareja que llora la muerte de una hija de once meses. He visto la tristeza de una familia por una mujer de diecinueve años cuya vida la ha segado un conductor ebrio cuando ella se dirigía a la iglesia. Conozco de primera mano el sufrimiento de parejas que anhelan ser padres de unos hijos que jamás logran tener. Este tipo de personas conoce el dolor de la pérdida fortuita. Saben lo que es clamar a Dios en medio de la desesperación y hasta de la duda.

La duda humana sincera nos lleva a recordar todo lo que Dios ha hecho en el pasado y, por tanto, a acordarnos del carácter constante y fiable de Dios (*cf.* Sal 77:7-12). Aunque, en ocasiones, nuestra vida ofrece una tristeza tan profunda que podemos cuestionar a Dios, en última instancia conocemos su carácter y su toque de compasión. Como lo ha explicado Kathleen Norris, nuestra fe tiene una "sinceridad terrenal"[35] que nos permite traspasar la mentira de la falsa espiritualidad y la conversación santa, para ver que debemos ser honestos con nuestra fragilidad humana antes de ser santos, y no al contrario. Dios nos conoce y se encuentra con nosotros en la fragilidad, la debilidad y la suciedad de la condición humana. Fingir que nuestra vida es de otro modo es mentirnos a nosotros mismos y a Dios. Como David, debemos ser llevados al lugar donde podamos decir a Dios: "Siempre tengo presente mi pecado" (Sal 51:3). Podemos hacerlo con gozo y confianza, porque conocemos el carácter de Dios. Ha demostrado ser un Dios que perdona, que puede transformar el pecado en algo bueno, que puede transformar nuestro llanto en gozo.

Debemos entender la distinción implícita en el pasaje entre la duda sincera y la duplicidad. El tipo de duda que Santiago reprende es la duplicidad activa, ya sea consciente o subconsciente. La duplicidad reclama o declara resolución, pero no puede acabar lo que empieza ni lo hará. La duda activa, la de doble ánimo, puede oscilar desde lo extraordinario a lo mundano, desde el charlatán religioso disfrazado de honrado predicador televisivo al fiel asistente a la iglesia con un corazón desprovisto de compasión. Cuando el nombre de Dios se invoca para sancionar el poder personal, el prejuicio, la estratificación económica o los principios de política nacional, lo más probable es que nos hayamos desviado hacia el peligroso territorio del doble ánimo.

La oración es necesaria, porque abre nuestra mente a la sabiduría y a la voluntad de Dios que, como nos recuerdan las Escrituras, suelen venir por sorpresa, haciendo lucir su foco de búsqueda y exponiendo la

---

35. Kathleen Norris, "Why the Psalms Scare Us", *Christianity Today* (15 julio 1996), 21.

mezcla de motivos que operan simultáneamente en nuestra fragilidad humana. Santiago desea un corazón sincero que falle algunas veces, pero que tenga la resolución de seguir por el camino de Dios.

Significado Contemporáneo Antes, los eruditos llegaron a la bien documentada conclusión de que Santiago no tiene una teología discernible.[36] Este juicio se ha visto desafiado en años más recientes, aunque es cierto que la teología de Santiago no es tan fácilmente visible como la de otros libros del Nuevo Testamento. En cualquier caso, es un pasaje lleno de teología, con mucho que decir a nuestro mundo impaciente y satisfecho de sí mismo. Santiago trata aquí con preguntas duras del mundo real. ¿Por qué sufrimos dificultades? ¿Por qué permite un Dios bueno el sufrimiento? ¿Cuál es la naturaleza de la fe? Las repuestas que Santiago proporciona enseñan que Dios es un dador generoso y espléndido, hasta para quienes no lo merecen. Asimismo, señala que Dios desea el desarrollo del carácter dentro de nosotros.

Aquí existe una tensión o un equilibrio, dependiendo de la perspectiva propia. Dios nos ama y nos perdona, pero también desea que maduremos y crezcamos. Este desarrollo sigue un camino que, con frecuencia, resulta duro, pero es el que debemos seguir con tenacidad y resolución. Dios concede lo que necesitamos para suplir a nuestro viaje, con solo pedirlo, si lo pedimos con una sincera devoción que, aunque a veces flaquee, es esencialmente fiel.

En este pasaje, Santiago trata diversos temas teológicos difícilmente coherentes. Una forma de vincularlos para que formen un conjunto con sentido es concebir el llamado a la perfección como el tema unificador, y los demás asuntos a modo de componentes. De esta forma, podemos imaginar cuatro hilos, cada uno de ellos compuesto por varias hebras que, juntas, aportan fuerza y coherencia a la totalidad del tejido. Estos cuatro hilos principales son: la falsa sabiduría de este mundo; la naturaleza de la oración, porque Santiago nos dice que la oración es el camino hacia nuestro verdadero llamado; el carácter de la sabiduría de Dios y la auténtica humanidad que es nuestro legítimo propósito.

---

36. Martin Dibelius, en su comentario de 1921, negó la posibilidad de escribir sobre los temas teológicos de Santiago.

La sabiduría de nuestro mundo. La sabiduría de nuestro mundo es una falsa sabiduría, que ofrece un gozo ficticio y prioridades falsas. En última instancia, demuestran ser deficientes. Se ve claramente que Santiago habla de la sabiduría y del gozo que ella trae de una manera casi irreconocible para los ciudadanos del mundo moderno. Nuestro mundo nos seduce con sus candidatos a las claves de una vida feliz.

En su libro *The Pursuit of Happiness*, David Myers expone claramente estas mentiras. Señala, por ejemplo, que la creciente riqueza no aumenta en modo alguno la autopercepción del gozo o de la felicidad.[37] En realidad, en opinión de Myers, el nivel de gozo percibido es básicamente el mismo independientemente de la edad, el género, la raza, la educación, la ubicación o incluso la presencia de una discapacidad trágica.[38] En algunos casos, lo superfluo sirve en realidad para disminuir la felicidad percibida. En 1991, por ejemplo, a Barr Bonds, del equipo de béisbol de los Piratas de Pittsburg, le ofrecieron 2,3 millones de dólares en lugar de los 3,2 millones que él pedía. Bonds declaró: "No hay nada que Barry Bonds pueda hacer para complacer a Pittsburgh. ¡Me siento tan infeliz todo el tiempo!".[39]

En un artículo de la revista *Life,* Christopher Whipple cita que, resumiendo su vida matrimonial, Chris Evert decía: "Jugamos al tenis, vamos al cine, vemos la televisión, pero yo sigo diciendo: 'John, tiene que haber algo más'".[40] En aquel tiempo, Chris se encontraba en el punto culminante de su fama y éxito, o muy cerca de él. En los comentarios al CD *Pieces of You,*[41] que obtuvo un triunfo enorme, el popular cantante Jewel Kilcher incluye un poema titulado "Poema de fe". Habla más bien de la falta de fe, del anhelo por lo bueno y lo coherente sin encontrarlo.

> No sé cómo hacer nada [...]. Me miro en el espejo y veo suciedad [...] ¿Por qué tengo las uñas negras de la tierra de la incompetencia? [...] Esta flaca pluma apenas parece capaz de plasmar o borrar esta plaga que infesta mi Generación, ese Gigante, ese Ogro, esa Bestia, esa Muerte que asume un millón de rostros, que toma prestado el mío.

---

37. David G. Myers, *The Pursuit of Happiness: Who Is Happy–And why* (Nueva York: William Morrow, 1992), 31-46.
38. *Ibíd.,* 177.
39. Peter King, "Bawl Players", *Sports Illustrated* (18 marzo 1991), 14-17.
40. Christopher Whipple, "Chreissie", *Life* (junio 1986), 64-72.
41. Jewel Kilcher, *Pieces of You,* Atlantic Recording Company, 1994.

Nuestro mundo busca gozo, pero, como ha definido David Myers,[42] la sabiduría de este mundo no nos permite encontrarlo. Jesús lo reconoció cuando, en Juan 12:25, afirmó: "El que se apega a su vida la pierde; en cambio, el que aborrece su vida en este mundo, la conserva para la vida eterna".

Santiago está hablando de una clase distinta de sabiduría y de gozo, un regocijo que entiende el sacrificio en el presente para alcanzar el bien, que es el resultado de un profundo sentido de estar en la presencia y la voluntad de Dios. Si queremos entender a Santiago de la forma adecuada, debemos despojarnos de las nociones modernas del gozo y de la felicidad, tan vinculados como están a una gratificación inmediata y a la satisfacción plena. Es un gozo que se encuentra fundamentalmente más allá de uno mismo. Se halla en una sensibilidad hacia Dios, a la humildad delante de él, y en el servicio a los demás. Por esta razón, Santiago castiga al rico (1:10) y al de doble ánimo (1:7), porque ambos han buscado el gozo a través de diferentes tipos de esfuerzo egoísta.

Por inverosímil que parezca, el cumplimiento se encuentra a menudo en medio de la dificultad. El doctor Paul Carlson, un misionero médico, fue martirizado en 1956 por nacionalistas simba en el Congo belga. Sobre su cuerpo se halló su Nuevo Testamento. Contenía un mensaje fechado el día anterior a su muerte. Había escrito una palabra: "Paz".[43] Hillel dijo: "Empezar con uno mismo, sin terminar con uno mismo; comenzar con uno mismo sin apuntar a uno mismo; comprenderse a uno mismo sin preocuparse por uno mismo".[44] Jesús dijo: "Bienaventurados los que se dan cuenta de que son espiritualmente pobres".[45] Ser espiritualmente pobre es reconocer la necesidad que uno tiene de Dios. Es en medio del desafiante viaje para ir a encontrarse con Dios y en ser lo que él quiere que seamos donde se debe hallar ese gozo. Como afirmó Cyprian Norwid: "Para ser lo que se llama feliz, uno debería tener (1) algo sobre lo que vivir, (2) algo por lo que vivir, (3) algo por lo que morir".[46]

---

42. Estoy en deuda con Myers, *The Pursuit of Happiness,* por una gran parte de esta sección.
43. Susan Bergman, "Faith Unto Death: In the Shadow of the Martyrs", *Christianity Today* (12 agosto 1965), 24.
44. Esta cita se halla en Marin Buber, *The Way of Man* (Nueva York: Citadel Press, 1963), 63.
45. La NVI lo traduce como "Dichosos los pobres en espíritu".
46. Citado en Wladyslaw Tatarkewicz, *Analysis of Happiness* (Dortrecht: Martinus Nijhoff, 1976), 176.

Al recurrir a la teología de la sabiduría, Santiago nos recuerda el carácter radicalmente diferente de la vida y la experiencia cristianas en comparación con el mundo que nos rodea. Pero esto no es un llamado a algún tipo de morbosa fascinación con la tragedia. Es más bien una súplica de ver el rostro de Dios cuando la vida parece más oscura. Esto es cierto, porque la tragedia tiene la capacidad de impulsarnos a la incredulidad cuando la contemplamos en términos mundanos, pero también tiene el potencial de atraernos a Dios.[47]

Lee Atwater, el director de campaña de George Bush para los comicios presidenciales de los Estados Unidos de 1988, obtuvo un gran éxito según los parámetros del mundo. Pero tras ser diagnosticado de cáncer de cerebro, empezó a reflexionar sobre su vida en términos que hablaban de su deseo de haber rehuido antes la sabiduría del mundo:

> En la década de los ochenta todo giraba en torno a adquirir: conseguir riqueza, poder, prestigio. Lo sé. Adquirí más riqueza, poder y prestigio que la mayoría. Pero uno puede conseguir todo lo que desea y seguir sintiéndose vacío. ¿Qué poder no cambiaría yo por la posibilidad de estar un poco más de tiempo con mi familia? ¿Qué precio no pagaría por una noche con mis amigos? Ha hecho falta que una enfermedad mortal me ponga cara a cara con esa verdad, pero es una verdad que el país, atrapado en las implacables ambiciones y la decadencia moral, puede aprender a costa mía. No sé quién nos dirigirá durante la década de los noventa, pero deben acostumbrarse a hablar a este vacío espiritual que hay en el corazón de la sociedad estadounidense, ese tumor del alma.[48]

Sin saberlo, Lee Atwater se estaba haciendo eco del pensamiento de Santiago. Lo que los seres humanos necesitan con urgencia es la sabiduría de Dios. Sin él y sin su sabiduría, estamos condenados a experimentar este tumor del alma. Las pruebas nos obligan a ir al lugar donde pedimos a Dios esta sabiduría, y ella nos permite soportar la prueba hasta ser completos. *No* es la sabiduría del mundo.

---

47. Myers, 194, escribe: "Las personas de fe que se encuentran con la tragedia son estadísticamente más propensas a considerarla como algo que los espolea a un bien mayor".
48. Lee Atweater y Todd Brewster, "Lee Atwater's Last Campaign", *Life* (febrero 1991), 67.

Oración pidiendo sabiduría. Santiago nos llama a la contemplación cuando nos invita a pedir a Dios sabiduría, sobre todo durante las pruebas. Esto significa transitar a mitad de camino entre el optimismo irracional y el pesimismo mundano que delata una falta de confianza en Dios. El optimismo irracional puede ir marcado por el fracaso que supone no entendernos de forma adecuada, no comprender la situación que se está viviendo y la creencia de que aquello que consideramos confortable es precisamente lo que, en opinión de Dios, es mejor para nosotros. Ni el optimismo irracional ni el pesimismo mundano se toman a Dios en serio, ni tampoco a nosotros mismos.

En la mente de los grandes pensadores cristianos medievales, la sabiduría de la cruz tiene la capacidad de mantener el reconocimiento del poder del mal sin permitir que su presencia nos obsesione tanto como para que olvidemos la soberanía de Dios. En una ocasión en que Gregorio Magno aconsejaba a un amigo que pasaba por una prueba, le contó que antes de ser crucificado, Jesús les dijo a quienes fueron a capturarlos: "Esta es su hora, y el poder de la oscuridad".[49] Pero Gregorio también recordó a su amigo que aquella mañana de Pascua ya aparecía en el horizonte.

Santiago vincula la sabiduría con la oración de petición. La tradición cristiana contiene una rica teología de oración, en la que se ofrecen muchas y distintas definiciones. En su libro *Prayer*, Olle Hallesby afirma que la oración es abrir la puerta y permitir que Dios inunde nuestra vida.

> Orar significa dejar que Jesús entre en nuestro corazón [...].
> No es nuestra oración la que mueve al Señor Jesús, sino que
> es él quien nos mueve a orar. Él llama a la puerta. Nues-
> tras oraciones son siempre el resultado de que él llame a la
> puerta de nuestro corazón. Esto arroja luz sobre los antiguos
> pasajes proféticos: "Antes que me llamen, yo les responde-
> ré; todavía estarán hablando, cuando ya los habré escucha-
> do" (Is 65:24) [...]. Orar no implica nada más que dejar que
> Jesús entre en nuestras necesidades. Es darle permiso para
> que emplee sus poderes en aliviar nuestra aflicción. Es dejar
> que él glorifique su nombre en medio de nuestras necesida-
> des [...]. No significa más que abrir la puerta, permitirle a

49. Gregorio Magno, *Epistulae,* 6.2.

Jesús el acceso a nuestras necesidades y dejarlo que ejerza su propio poder a la hora de tratar con ellas.[50]

En Salmos 62 oímos un eco de este mismo pensamiento: "Solo en Dios halla descanso mi alma". Alguien me dijo en una ocasión que la adoración es la posición desde la que Dios se vuelve visible. Debemos encontrar ese lugar y poner allí nuestro hogar.

La sabiduría de Dios. La sabiduría de Dios nos permite entender las pruebas, y nos lleva a percibir la responsabilidad que tenemos los unos con los otros. María Skobtsova fue prisionera en el campo de concentración nazi llamado Ravensbrück. En medio de aquel horror inimaginable, habría sido fácil e incluso normal que desesperara. Pero la sabiduría de Dios le concedió la capacidad de no considerar su situación como un infortunio, sino como una oportunidad. Escribió: "Yo soy tu mensaje, Señor. Lánzame, como una antorcha ardiente en la noche, para que todos puedan ver y entender lo que significa ser tu discípulo".[51]

Con sabiduría, a través de la oración, llega una apreciación del tiempo de Dios. Pedro Abelardo escribió: "Por la fe que tenemos en cuanto a Cristo, el amor crece en nosotros, por medio de la convicción de que Dios en él ha unido nuestra naturaleza a sí mismo y que, por medio del sufrimiento en esa naturaleza, nos ha demostrado el amor supremo del que habla".[52] Abelardo argumenta que la cruz tiene el poder de provocar el verdadero arrepentimiento en los pecadores, para cambiar nuestro corazón de piedra por otro de carne, un corazón de compasión y un corazón que desea aún más conocer y ser conocido por Dios. En las pruebas pedimos sabiduría en oración, y ellas nos empujan a contemplar las Escrituras, a orar y a buscar el rostro de Dios. Al actuar de este modo, nos volvemos más como Dios mismo, ya que su amor inunda más y más nuestro interior. Esto requiere y fomenta la paciencia.

La contemplación nos ayuda a darnos cuenta de que Dios es el autor de todo lo bueno. Como María Skobtsova, tomamos conciencia de que la definición que Dios hace de lo que es bueno puede ser muy diferente de la nuestra. La contemplación nos permite discernir lo que es verdaderamente importante y reordenar nuestras prioridades de una forma acorde con ello. Una víctima de cáncer de mama lo explica de este modo:

---

50. Olle Hallesby, *Prayer,* tr. C. J. Carlsen (Minneapolis: Augsburg, 1931), 11-13.
51. Bergman, "Faith Unto Death", 22.
52. Pedro Abelardo, *Commentaria in epistolam Pauli ad Romanos* (sobre Ro 8:32).

Le echas una larga mirada a tu vida y te das cuenta de que muchas de las cosas que antes te parecían importantes son absolutamente insignificantes. Este ha sido probablemente el cambio más importante de mi vida. Lo que haces es poner las cosas en perspectiva. Descubres que las relaciones son en realidad lo más importante que tienes —las personas que conoces y tu familia—, todo lo demás se encuentra por debajo de esto. Es extraño que tenga que ocurrir algo verdaderamente grave para que te haga tomar conciencia de esto".[53]

La contemplación y la oración también encienden en nuestro interior un corazón de compasión por los demás. Cuando consideramos las pruebas desde una perspectiva divina, quedamos liberados de los grilletes del egocentrismo que nuestro mundo expresa con tanta frecuencia. Pete Incaviglia, jugador del equipo de béisbol de los Texas Rangers declara: "La gente piensa que ganamos tres o cuatro millones de dólares al año. No se dan cuenta de que la mayoría de nosotros tan solo conseguimos quinientos mil dólares".[54] Este tipo de egoísmo queda destruido por la contemplación. En vez de esto, la visión que Dios tiene del mundo inunda nuestro corazón y mente, y reconocemos en los demás no solo un tesoro a la vista de Dios, sino la manifestación de su gracia por nosotros. Tenemos un llamado a ser y recibir esta gracia unos de otros, independientemente de las consideraciones mundanas de riqueza o privilegio.

Esta lección nos resulta particularmente difícil de aprender. Se nos enseña la responsabilidad individual y la firme independencia, como si fueran características naturales e incluso bíblicas. En efecto, esto tiene más que ver con el sello de la Ilustración que con la enseñanza de Jesús. Esta peligrosa combinación de valores culturales con la práctica cristiana es una de las menos reconocidas y más virulentas cuestiones adversas que acosan a la iglesia. El aclamado sociólogo de la Universidad de California, Robert Bellah, declara que lo que falta en nuestra cultura es un sentido de conectividad, los unos con los otros y con una causa mayor.[55]

---

53. Myers, *The Pursuit of Happiness,* 49-50.
54. *Life* (enero 1991), 23.
55. Véase Robert Bellah, et al., *Habits of the Heart* (Berkeley: Univ. Of California Press, 1985), viii, 277-81.

Santiago escribió a personas entre las que vivió, que conocían una pobreza y unas dificultades que nosotros no podemos ni imaginar. No debemos enfatizar tanto el elemento espiritual de estas preocupaciones que se pierda la concreta expresión que Santiago pretende transmitir. Debemos dejar que estas ideas hablen por sí mismas y, después, procurar usarlas a modo de espejo para nuestra propia situación. Lo único que poseemos —nuestra salud, nuestra educación, nuestra riqueza— son dones de Dios. Tenemos una responsabilidad *sagrada* de usarlos con sabiduría.

Cuando Santiago debate sobre los hermanos ricos y pobres, su intención consiste en llamarnos a la práctica de la comunidad. Uno de los sellos de la comunidad bíblica es una profunda preocupación práctica por los demás. La inquietud de Santiago puede haberse basado en la enseñanza de Jesús. Cuando habló en Mateo del Hijo del Hombre que vendría en gloria, comentó la sorpresa de muchos que descubrirían que su conducta los había descalificado de la verdadera membresía. Afirmó que los justos eran aquellos que dieron a otros un vaso de agua fresca, que dieron de sus propios recursos y que vistieron a los necesitados. Santiago sabía de "hermanos" ricos, pero la verdadera fraternidad trata a los demás como seres preciosos a la vista de Dios. Jesús considera el trato que damos a los demás como si se lo diéramos a él mismo (Mt 25:31-46).

Tampoco deberíamos ser víctimas de la arrogante presunción de que aquellos de nosotros que tengamos prosperidad material siempre desempeñamos el papel del dador benefactor. El modelo de Jesús y la enseñanza de Santiago consisten en que tanto ricos como pobres tienen mucho que dar y que aprender los unos de los otros. Tenemos la responsabilidad de dar y de recibir el toque de las manos de Jesús entre quienes nos rodean.

La auténtica humanidad. Santiago nos llama a la perfección. Pero esta idea no es una que nos haga sentir cómodos. A muchos de nosotros nos recuerda experiencias infelices de la infancia en las que fuimos incapaces de conseguir la alabanza que tanto ansiábamos de un padre o de una autoridad. Esto no es, sin embargo, la noción de perfección que Santiago tiene en mente. Kathleen Norris ha aprendido lo siguiente: "Recientemente me he dado cuenta de que lo que no funcionó para mí en mi educación cristiana se centra en la creencia de que uno tiene que estar vestido, por dentro y por fuera, para encontrarse con Dios".[56] Por ello aprecia tanto los salmos, porque "exigen compromiso, te piden que los leas con todo tu ser [...] cualquiera que sea el ánimo con el que te encuentres y cualesquiera que sean las condiciones de tu vida, y, aunque te sientas fatal, cantes de todos modos. Para tu sorpresa comprobarás que los salmos no niegan tus verdaderos sentimientos, sino que te permiten reflexionar sobre ellos, justo delante de Dios y de todo el mundo".

Hace poco, un amigo me habló de un sacerdote católico que ministra a mujeres que han pasado por el aborto. Les dice que es un pecado terrible, pero que es una transgresión igual de terrible no permitir que Dios te perdone si has dejado que te practiquen un aborto. Les comenta que Dios quiere que vengan a él, porque las ama profundamente. La sinceridad delante de Dios no nos aparta de él, sino que nos permite conocerle y ser conocidos por él. Es el primer paso de una senda que conduce a nuestra unión con él, tal como observó Abelardo. Es un camino marcado por las pruebas y la oración, y lleva a la perfección. Para Santiago, la perfección está vinculada a la sinceridad, a una valoración honesta de uno mismo delante de Dios y de los demás. Es un corazón resuelto y una paciente decisión de conocer a Dios y el carácter de la integridad.

Santiago enseña que, en el camino a la humanidad auténtica, la vida y la muerte están emparejadas. En Mateo 16:24-254, Jesús declaró: "Si alguien quiere ser mi discípulo, tiene que negarse a sí mismo, tomar su cruz y seguirme. Porque el que quiera salvar su vida, la perderá; pero el que pierda su vida por mi causa, la encontrará". Santiago se hace eco de esta enseñanza en su argumentación sobre las pruebas y la riqueza. Crecer hasta la madurez cristiana supone dejar de lado la sabiduría del mundo con sus principios de éxito y gozo, y emprender la imitación de Cristo. En su *Asesinato en la Catedral,* T. S. Elliot imaginó el final del sermón de Navidad del arzobispo Thomas Becket: "Porque el verdadero mártir es aquel que ha llegado a ser instrumento de Dios, que ha perdido su voluntad en la de Dios; que no la ha perdido, sino que la ha hallado, porque ha encontrado la libertad en la sumisión a Dios".

---

56. Norris, "Why the Psalms Scare us", 20.

Santiago 1:12-18

Dichoso el que resiste la tentación porque, al salir aprobado, recibirá la corona de la vida que Dios ha prometido a quienes lo aman. ¹³ Que nadie, al ser tentado, diga: "Es Dios quien me tienta". Porque Dios no puede ser tentado por el mal, ni tampoco tienta él a nadie. ¹⁴ Todo lo contrario, cada uno es tentado cuando sus propios malos deseos lo arrastran y seducen. ¹⁵ Luego, cuando el deseo ha concebido, engendra el pecado; y el pecado, una vez que ha sido consumado, da a luz la muerte. ¹⁶ Mis queridos hermanos, no se engañen. ¹⁷ Toda buena dádiva y todo don perfecto descienden de lo alto, donde está el Padre que creó las lumbreras celestes, y que no cambia como los astros ni se mueve como las sombras. ¹⁸ Por su propia voluntad nos hizo nacer mediante la palabra de verdad, para que fuéramos como los primeros y mejores frutos de su creación.

Sentido Original

Este pasaje está lleno de imágenes de una cualidad extraordinariamente gráfica. Los incautos son arrastrados con el propósito violento que se reserva para la presa que cae en la trampa del cazador. Dios Padre es inmutable y bueno, es la imagen de la estabilidad en medio de este peligro. Santiago utiliza este simbolismo finamente trazado para señalar a sus lectores la gravedad de la situación a la que se enfrentan. A fin de cuentas, es a los inconscientes a quienes les atrae el falso encanto con púas ocultas. Su principal propósito es argumentar que no se debe culpar a Dios cuando nosotros no podemos permanecer firmes en la prueba, y señalar que los seres humanos son responsables de sus actos; no tenemos derecho de culpar a Dios, porque él es el autor de toda buena dádiva.

El pasaje se desarrolla en tres pinceladas. (1) En la primera (v. 12), Santiago ofrece un resumen de lo que ya ha enseñado, es decir, que los cristianos deberían perseverar cuando se encuentran con pruebas. A continuación, introduce un nuevo elemento: el de la recompensa futura. Los cristianos tienen la esperanza de la vida verdadera, la "corona de vida" que Dios ha prometido a todos los que permanecen firmes. Deberíamos, por tanto, ser leales a él y demostrar así nuestro amor por él. (2)

Santiago dirige después su atención a corregir las creencias erróneas de sus lectores (vv. 13-15). Dios no es la fuente de la tentación y atribuirle a él tales intenciones perversas es una verdadera maldad. Nosotros somos los únicos responsables por ceder a la tentación, al seguir el deseo impío que hay en nuestro interior, un camino que conduce al pecado y a la muerte. (3) Finalmente, Santiago describe para sus lectores el verdadero carácter de Dios y el destino cierto de los seres humanos (vv. 16-18). Dios es la fuente máxima del bien en el universo, y nunca cambia. Nos ha escogido para que nos aliemos con él y con su propósito. Quiere que le escojamos a él y, al hacerlo, elijamos la vida. Lamentablemente, con frecuencia lo rechazamos en nuestra intencionada ignorancia y nos decantamos por la muerte.

La corona de vida (1:12)

Algunos consideran que este versículo pertenece al pasaje anterior y, de hecho, sirve de puente entre 1:1-11 y 1:13-18. Pero, como Santiago proporciona lo que muchos entienden como el segundo elemento de la doble apertura de una carta (siendo la primera 1:2), aquí es donde debería hacerse la división.[1] La carta empieza con una introducción epistolar (1:1), seguida por la apertura inicial en la que Santiago presenta el tema de las pruebas, la sabiduría y la riqueza (1:2-11). Este segundo comienzo vuelve a tocar y expande dichas cuestiones, pero empieza con las ideas de bendición y de la corona de vida.

Santiago ha puesto en servicio, a la fuerza, un principio de la teología del judaísmo, la idea de que el pueblo fiel a Dios se califica como "bendito". En los Profetas[2] y en la tradición sapiencial,[3] se llama benditos a muchos: los que tienen la sabiduría de ver que, a través de la dificultad, Dios forja el carácter; los que procuran el perdón de Dios; los que obran justicia. Santiago recuerda a sus lectores estos dogmas teológicos y los usa como trampolín para su nueva línea de pensamiento en los versículos 13-18, ya que en esta paleta de colores se debe encontrar la naturale-

---

1. Véase Fred O. Francis, "The Form and Function of the Opening and Closing Paragraphs of James and 1 John", *ZNW* 6 (1971): 110-26. Francis demuestra que muchas cartas literarias y ordinarias del periodo helenístico contienen una doble apertura, que suele incluir el uso de términos paralelos que los vinculan a ambos. La doble apertura también introduce los asuntos clave que proporcionan la estructura de la carta e informan de su contenido.
2. Por ejemplo, Is 30:18; 56:2; Jer 8:32, 34.
3. Por ejemplo, Job 5:17; Sal 32:1; 42:1; 94:12.

za de dar por gracia y de perdonar de Dios, la esencia y el propósito de las pruebas, y la formación del carácter piadoso.

Parece evidente que en Salmos, y de forma más amplia la tradición de sabiduría, encontramos importantes elementos del tejido de fondo de Santiago.[4] Como en la tradición sapiencial, la palabra "bendito" tiene una connotación presente y futura, ya que aquel que persevere se cualifica para ser llamado "bendito", y la recompensa es la "corona [*stephanos*] de vida".[5] En la Biblia y en la cultura mediterránea antigua, al hablar de "corona" se solía entender que se trataba de la que obtenía un vencedor,[6] el adorno de honor,[7] o la corona real.[8] En la Biblia, los tres tipos de coronas transmiten las ideas de recompensa y honor. En 1 Corintios 9.24-25, Pablo habla de la corona como la vida eterna, que compara a la corona corruptible que ganaban los vencedores en los juegos.[9] En Filipenses 4:1 habla de los creyentes como "su gozo y su corona". Finalmente, Sirácides 6:31 alude a la sabiduría en términos de una vestidura gloriosa y una corona de felicidad.

La referencia a la sabiduría de Sirácides 6:31 es seductora, ya que, según Santiago, esta es necesaria para entender la pruebas de forma adecuada y, de este modo, ganar la "corona de vida". El apóstol no insinúa aquí una competición que elimine a todos excepto al vencedor[10] ni alude a un poder real que mira por lo suyo con escaso respeto por los intereses de otros. En vez de esto, la corona es la marca de honor *y de conducta* que conduce a la vida eterna. Es decir, la "corona de vida" es la vida eterna y, en este siglo, una vida que se vive según la voluntad de Dios como su siervo fiel y leal.

---

4. Sin embargo, esto no quiere decir que Santiago sea un ejemplo de literatura de sabiduría, como solían sostener los comentarios más antiguos.

5. El término "corona de vida" es raro en las Escrituras (también se encuentra en Ap 2:10), pero tiene paralelos: la "inmarcesible corona de gloria" de 1P 5:4, o la forma verbal "lo coronaste [al hombre/al hijo del hombre=la humanidad] de gloria y de honra" de Sal 8:5.

6. La imagen de la guirnalda de olivo silvestre que se concedía a los vencedores en el Olimpo viene aquí a la mente.

7. Esta es la idea de Pr 1:9, donde el padre invita al hijo a escuchar sus instrucciones, porque "adornarán tu cabeza como una diadema, adornarán tu cuello como un collar".

8. Otra posibilidad es la corona de flores que se llevaba en las ocasiones festivas, como las bodas.

9. Ver también 2Ti 4:8 y 1P 5:4.

10. Así también Pablo, en 1Co 9:24-25 contrasta los juegos atléticos, en los que solo uno puede ganar, con la vida de esfuerzo espiritual, en la que todos pueden ser victoriosos.

Al llamar "dichosos" (*makarios*) a los cristianos que resisten, Santiago está diciendo que estos *pertenecen* a Dios, porque él nos ha adoptado. Formamos parte de su familia y de su vida. Como hijos verdaderos, tenemos que ser como él.[11] Parte del significado de la bendición está vinculado a que seamos "perfectos e íntegros" (1:4), un aperitivo de nuestra recompensa que se realizará por completo en la era venidera. Esta idea incluye intimidad con Dios y participación con él en el cumplimiento de su propósito. Por esta razón, Santiago se dedica tanto a los componentes prácticos de vivir la vida cristiana. Convertirse en agente de Dios significa vivir simultáneamente en comunión con él y estar entregado a su propósito.

A continuación, Santiago añade que esta corona de vida es lo que "Dios ha prometido a quienes lo aman". Como hijos suyos, los cristianos tenemos que estar firmes, como todos aquellos que le aman, con el fin de recibir nuestra herencia. Aquí están presentes la cuestión de la lealtad a Dios y la de apartarnos de lo que sea inferior a esto y, por tanto, implique un peligro potencial y falsas lealtades. Los fieles son los que resisten la prueba, porque el verdadero amor por Dios se manifiesta en la acción. Santiago está siguiendo fielmente aquí la enseñanza de Jesús (ver Mt 25:31-46).

Las tentaciones y su fuente (1:13-15)

Cuando golpea el infortunio tendemos a buscar algo o alguien al que culpar. La tragedia es, con frecuencia, aleatoria y sin sentido: una bala perdida en un tiroteo cercano mata a un niño; un avión se estrella y hay centenares de muertos; una joven muere en un accidente de automóvil, víctima de un conductor ebrio. La tragedia sin sentido nos deja como adormecidos, impotentes e inseguros. Estas son las clases de situaciones que surgen en el horizonte de nuestro texto; por ello, Santiago aparta su atención de quienes resisten y superan la prueba (v. 12) y la dirige a quienes abandonan el esfuerzo.[12]

Es común entre los humanos atribuir las dificultades o el mal a Satanás o a Dios, o a los caprichos del destino. Homero hace que Zeus se queje: "Es increíble ver la facilidad con la que los seres humanos culpan a los

---

11. Ver Lc 6:35-36, donde Jesús afirma que, si somos misericordiosos como Dios lo es, seremos llamados "hijos del Altísimo".
12. Aunque Santiago no ofrece una teodicea de gran envergadura (un intento de reconciliar la presencia del mal con la creencia en un Dios bueno), es probable que tenga en mente la teología del libro de Job.

dioses y creen que somos la fuente de sus problemas, cuando todo se debe a su propia perversidad y estupidez, las que les provocan aflicciones más severas que las que cualquier destino podría asignar".[13] Proverbios 19:3 expone muy bien la idea: "La necedad del hombre le hace perder el rumbo, y para colmo se irrita contra el Señor". Cuando Dios se enfrentó a Adán en el jardín del Edén, este defendió su inocencia y culpó a Eva (Gn 3:12-13). Ella, a su vez, le echó la culpa a la serpiente, y por extensión, a Dios el Creador. Ninguno asume la responsabilidad de sus actos. ¡Cuán humanos son y con qué rapidez se demuestran dispuestos a arriesgar su mutua relación y la que tienen con Dios en nombre del egoísmo!

La respuesta de Santiago a esto es incisiva: "Que nadie, al ser tentado, diga: 'Es Dios quien me tienta'". Ofrece dos razones para esto. Dios no puede ser tentado por el mal ni él tienta a nadie. No tiene nada que ver con la tentación y, cuando le acusamos falsamente o procuramos obligarlo a probarse a sí mismo, somos culpables de intentar tentar a Dios. Es probable que Santiago recordara las narrativas de la tentación en las que Jesús citó Deuteronomio 6:16 en respuesta a Satanás: "No pongas a prueba al Señor tu Dios" (Mt 4:7; Lc 4:12).

Santiago conoce el origen de la tentación. No es Dios, ni tampoco Satanás exclusivamente. Más bien es un deseo personal que nace del egoísmo que nos hace susceptibles a la inclinación malvada y, por tanto, en ocasiones, a los ardides del maligno. Podemos procurar erróneamente culpar a otros, a Satanás y hasta a Dios, pero en última instancia somos moralmente responsables. El término clave aquí es *epithymia*, que significa "deseo". En el Nuevo Testamento, *epithymia* conlleva en general un significado negativo como "lujuria", "ambición egoísta" o "malos deseos".[14]

A diferencia del caso de 1:2-8, aquí, *peirasmos* ("tentación, prueba") se restringe claramente en origen a lo interno, a su fuente ubicada dentro de nosotros mismos. Esta fuente es el "deseo malo", y Santiago debe de estar pensando de nuevo en el *yeṣer ha-ra*.[15] Según él, somos "arras-

---

13. Homero, *La Odisea*, 1.32-34.
14. En Mt 5:28, Jesús habla de "codiciar" a una mujer; en 2Ti 3:6, Pablo alude a quienes son influenciados por "toda clase de deseos"; y Pedro, en 2P 1:4, habla de escapar a la corrupción causada por los "malos deseos".
15. Ver más arriba pp. 18, 24-25, 65-67. Es interesante observar que la variedad de criterios rabínicos en cuanto a los *yeṣerim* (algunas veces no se diferencian, otras son

trados" y "seducidos" por los malos deseos. Las expresiones proceden del ámbito de la caza y la pesca. Que aparezcan en un orden extraño ("arrastrados" figura delante de "seducidos") se explica mejor mediante la predilección que el Antiguo Testamento tiene por engranar imágenes de trampas y redes. Por ello, en Eclesiastés 9:12 leemos: "Así como los peces caen en la red maligna y las aves caen en la trampa, también los hombres se ven atrapados por una desgracia que de pronto les sobreviene".

En otras palabras, este versículo contiene dos imágenes similares, y no una sucesión de acciones dentro de una sola. La primera describe la acción violenta de la captura que sigue a la colocación de un señuelo, y la segunda, el atractivo anzuelo que arrastra a la víctima que no sospecha nada. La extraordinaria intensidad de estas imágenes muestra lo peligroso que le parece a Santiago el impulso del mal. Los malos deseos de nuestro interior actúan como el atractivo anzuelo y, a la vez, como el señuelo. Los deseos perversos son nuestros, y la inclinación a dejarnos atraer por ellos son también responsabilidad nuestra. Esta profunda propensión de carácter explica los actos de la persona de doble ánimo en 1:6-8 y del rico en 1:10.

Santiago utiliza una imagen biológica/biográfica para describir una evolución casi inexorable. Cuando el deseo se concibe por medio de nuestro aliento activo, da a luz al pecado, que después madura, conduciendo finalmente a la muerte. El apóstol emplea la forma verbal *apotelestheisa* (de *apoteleo*) que significa "llevar a su término", "lograr su meta". *Apotelestheisa* sirve, pues, de imagen en un espejo oscuro para el "perfeccionar" de 1:4.[16]

Es importante observar que Santiago tiene en mente la *alimentación* de este deseo. Cuando golpea la tragedia, es natural que preguntemos a Dios, pero no deberíamos permitir que este deseo natural crezca hasta convertirse en pecado. En las profundidades de su desesperación, Job, por ejemplo, afirmó: "¡Que me mate! Ya no tengo esperanza" (Job 13:15). Aquí se combina la tendencia humana misma de clamar

---

claramente malos y en ocasiones evidentemente puros) es paralela a la intencionada ambigüedad del uso que Santiago hace de *peirasmos*.

16. No se debería suponer que *apoteleo* deba conllevar un sentido negativo. Jesús utiliza la palabra con respecto a sí mismo en Lc 13:32: "[Yo] seguiré sanando [*apoteleo*] a la gente [...] terminaré lo que debo hacer [*teleoumai*]" (que significa literalmente "soy perfeccionado").

a Dios, pero es un grito en el contexto de la confianza. Con demasiada frecuencia, sin embargo, esta propensión sigue su curso dentro de nosotros.

Santiago nos proporciona aquí numerosos contrastes: el doble ánimo y la decisión, completo en el pecado y completo en la madurez espiritual, la duda y la fe, la muerte y la vida verdadera. Mediante el uso de estos paralelismos, expone su argumento de que los individuos son responsables y que es un error considerar que una circunstancia difícil sea el resultado de un Dios que puede hacer el mal, o que desea hacer el bien pero no tiene poder para ayudar a quienes están en la aflicción. De nuevo, es nuestra actitud, nuestro discernimiento espiritual, la que marca la diferencia. Santiago quiere que sepamos que, una vez maduro, el pecado es una costumbre fija. Si no somos precavidos, podemos llegar a entrenarnos para el mal, y este pensamiento es aleccionador.

El Padre que creó las lumbreras (1:16-18)

Como remate a su argumento de que Dios no tienta a nadie, Santiago ofrece una brillante imagen del carácter de Dios: es el "Padre de las lumbreras celestes". A continuación, el apóstol contrasta el desarrollo del deseo de pecar (que conduce a la muerte) con su correlación positiva: "nacer mediante la palabra de verdad", que lleva a ser los "primeros y mejores frutos de su creación". En este punto, la tradicional imagen de la sabiduría de los dos caminos —el de la vida y la sabiduría por una parte, y el de la muerte y la necedad por la otra—[17] no pueden ser ya objeto de duda como parte de la estructura de referencia de Santiago. El egoísmo abre de par en par las fauces de la muerte hacia las que el impulso maligno dentro de nosotros intenta seducirnos. Se expresa en una variedad de formas, incluida la lengua desenfrenada. El camino de la sabiduría celestial nos guía, por el contrario, a los buenos frutos de 3:17 y a la vida.

Dado que Dios no envía tentación, la pregunta implícita es: "¿Qué es, pues, lo que Dios manda?". Santiago responde que Dios hace buenas dádivas, como ya hemos visto en su don de sabiduría (1:5). Existe un

---

17. La imagen de los "dos caminos" es muy clara en el libro de Proverbios, que nos ofrece dos ejemplos de conducta sabia (el hombre sabio y la buena esposa/la mujer sabia), y dos ejemplos de comportamiento negativo (el hombre necio, la mujer perversa). De manera similar, Jesús habla de dos caminos o "dos puertas": la ancha y fácil que conduce a la destrucción, y la pequeña y estrecha que lleva a la vida y requiere diligencia para poder transitar con éxito por ella y atravesarla (ver Mt 7.13-14; Lc 13:24-30).

rico trasfondo veterotestamentario para esta idea. Salmos 94:12 nos dice que la disciplina de Dios es un buen don,[18] y Deuteronomio 26:11 habla de israelitas y extranjeros juntos regocijándose por "todo lo bueno" que el Señor les ha dado. El último texto es particularmente relevante ya que aparece en el contexto de las primicias, un tema que el apóstol está a punto de introducir. Parece cierto que Santiago, como Deuteronomio, vincula intencionadamente las ideas de "todo lo bueno" y "los primeros y mejores frutos". Tal vez quiera traer a nuestra mente a la iglesia como el nuevo Israel, el pueblo verdadero de Dios.

Al crear la frase "Padre de las lumbreras", Santiago ha combinado dos pares de importantes ideas teológicas. El primero es que Dios es el Padre del universo y que tiene poder sobre las luminarias celestiales como creador suyo (Gn 1:14-18; Sal 135:7; Jer 31:35). Ambos conceptos recuerdan el relato de la creación. El segundo par es la noción de Dios como Padre y como luz.

Santiago describe también a Dios como alguien "que no cambia ni se mueve como las sombras". Dios es luz, y en él no hay sombra. También es el creador de los luminares celestes, que sí cambian como sombras. Los términos aquí utilizados son tecnicismos que denotan los movimientos de los astros celestiales. En otras palabras, a diferencia de los planetas y las estrellas, que se mueven y cambian, en Dios no hay cambio. Como Padre, Dios es absolutamente confiable. Es inmutable, tanto en lo específico (es y siempre será aquel que da las cosas buenas) como en lo general (Dios es inmutable y bueno).

Con toda claridad, Santiago está ofreciendo un contraste con imágenes astrales, por no decir con la religión astrológica misma. Algunos comentaristas[19] argumentan que, en realidad, Santiago está rebatiendo la creencia en la religión astral y en el ocultismo, que atribuía a las estrellas el poder de decidir el destino humano. Si semejante creencia específica estaba presente entre sus lectores, sería un caso claro de lealtad dividida.

Sin embargo, no hay necesidad de postular una creencia activa y desarrollada en un sistema astral. Ciertamente, los lectores de Santiago parecían buscar absolverse de toda responsabilidad personal afirmando que estaban atrapados en las impredecibles garras del destino. Tal vez

---

18. Véase también Nm 10:29; Jos 21:45; Sal 85:12.
19. En especial Ralph P. Martin, *James,* 31-32, 29-42.

estuvieran influenciados por la creencia de los antiguos que afirmaban que el sino o hado dirigía la vida humana. La mera suerte, por ejemplo, determinaba quién nacía rico y quién esclavo. La deidad predominante durante aquel tiempo era *Tyche* (lat. *Fortuna*), la diosa de la Fortuna o de la Suerte. En un discurso pronunciado en Pérgamo, en enero del 168 d.C., Elio Arístides disertó sobre la grandeza de las ciudades de Asia Menor:

> Se debería recordar que todos estos bienes [...] por ejemplo la belleza de los edificios públicos, la magnitud de los recintos del templo, los emplazamientos feriales [...], todo lo que pertenece a este tema debería atribuirse a la fortuna que da y vuelve a quitar cada una de estas cosas, cuando lo desea.[20]

Marco Cornelio Frontón, el maestro, amigo y compañero escritor de Marco Aurelio, lo explica de este modo: "¿Hay alguien que no sepa que la razón es un mero término para el juicio humano, mientras que Fortuna es una diosa y la jefa de todas ellas?".[21] Los romanos creían que Fortuna les había concedido la tarea de gobernar el mundo. En semejante entorno, resulta fácil ver cómo personas que deseaban culpar a alguien o algo se eximían a sí mismas de responsabilidad diciendo que su infortunio era producto de la suerte caprichosa. Pero este tipo de creencia no implica una religión astral.

Para cimentar esta idea, Santiago señala que Dios hizo los cuerpos celestes, como diciendo que lo que algunos llaman destino no lo es en realidad, ya que Dios es quien hizo y controla los símbolos del destino. Santiago incluso llega a afirmar que fue el intencionado propósito de Dios crear los cielos y también a la humanidad, con el fin de agudizar el contraste entre él mismo y el recurso a la creencia general en el destino que mantenía a la humanidad aferrada a algo sin sentido ni firmeza.

La idea de Santiago es, pues, que Dios es quien en última instancia controla todas las cosas a las que erróneamente les atribuimos poder, ya sea por ignorancia o para eludir responsabilidades. Dios supervisa y controla las fuerzas políticas, económicas, a Satanás, al destino y a las

---

20. Elio Arístides, *Discursos*, 23.30.
21. La correspondencia de Marco Cornelio Frontón nos ha llegado en forma fragmentada y sigue sin haber una ordenación estándar en vigor. Esta cita, tomada del párrafo 7 de una carta de Frontón a Marco Aurelio fechada en el año 143 d.C., puede encontrarse en la página 89 del primer volumen de la edición de Loeb de la correspondencia de Frontón.

estrellas. Tal vez el apóstol esté contrastando aquí a Dios como Padre de las lumbreras celestiales con los pretendientes a su trono, las fuerzas del orden político que no son más que meras sombras inestables y en las que no se puede confiar.

En lugar de la idea de que el destino de quienes siguen sus malos deseos es la muerte, Santiago ofrece una senda alternativa para su consideración: Dios —nos explica— nos hizo nacer. El tiempo pasado alude aquí probablemente al poder creador de Dios y nos recuerda que nos hizo para sí mismo. Aunque existe un elemento inexorable en la cadena de acontecimientos que acaba en muerte, el destino correcto de la humanidad consiste en ser contado entre las primicias. Este fue el deseo de Dios cuando nos creó.

Por lo general se ofrecen tres opciones para entender la frase de Santiago "por su voluntad nos hizo nacer". Santiago tiene en mente (1) la creación general o (2) la de Israel, el hijo de Dios (*cf.* Os 11:1): "Desde que Israel era niño, yo lo amé; de Egipto llamé a mi hijo"; o (3) se está refiriendo a los conversos cristianos, que han "nacido de nuevo". Dada la ambigüedad intencionada de esta frase, parece más prudente suponer que al apóstol le alegraba permitir que sus lectores extrajeran de la rica variedad de las tres corrientes, aunque es obvio que en el Nuevo Testamento la tercera tiende a tragarse por completo la segunda.

El agente que Dios utilizó cuando nos hizo nacer es "la palabra de verdad". Aquí se da una evidente similitud con el Evangelio de Juan, si no un vínculo directo. "La verdad" (*aletheia*) es uno de los grandes temas del Evangelio joánico, y la "palabra" (*logos*) domina su prólogo (Jn 1:1-18). Ese Evangelio incluso afirma que la "gracia y la verdad nos han llegado por medio de Jesucristo" (1:17). En el Antiguo Testamento, la "palabra de Dios" casi se personifica, y actúa como una característica de Dios mismo. Aquí, el trasfondo dominante es, con mayor probabilidad, la acción continua de la palabra hablada de Dios en la creación, la palabra que realiza el propósito de Dios (Is 55:11). La palabra de Dios es el plan divino que se revela a sí mismo y se dirige hacia su terminación. Que Dios escogiera hacernos nacer por medio de la palabra de verdad combina imágenes que Santiago ya ha dibujado: que la palabra de Dios es una fuerza activa y que Dios desea que seamos sus colaboradores activos en llevar a cabo su propósito.

El término "primicias", o "primeros y mejores frutos", se utiliza de numerosas formas distintas en el Antiguo Testamento. A veces, por ejemplo, significa ciertas ofrendas de Israel, pero también puede referirse a Israel mismo, emblema de la nación escogida cuyo propósito es ser "luz para las naciones gentiles" (Is 42:6) y por medio de la cual "serán bendecidas todas las familias de la tierra" (Gn 12:3). Aquí, Santiago llama "primeros y mejores frutos" a todos los que son leales a Dios, los que se desarrollan hasta ser lo que él nos ha llamado a ser. Pablo puede hablar de los conversos cristianos como "primicias" (Ro 16:5; 1Co 16:15), y del Cristo resucitado como las primicias de muchos hermanos y hermanas (1Co 15:20).

La enseñanza de Santiago 1:12-18 puede resumirse de este modo: dado que han sido ustedes creados por Dios con el pleno potencial para la verdad y la vida, hagan uso de ello y no lo desperdicien neciamente ni lo cambien por el falso encanto. Si permanecen firmes en medio de la prueba, si no se rinden a los malos deseos de culpar a Dios, involucrándose de ese modo en el pecado, recibirán la corona de vida en la era venidera y su anticipo en el presente. Recuerden que Dios es digno de confianza y absolutamente bueno, y esto les sostendrá en medio de cualquier dificultad.

Construyendo Puentes Corremos el peligro de dar tres pasos potencialmente falsos a la hora de interpretar este pasaje. El primero tiene que ver con la diferencia entre "prueba" y "tentación", ya que el mismo término griego (*peirasmos*) posee ambos significados. El segundo implica las dificultades y cómo las vemos. El tercero tiene que ver con la recompensa prometida de la que el texto da testimonio.

Pruebas y tentaciones. En 1:2-12, la NVI traduce *peirasmos* con la palabra "prueba". Este grupo léxico figura tres veces en 1:13 como verbo y una como adverbio; aquí la NVI traduce *peirasmos* como "tentación". Este cambio no es el resultado del capricho conveniente de los traductores de esta versión. Santiago mismo hace la distinción. En 1:2-11, las "pruebas" son algo que hay que soportar, mientras que en 12:13-14, las "tentaciones" son cosas que se han de evitar. Este es un ejemplo de polisemia o múltiples significados de los términos.

Aquí se pone en evidencia una vez más la flexibilidad de los autores del Nuevo Testamento en el asunto de las palabras y sus significados. Ya estamos familiarizados con este fenómeno. En español, la palabra "sancionar" tiene dos significados opuestos. "Sancionar" puede querer decir "aprobar" como en "El profesor sancionó un proyecto de grupo para ayudar a los niños refugiados". Pero también puede insinuar desaprobación, por lo general en forma de castigo, como en "Los sancionaron con una multa comercial". Con respecto a Santiago 1, las "pruebas" o "tentaciones" particulares pueden tener diferentes orígenes, pero a los ojos humanos, las dificultades son problemáticas cualquiera que sea su procedencia. El otro factor implicado es nuestra forma de responder a los problemas y lo que revela nuestra respuesta acerca de nosotros. Lo que para una persona es una "prueba" puede ser perfectamente un ámbito de "tentación" para otra.

Este doble significado de *peirasmos* implica la necesidad de discernimiento espiritual. El destino de los seres humanos es encontrarse con situaciones difíciles. Cuando las percibimos como oportunidades para el crecimiento del carácter y la madurez espiritual, debemos soportarlas. Sin embargo, a menudo nos entregamos a la tentación al culpar a otra persona u otra cosa. Santiago nos advierte que evitemos esto, porque cada uno tiene la responsabilidad de permitir que la tentación crezca dentro de nosotros. Dios puede ser el autor de las pruebas por medio de las cuales pretende fortalecernos, pero no se le puede culpar cuando las malinterpretamos como tentaciones que conducen al pecado.

La diferencia entre *peirasmos* en 1:2-12 y en 1:13-14 es que, en la última, el individuo que se contempla está dispuesto a desobedecer a Dios y a atribuirle la mala intención. Santiago enfatiza, pues, que Dios no está activamente implicado en el envío de la tentación; de hecho, Dios nunca tienta a nadie. Lo que convierte una "prueba" en una "tentación" no es que Dios nos haya colocado en semejante postura, sino más bien que le desobedezcamos voluntariamente al considerar el infortunio como un intento suyo de incitarnos a negarlo. Se requiere discernimiento espiritual para ver la posibilidad de crecimiento en las dificultades. Quienes no lo ven así son más vulnerables al señuelo de sus malos deseos internos.

No entender estas distinciones puede conducir a un cierto número de problemas. Para algunos, Santiago no tendrá ningún sentido. Lo leen como si el apóstol dijera: "Dios prueba y tienta" y, a la vez: "Dios no prueba ni tienta". Este tipo de lectura simple ha llevado a muchos a la errónea y triste conclusión de que no se puede confiar en la Biblia, porque está "llena de lagunas". Para otros, el pasaje presenta varias opiniones contradictorias sobre Dios. ¿Cómo puede él ser el dador de buenas dádivas y también la fuente del mal? Pero no es esto lo que Santiago cree y enseña. Esta piedra de tropiezo ha de identificarse y, después, evitarla.

El pecado, el mal, el infortunio y la tentación. El segundo potencial paso equivocado que este pasaje resalta implica la relación entre los problemas del pecado, el mal, el infortunio y la tentación. En realidad se puede encontrar más de unas pocas dificultades bajo este título. Santiago niega que Dios tenga algo que ver con el mal o con la tentación. Uno de los problemas aquí es que tendemos a difuminar lo que la Biblia separa; esta es una de las razones por las que no solemos distinguir entre "prueba" e "infortunio", algo de lo que posteriormente culpamos a Dios.

Esto es especialmente cierto, porque la tragedia y el infortunio parecen demasiado a menudo aleatorios y sin sentido. En el verano de 1995, una familia viajaba de Chicago a Milwaukee. Un trozo del sistema de freno de un semirremolque se soltó, rebotó sobre el pavimento, golpeó el tanque de la gasolina del vehículo familiar y provocó un incendio terrible. Varios de sus hijos murieron. Sucesos como este fomentan nuestras alteradas, y a la vez muy humanas, preguntas en cuanto a Dios y su carácter.

Cuando algo desafortunado ocurre, lo definimos de manera informal como "malo" o "funesto", porque así es como lo vemos. Es un problema o una tragedia que atraviesa el corazón. En la práctica tendemos a definir lo "bueno" como nos parece que Dios lo hace, y a pensar que Dios solo quiere "cosas buenas" para nosotros. También exigimos conocer de inmediato la respuesta a cualquier infortunio. Pero se requiere paciencia, porque el tiempo es una herramienta potente en las manos de Dios. Aquí, la piedra de tropiezo consiste en que, en nuestra arrogancia y nuestra ignorancia, demandamos el derecho de definir qué es lo "bueno". La definición de Dios suele ser diferente de la nuestra. Por tanto, necesitamos sabiduría y conocimiento profundo de él para poder ver las dificultades tal como son.

Esta noción de la percepción humana del infortunio, la destrucción y la opresión suele estar vinculada con la paciencia y la intención restauradora de Dios cuando su pueblo desobedecía.[22] De manera similar, cuando Pablo afirma que ha "entregado a Satanás" a Himeneo y Alejandro, para que pudieran aprender a no blasfemar (1Ti 1:20), tiene la misma idea restauradora en mente. Como en Santiago, se descarta que Dios tiente a las personas para que pequen.

Es posible que no lleguemos a distinguir entre pruebas, tentaciones y las dificultades o infortunios con los que las asociamos. En realidad, solemos verlas como "males" en cierto sentido de la palabra. Santiago no las veía de este modo. Quería que nos dedicáramos a separar las varias ideas que nuestra cultura vincula con frecuencia entre sí, es decir, distinguir entre "pruebas", "tentaciones", "infortunio" y "mal".

El mundo moderno cuenta con pocos casos tan definidos y claros de cristianos enfrentándose a "dificultades" más allá de las que nuestros hermanos y hermanas han soportado bajo el gobierno comunista. Recientemente, asistí a una conferencia teológica internacional. Estando allí tuve la ocasión de hablar con un hombre que vive en Eslovaquia, una parte de la que otrora fuera la Checoslovaquia comunista. Había sufrido bajo el régimen comunista a causa de su fe. Pero opinaba que, aunque con el comunismo era difícil ser cristiano, sin él lo era más aún. "Al menos, bajo el comunismo —me explicó—, teníamos una clara percepción del enemigo. Hoy, no se le ve con tanta claridad y, con la creciente riqueza, la envidia ha levantado su fea cabeza. Mirando en retrospectiva, me doy cuenta de que bajo el régimen comunista tenías oportunidades que ahora parecen cerradas a nosotros".

Aunque no deseo en modo alguno minimizar los horrores de los regímenes totalitarios, sus palabras dejaron una huella indeleble en mí. En una situación que me sentiría tentado a calificar de absolutamente funesta, él pudo percibir señales de algo bueno. Se requiere discernimiento espiritual para ver los rayos de esperanza en medio de la oscuridad.

La recompensa. Un tercer paso equivocado potencial está relacionado con la idea de la recompensa como aliciente para la fe y la conducta. Si aguantamos la prueba, nos dice Santiago, Dios nos recompensará con la prometida "corona de la vida". En la tradición protestante en

---

22. Entre muchos pasajes similares, véanse 1R 14:10; 2R 22:16; Is 24:6; 34:5; 43.28; Jer 6:19; 11:8; 353:17; 39:16; Mt 4:6.

particular, nos sentimos de lo más cómodos con la "salvación como don gratuito". Para nosotros, la idea de una recompensa por vivir la vida cristiana nos parece de tan mal gusto como si se tratara de un soborno por parte de Dios.

Debemos distanciarnos de nuestro concepto moderno de "soborno" y reconocer que el Nuevo Testamento se siente a gusto con *su* idea de recompensa. En 1 Corintios 9:24-27, Pablo emplea la metáfora de una carrera para ilustrar la vida cristiana y concluye con una declaración impactante: "Más bien, golpeo mi cuerpo y lo domino, no sea que, después de haber predicado a otros, yo mismo quede descalificado". En Filipenses 3:14, habla de avanzar hacia la meta y el premio del llamamiento celestial de Dios en Cristo Jesús. Hasta Jesús habló de recompensa: "Alégrense y llénense de júbilo, porque les espera una gran recompensa en el cielo. Así también persiguieron a los profetas que los precedieron a ustedes" (Mt 5:12). La idea neotestamentaria de recompensa no es similar a nuestra noción de soborno. Más bien es un recordatorio de dignidad, gravedad e integridad del llamado de Dios al que hemos respondido. Es un llamamiento a nuestra inclinación pura y un recordatorio del ejemplo de los santos que nos precedieron.

Significado Contemporáneo La imagen que Santiago presenta de un señuelo que nos tienta a caer de la verdad capta acertadamente la aplicación práctica de muchas de las cuestiones teológicas significativas que trae a nuestra atención. Discutiremos varios de estos cebos, cada uno de los cuales se manifiesta en formas potentes y variadas en la cultura contemporánea.

(1) Por la habilidad que tiene el pecado para disfrazarse, un cebo puede parecer inofensivo e inocente a nuestros ojos, pero en realidad tener terribles consecuencias. Tomemos, por ejemplo, el poderoso señuelo del éxito, sobre todo si podemos vestirlo con ropa espiritual. No se puede negar que el surgimiento de la música cristiana contemporánea ha satisfecho una gran necesidad en nuestra cultura. Pero Stan Moser, un veterano de la escena musical cristiana contemporánea, expresó recientemente una verdadera preocupación por esa industria. En su opinión, al principio, la música contemporánea cristiana "fue un derramamiento genuino del Espíritu de Dios". Pero, últimamente, Moser ha visto cam-

bios que le molestan, cambios que eran concurrentes con la compra de sellos discográficos cristianos por compañías seculares, aunque no se debía por completo a esto.

Observo la mayoría de la música [cristiana] que escucho hoy y pienso que prácticamente no tiene ningún sentido [...]. Hemos creado la oportunidad de que se haga negocio [...], [y] estamos obligados a sacar algo al mercado [...]. La conclusión es "si es comercialmente viable, prodúcelo" [...]. Me sentiría probablemente más inclinado a denominar a esta industria "música cristiana *comercial*" en lugar de "música cristiana contemporánea".[23]

Moser señala aquí un señuelo eficaz: el "éxito" en términos de la definición que ofrece nuestra cultura. Ciertamente, pensamos, si Dios está en esta empresa, tendremos éxito. Los miembros del ala de la "prosperidad" del protestantismo estadounidense estarían, por supuesto, de acuerdo. El problema es que las prioridades de Dios son las suyas propias y, cuando en ocasiones estas y el "éxito" se solapan (como en el "éxito" de Billy Graham"), no deberíamos confundir lo uno con lo otro. A veces, Dios llama a las personas para que trabajen en vano, en campos que a nuestros ojos parecen estériles. Por ejemplo, Dios llamó a Jeremías a un terreno de este tipo. Sin la sabiduría de Dios podríamos suponer que los "profetas mentirosos" que se oponían a Jeremías eran, en realidad, los agentes verdaderos de Dios (Jer 23:9-24). Muchos de los contemporáneos de Jeremías cometieron este error, para perdición suya.

Scottie Smith, el pastor de la *Christ Community Church of Franklin,* Tennessee, la iglesia habitual de muchas de las "estrellas" de la industria de la música cristiana, conoce este cebo de primera mano. Escribe: "El famoseo [...] alimenta las mismas cosas contra las que las Escrituras nos advierten".[24] El éxito y la aclamación desplazan fácilmente el modelo de siervo que la Biblia coloca delante de nosotros. Este es uno de los pecados más viejos, el del orgullo. Que sea tan conocido y que siga cosechando tantas víctimas es un testimonio del poder y de la tenacidad del pecado y del éxito del señuelo escondido.

---

23. Steve Moser, "We Have Created a Monster", *Christianity Today* (20 mayo 1996), 26-27.
24. Scottie Smith, "Shepherding the Stars", *Christianity Today* (20 mayo 1996), 28.

Las dos últimas décadas han visto una avalancha de destacados líderes y predicadores cristianos atrapados en pecados como el adulterio y la malversación, a veces de un modo embarazosamente público. Estas personas no empezaron con un programa que incluía semejantes pecados. Pero se permitieron nutrir la mentira de que merecían "comodidad" aunque procediera de una fuente ilícita. Cultivaron el engaño de que estaban por encima de los estándares de un estilo de vida bíblico o que podían entretenerse de una forma segura con el pecado. Deben de haberse dicho que este entretenimiento era inofensivo. Pero, rápidamente, creció hasta tener la capacidad de devorarlos. Conozco a un pastor que cultivó una relación imprudente con su secretaria. Aunque al final lo expulsaron de la junta de su iglesia, sigue viéndola, y a menudo lo hace en público. Esta historia tiene muchas consecuencias lamentables, y la mayor de todas es que la capacidad de testimonio de esta iglesia en su comunidad ha recibido un duro golpe.

(2) Otro señuelo es la actual creencia popular de que no existe impulso maligno alguno dentro de nosotros. Cuando Santiago diserta sobre la inclinación perversa, a los modernos les cuesta mucho creerlo. A nuestra era no le gusta enfrentarse al hecho de que los humanos tienen una tremenda capacidad para el mal. Contrariamente a toda evidencia, parecemos empeñados en obligarnos a creer que los seres humanos son básicamente buenos y que el universo es una especie de amplio almacén de seguridad y apoyo.

Debemos tomar en serio el impulso perverso e intentar que sea inteligible para nuestro mundo. No es tarea fácil. El optimismo ingenuo y feliz de la Nueva Era de la actriz Shirley MacLaine es un ejemplo. Otro es la creciente creencia popular en ángeles y amables guardianes, cortada de toda base bíblica. Creer en estas cosas hace que nos sintamos mejor, pero no cambia en modo alguno que las cosas sean como son. Santiago nos enseña lo que es correcto: existen fuerzas dentro y alrededor de nosotros que se oponen a Dios, y en nuestro interior hay una inclinación a llevarle la contraria a Dios, a esconderse de Dios, a desobedecer. Es posible que no nos guste tener la capacidad de pecar. Tal vez nos desagrade ser responsables de nuestros actos. Pero, por mucho que deseáramos que esto no fuera así, nuestro anhelo no puede cambiar lo que es. Por tanto, Santiago analiza esta capacidad de pecar que hay en nosotros, porque no quiere que nos engañemos.

Hace algunos meses, estaba enseñando sobre la introducción a un curso bíblico para un grupo de adultos, muchos de los cuales tenían poca o ninguna familiaridad previa con la Biblia. Durante nuestro análisis de Romanos, un estudiante preguntó de repente: "¿Nos estás diciendo que la Biblia enseña que los seres humanos pueden ser malos? ¡Yo no creo que sea verdad!". Le respondí que la Biblia enseña, en efecto, que los seres humanos tienen capacidad para el mal, y sugerí que, en mi opinión, la experiencia humana también lo enseña. ¿Cómo, si no, se podría explicar el *apartheid*, los horrores del régimen nazi, el terror estalinista, o la explotación económica aquí en los Estados Unidos? Respondió que conocía todas esas cosas, pero que seguía escogiendo creer que, básicamente, los seres humanos no tenían capacidad para el mal.

Santiago, por otra parte, sabe que poseemos una tremenda aptitud de engañarnos a nosotros mismos y creer ciertas cosas, sencillamente porque deseamos creerlas, aun en contra de la evidencia abrumadora. Nuestra tarea como cristianos consiste en señalar la insistencia de Santiago de que existe una poderosa capacidad para pecar y para el mal dentro de los seres humanos, y que tiene razón. Solo si entendemos esto, reconoceremos el grave peligro en el que nos encontramos: tratar a la ligera esta capacidad o, algo incluso peor, no reconocerla,[25] nos hace más susceptibles a la tentación de entretenernos con lo que parece ser un pecado "inocente". Cuando actuamos así, ponemos nuestros pies en el camino que conduce al pecado y, en última instancia, a la muerte.

(3) El tercer señuelo que cuelga delante de nosotros es la creencia de que el pecado no lo es realmente, y que, por tanto, no es necesario tomárselo tan en serio. Como Pablo, no necesitamos ver que hay algo irracional en nuestra conducta en comparación con nuestros compromisos: "No entiendo lo que me pasa, pues no hago lo que quiero, sino lo que aborrezco" (Ro 7:15). Nuestra respuesta debería ser pedir humildemente perdón a Dios por nuestros pecados y orar pidiendo su seguridad y su ayuda para sortear los escollos de la vida. Vamos a pecar, pero la cuestión fundamental es cómo respondemos a nuestro pecado. Nos sentiremos tentados a culpar a Dios, pero Santiago quiere que nos pongamos delante de él y le pidamos ayuda. Deberíamos orar como David: "Lávame de toda mi maldad y límpiame de mi pecado [...]. Crea en mí,

---

25. En su *Cartas del diablo a su sobrino,* C. S. Lewis señala que el enemigo intenta evitar que reconozcamos su existencia.

oh Dios, un corazón limpio, y renueva la firmeza de mi espíritu" (Sal 51:2, 10).

Lamentablemente, no nos tomamos lo bastante en serio el poder corrosivo del pecado dentro de nosotros. Cuando Jesús habló del pensamiento de adulterio como equivalente al acto en sí (ver Mt 5:27-28), tenía en mente algo similar a lo que Santiago enseña aquí. Las acciones son el resultado del carácter, pero también lo pueden moldear. Esto es lo que Santiago quiere decir cuando afirma que el deseo da a luz al pecado y que este, después, conduce a la muerte.

Al ser el pecado tan propenso a disfrazar su verdadero carácter, debemos ser vigilantes en lo concerniente a los señuelos que nuestra propia inclinación malvada presenta para comprometer nuestra atención, nuestra imaginación y nuestra acción. Los cebos no son eficaces cuando son obvios; solo lo son si parecen ser lo que no son, o al menos cuando su aspecto es relativamente inofensivo. Satanás no sería eficiente si las tentaciones que nos propone fueran tan extravagantes que nunca las persiguiéramos. Pero si puede conseguir que gastemos toda nuestra energía y nuestro tiempo haciendo cosas buenas, para que aquellas que son mejores se queden sin hacer, habrá ganado una victoria marginal y puede, en realidad, haber colocado nuestros pies en el camino que lleva a la ruina.

Jeremías lo sabía. El pueblo de Dios había rechazado al Señor y había seguido los patrones de vida que practicaban sus vecinos. Aunque mantenía la creencia de que eran el pueblo de Dios, habían desechado sus principios. Se engañaron a sí mismos pensando que podían seguir siendo su pueblo, a pesar de su falta de compasión los unos por los otros. En Jeremías 7:4-8, su falsedad queda catalogada cuando Dios les habla:

> No confíen en esas palabras engañosas que repiten: "¡Éste es el templo del Señor, el templo del Señor, el templo del Señor!". Si en verdad enmiendan su conducta y sus acciones, si en verdad practican la justicia los unos con los otros, si no oprimen al extranjero ni al huérfano ni a la viuda, si no derraman sangre inocente en este lugar, ni siguen a otros dioses para su propio mal, entonces los dejaré seguir viviendo en este país, en la tierra que di a sus antepasados para siempre.

¡Pero ustedes confían en palabras engañosas, que no tienen validez alguna!

El pueblo de Judá se había engañado a sí mismo pensando en que la sola presencia del templo los protegería. Pero por sí solo no tenía poder. No vivir una vida de compasión y justicia a imagen de Dios acabaría provocando su castigo. La triste tarea de Jeremías consistió en advertirles.

Me viene a la mente una historia que escuché recientemente sobre un pastor que pasea carteles por delante de las funerarias durante el funeral de víctimas del sida. En los letreros se puede leer: "Dios odia a los maricas". Aunque la comunidad evangélica está, a mi juicio, en lo correcto al enseñar que Dios no aprueba la práctica homosexual, también es verdad que, en ocasiones, en nuestra seguridad de entender a Dios, actuamos de formas contrarias a su propósito. No somos tan distintos de aquellos que confiaban en el templo y no llegaron al corazón de Dios. Nuestra certeza nos permite caer presa del señuelo escondido.

Santiago también hace una advertencia. Aunque menciona específicamente el pecado de acusar a Dios como autor de la tentación, en su bosquejo del desarrollo del pecado hay claramente otros pecados a la vista. Santiago quiere que sepamos que no hay pecados inofensivos. Siguiendo nuestra perversa inclinación de adjudicar el mal a Dios inicia nuestros pasos por una senda que, de repente, lleva a la muerte, porque las semillas del pecado crecen rápidamente hasta hacerse fuertes, con frecuencia sin que nos demos cuenta. Esto ocurre, en gran parte, porque el pecado opera sigilosamente y, por tanto, nuestros ojos ni siquiera lo detectan. En 1968, Richard Nixon aceptó el nombramiento de su partido para postularse para el cargo de Presidente de los Estados Unidos. En su discurso de aceptación, declaró: "Empecemos comprometiéndonos con la verdad, a verla y a decirla tal como es, a hallar la verdad, a hablar la verdad, a vivir la verdad". Nueve años más tarde,[26] las noticias de la CBS informaron de que Nixon tomaba un enfoque distinto: "Cuando un presidente lo hace, no es ilegal".

Hasta es posible que lo que definimos como "compasión" pueda conducir al pecado. Thomas C. Oden, catedrático de Teología y Ética en la Drew University, observa que, en esta era de absoluto relativismo y pluralismo, la herejía tuvo un "respeto excesivo por su propia 'verdad'".

---

26. 19 de mayo de 1977, mucho después de su dimisión del cargo presidencial.

Pero el "error actual no proclama una verdad mejor, sino que todas las verdades son equivalentes y ninguna es superior [...]. El relativismo moderno puede ser tan obstinado [como la herejía de los viejos tiempos] al considerar que todas las verdades son 'válidas'".[27]

Muchas denominaciones protestantes y cristianos individuales en la práctica tiran por la borda cualquier noción de correcto e incorrecto en beneficio de esta "compasión" pluralista. La Iglesia Episcopal comenzó con renuencia el juicio a uno de sus obispos acusado de herejía, en concreto porque el obispo en cuestión había ordenado a un homosexual practicante. El asunto de la aceptabilidad de la práctica homosexual cristiana debería establecerse basándose en la enseñanza de las Escrituras, y no a partir de una vaga noción de "preocupación compasiva". Cuestiones como estas requieren que caminemos por el filo de la navaja por las alturas de los montes, con peligrosos acantilados a cada lado. No debemos desviarnos demasiado a la izquierda no sea que nos caigamos de la enseñanza bíblica y definamos el pecado como una preocupación inofensiva. Pero no podemos permitirnos una desviación demasiado a la derecha, viviendo en la ficción de que, al condenar tanto el pecado como al pecador, todavía hayamos "amado" en cierto modo al pecador y caigamos del mandato bíblico de la compasión. Todos hemos caído y necesitamos entender la gracia que extienden las manos de Jesús. Pero precisamos su dirección y su modelo para una vida de integridad delante de las Escrituras. Por esta razón, Jesús pudo decir: "Vete, y no vuelvas a pecar" (Jn 8:11). A esto, Santiago le añadiría un recordatorio para que tengamos cuidado con el engañoso poder del pecado.

(4) El señuelo final que acorrala a la gente de hoy es el deseo de atribuir la mala intención a Dios y culparlo por el infortunio. Al hacer una distinción entre las dos definiciones de *peirasmos* y añadir la llana declaración: "No se engañen" (1:16), Santiago enseña claramente la necesidad de discernimiento espiritual. Este permite que uno distinga entre las "pruebas" y las "tentaciones". Pero también impide que uno cuestione el carácter de Dios. La piedra de tropiezo que Santiago quiere que evitemos aquí es la tendencia a formular la pregunta humana: "¿Por qué ha hecho Dios esto?", y, así, culparle a él.

Uno de los personajes de la premiada novela de David Guterson, *Mientras nieva sobre los cedros,* es Ishmael Chambers. Perdió un brazo

---

27. Thomas C. Oden, "Why We Believe in Heressy", *Christianity Today* (4 marzo 1996), 12-13.

en el ataque estadounidense a la isla de Tarawa en el Pacífico, durante la Segunda Guerra Mundial; pero perdió su capacidad de calidez y
gozo cuando la guerra lo separó del amor de su infancia, una joven
japonesa-americana llamada Hatsue. En medio de su vacío, le dijo a su
madre: "No soy feliz [...] Dime qué debo hacer". Su respuesta incluía
una fe firme en Dios. Cuando se vio confrontado con la fe de su madre,
Ishmael respondió: "En Tarawa había chicos que rezaban, madre [...] y
también los mataban, igual que a los que no rezaban. Ni una cosa ni la
otra importaba".[28]

Esta es la típica respuesta moderna. Cuando afrontamos la horrible
aleatoriedad del infortunio, ya sea la muerte de una madre y sus hijos a
manos de un conductor ebrio, o la dificultad más común del pinchazo
de una rueda, recurrimos a cuatro conclusiones posibles: (a) Dios no
existe, o (b) Dios es malo; o (c) Dios no tiene poder para ayudar, o (d)
a Dios no le importa. Nada de esto merece nuestra adoración, de modo
que escogemos creer que a Dios le trae sin cuidado.

Como hemos visto, los seres humanos desean tanto un mundo en el
que las personas (incluidos ellos mismos) y las fuerzas sean básicamente buenas que querrán creerlo independientemente de la evidencia. Esta
cosmovisión simplista también se usa para apoyar la postura que duda
de la existencia de Dios, porque define el "bien" desde un punto de vista
humano. Si algo de lo que percibimos como "malo" sucede, cuestio-
namos el carácter de Dios. Lo que interviene aquí es, con frecuencia,
nuestra desesperada y egoísta inclinación a eludir la responsabilidad.

En los Estados Unidos de finales del siglo XX, abundaban historias
que ilustraban esta predilección. Mientras un ladrón perpetraba un robo
en una casa, se hirió gravemente. Entonces tuvo la osadía de denunciar
al propietario de la casa por daños... ¡y ganó el caso! O la historia de los
hermanos Menéndez, cuya defensa por el brutal asesinato de sus padres
con una escopeta consistió en que habían soportado años de maltrato
infantil. O Richard Allen Davis, el criminal habitual que asesinó a Polly
Klaas, y cuya defensa fue que había tenido una infancia difícil. La vida
es ciertamente injusta. Pero esto no significa que no seamos responsables de nuestros actos. Parece como si nadie rindiera ya cuentas de sus
propias acciones. Nuestra cultura afirma cada vez más que otra persona
u otra cosa tiene la culpa.

---

28. David Guterson, *Mientras nieva sobre los cedros* (México D.F.: Tusquets, 2001), p. 347
    del libro en inglés.

Pero Santiago nos llama a aprender el discernimiento espiritual, a juzgar con un juicio justo, para que seamos capaces de ver las dificultades como oportunidades para el crecimiento espiritual en lugar de suponer que son la prueba de que a Dios no le importa. ¿Cómo se consigue esto? ¿Y cómo es?

Las palabras del gran erudito de Oxford, G. B. Caird, son de gran utilidad aquí. En su *New Testament Theology,* escribió:

> Seguir a Jesús, o seguir su ejemplo, resulta ser, como sostiene la tradición popular, el camino más elevado, esa moralidad particular que el evangelio impone al cristiano. Pero semejante moralidad no consiste en la conformidad con cualquier patrón estereotipado, sino más bien en aprender de Jesús una actitud de mente que abarca la sensibilidad a la presencia y a la voluntad de Dios, que es la única autoridad, una constante sumisión del interés personal a la búsqueda de esa voluntad para el bienestar de los demás, y en una confianza de que, cualesquiera que puedan parecer las consecuencias inmediatas, el resultado puede dejarse con toda seguridad en las manos de Dios.[29]

Seguir a Jesús es aprender una actitud de mente y de corazón que sea sensible a la voluntad y la presencia de Dios. Como hemos visto antes, Dios nos busca y espera nuestra atención y que nuestro corazón se vuelva hacia él. El primer paso es el simple, aunque profundo, de abrirle la puerta a Dios en oración, de pedirle que obre en nuestra mente y nuestro corazón, y que nos cambie a su imagen. "Para el cristiano —afirma Richard J. Foster—, el cielo no es la meta, sino el destino. La meta es que Cristo *sea formado* en ustedes".[30]

---

29. C. B. Caird y L. D. Hurst, *New Testament Theology* (Oxford: Clarendon, 1994), 203.
30. Richard J. Foster, "Becoming Like Christ", *Christianity Today* (5 febrero 1996), 27.

Santiago 1:19-27

Mis queridos hermanos, tengan presente esto: Todos deben estar listos para escuchar, y ser lentos para hablar y para enojarse; [20]pues la ira humana no produce la vida justa que Dios quiere. [21]Por esto, despójense de toda inmundicia y de la maldad que tanto abunda, para que puedan recibir con humildad la palabra sembrada en ustedes, la cual tiene poder para salvarles la vida.

[22]No se contenten sólo con escuchar la palabra, pues así se engañan ustedes mismos. Llévenla a la práctica. [23]El que escucha la palabra pero no la pone en práctica es como el que se mira el rostro en un espejo [24]y, después de mirarse, se va y se olvida en seguida de cómo es. [25]Pero quien se fija atentamente en la ley perfecta que da libertad, y persevera en ella, no olvidando lo que ha oído sino haciéndolo, recibirá bendición al practicarla.

[26]Si alguien se cree religioso pero no le pone freno a su lengua, se engaña a sí mismo, y su religión no sirve para nada. [27]La religión pura y sin mancha delante de Dios nuestro Padre es ésta: atender a los huérfanos y a las viudas en sus aflicciones, y conservarse limpio de la corrupción del mundo.

Sentido Original

Estos versículos concluyentes de Santiago 1 presentan un abanico diverso de material, mucho del cual es sabiduría común que aquí se arraiga a un contexto teológico. Aunque no existe un riguroso desarrollo lógico en este pasaje, Santiago nos ofrece ciertas ideas asociadas que, en conjunto, ilustran el vínculo entre la "fe" y la "práctica". Su principal propósito consiste en emitir un llamado a la observancia de una fe que practica, y no una mera profesión formal de fe. En esto, Santiago se hace eco del pensamiento de los grandes profetas.[1] Insta a la fidelidad a "la ley perfecta que da libertad" (1:25), una frase que constituye uno de los problemas interpretativos más espinosos del Nuevo Testamento. Lo

---

1. Isaías, Jeremías, Amós y los demás profetas argumentaron que la práctica del culto sin un patrón moral que vinculara la devoción a Dios con una preocupación práctica por los demás era inútil. Una de las expresiones clásicas de esta idea se encuentra en Mi 6:8: "Ya se te ha dicho lo que de ti espera el Señor: Practicar la justicia, amar la misericordia, y humillarte ante tu Dios".

que podemos decir es lo siguiente: Santiago no solo nos llama a una acción positiva, sino también a eliminar la inmoralidad. Sabe que un mero asentimiento intelectual suele ir acompañado por una voluntad anémica en asuntos de moralidad. Al exponer este caso, Santiago enseña una paradoja central de la fe: el don de Dios para nosotros también echa sobre nuestras espaldas la responsabilidad de una conducta moral.

Este pasaje se desarrolla en tres movimientos: en los versículos 19-21, Santiago argumenta que recibir la palabra con humildad es mejor que hablar con ira; a continuación nos enseña que escuchar sencillamente la palabra no tiene valor, a menos que el resultado sea la acción (vv. 22-25), y los dos últimos versículos proporcionan una transición del hacer a la cuestión de la "religión pura" citando varios ejemplos específicos que añaden carne y nervio a los puntos generales del segundo movimiento. La verdadera religión no consiste meramente en "obras", sino en una receptividad humilde a la palabra de Dios, de manera que pueda desarrollar profundas raíces dentro de nosotros, moldeando nuestro carácter hasta que el resultado natural sea el tipo de buenas obras que Santiago elogia.

Recibir la palabra en humildad, hablar sin enojo (1:19-21)

De la palabra de Dios (1:18), Santiago vuelve su atención a las palabras humanas y, al hacerlo, presagia el capítulo 3, en el que argumenta que el don de la sabiduría de Dios influencia la forma de hablar de los cristianos. Los creyentes deberían concentrarse en escuchar con humildad y mansedumbre, en lugar de hablar con enojo.

De inmediato nos enfrentamos con un cierto dilema. El verbo de apertura "tengan presente esto" (*iste*) puede ser indicativo o imperativo. Martin[2] lo toma como imperativo y, por tanto, sostiene que esta frase debería ir con el versículo 18, a modo de exhortación concluyente del pasaje. Yo me inclino más bien a pensar como otros comentaristas[3] que concuerdan con Martin en que el verbo está en tiempo imperativo, pero que ven en él la función de introducir los pensamientos siguientes. Estos se expresan en términos de un proverbio: "Todos deben estar listos para escuchar, y ser lentos para hablar y para enojarse".

---

2. Ralph P. Martin, *James,* 38, 41.
3. Por ejemplo, Peter H. Davids, *The Epistle of James,* 91.

La idea es prácticamente universal, ciertamente. Los antiguos griegos estaban al corriente de ello. Dion Crisóstomo declaró: "Yo, por mi parte, preferiría alabarles por ser lentos para hablar y, aún más, que tengan el suficiente dominio propio para guardar silencio".[4] Pero el dicho de Santiago procede de un contexto palestino, considerando que el griego *pas anthropos* ("todos") es un semitismo, una traducción del hebreo *kol'adam*. Un griego más típico usaría el simple *pantes* ("todos"). También pensamos en Proverbios 29:20: "¿Te has fijado en los que hablan sin pensar? ¡Más se puede esperar de un necio que de gente así!".[5] Santiago podría también tener en mente un dicho de Jesús: "Pero yo les digo que en el día del juicio todos tendrán que dar cuenta de toda palabra ociosa que hayan pronunciado" (Mt 12:36). En *Pirke Aboth* 5-12 se halla un rico paralelo:

> Existen cuatro tipos de discípulos: rápidos para escuchar y rápidos para perder —su ganancia queda anulada por su pérdida—; lento para escuchar y lento para perder —su pérdida queda anulada por su ganancia—; rápido para escuchar, lento para perder —esta es una porción bienaventurada—; lento para escuchar y rápido para perder, esta es una mala porción.

Queda claro que encontrar paralelos al significado original de un término no supone necesariamente haber discernido el significado de un texto. Algunos insisten en que aquí Santiago está pidiendo a su audiencia que presten oído a sus maestros.[6] Aunque esta interpretación posee un llamado innato a predicadores y maestros, apenas podemos estar seguros de que un significado tan estrechamente enfocado sea cierto con respecto a la imagen histórica. Lo que sí es seguro es que el pasaje procede de la tradición de sabiduría judía que apreciaba que se hablara con mesura y se escuchara de forma analítica. Con todo, el poderoso llamado a la unidad de la comunidad en el capítulo 3 posibilita que una parte del pensamiento sea aquí una súplica a la coexistencia pacífica: ser lento para pronunciar palabras ásperas y enojadas hacia los demás dentro de la comunidad cristiana.

---

4. Dion Crisóstomo, *Discursos*, 32.2.
5. Véase también Pr 13:3; 15:1; Ec 7:9; Sir. 1:22; 4:29; *Salmos de Salomón* 16:10 y muchos otros.
6. James Adamson, *The Epistle of James*, 78.

Resulta enormemente útil conocer los problemas que afrontaron los lectores de Santiago. Aunque muchos de los detalles se pierdan para nosotros, en 2:1-13; 3:1; 4:12, el apóstol deja claros los que son más relevantes. La iglesia se había dividido por numerosas cuestiones. Algunos intentaban usarla como medio de exhibición de su riqueza y para ejercer poder. Otros enseñaban una doctrina de comunión que negaba la centralidad del mandamiento de amar al prójimo. Y otros más habían mostrado un favoritismo evidente para con los ricos. Aparte de esto, sin embargo, el texto apenas requiere poderes de imaginación extraordinarios para visualizar ejemplos concretos en la vida de la iglesia contemporánea.

A continuación, Santiago vuelve su atención a dos ejemplos que ilustran su idea: el enojo humano y la vida justa que Dios desea. En el versículo 20, parece confirmar nuestra sospecha de que en el trasfondo se ha de hallar una preocupación en cuanto al carácter de la comunidad cristiana, porque dice que el enojo humano no produce la justicia de Dios; por tanto, deberíamos ser lentos para la ira.[7] Al escoger esta traducción, la NIV ha proporcionado quizá un matiz demasiado suave a la frase. Santiago utiliza la palabra *ergazetai* y, por tanto, la frase debería traducirse: "Porque la práctica del enojo humano no produce la vida justa que Dios desea". Santiago parece no tener ningún tipo de enojo en mente, sino que pone delante de nosotros la sugerencia de que la ira es dañina para la justicia que Dios desea en nosotros

Es posible, no obstante, que Santiago nos esté instruyendo para que seamos lentos a la hora de asumir el manto de la justa indignación, porque, al hacerlo, afirmamos implícitamente hablar de parte de Dios. Tal enojo tiene, ciertamente, un lugar justo, pero solo se debería echar mano de él tras un cuidadoso y diligente ejercicio de oración y reflexión. Tanto en el caso general como en el específico, se toman en consideración las palabras del apóstol en cuanto a la lentitud para hablar. Aunque la frase "ira humana" es genérica, lo más probable es que Santiago tenga también en mente el enojo específico del individuo que proporciona una forma concreta para la aseveración general.

---

7. En este versículo, Santiago utiliza la palabra *aner* en lugar de la más típica *anthropos* para la humanidad genérica. Aunque la definición que el diccionario proporciona de *aner* es "hombre" en oposición a "mujer", en esta coyuntura, Santiago la usa en beneficio de la variedad de estilo (*cf.* también 1:8, 12).

Al afirmar que esa ira no es deseable, el apóstol ofrece de nuevo una observación con paralelos en la literatura helenística y judía.[8] De manera más concreta, en los labios de Jesús hallamos una enseñanza relacionada con esto; el vio otras sendas que llevaban a la justicia: "Dichosos los que tienen hambre y sed de justicia, porque serán saciados [...]. Dichosos los perseguidos por causa de la justicia, porque el reino de los cielos les pertenece" (Mt 5:6, 10).[9] La ira humana, que es el producto de una disposición retardada a escuchar, entra en conflicto con la justicia de Dios.

Aquí, la pregunta principal concierne al significado de *dikaiosynen theou* (lit., "la justicia de Dios"). (1) Puede referirse a la justicia como un aspecto del carácter de Dios: dado que él es justo y no se deja llevar por la ira, nosotros tampoco deberíamos hacerlo. (2) Puede significar: "el estándar justo de Dios". Dios espera que estemos por encima del enojo, y, por tanto, exige esta justicia en nosotros. (3) Puede querer decir: "la justicia que Dios da", que él nos concede. No podemos practicar un enfado desmedido y suponer que recibiremos esta justicia, ya que tal actividad nos descalifica. (4) Puede significar: "justicia escatológica", es decir, que Dios es aquel que ajustará las cuentas.

Esta última opción disfruta del beneficio de un poderoso defensor en 5:6-9, porque allí se nos dice que no murmuremos los unos contra los otros, sino que esperemos el juicio justo de Dios cuando venga el Señor.[10] Pero la segunda alternativa es una candidata igual de potente, defendida por 3:8-12, donde se advierte a los cristianos que no maldigan a sus hermanos creyentes. Ambas disyuntivas están probablemente en la mente de Santiago, y, en los dos casos se puede decir lo mismo: los brotes de ira no producen el tipo de conducta justa que Dios desea ver en nuestra vida. Sería mejor, pues, parafrasear así esta declaración: "La justa acción no surge de la ira".

Pero aún hay más. En el versículo 21, Santiago habla en términos más amplios de esta vida de justicia. Al empezar la frase con "por esto" (*dio*, que también puede traducirse "de acuerdo con este principio"),

---

8. Enseguida nos viene a la mente Pr 15:1: "La respuesta amable calma el enojo, pero la agresiva echa leña al fuego".

9. Véase también Mt 5:20; 6:33.

10. Esto tiene un paralelo en Pablo: los cristianos no deben devolver el mal que se les hace, porque eso le pertenece a Dios: "No tomen venganza, hermanos míos, sino dejen el castigo en las manos de Dios, porque está escrito: 'Mía es la venganza; yo pagaré', dice el Señor" (Ro 12:19).

el apóstol deja claro que está concluyendo esta línea de pensamiento. Esta conclusión se inicia con una breve cadena de conductas que no deberían caracterizar la vida de un cristiano. La primera implica tanto una restricción como una renuncia: los cristianos deberían "despojarse" (NVI) o "deshacerse" de ciertas conductas. Originalmente, esta palabra se utilizaba para la ropa, y la imagen de la preparación para el bautismo llega enseguida a nuestra mente.[11] Tal vez Santiago desee recordarnos el poderoso pasaje de Zacarías 3, donde a Josué, el sumo sacerdote, símbolo del pueblo de Dios, le quitan sus vestiduras sucias y le dan otras limpias que representan el perdón de Dios. El verbo "despojarse" (*apotithemi*) presenta listas similares de vicios en Efesios 4:25 y en 1 Pedro 2:1. También se puede utilizar con la idea de una conversión total, un cambio completo del patrón de vida.

Santiago nos da instrucciones de deshacernos de la "suciedad moral" (*rhyparia*) y del "mal" (*kakia*). *Rhyparia* significa mugre, suciedad, avaricia e impureza moral; cuando va unida a la palabra "prevalente" (*perisseia*), *kakia* tiene la connotación de un crecimiento anormal de maldad o incluso de malicia. Dado que este nombre también puede significar "exceso" o "sobrante", algunos entienden que Santiago está advirtiendo tan solo en contra de una superfluidad de suciedad moral y maldad (*cf.* NEB, "la maldad que se apresura al exceso"). Es una traducción un tanto extraña, ya que es evidente que el apóstol no quiere que haya vulgaridad, suciedad moral ni maldad dentro de la comunidad cristiana. Estos términos se encuentran entre los más fuertes que tiene a su disposición y no solo implica una maldad moral general, sino una mala intención premeditada. Laws traduce esta frase de un modo muy adecuado y útil: "Toda vulgaridad y la gran masa de malicia".[12] El significado es claro: los cristianos no solo deben apartarse del enojo, sino también del mal y de la malicia, sean estos fortuitos o premeditados.

No obstante, apartarse del mal no es suficiente. Santiago también coloca delante de nosotros una senda alternativa: "... recibir con humildad

---

11. En Ro 6:3-4, Pablo habla de la nueva vida en Cristo como bautismo: "¿Acaso no saben ustedes que todos los que fuimos bautizados para unirnos con Cristo Jesús, en realidad fuimos bautizados para participar en su muerte? Por tanto, mediante el bautismo fuimos sepultados con él en su muerte, a fin de que, así como Cristo resucitó por el poder del Padre, también nosotros llevemos una vida nueva". Esta imagen de morir al viejo "yo" se simbolizaba mediante el acto de quitarse la ropa sucia, "despojarse" de la antigua vida.

12. Sophie Laws, *The Epistle of James,* 81.

la palabra sembrada en ustedes, la cual tiene poder para salvarles la vida". La actitud de humildad caracteriza a quien se ha "convertido". Deja de ser una vida de maldad y perversidad, y se transforma en una marcada por la calma y la preocupación por los demás. Nuestra actitud tiene que ser de humildad, reconociendo la sabiduría de Dios relativa a nuestros pobres recursos a este respecto. El camino a la salvación debe hallarse en escuchar con mansedumbre la palabra de Dios. Esta postura es necesaria si queremos "recibir con humildad la palabra sembrada" en nosotros. La humildad no solo es relevante porque la actitud sea necesaria para permitir que la palabra florezca, sino también porque es el atributo esencial de los pobres, aquellos que carecen de recursos y que son muy amados por Dios.

Lo que vamos a recibir o aceptar con humildad es la palabra sembrada o "plantada" en nosotros. Esta "palabra" debe ser equivalente a la "palabra de verdad" de 1:18, aunque aquí se trate de la palabra verdadera hablada o leída, ya que 1:22 nos ordena que "escuchemos la palabra". El término que la NVI traduce "plantada" puede significar algo que se posee intrínsecamente o algo que se añade. No ha sido poco el debate en cuanto a cuál es el mejor matiz. Con frecuencia se indica que es lógicamente imposible aceptar algo que uno ya posee. Pero deberíamos recordar que lo que le preocupa a Santiago son los asuntos prácticos de la enseñanza moral, y no las complejidades de la lógica de la metafísica. Lo más probable es que, en su intención, se hallen ambos matices. Como miembros de la raza humana caída necesitamos que esa palabra de Dios se plante en nosotros y nutrirla para que sus raíces crezcan en profundidad y fuerza. Sin embargo, como miembros de la raza original que, según se pretendía, debía tener una comunión estrecha con Dios, esta palabra tiene un lugar de pleno derecho dentro de nosotros. No se trata de un agente extraño, sino que su implantación es como la devolución legítima de algo necesario pero perdido desde hace mucho tiempo. Es forzosamente un elemento constituyente de esta "humanidad perfecta" de la que Santiago habló en 1:4.

La NVI escoge traducir *sosai tas psuchas hymon* "salvarles la vida", donde el griego traduce (lit.) "salvar su alma". "Alma" no se refiere a la idea griega de los elementos "más elevados" o más etéreos de la persona humana, sino más bien a la totalidad de nuestro ser. La palabra de Dios tiene poder para salvarnos. Debemos recordar que el Nuevo Testamento presenta un triple patrón de salvación: "... porque en esa esperanza *fuimos salvados*" (Ro 8:24-25); somos los que *se salvan* (1Co 1:18), y *seremos salvos* (Ro 8:21-23). Este triple patrón nos ayuda a comprender los matices de significado que acompañan a "plantado", ya que nos presenta una imagen de crecimiento y desarrollo. La palabra de verdad nos ha salvado. Nosotros hemos de nutrirla porque es una fuerza motriz en el proceso de nuestra salvación. El resultado de este desarrollo es que lograremos la salvación definitiva.

Existe un paralelo significativo de estos pensamientos en 1 Pedro 1:23–2:2. Ambos pasajes debaten el nacimiento por la palabra de Dios, el llamado a rechazar el *kakia*, e incluyen el consejo de recibir y nutrir la palabra. Esta nutrición implica un comportamiento y, por tanto, códigos de conducta; en resumen, la ley. Santiago argumentará que la palabra implica la ley, pero aquí recalca que la ley no controla a la palabra ni son idénticas. Aunque con frecuencia se le achaca a Santiago que se concentra demasiado en las obras, deberíamos notar cómo, en este momento crítico, resalta cuidadosamente el poder salvífico de la palabra de Dios, que, al crecer fuerte dentro de nosotros, crea el carácter cristiano que resulta en una acción justa.

Escuchar sin hacer es inútil (1:22-25)

"Haz lo que la ley dice" es un hebraísmo, ya que los judíos solían hablar de hacer la ley en estos términos, y, más a menudo, como "practicar la Torá" (*cf.* Dt 28:58). En Éxodo 24:3 leemos: "Moisés fue y refirió al pueblo todas las palabras y disposiciones del Señor, y ellos respondieron a una voz: 'Haremos todo lo que el Señor ha dicho'". Jesús mismo contribuyó a esta tradición: "Por tanto, todo el que me oye estas palabras y las pone en práctica es como un hombre prudente que construyó su casa sobre la roca" (Mt 7:24). Aunque tanto el judaísmo como Jesús entendían que la santidad estaba vinculada a este "hacer la palabra", las definiciones radicalmente distintas que ellos tenían de la "santidad" los llevó por direcciones divergentes. Para Jesús, el centro del carácter de Dios es su compasión y su misericordia, tal como se expresa en la frase gemela: "Ama al Señor tu Dios con todo tu corazón, con todo tu ser, con todas tus fuerzas y con toda tu mente", y: "Ama a tu prójimo como a ti mismo" (Lc 10:27). Para sus contemporáneos, la "santidad" tenía que ver con la pureza y, por tanto, con la separación del "mundo".

Ambas visiones de la santidad requieren una vida de acción. Santiago expone su idea con el presente del imperativo "llévenla a la práctica (*ginesthe*), que tiene la fuerza de "sigan haciendo". Debemos continuar creciendo en llevar a cabo los mandamientos que nos impone el escuchar la palabra de Dios. Se refiere, naturalmente, a la lectura pública de las Escrituras en el contexto de la adoración.[13] Pero con escuchar no basta. Prestar oído y no tomar acción es mentirse a uno mismo. Una vez introducida la idea del juicio escatológico, la advertencia de Santiago aquí adquiere graves consecuencias.

En los versículos 23-24, Santiago vuelve su atención a un ejemplo negativo en forma de un proverbio: la persona que escucha y no actúa es como un hombre que se mira en un espejo y después olvida cuál es su aspecto. La idea del apóstol consiste en que la imagen del espejo, sea producto de una mirada furtiva o de una contemplación de adoración, se disipa rápidamente; cualquier impresión que se forme en la mente y en el corazón mientras uno mira en un espejo es temporal. Santiago podría estar pensando en una autoevaluación precisa, una que nos muestre los ámbitos que requieren atención. Pero también puede estar pensando en la imagen de la verdadera humanidad (*cf.* 1:4), la que Dios pretendía, que vislumbramos con los ojos de nuestra mente cuando se lee la Palabra, pero es una visión que pronto se evapora y se sustituye por deseos más bajos que el mundo está decidido a exponer delante de nosotros.

El versículo 25 ofrece un ejemplo positivo, pero es quizá el problema teológico más espinoso de todo el libro. La persona que investiga "la ley perfecta que da libertad" y no olvida, sino que actúa basándose en esta visión, recibe bendición. La frase "ley perfecta que da libertad" tiene precedentes en el Antiguo Testamento. El salmista declaró, por ejemplo: "La ley del Señor es perfecta: infunde nuevo aliento" (Sal 19:7). Para Santiago "ley perfecta" y "palabra" están relacionadas, ya que cada una de ellas describe un patrón de conducta en la vida. De manera que "la palabra sembrada" en ustedes (1:21) y la "ley perfecta" se encuentran en tan estrecha asociación que se implican mutuamente.

Esta ley es la de la libertad. Pablo lo enfoca como la libertad de la ley judía, pero no siempre. Él puede decir que "por medio de él la ley del Espíritu de vida me ha liberado de la ley del pecado y de la muerte". Por tanto, es peligroso suponer que Pablo usa siempre el término "ley" para implicar lo negativo. De manera similar, Santiago define la ley de tal manera que concede libertad del egoísmo y de la inmoralidad, per-

---

13. Es la palabra utilizada en Ap 13: "Dichoso el que lee y dichosos los que escuchan las palabras de este mensaje profético y hacen caso de lo que aquí está escrito...".

mitiendo que el cristiano crezca en lo que Dios pretende. Es probable que Santiago esté reflejando aquí las palabras de Jesús en cuanto a la ley. Él no derogó la ley de Moisés, sino que llegó hasta el corazón de la intención de este, y, al hacerlo, la elevó.[14]

Como Jesús, Santiago no tiene en mente una nueva ley, sino más bien una expresión más plena o una destilación más perfecta de la ley judía. Para el cristiano, esta ley sigue siendo la voluntad de Dios, pero una comprensión más refinada de la misma. La ley perfecta, la palabra implantada y a la que se le permite echar raíz es, pues, la enseñanza misma de Jesús.[15] Stephen Carter afirma que la ley solo tiene dos funciones: te obliga a hacer lo que no quieres y evita que hagas lo que quieres.[16] Este es básicamente el problema con la ley mosaica a los ojos de Jesús, Santiago y Pablo. Es rígida, un tanto inflexible, y, lo más relevante, es *externa*. Tiene poco o ningún poder para alentar el corazón.

Al llegar hasta el núcleo central de la ley, Jesús mencionó las intenciones y las actitudes que la afianzan. Las reglas, como los códigos legales, se basan en principios, y estos surgen de algunas creencias fundamentales. Para él, los cimientos son el acto creador de Dios. Este lleva implícitos preceptos que conciernen a la vida que dirigieron a Jesús a adoptar una postura más severa que la ley mosaica con respecto al divorcio (aprender a amarse y a perdonarse los unos a los otros; véase Mt 5:27-32), así como una más permisiva que la norma del día de reposo (véase Lc 6:1-11; Jn 5:1-30).

Además, también está la persona que olvida lo que ha oído y que, al actuar de este modo, se pierde la bendición. Esta puede ser una promesa para el futuro, así como Santiago ha presentado ya la idea de una recompensa, o tal vez una parte natural de obediencia a la ley. Es muy posible que el apóstol tuviera ambas definiciones en mente.

---

14. Sobre este asunto, véase G. B. Caird y L. D. Hurst, *New Testament Theology* (Oxford: Clarendon, 1994), 385-93.

15. No es inoportuno observar que, en la literatura cristiana primitiva, con frecuencia se hacía alusión a la doctrina del cristianismo como una "ley". Pero en cuanto a Santiago y los Profetas, esta ley tiene el poder de cambiar los corazones. Véase *Bernabé* 2:6 y la primera *Apología* de Justino Mártir, 1.43.

16. Michael Cromatie, "How We Muddle Our Morals", *Books and Culture: A Christian Review* (mayo/junio 1996), 14.

La religión pura (1:26-27)

Esta sección va unida a lo que se ha visto anteriormente mediante dos vínculos. (1) El versículo 26 resalta el pecado de hablar impulsivamente, tema con el que se ha iniciado el pasaje (v. 19). (2) Aquí se proporciona una extensión de la idea de "no solo escuchar, sino hacer el bien", por cuanto se describe la adoración como algo inútil si no conlleva las obras que impulsan un corazón piadoso. Tanto en esto como en la sección anterior, el autoengaño juega un papel relevante. La práctica de "la religión pura" se describe aquí como el control de lo que se habla, las obras de caridad y la resistencia a la tentación.

Una persona que se considera religiosa, pero no puede mantener un freno apretado sobre la lengua, solo se está engañando a sí misma. La palabra "religiosa" (*threskos*) solo aparece en este lugar del Nuevo Testamento, no así el término raíz (el sustantivo *threskia*) que sí se utiliza en otros sitios. Puede referirse a las cualidades internas y también externas de la adoración; sin embargo, por lo general (como aquí) indica las ceremonias externas. Pablo la utiliza aquí en alusión a la adoración de los ángeles (Col 2:18).

No queda claro cuáles son las prácticas específicas que Santiago tiene en mente, pero, como hicieron los profetas de la antigüedad, él también afirma que cualquier práctica religiosa que no pueda influir en el corazón y, por tanto, en las obras, no sirve de nada.[17] Santiago compara la lengua con un animal que ha de ser guiado mediante una pieza de hierro colocada en su hocico (*cf.* 3:4), porque es así como debemos interpretar *chalinagogeo* ("poner freno a"), solo se encuentra en este lugar del Nuevo Testamento. No obstante, la idea puede hallarse en el Antiguo Testamento: "Que refrene su lengua de hablar el mal y sus labios de proferir engaños" (Sal 34:13). La metáfora más específica (aunque no el lenguaje preciso) también se da en el Antiguo Testamento: "Me dije a mí mismo: 'Mientras esté ante gente malvada vigilaré mi conducta, me abstendré de pecar con la lengua, me pondré una mordaza en la boca" (Sal 39:1). Santiago no solo insinúa que hablar de forma impulsiva hace

---

17. Amós argumenta que el valor de la adoración estaba supeditado al comportamiento moral: "Ustedes convierten el derecho en amargura y echan por tierra la justicia [...]. Ustedes odian al que defiende la justicia en el tribunal y detestan al que dice la verdad. Por eso, como pisotean al desvalido y le imponen tributo de grano [...]. Yo aborrezco sus fiestas religiosas; no me agradan sus cultos solemnes. Aunque me traigan holocaustos y ofrendas de cereal, no los aceptaré [...]. ¡Pero que fluya el derecho como las aguas, y la justicia como arroyo inagotable!" (Am 5:7, 10-11, 21-22, 24).

que se cuestione la fe de uno, sino que la "religión" que resulta de esta conducta no tiene la capacidad suficiente para moldear el corazón y, por tanto, es inútil o fútil (*mataios*).

Dado el carácter temático de Santiago 3 y 4, el apóstol podría también tener en mente el ejemplo específico de ciertos "maestros" cuyo discurso incontrolado y duras palabras estaban sembrando desacuerdo en la comunidad. En cualquier caso, una persona con este tipo de "religión" se está engañando a sí misma, porque no tiene poder sobre la conducta ética, como demuestra el ejemplo de la lengua no refrenada. Es una fe tan inútil delante de Dios que no se puede considerar como tal (véase 2:20, 26). Santiago utiliza el término *kardia* (lit., "corazón") para representar al "yo", el centro del ser de la persona y la ubicación de sus pensamientos. Semejante "religión" no tiene poder alguno sobre el corazón humano, porque no permite que Dios obre en nosotros.

Santiago define a continuación lo que es la "religión" pura (*threskeia*) que Dios, nuestro Padre, acepta: cuidar de los huérfanos y de las viudas, y mantenerse incontaminados por el mundo. Prosigue con su homenaje a los asuntos de justicia y compasión tan emblemáticos de la religión pura, mediante la elección de una idea común que se halla en los profetas: Dios siente una preocupación especial por las viudas y los huérfanos, ya que representaban a todos los grupos abiertos a la explotación. Nótese que el apóstol ya ha debatido sobre la cuestión del hermano rico y volverá a hacerlo. Las personas que se hallen en los márgenes del paisaje social, económico y legal, siempre son vulnerables a la explotación y, por tanto, sufren "aflicción". Esta puede ser la condición de pobreza misma; de ser así, se nos recuerda que para los hermanos pobres de 1:9, su condición de penuria en sí es una prueba. Santiago puede tener también en mente algunas condiciones específicas de angustia a las que los pobres de la comunidad cristiana se están enfrentando, y les ofrece aliento y exhortación.

En cualquier caso, Dios afirma ser el protector de tales personas: "Él defiende la causa del huérfano y de la viuda, y muestra su amor por el extranjero, proveyéndole ropa y alimentos" (Dt 10:18). Además, en el Antiguo Testamento, Dios recluta nuestra participación con él: "¡Dejen de hacer el mal! ¡Aprendan a hacer el bien! ¡Busquen la justicia y reprendan al opresor! ¡Aboguen por el huérfano y defiendan a la viuda!" (Is 1:16-17). En resumen, debemos ser como Dios. No en balde Santiago se refiere aquí a Dios como "Padre".

El segundo ejemplo de "religión pura" es "conservarse limpios de la corrupción del mundo". En el Nuevo Testamento, el término "mundo" (*kosmos*) es extraordinariamente flexible. Puede indicar el universo creado, la humanidad, los seres humanos que necesitan la salvación de Dios, la sociedad ordenada por el hombre, o el orden mundial corrupto y malvado, en rebeldía contra Dios. Aquí, Santiago usa el vocablo con este último sentido: el mundo como un lugar de maldad y peligro. Pero no deberíamos perdernos un punto importante: no nos enseña a apartarnos del mundo, sino que recalca el vivir en él, pero con inteligencia y reflexión con el fin de mantener puras y seguras la vida, la reputación y la fe propias. Para el apóstol, la verdadera fe entra en la cultura que la rodea, pero permanece libre del mal que en ella se encuentra.

Como señala Laws,[18] tal vez consideremos que Santiago es aquí típicamente judío. La "religión" va dirigida a Dios Padre, y no a Jesús, el Señor exaltado, y las exigencias de la piedad práctica se expresan en términos que, tradicionalmente, connotan separación (*pura* e *irreprensible*). Sin embargo, el mensaje específicamente cristiano es aquí poderoso y no debería pasarse por alto en nuestra premura por definir al mundo como malo. Para el judaísmo, la santidad de Dios estaba protegida de la contaminación. En la mente y la vida de Jesús, sin embargo, la santidad de Dios era lo suficientemente sólida y fuerte como para aventurarse en el lodazal y la basura de la existencia humana. Tenía una fuerza purificadora capaz de limpiar el mundo. El punto de vista de Santiago es que nosotros también debemos ser agentes purificadores en el mundo, pero teniendo siempre presente el evitar mancharnos. En esto es un fiel seguidor de Jesús.

Construyendo Puentes

Debemos entender dos ideas clave en este pasaje si pretendemos llevar el mensaje de Santiago, de una forma segura, desde el siglo I hasta el nuestro. (1) La primera tiene que ver con la cuestión de una ley, y, más específicamente, lo que Santiago define como "la ley perfecta". Esto implica también su noción de la palabra y, de forma más amplia, la supuesta tensión entre Pablo y él en cuanto al asunto de la fe y las obras. Pronto veremos que, a pesar de esta reputación, Santiago presenta un ejemplo convincente para la prioridad

---

18. Laws, *The Epistle of James,* 91.

de la fe. (2) La idea de una necesidad de justicia también exige un cuidadoso análisis. Muchos son los que, dentro de la iglesia contemporánea, asumen enseguida el manto de profeta y hablan con un enojo justo y sincero, aunque Santiago nos advierte que evitemos esta conducta. ¿Cómo podemos equilibrar el pensamiento del apóstol con las condiciones actuales?

La ley. Una de las cuestiones más fascinantes de la teología neotestamentaria es la relación entre la gracia de Dios y las exigencias de la ley. Se consideran cosas opuestas, aunque la dinámica se expresa en términos de "fe frente a las obras" o de "la palabra frente a la ley". Al hablar de "la palabra plantada" y de "la ley perfecta", Santiago nos sitúa directamente en mitad de esta cuestión. Nuestra atención se centrará en la ley con el fin de demostrar que el apóstol define "ley" y "palabra" de manera que no sean términos opuestos, sino más bien complementarios.

No cabe prácticamente duda alguna de que la tradición protestante contemporánea esté coloreada de un saludable escepticismo en cuanto a la "ley". Se nos enseña que los judíos del siglo I guardaban la ley pensando conseguir así el favor de Dios, y que con la muerte y la resurrección de Jesús hemos sido liberados de ella. Aunque ya no parece tan verosímil que esta imagen del judaísmo del primer siglo sea exacta,[19] existe algún apoyo bíblico para una idea negativa en cuanto a "la ley". Después de todo, Pablo afirma que Jesucristo lo liberó de la "ley del pecado y de la muerte" (Ro 8:2), y Juan declara que "la ley fue dada por medio de Moisés, ¡mientras que la gracia y la verdad nos han llegado por medio de Jesucristo! (Jn 1:17).

Pero la imagen que se suele dibujar de la gracia frente a la ley es una interpretación demasiado fácil de las Escrituras. Pablo dice muchas cosas buenas acerca de la ley, como demuestra una lectura superficial de Romanos 2–10. Jesús tampoco está libre de controversia en este asunto.

---

19. En los últimos años, esta opinión ha cambiado. En una serie de obras importantes, aunque de forma más relevante en su *Paul and Palestinian Judaism* (Filadelfia: Fortress, 1978), E. P. Sanders ha demostrado que estos judíos del primer siglo no guardaban la ley para obtener la salvación, sino como forma de expresión del hecho de su salvación. Ser judío significaba sencillamente que se encontraban dentro de la esfera de la gracia de Dios. Que Sanders tiene razón se puede ver en el ataque contra esta forma de pensar que dirigieron tanto Juan el Bautista (Mt 3:9) como Jesús (Jn 8:31-41). En ambos casos, se demuestra que la reivindicación de la etnia es insuficiente. En lugar de ello, son las obras que surgen del corazón las que demuestran que las "piedras" pueden ser "hijos de Abraham".

En Mateo 5:18-19, por ejemplo, Jesús habla como un legalista, afirmando que ni la letra más pequeña ni la raya más diminuta hecha con una pluma ni el menor de los mandamientos pasarán. Con todo, esta declaración tan compleja marca una fuerte variación con su actividad a lo largo del resto del Evangelio. De manera similar, en Lucas encontramos una rápida serie de enseñanzas sobre la ley. En Lucas 16:16 aprendemos que la ley ha pasado; en el versículo 7 se nos dice que la ley nunca pasará; y en el versículo 18 se nos insta a una obediencia de la ley que sobrepase la de los fariseos. Para poder comprender lo que Santiago quiere decir con "la ley perfecta" tenemos que penetrar en la forma en que Jesús entendía la ley.

En sus enseñanzas sobre la ley, dos elementos quedan firmemente asentados: (1) los principios o intenciones cardinales de la ley tienen precedencia sobre la irritante fidelidad literal a la misma; y (2), aunque la concentración sobre los actos externos no es errónea, hacerlo tan solo sobre las acciones es algo que nos expone al peligro de confundir lo bueno con lo mejor. Por esta razón, Jesús enfatiza el asunto del corazón y del carácter humano. Santiago enclaustra todo esto en su intenso énfasis sobre "la palabra" en este pasaje. La palabra está viviendo, creciendo dentro de nosotros y es vital y flexible. Tiene el poder de atraernos a la conformidad con la voluntad de Dios, que es el propósito de la ley.

De hecho, esto constituye la piedra angular de la enseñanza de Jesús sobre la ley, que es una guía y no un impedimento. La ley es buena por cuanto es un canal que nos dirige a vivir la intención de Dios. Es *un* medio, no *el* propósito. De por sí tiene poco, por no decir ningún, poder para cambiar los corazones. Para Jesús, una estricta observancia de la letra de la ley no es la obediencia radical. Él enseñó un nivel más estricto de obediencia ética del que pueda hacer cumplir cualquier ley. Enseñó una ética que fluye de corazones en armonía con el corazón de Dios. Santiago señala a la misma idea con esta frase: "La ley perfecta que da libertad". Casi podríamos definirlo como una "ley del corazón", un sentido creciente e innato del propósito y del placer de Dios en una situación concreta.

Los fariseos atacaron a Jesús por fraternizar con la gente común "contaminada". En respuesta a esto, él advirtió a las multitudes que tuvieran cuidado con la levadura de los fariseos (Mr 11:15), porque a ellos les preocupaba la contaminación externa, pero ignoraban su fuente, el corazón que no se ajusta al de Dios. La actividad de Jesús hizo que los fariseos y otros lo consideraran como una figura culpable de provocar escándalo. Quebrantó intencionadamente el día de reposo (2:23–3:6), afirmó su derecho a perdonar los pecados (2:1-12), se codeó voluntariamente y hasta con alegría con gente indeseable (2:13-17). Al hacerlo, expresó su derecho a emitir juicio no solo sobre la ley farisaica, sino sobre el judaísmo mismo.

Estas diferencias surgen de concepciones divergentes de Dios y de su santidad. Para los fariseos, la santidad era frágil, se contaminaba con facilidad y necesitaba protección. En conjunto,[20] su opinión sobre Dios era la de un legislador cuyas leyes requerían una observancia escrupulosa, con el fin de proteger esta santidad. Para Jesús, la santidad de Dios era básicamente su compasión y su misericordia. Esta sólida misericordia tuvo el poder de purificar a los impuros, como demuestra el encuentro de Jesús con la mujer que tenía flujo de sangre (Lc 8:40-56). Su descripción de Dios era la de un Padre amoroso cuyo deseo ferviente consistía en acoger a sus hijos rebeldes de regreso al hogar. En justicia con los contemporáneos de Jesús, debemos observar un dicho que se atribuye a Simeón el Justo, un sumo sacerdote que vivió aproximadamente en el año 200 a.C.: "El mundo se sostiene por tres cosas: por la ley, por el servicio [del templo] y por los actos de amorosa bondad".[21] El judaísmo en el que fue educado Jesús entendió la necesidad de que los corazones fueran renovados, en oposición a la lealtad servil a la ley.[22]

La controversia de Jesús no fue, pues, en tan gran medida con la ley como tal, sino con lo que él consideraba un entendimiento sesgado de la misma, una tendencia a considerarla como un fin y no como el medio para un bien mayor. Solo de esta forma podemos comprender Mateo 5:17: "No piensen que he venido a anular la ley o los profetas; no he

---

20. Sanders argumenta, con bastante razón, que en la tradición farisaica había gran variedad. Muchos fariseos estaban de acuerdo, en general, con Jesús en cuanto a la ley, como demuestran los Evangelios.

21. Mishná *Aboth,* 1:2. Esta traducción se halla en Herbert Danby, *The Mishnah Translated from the Hebrew with Introduction and Brief Explanatory Notes* (Oxford: Oxford Univ. Press, 1933).

22. Hans Conzelmann, en su *An Outline of the Theology of the New Testament,* tr. J. Bowden (Nueva York: Harper y Row, 1969), en consideración de la ley judía, escribe: "La pregunta es: ¿se puede conseguir la obediencia mediante la casuística legal? Lo que se procura después no es tan solo el cumplimiento formal, sino la correspondencia de mi voluntad con la de Dios" (p. 21). Además, prosigue diciendo (p. 226) que "se debe hacer una distinción entre el objetivo de la ley que Dios perseguía en su dispensación y el uso que los hombres hacen de ella. La ley revela la voluntad de Dios. Sin embargo, no puede producir su cumplimiento por sí sola; es 'débil'".

venido a anularlos sino a darles cumplimiento". Y es que, para Jesús, "la ley" no era lo que sus contemporáneos pensaban, sino una representación más exacta del carácter de Dios en lo concreto y, por tanto, era un gozo y no una carga. Santiago está de acuerdo. Al enfatizar la implantación de la palabra *antes* de su análisis de la conducta, él, como Jesús, presenta esta "ley perfecta" o "ley del corazón" en términos descriptivos. Es una imagen de la ley en el reino de Dios.

Ni Jesús ni Santiago son cautos, sin embargo, a la hora de señalar que los *mandamientos* de Dios han de seguirse. Estos son, principalmente, componentes del fundamento y de los principios de la revelación de Dios: amor por el prójimo, perdón, protección de la vida y abstinencia de la idolatría y de la inmoralidad sexual. Estas cosas son tan estrechamente ilustrativas del carácter de Dios que parece no haber lugar para la flexibilidad. Pablo, por ejemplo, puede ver con buenos ojos las distintas opiniones sobre la resurrección (1Co 15), pero trata de una forma concisa con la práctica pagana (10:14-22) y con la inmoralidad sexual (5:1-5).

Como Santiago, nosotros deberíamos entender la enseñanza de Jesús sobre la ley como algo dirigido hacia la intención de la misma. La palabra plantada dentro de nuestro corazón nos permite vivir en dirección a la meta de la ley. Esto implica el siguiente conjunto de cuestiones que se analiza: el cuidado que se da a las viudas y los huérfanos.

Las viudas y los huérfanos; compasión y justicia. Santiago es lo suficientemente atrevido como para afirmar que la definición de la religión pura es, en parte, "atender a los huérfanos y las viudas". La intensidad de la idea hebrea nos resulta extraña y es necesario que se le dé voz para poder entender a Santiago de un modo adecuado. En el antiguo Israel, el culto implicaba sacrificios como medios de honrar a Dios. Con todo, los profetas atacaban en ocasiones estos sacrificios con violencia, porque demostraban ser incapaces de moldear el carácter. Hasta Samuel dijo una vez: "¿Qué le agrada más al Señor: que se le ofrezcan holocaustos y sacrificios, o que se obedezca lo que él dice? El obedecer vale más que el sacrificio..." (1S 15:22). Profetas posteriores, como Amós y Jeremías, llegaron incluso más lejos, argumentando que el valor real de la adoración dependía de la conducta moral. Vivir una vida de injusticia, despojada de compasión, equivalía a realizar una adoración inútil.

La naturaleza penetrante de esta idea se encuentra hasta en Proverbios: "El que oprime al pobre ofende a su Creador, pero honra a Dios quien se apiada del necesitado" (Pr 14:31). Dos términos hebreos cuya traducción no es fácil están vinculados a esta idea. El primero es *mišpat*,[23] cuya raíz, *špt,* posee toda una variedad de significados, incluidos "gobernar, juzgar, advertir, liberar y justificar". *Mišpat* se utiliza en la mayoría de los casos para aludir a la restauración de una condición de armonía, integridad y equidad, una condición a la que, en otras ocasiones, se alude mediante la palabra hebrea *šalom.* Normalmente se reserva para la descripción de una forma de acción. El segundo término es *ṣedaqah*,[24] que transmite las nociones de orden correcto en general, de orden adecuado delante de Dios y de justicia. *Ṣedaqah* tiende a enfatizar la calidad o el carácter de una persona que resulta en actos justos. Pero los dos están inextricablemente relacionados. Así, Amós 5:24 declara: "¡Que fluya el derecho como las aguas, y la justicia como arroyo inagotable!", implicando que *mišpat* y *ṣedaqah* son prácticamente sinónimos.

Ya hemos visto que el libro de Salmos constituye una porción vital y vibrante del trasfondo de Santiago, y que tienen gran relevancia también aquí. Plantean la opinión de que Dios ha establecido la justicia y que es su guardián. En Salmos 97:2 leemos: "La rectitud y la justicia son la base de su trono". Salmos 99:4 afirma que Dios "ama la justicia" y que ha "establecido la equidad". Dios es quien garantiza y administra la justicia como rasgo de su santidad. Como juez, se clama a Dios para que enderece lo que es incorrecto, como en la historia de Jefté (Jue 11:27).

Dios también espera que los seres humanos se impliquen en el mantenimiento de la justicia, y, por esta razón, más que piedad y actos de justicia, requiere un corazón.[25] En Jeremías 9:23-24, leemos:

> Que no se gloríe el sabio de su sabiduría,
>> ni el poderoso de su poder,
>> ni el rico de su riqueza.
> Si alguien ha de gloriarse,
>> que se gloríe de conocerme
> y de comprender que yo soy el SEÑOR,

---

23. Véase Temba L. J. Mafico, "Just, Justice", *ABD,* 3:1127-29.
24. Véase J. J. Scullion, "Righteousness (OT)", *ABD,* 5:724-36.
25. Is 5:7 describe a Dios como alguien que escudriña a Israel en busca de justicia (*mišpat*), pero solo encuentra derramamiento de sangre (*míspah*) que busca justicia (*sedaqah*) pero solo encuentra aflicción (*se'aqah*).

que actúo en la tierra con amor,
con derecho y justicia,
pues es lo que a mí me agrada.[26]

Seríamos descuidados si no observáramos la calidad de relación transmitida en los verbos "entender" y "saber". No es mero afecto ni una imitación de conducta. Reflejan una acción que surge del meollo del ser. Los jueces del antiguo Israel debían, pues, reflejar la santidad de Dios en sus actos (Éx 18:21). El impulso central de la justicia de Dios consiste en crear una sociedad igualitaria con respecto a los derechos humanos básicos (Sal 113:7-9).

Dado que la sociedad humana tiende a apartarse de una visión de comunidad semejante, tanto Dios como los jueces nombrados por él debían tener una preocupación especial por los pobres y por los oprimidos, a los que aquí se alude mediante la frase emblemática "huérfanos y viudas". Podemos, por tanto, ver varios asuntos que convergen en Santiago. Como los jueces de la antigüedad, los cristianos deben reflejar el carácter de Dios, como dice el apóstol cuando nos llama a una humanidad perfecta. Asimismo, debemos tener una piedad que no sea externa solamente. Finalmente, hemos de proteger y cuidar a los pobres y los oprimidos. Esto último constituye un desafío que los cristianos de los países desarrollados descartarán bajo su propio riesgo.

Significado Contemporáneo

Santiago ha presentado una amplia gama de cuestiones, pero cuatro de ellas forman un paraguas lo suficientemente amplio como para cubrirlo todo. (1) Con frecuencia somos culpables de hablar de forma desmedida, ya sea por un estallido de ira como por un chisme premeditado. (2) Cada vez más, parece que tenemos la seguridad de haber sido perjudicados y asumimos la postura de la ira justa, confiados en que Dios está de nuestra parte. (3) La cultura contemporánea nos expone, ciertamente, a la suciedad moral, una situación que requiere una cuidadosa introspección. (4) Necesitamos recordar con urgencia la imagen que vemos cuando miramos en el espejo de la Palabra de Dios.

---

26. Véase también Sal 51:4-7, 10, Am 5:21-23.

Sin freno en el habla. Cuando Santiago afirma que deberíamos ser lentos para hablar, pone su dedo sobre un problema que puede tener efectos devastadores. Así como argumenta que deberíamos proteger la dignidad de los pobres a través de la generosidad material, también insiste en que necesitamos proteger la dignidad de los demás en los ámbitos del discurso público y privado. Aquí, la idea incluye una forma de hablar desapasionada y espontánea, así como calculadamente desmedida, como el chismorreo. A pesar de que, siendo niños, probablemente hemos cantado aquello de "Palos y piedras pueden romper mis huesos, pero las palabras nunca me herirán", esta tonadilla es en realidad un ejercicio de silbar en la oscuridad para ahuyentar el miedo. Las palabras tienen gran poder tanto para herir como para sanar.

Hace poco, una estudiante me vino a buscar a mi oficina. Durante el transcurso de una hora vertió lágrimas de intenso dolor mientras me contaba una historia. Con su madre, había ido a visitar a su tía, que habló de su hija en términos brillantes. Comentó que le habría gustado tener otra hija como aquella. Pero la madre de la estudiante que estaba allí, en mi oficina, contestó de una forma que devastó a su propia hija: "Yo desearía que mi hija no hubiera nacido jamás". Esta forma de hablar no solo destruye a la persona a la que se alude, sino también a la que está haciendo el comentario. Nuestras palabras tienen el poder de alentar y nutrir la vida o de apagarla. ¿Qué escogeremos?

En su maravillosa y sin igual novela *Todos los hermosos caballos,* Cormac McCarthy cuenta la historia de John Grady Cole. De joven, viaja a México con dos amigos, cada uno de los cuales espera escapar a su infancia en Texas marcada por decepciones en su mayoría desconocidas. Estando allí, John Grady Cole consigue trabajo en un rancho de ganado y logra hacerse con el respeto y la confianza del propietario, Don Hector Rocha y Villareal. También se enamora de Alejandra, la hija de este. Doña Alfonsa, la tía abuela de Alejandra, empieza a preocuparse por esta relación e invita a John Grady Cole para conversar. En un momento dado, le habla del asunto de la reputación y de los chismorreos:

> Como ves, no puedo evitar comprender a Alejandra. Ni siquiera en sus peores momentos. Pero no permitiré [*sic*] que sea desgraciada. No permitiré [*sic*] que se hable mal de ella. O que sea objeto de chismorreos. Sé lo que es eso. Ella cree que puede sacudir la cabeza y desecharlo todo. En un mundo ideal, el chismorreo de los ociosos no tendría impor-

tancia. Pero he visto las consecuencias en el mundo real y pueden ser muy graves.[27]

El chismorreo puede tener consecuencias reales y trágicas. Todos conocemos el escozor de ser el tema de un cotilleo, y todos hemos participado en la extensión de uno. Se dice que la familiaridad engendra menosprecio, pero deberíamos decir que, con frecuencia, hace que ignoremos lo que es obvio. Tal vez este problema y su solución puedan ponerse claramente de manifiesto considerando una forma de chismorreo que no sea tan evidente. Las últimas décadas han sido tumultuosas para las congregaciones locales. Entre las muchas cuestiones que dejan claro que nuestra cultura es cada vez más inestable está el impresionante aumento de la frecuencia con la que el clero tiene una mala conducta.

Pocos asuntos pueden devastar con tanto poder y rapidez una iglesia. Conozco una congregación que ha tenido que capear dos diferentes temporales de este tipo en un breve espacio de tiempo. En primer lugar fue el pastor titular quien dimitió, admitiendo que había cometido una falta moral. Lo repentino de su anuncio dejó a la iglesia tambaleándose. Es un predicador con un don tremendo, muy amado por muchos de la congregación. Pero numerosas personas se sintieron traicionadas por él y otras llegaron a dirigir su enojo contra la denominación que lo había ordenado. Poco después, el pastor adjunto se vio obligado a interrumpir durante seis meses el desempeño de su ministerio, al final de los cuales presentó su dimisión. La estrecha proximidad de estos dos acontecimientos demoledores provocó que muchos en la iglesia cuestionaran la acción de la junta en el segundo caso. La especulación corrió con rapidez y libertad entre la congregación, mientras la gente intentaba entender lo ocurrido. Al despertarse un rumor no corroborado, muchos exigieron que la junta revelara la razón por la que había decidido pedir al pastor adjunto que dimitiera.

Me pregunto si estas personas habían reflexionado en su petición. ¿De verdad deseaban obligar a la junta a defender una acción tan grave? ¿Qué habría ocurrido si el motivo hubiera tenido que ver con una falta moral por parte del pastor adjunto? ¿Habría sido esta revelación lo mejor para los intereses de su "amigo", el pastor en cuestión? Lo dudo. A veces excusamos nuestro chismorreo reclamando tener derecho a tener algo más de información sobre otra persona o afirmando que se han de

---

27. Cormac Mc Carthy, *Todos los hermosos caballos* (Barcelona: Random House, 2001), p. 136 de la edición en inglés.

conocer los detalles para poder tomar decisiones sabias. Con frecuencia esto no es más que un subterfugio. Lo que sigue es un sencillo aunque eficaz conjunto de normas: ¿compartir esta información podría perjudicar a alguien? ¿Existe la posibilidad de que mis motivos para comentar esta información sean menos que puros? Si la respuesta a una de estas dos preguntas es sí, tal vez no se debería seguir adelante con este asunto.

¿Cuándo se justifica la ira justa? Santiago también aconseja contra la presunción de esta ira justa. Es una enseñanza particularmente adecuada y, quizá, de las más difíciles de imaginar como aplicable a uno mismo. Nuestro mundo está inundado de injusticia. Esto no se puede negar. Muchos en Norteamérica han sufrido más de lo que se podría esperar razonablemente. Las mujeres y las minorías han sido, y siguen siendo, oprimidas y discriminadas en nuestra sociedad y en nuestras iglesias. Otros grupos se han enfrentado a privaciones de derechos parecidos. Muchos que se consideran marginados de la cultura estadounidense general o de la específicamente cristiana desean proclamar su derecho a que se haga justicia. En los últimos años esto ha sido así en lo tocante a los homosexuales, los grupos provida, los de proelección, los pacientes de sida, los fumadores de marihuana, el grupo de presión por el control de las armas, los grupos por los derechos de los fumadores, las mujeres, las minorías, y hasta los varones blancos. Cada uno de estos se han considerado, en ocasiones, dignos de un despliegue de indignación justa. Con todo, Santiago alerta sobre un planteamiento lento y meditado. ¿Cuándo tiene razón de ser la ira justa?

Tal vez la mejor respuesta sea investigar los patrones bíblicos, sobre todo el de los profetas. Estos expresaron sin duda una ira justa. A Amós casi no se le puede considerar un candidato prometedor para el "Premio Santiago" por un discurso moderado.

> Oigan esta palabra ustedes, vacas de Basán,
>   que viven en el monte de Samaria,
>   que oprimen a los desvalidos
>   y maltratan a los necesitados,
>   que dicen a sus esposos:
>   "¡Tráigannos de beber!".
> El Señor omnipotente ha jurado por su santidad:
>   "Vendrán días en que hasta la última de ustedes
>   será arreada con garfios y arpones.

Una tras otra saldrán por las brechas del muro,
y hacia Hermón serán expulsadas...». (Am 4:1-3)

En su justa ira, Amós proclama el juicio de Dios que espera para caer
sobre los ricos insensibles que le han dado la espalda a los pobres y que,
por no tomar acción, han aplastado a los necesitados. ¿Cómo podemos
reconciliar esta diatriba profética con el llamado de Santiago a evitar la
presunción de la ira justa?

El primer factor que debemos observar es que los profetas serán personas *llamadas*. Casi invariablemente, como Moisés, se resistieron en
un principio a la llamada de Dios. Jeremías, por ejemplo, solo quería
que se le excusara de sus deberes.[28] Por el contrario, Santiago habla de
nuestro deseo de dar rienda suelta a una ira santurrona y de gloriarnos
en ella. Lo vemos a diario. Los niños protestan aludiendo a su derecho
de uso exclusivo de un juguete. Los motoristas se hacen gestos de enfado unos a otros mientras discuten por quién tiene la prioridad. Los políticos defienden su argumento, mientras envilecen a sus compañeros.
Y la iglesia tampoco queda inmune. Tal vez uno de los ejemplos más
importantes y problemáticos concierne al papel de la mujer en la iglesia. Mientras muchas denominaciones ordenan a mujeres, sin duda las
historias de las féminas en el clero son, en general, menos que ideales.
Muchas han experimentado la desconfianza y hasta la hostilidad de sus
hermanos y hermanas, ya sea desde las bancas o en las sedes denominacionales. Este es un problema que se tiene que tratar.

A pesar de todo, Santiago aboga por ser lentos a la hora de hablar. A
mi parecer, es un consejo sabio. La queja constante sirve de poco para
aliviar una situación y, en la mayoría de los casos, incluso tiene el efecto de endurecer las posturas sostenidas por quienes están en oposición.
Walter Brueggemann, en su espléndido y desafiante libro *La imaginación profética,* declara que un profeta debe hacer algo más que criticar.
También debe "vigorizar" ofreciendo una visión alternativa marcada
por la esperanza bíblica.[29] Creo que Santiago nos aconsejaría frenar
nuestro deseo de dar rienda suelta y proclamar que tenemos razón. Nos

---

28. El significado de su nombre es ambiguo, pero podría querer decir "el Señor tira", implicando quizá que Dios lo ha lanzado a una situación hostil. La vida de Jeremías no
fue agradable, sino de aflicción y angustia. "¡Ay de mí, madre mía, que me diste a luz
como hombre de contiendas y disputas contra toda la nación! No he prestado ni me
han prestado, pero todos me maldicen" (Jer 15:10).
29. Walter Brueggemann, *La imaginación profética* (Santander: Sal Terrae, 1986), pp.
67-79 de la traducción inglesa.

pediría que esperásemos, que pasásemos algún tiempo en oración y reflexión, antes de atribuirnos el papel de mensajeros de Dios. Con esto no quiero decir que la ira justa no tenga su razón. Sencillamente ha de ser una respuesta sabia, fruto de una cuidadosa meditación. Una contestación enojada anula los beneficios de una postura de autoridad moral.

El segundo factor es que los profetas reservaban sus tonos más duros y estridentes para tiempos de inminente peligro. La gran amenaza sobre Jerusalén fue la que hizo que Jeremías sostuviera una vasija sobre su cabeza y declarara que Dios iba "a hacer pedazos esta nación y esta ciudad, como quien hace pedazos un cántaro de alfarero" (Jer 19:11). Fue la inminente destrucción del reino norteño la que hizo que Amós pronunciara palabras tan despiadadas a las mujeres ricas de Samaria. Pero, hasta en medio de semejante peligro, se les extendió un salvavidas, como a quien se está ahogando: "Busquen el bien y no el mal, y vivirán [...]. ¡Odien el mal y amen el bien! Hagan que impere la justicia en los tribunales; tal vez así el Señor, el Dios Todopoderoso, tenga compasión del remanente de José" (Am 5:14-15).

Un tercer factor es que la ira justa de los profetas iba dirigida a las injusticias que otros experimentaban y no a las que ellos mismos sufrían. Nótese el caso del profeta Jeremías, por ejemplo. Se quejó amargamente ante el Señor por la situación de maltrato que soportó a manos de sus enemigos, pero jamás "maldijo" a los falsos profetas de la nación de Judá por la forma en que lo estaban tratando; solo lo hizo por sus pecados y su desobediencia a la ley de Dios. Obsérvese también el ejemplo de Jesús, que predicó contra quienes maltrataban a los pobres y los oprimidos, pero, cuando le trataron a él con gran injusticia, no "hubo engaño en su boca" (1P 2:22; cf. Is 53:9). Además, el apóstol Pablo nos indica que, cuando nos tropecemos con la injusticia, estemos dispuestos a que nos hagan mal en lugar de descargar parrafadas airadas y de, quizá, hasta presentar una demanda contra otros (1Co 6:7-8).

La miopía propia se manifiesta en nuestra vida, sobre todo en lo que concierne a nuestra susceptibilidad frente al "atractivo del mundo". En general, solemos considerar esta frase en términos de tentaciones obvias, pero con mayor frecuencia representa el sutil y desapercibido error que es más peligroso. Los seres humanos poseen una tremenda capacidad de guardar silencio mientras observan el dolor de otros. Cuando las imágenes de los campos de concentración modernos y la limpieza étnica de Bosnia entraron en la pantalla de nuestros televisores por primera vez en los informativos, los estadounidenses se sintieron ultrajados. Un año después, las últimas ediciones de aquellas imágenes ya no nos afectaron tanto, y cambiábamos de canal para escuchar el resumen de los deportes. ¿Cómo podemos estar tan encallecidos?[30] Por despreciable que sea de admitir, nos hastiamos hasta del mal más indignante.[31]

Brueggemann destaca que esta tendencia al entumecimiento va en interés de las autoridades y las instituciones, y en particular de los gobiernos.[32] La carrera presidencial de 1996 en Estados Unidos vio cómo se dirigieron graves alegaciones contra Bill Clinton, titular del cargo. La CBS News informó que, aquella noche, más del sesenta por ciento de los estadounidenses sintieron que el presidente Clinton había mentido sobre el escándalo que se conoció como Whitewater. Con todo, un porcentaje igualmente alto afirmó que las cuestiones de carácter no tenían importancia en su elección.[33] El público estadounidense se ha in-

---

30. Lo contrario también es cierto. Como observó San Agustín en *La ciudad de Dios* (14.15-16), la persecución de los placeres terrenales solo sirve para hacer que nos hastiemos de tales "placeres" y necesitemos una experiencia aún más elevada que logre el mismo efecto.

31. Durante un famoso experimento, Stanley Milgram asignó a un cierto número de individuos voluntarios el papel de "maestro" y explicó que participarían en una prueba que demostrara el efecto del *shock* eléctrico sobre el aprendizaje. En realidad se trataba de un experimento que ponía a prueba las respuestas a la autoridad. Los "maestros" le fueron presentados al "estudiante" (en realidad era un actor) y, a continuación, se les mostró un falso equipo electrónico que parecía auténtico y que incluía un interruptor de *shock* y un medidor que iba desde los 15 voltios (etiquetado como "choque suave") pasando por los 300 voltios (donde se indicaba "choque intenso") y hasta los 450 voltios (donde se indicaba: "Peligro: *shock* severo"). Cada vez que el "estudiante" respondía una pregunta incorrecta, se esperaba que los "maestros" administraran un nivel de *shock* más alto. Si era necesario, un investigador con bata de laboratorio daba instrucciones al "maestro" para que siguiera aumentando el voltaje. En el nivel de 129 voltios, el "estudiante" gritó de dolor; a los 150 voltios, exigió que lo liberaran del experimento, y a los 270 voltios aulló de agonía. Tras los 330 voltios, el "estudiante" permaneció en un silencio mortal. Más de la mitad de los "maestros" habían girado el botón hasta los 300 voltios de buen grado y más del treinta por ciento de ellos siguió aumentando hasta alcanzar los 450 voltios. Aunque el experimento de Milgram ponía a prueba la conformidad, también reveló la preocupante y alta capacidad humana de insensibilidad. John J. Macionis describe esta prueba en *Sociology*, 6ª ed. (Upper Saddle River, N. J.: Prentice-Hall, 1997), 178.

32. Bruggemann, *La imaginación profética*, p. 46 de la traducción inglesa.

33. El público reaccionó con cierta repulsa hacia la constante negativa del senador Bob Packwood a reconocer que, durante años, había acosado sexualmente a las mujeres que formaban parte de su personal, aunque dieciséis de ellas presentaron tales cargos en su contra en 1992. Esto es representativo de la incoherencia aleatoria de este fenómeno. Lo más cerca que llegó Packwood de una disculpa fue cuando afirmó que jamás

sensibilizado ante el hecho de que el carácter determine, en gran parte, la política y su integridad. Nos hemos entumecido ante la idea de que las acciones surjan del carácter: "Ningún árbol bueno da fruto malo; tampoco da buen fruto el árbol malo" (Lc 6:43). Este abotargamiento permite que el orden político se comporte como quiera, con una preocupación decreciente por la integridad.

A la mayoría de nosotros nos llenaron de admiración las protestas de la plaza de Tiananmen, en 1989, y la imagen de un hombre valiente que bloqueó en solitario a toda una fila de tanques ha quedado grabada en nuestra mente. A pesar de ello, la decisión del gobierno de los Estados Unidos de seguir extendiendo a China el estatus comercial de "nación más favorecida" se yergue como testigo mudo de los intereses que tienen las instituciones para alentar al embotamiento de la población. Con toda facilidad nos volvemos insensibles a la injusticia. Es necesario señalar la opresión sobre quienes no tienen poder, y se debe hacer en los términos que sean precisos. Pero no en toda situación se da una crisis semejante.

Limpios y libres de la suciedad moral. No son pocos los candidatos para una lista de vicios estadounidenses que se califican de "suciedad moral". El alcohol, las drogas, la pereza, la pornografía, los malos tratos, el hedonismo, el sexo prematrimonial, el adulterio, la mentira y el engaño no son más que una décima parte de ellos. Como respuesta, muchos estadounidenses y políticos norteamericanos han defendido los "valores familiares". Aparte de ser un eslogan bastante impreciso, esta postura presenta varios problemas. Uno en especial es que la Biblia se interesa por la moralidad tanto personal como corporativa. De hecho, nuestra tendencia a considerar que ambas constituyen subconjuntos totalmente separados de moralidad es ya, en sí mismo, un problema. Las dos se compenetran en numerosos niveles.

En su maravilloso libro *El pecado: sinopsis teológica y psicosocial*, Cornelius Plantinga dedica su atención a los debates entre crimen, pecado y mal. Su hipotético ejemplo implica a Jim Bob, un hombre blanco del sur de los Estados Unidos, a finales del siglo XIX. Aunque claramente malvado, Plantinga señala que algunos podrían no creer que las opiniones racistas de Jim Bob se pudieran catalogar como "pecamino-

---

pretendió hacer que alguien se sintiera incómodo, que debió de haber estado bebido cuando ocurrieron aquellos episodios, y que, por tanto, era en cierto modo "inocente" de haber actuado mal a propósito.

sas", porque (presumiblemente) no tendría más elección que adoptar los valores de su familia y su cultura local. Pero el punto crucial llega más adelante. En palabras de Plantinga:

> Lo que el racismo de Jim Bob nos muestra es que el mal moral no es sólo personal, sino social y estructural. El mal moral abarca una matriz histórica y cultural muy amplia que incluye tradiciones, viejos patrones de relación y comportamiento, atmósferas de expectativa, hábitos sociales.[34]

Este punto es especialmente revelador, porque a menudo consideramos que el mal estructural está fuera de nosotros mismos, como si no estuviéramos implicados en ello, como algo que perpetran sobre nuestro mundo las instituciones, las corporaciones o los gobiernos. Plantinga demuestra que el mal estructural es esto y mucho más. Incluye actitudes asumidas y patrones que permiten a todos estos organismos actuar como si las malas acciones no fueran malas, o como si mereciera la pena arriesgarse a hacer el mal, porque cualquiera que fuera el castigo, siempre sería menos grave que la ganancia que se podría obtener. Cuando las corporaciones solo reciben una multa de 100.000 dólares por una contaminación excesiva del medio ambiente, nuestros valores quedan al descubierto. ¿Qué eficacia disuasoria puede tener una multa de 1.000 dólares a un jugador de baloncesto profesional que gana más de 5.000.000 de dólares al año?[35] Cuando Roberto Alomar, del equipo de béisbol de los Orioles de Baltimore, puede escupirle en la cara a un árbitro al final de la temporada y se le permite seguir jugando en los *play-off*, algo más profundo y enfermo se revela en cuanto a los valores de nuestra sociedad.[36]

Santiago nos suplica que sometamos al espejo de la Palabra de Dios no solo nuestra vida personal, sino también las actitudes, las tendencias y las suposiciones de nuestra cultura. No hacerlo, o realizarlo de malas ganas, nos coloca ante un gran riesgo. En el Sur estadounidense se defendía la esclavitud basándose en la Biblia, pero no de forma legítima.

---

34. Cornelius Plantinga Jr., *El pecado: sinopsis teológica y psicosocial* (Grand Rapids, MI: Libros Desafío, 2001), 51.
35. Véase Phil Taylor, "Bads Actors", *Sports Illustrated* (30 enero 1995), 18-23. Taylor describe el caso de Derrick Coleman, quien durante la temporada 1994-1995 ganó siete millones y medio de dólares con los Nets de New Jersey y se negó a vestir según el código del equipo durante un viaje. Anticipándose a las multas que sabía le impondrían, le presentó un cheque en blanco a su entrenador en una actitud de engreimiento.
36. Tim Kukjan, "Public Enemy No. 1", *Sports Illustrated* (14 octubre 1996), 28-35.

¿Acaso no sería razonable suponer que existan rasgos paralelos en la vida estadounidense contemporánea?

El mal personal está, pues, vinculado al estructural. Resulta fácil proclamar que el aborto es un pecado, pero hasta que nosotros, como cristianos, no entendamos nuestra responsabilidad para con las madres solteras que viven en la pobreza, no podremos declarar la justicia de Dios. Mientras que muchos cristianos sigan afirmando que los pobres son los únicos responsables de su condición, tendremos que enfrentarnos al hecho de que es una opinión decididamente *estadounidense,* basada en valores decididamente *estadounidenses*; no refleja en absoluto los principios de la Biblia. Aquí tenemos un caso en el que se nota la atracción del mundo. Santiago enseña claramente que debemos cuidar de los pobres. Algunos podrían afirmar que tal generosidad era algo que él solo esperaba de otros dentro de la comunidad cristiana; pero la enseñanza veterotestamentaria en cuanto al cuidado de los extranjeros y la de Jesús en cuanto al prójimo inclinan la balanza hacia el otro lado.

Juliano el Apóstata, emperador de Roma desde el 361 al 363 d.C. era sobrino de Constantino el Grande. Su familia más cercana fue asesinada en luchas dinásticas, y su tío obligó al joven Juliano a que aprendiera la doctrina cristiana desde pequeño. Esto le provocó un odio hacia el cristianismo que le duró de por vida. A pesar de ello, concedió que los cristianos (a los que siempre se refirió como "galileos" para resaltar el oscuro origen de la fe) fueran destacados por su gran generosidad. "Sería vergonzoso, cuando ningún judío tiene nunca que mendigar, y los impíos galileos apoyan no solo a sus propios pobres, sino también a los nuestros, que todos puedan ver que nuestra propia gente no recibe ayuda de nosotros".[37] No existe la menor duda de que Santiago quería que evitáramos la suciedad moral que es personal. Pero nos deja poco lugar para que podamos afirmar que la responsabilidad corporativa no está incluida.

Sin embargo, existe otra razón por la que Santiago aconseja que se evite la suciedad moral. En 1:15 nos expone la idea de que el pecado puede crecer y florecer como la imagen corrosiva del crecimiento espiritual en un espejo. En realidad, una de las curiosas verdades paradójicas sobre el pecado es que, aunque contamina y destruye, también se propaga. Una mentira suele llevar con frecuencia a la siguiente, los hi-

---

37. Juliano el Apóstata, *Cartas y fragmentos,* 22.430.

jos de alcohólicos suelen casarse con personas que se convierten en alcohólicas; los enfermos de sida extienden la enfermedad teniendo plena conciencia de ello. Un exestudiante mío es hijo de padres divorciados y se encontró atrapado porque, en su enfrentamiento, los progenitores lo manipulaban; hiciera lo que hiciera solo podía complacer a uno de ellos. Aunque el comportamiento de sus padres le parecía alarmante, también produjo en él la misma tendencia a la manipulación. El pecado da lugar al pecado. Tratarlo como algo trivial es malentender por completo la enseñanza de Santiago.

Mirar en el espejo de la palabra de Dios. Santiago nos proporciona la imagen del espejo de la palabra, nos indica que miremos fijamente en él y que recordemos la imagen. Pero somos bastante adeptos a olvidar esa imagen. Solemos engañarnos a nosotros mismos de diversas formas. El gran psicólogo Carl Rogers creía que la mayoría de las personas "se menospreciaban a sí mismas, se consideraban sin valor alguno e indignas de ser amadas".[38] Aunque es ciertamente verdad que muchas personas sufren los efectos paralizantes de una autoestima demasiado baja, la investigación parece apoyar la conclusión opuesta a la que Rogers ofrece: la mayoría de las personas se consideran de un modo bastante más positivo de lo que la razón permitiría.

Esto suele tomar la forma de un optimismo bastante benigno y saludable. Neil Weinstein, investigador de la Universidad de Rutgers, ha descubierto que sus estudiantes consideran que tienen muchas más posibilidades que sus compañeros de encontrar un buen empleo, tener una casa y disfrutar de una buena vida, y menos de padecer cáncer, divorciarse o que los echen del trabajo.[39] Sondeo tras sondeo, al menos un noventa por ciento de los gerentes y de los profesores de universidad cifran su rendimiento por encima de sus colegas. En Australia, el ochenta y seis por ciento de las personas consideran que su desempeño laboral está por encima de la media, y tan solo un uno por ciento califica el suyo como por debajo de ella.[40]

---

38. Carl R. Rogers, "Reinhold Niebuhr's *The Self and the Dramas of History;* A Criticism", *Pastoral Psychology,* 9 (1958): 15-17, citado en David C. Meyers, *The Pursuit of Happiness: Who Is Happy–And Why* (New York: William Morrow, 1992), 110.
39. Véase Mewyers, *The Pursuit of Happiness,* 27. Meyers se ha inspirado en varios artículos publicados por Weinstein.
40. *Ibíd.,* 110-11.

En ocasiones, sin embargo, nuestra capacidad de mentirnos a nosotros mismos se vuelve corrosiva con los demás. Hace algunos años, un amigo mío reveló que se sentía perseguido en el trabajo. Aparte de lo enfermo que me siento con la apropiación que hace del término "perseguido" para referirse a una situación laboral (después de todo, vivimos en un mundo lleno de abusos de los derechos humanos), no puedo dejar de pensar que se engaña a sí mismo. Sus superiores decidieron convocar un comité para determinar las estrategias que podían fortalecer aquella oficina. Él consideró aquella investigación como una prueba de "persecución". A pesar de ello, en la reunión inicial, nombraron a mi amigo secretario de este comité y aquel que lo respaldaba y lo supervisaba recibió el cargo de moderador. Cuando le señalé que esto no parecía en absoluto la prueba de una estrategia secreta inclinada a perseguirle, mi amigo se rió y contestó: "Ahora que lo pienso, tienes razón. Creo que no estaba viendo las cosas con claridad". Su incapacidad para ver la situación con claridad le colocó en el peligro de calumniar injustamente a los demás.

Esta miopía es, desde luego, endémica en la situación humana. Nos encontramos manchados por el pecado original, tenemos una inclinación y una tendencia al mal. San Agustín dijo que hasta no ser redimidos en Cristo no somos libres de actuar correctamente.[41] Esto se ha descrito con la frase memorable *non pose non peccare*, "incapaz de no pecar". Incluso los mejores de entre nosotros pueden llevar dentro de sí el bien y el mal como socios. Thomas Jefferson, cuyas palabras elegíacas, "todos los hombres son creados iguales", se alzan entre las mejores jamás escritas en cuanto a la dignidad humana, era propietario de esclavos. Martín Lutero, el gran exponente de la gracia de Dios, era antisemita. La lista de pastores respetados que rompen sus votos matrimoniales y, al actuar así, quebrantan la confianza de su familia y su congregación es cada día más extensa. Somos miopes.

Santiago nos suplica que pasemos tiempo en introspección, en una mirada cuidadosa y precisa en el espejo de la Palabra, antes de salir al mundo a ofrecer nuestras opiniones mal consideradas en el nombre de Cristo. No hacerlo puede resultar, en ocasiones, en una conducta no cristiana y que tiene el potencial de perjudicar a los demás.

---

41. San Agustín, *Enquiridión*, 30.

Santiago 2:1-13

Hermanos míos, la fe que tienen en nuestro glorioso Señor Jesucristo no debe dar lugar a favoritismos. ² Supongamos que en el lugar donde se reúnen entra un hombre con anillo de oro y ropa elegante, y entra también un pobre desharrapado. ³ Si atienden bien al que lleva ropa elegante y le dicen: "Siéntese usted aquí, en este lugar cómodo", pero al pobre le dicen: "Quédate ahí de pie" o "Siéntate en el suelo, a mis pies", ⁴ ¿acaso no hacen discriminación entre ustedes, juzgando con malas intenciones?

⁵ Escuchen, mis queridos hermanos: ¿No ha escogido Dios a los que son pobres según el mundo para que sean ricos en la fe y hereden el reino que prometió a quienes lo aman?⁶ ¡Pero ustedes han menospreciado al pobre! ¿No son los ricos quienes los explotan a ustedes y los arrastran ante los tribunales? ⁷ ¿No son ellos los que blasfeman el buen nombre de aquel a quien ustedes pertenecen?

⁸ Hacen muy bien si de veras cumplen la ley suprema de la Escritura: "Ama a tu prójimo como a ti mismo"; ⁹ pero si muestran algún favoritismo, pecan y son culpables, pues la misma ley los acusa de ser transgresores. ¹⁰ Porque el que cumple con toda la ley pero falla en un solo punto ya es culpable de haberla quebrantado toda. ¹¹ Pues el que dijo: "No cometas adulterio", también dijo: "No mates". Si no cometes adulterio, pero matas, ya has violado la ley.

¹² Hablen y pórtense como quienes han de ser juzgados por la ley que nos da libertad, ¹³ porque habrá un juicio sin compasión para el que actúe sin compasión. ¡La compasión triunfa en el juicio!

Sentido Original El primer capítulo de Santiago es, en cierto modo, una extensa introducción de múltiples capas a toda la epístola. Una vez acabado, Santiago vuelve ahora su atención a un debate detallado sobre uno de los asuntos principales ya puestos sobre la mesa, el de la riqueza y la caridad. Aquí emite una advertencia contra mostrar favoritismo hacia el rico y exhibir una actitud de menosprecio hacia el pobre. Tal favoritismo reflejaba los estándares de la cultura que los rodeaba e ignoraba el tono básicamente igualitario del evangelio cristiano. Es un ejemplo obvio de no cumplir con la norma de "conservarse limpio de la corrupción del mundo" (1:27).

Al emitir esta advertencia, Santiago sigue ampliando lo que ya se ha dicho (1:9-11) y construye un fundamento para la fuerte enseñanza que se encuentra en los capítulos 4 y 5 de su epístola. Por lo general se sostienen dos posibles entornos como opciones principales para la ocasión de esta enseñanza: (1) Santiago tiene en mente un culto público de adoración en el que la iglesia ha cometido el error de adular a los ricos en la comunidad general;[1] o (2) está pensando en el tribunal de la iglesia, y su advertencia va dirigida contra decidir en favor de los ricos sencillamente porque su ropa elegante y otros atavíos propios de la opulencia han producido una impresión positiva.[2] Aquí, cualquier decisión se basa en gran parte en la interpretación del versículo 6: "¿No son los ricos quienes los explotan a ustedes y los arrastran ante los tribunales?".

La sección también está marcada por la forma de la diatriba. Este elemento retórico/literario va señalado por la creación de un "oponente" que implica al autor en un diálogo de pregunta y respuesta; en la mayoría de los casos, las posturas se exageran para darle más claridad y dramatismo. Pero, en la diatriba, también hemos de reconocer las situaciones reales; en este caso, es una situación concreta en la iglesia. Es posible que Santiago no esté citando a ningún individuo específico, sino a toda la congregación que reconocería una descripción general de numerosas situaciones específicas de la vida de su propia comunidad.

Finalmente, existe una clara asociación con la tradición del Evangelio mateano. Como Jesús en Mateo, Santiago pronuncia una bendición sobre los pobres (Mt 5:3; Stg 2:5), emite una advertencia a los ricos (Mt 19:23-24; Stg 2:6-7), y advierte contra juzgar en lugar de mostrar misericordia (Mt 6:14-15; Stg 2:13). Todo esto habla de una consciencia por parte de Santiago en cuanto a la tradición de Jesús. Además, la forma en la que el apóstol presenta este material indica que tuvo acceso al mismo en una fecha muy temprana.

El tema general de 2:1-13 es que el favoritismo no se debe permitir en la comunidad cristiana, ya que es algo antitético al evangelio. Aquí, el pensamiento de Santiago discurre mediante tres puntos. (1) El apóstol

---

1. Entre los muchos que optan por esta línea de interpretación, véase James Adamson, *The Epistle of James*, 105-6.
2. Véase Peter H. Davids, *The Epistle of James*, 105-10. Ralph P. Martin, *James*, 57-59.

emplea la imagen de un culto público de la iglesia en el que existe la tentación de relacionarse con los visitantes o los recién llegados según su ropa (2:1-4). Esta adherencia a los estándares de la cultura es inaceptable, afirma Santiago. Defiende su postura basándose en dos razones, que forman el segundo y el tercer punto de esta sección. (2) Los versículos 5-7 forman un interesante argumento desde la experiencia, en el que el apóstol resalta que la iglesia está intentando imitar los principios de la cultura misma que la oprime; este intento es insensato por naturaleza. (3) En los versículos 8-13, Santiago defiende su postura mediante un argumento bíblico.

La apariencia no debe ser motivo de favoritismo (2:1-4)

Santiago empieza con su típico discurso cálido: "Hermanos míos". Está a punto de combatir una actitud y una suposición que glorifican la expresión pública de jerarquía y generan muestras de favoritismo en la iglesia. Al dirigirse de este modo a sus lectores, elude referirse a su propia condición elevada y, en vez de ello, se pone a su nivel. El objeto de su preocupación es el "favoritismo" (*prosopolempsia*). La raíz de esta idea está vinculada con el término hebreo *nasa'panim,* que significa "levantar el rostro". La frase tiene, pues, su origen en el Antiguo Testamento, en particular en la LXX,[3] y tiene matices del injusto favoritismo concedido a los poderosos a expensas de los demás, con frecuencia por parte de malos jueces (véase Sal 82:2; Pr 18:5; Mal 2:9). Como observa Laws, esta es una actitud nada característica de Dios.[4]

Ya sea en la iglesia, en la vista de un caso legal, o en algún contexto desconocido, los receptores de esta carta han demostrado favoritismo hacia los que hacen ostentación de riqueza. Si podemos tomar 2:14-26 como vinculado a este pasaje,[5] es probable que su comunidad cristiana aceptara la mera profesión de fe como algo no solo suficiente para entrar, sino para mantener una posición de renombre. Como ya advirtió con anterioridad, Santiago argumenta que la verdadera vida cristiana consiste en una conciencia creciente de la palabra plantada en el interior y un cambio concomitante en las decisiones de la vida. El apóstol insta a una fe que sea más que una simple profesión: la que resulta en hechos. La expresión particular de la posición que se tiene aquí a la vista es un

---

3. James H. Ropes, *The Epistle of St. James,* 185.
4. Sophie Laws, *The Epistle of James,* 93.
5. Un fuerte argumento a favor es el que hace C. Burchard, "Zu Jakobus 2,14-26", *ZNW* 71 (1980): 28-30.

doble error: (1) pensar que uno puede ganar favor por un despliegue de riqueza, y (2) dejarse impresionar por tal exhibición. Ambos son ejemplos de necedad.

La frase genitiva *tes doxes* ("de nuestra gloria/glorioso") presenta un interesante problema. La estructura está marcada por una serie de genitivos poco manejable. La frase puede traducirse: "fe en la gloria de nuestro Señor Jesucristo"; "fe en nuestro Señor de gloria, Jesucristo"; "fe en nuestro Señor Jesucristo, la Gloria";[6] la interesante sugerencia de Adamson, "fe en el Señor Jesucristo, nuestra gloria"[7]; o la solución más sencilla de todas: "fe en nuestro glorioso Señor Jesucristo". La NVI ha escogido prudentemente esta última opción. En cualquier caso, parece claro que en este raro caso de cristología en el libro de Santiago se identifique a Jesucristo con la *Shekiná*, la manifestación visible de lo divino. Santiago cree que Dios se ha revelado en Jesús.

Además, Jesús es el objeto de la fe. Es evidente que existe más de un evangelio exiguo aquí, porque Jesucristo, la manifestación misma de la gloria de Dios, escogió identificarse con los pobres y los marginados Basándose en la fuerza de este modelo y recuerdo, Santiago insta a sus lectores a evitar el favoritismo como lo hizo nuestro Señor. De esta manera, prosigue con su debate sobre la forma adecuada de tratar a los pobres, que inició en 1:27, con el de las viudas y los huérfanos.

Santiago proporciona una ilustración[8] de este favoritismo a modo de pregunta (vv. 2-4). La situación plantea la imagen de dos invitados a la reunión de la iglesia. El primero es obviamente rico y no es reticente a la hora de exhibir su opulencia. Como en la parábola del hijo pródigo, el anillo es un símbolo de riqueza y de posición.[9] El segundo lleva el

---

6. Sophie Laws, *The Epistle of James,* 95-97 defiende esta postura y argumenta con bastante razón que la intención de Santiago es demostrar que Jesús es una teofanía, una "manifestación de la presencia de Dios".

7. Adamson, *The Epistle of James,* 102-4. El argumento de Adamson es impresionante, y su solución debería considerarse.

8. Las dos primeras palabras del versículo 2 (*ean gar*), que la NVI traduce "supongamos", podría también interpretarse "por ejemplo" o "como ilustración". No existe una razón clara para creer que esta sea una situación meramente hipotética. Lo más probable es que el apóstol se esté refiriendo aquí a una situación actual en la vida de la comunidad.

9. Véase Lucas 15:22. Posiblemente sería demasiado optimista sugerir que el anillo indique aquí a un miembro de la orden ecuestre, los caballeros, y esto podría contar para el intento de Laws por evitar esta postura tras parecer que la ha respaldado (véase su *The Epistle of James,* 98-99). No es, sin embargo, algo fuera de cuestión. De las

atuendo del pobre. Ambos hombres entran a la "reunión". Aquí aflora otra controversia, ya que, en vez de utilizar el término más habitual *ekklesia,* Santiago fuerza aquí el vocablo *synagoge*.[10] Si a lo que se refiere aquí es a la "iglesia", sería la única vez que el término se utiliza así en todo el Nuevo Testamento. No es ilógico, sin embargo, suponer que un autor tan idiosincrático como el nuestro podría muy bien haber usado el vocablo de esta forma.

Santiago no emplea la palabra *plousios* ("rico"), que utilizó en el capítulo 1. En vez de ello, describe meramente el anillo de oro y la ropa elegante del individuo. Davids sugiere que es un circunloquio para referirse a ricos cristianos, y, al parecer, cree que el uso de *plousios* en los versículos 5 y 6 alude a ricos que no lo son.[11] El hombre pobre (*ptochos*) va vestido de ropa desgastada (*rhyparos*).[12] Lo poco que sabemos de la vida de los mercaderes antiguos sugiere que todos, a excepción de los ricos, llevaban ropa hecha en casa. No hay razón alguna que nos haga dudar de que este fuera el caso en Palestina. Una de las marcas más claras de la posición en el mundo romano era el atuendo.

De acuerdo con el versículo 3, al hombre que lleva los símbolos de riqueza se le acompaña a un buen asiento, mientras que al pobre se le ordena que permanezca en pie, o que se siente en el suelo, a los pies del acomodador. Como señala Martin,[13] el rico debe de ser un cristiano, ya que la manera adecuada de tratar a los paganos apenas habría ocasionado semejante división. La idea es que no tiene sentido mostrar favoritismo a los cristianos ricos, solo por su riqueza. Después de todo, es la opulencia y el estatus lo que concede la capacidad a los que no son cristianos para oprimir a la iglesia. No tiene lógica que los cristianos

---

731 inscripciones del judaísmo de la diáspora halladas en Italia, 7 o quizá 8 se refieren a los que "temen a Dios" y uno de estos era un romano de la orden ecuestre. Véase K. G. Kuhn y H. Stegemann, "Proselyten", *Pauly Realencyclopadie der classischen Alterthumswissenschaft,* Supplement IX, 1248-83.

10. Adamson (*The Epistle of James,* 105) considera que esta es una evidencia de una fecha más temprana para Santiago, y es muy posible que tenga razón. Sin embargo, debería observarse que escritores cristianos posteriores podrían usar "sinagoga" para aludir a los cultos cristianos (por ejemplo, Ignacio, *Carta a Policarpo,* 4.2). Además, argumenta que la persona que saluda a los recién llegados puede ser una versión cristiana del *hazzan* judío, el acomodador de la sinagoga. Adamson imagina el entorno de un culto judeocristiano primitivo, tal vez en Galilea.

11. Davids, *The Epistle of James,* 108.

12. Es el mismo término utilizado en Zac 3:3-4 para describir la ropa sucia que vestía Josué, el sumo sacerdote, simbólica del pecado del pueblo.

13. Martin, *James,* 61.

muestren favoritismo basándose únicamente en factores que, en otras ocasiones, se usan para explotar a los mismos cristianos.

Davids señala que las dos personas están poco familiarizadas con la reunión, o no habrían tenido necesidad de que nadie los dirigiera a los mencionados lugares.[14] Le parece que la solución de W. B. Ward es satisfactoria, sobre todo porque la situación que se está tratando se produce en un tribunal de iglesia según el modelo del *bet-din*[15] de la sinagoga. Aunque es una tesis interesante, apenas contamos con evidencias suficientes que la respalden.

En el versículo 4 Santiago pregunta: "¿Acaso no hacen discriminación entre ustedes, juzgando con malas intenciones?". Si sus lectores proporcionan al rico un lugar privilegiado, y al pobre un asiento inferior, Santiago insinúa que son culpables de ser un juez malvado. Esta última acusación confirma nuestra opinión de *prosopolempsia* en 2:1. Ward[16] cita el Talmud babilonio, *Shebuoth* 31a, como paralelo: "¿Cómo sabemos que, si dos van a juicio, uno vestido de harapos y el otro con un atuendo elegante que cuesta cien minas, le dirán: 'Viste como él o vístele a él como tú'?". Del *Midrash Raboth,* Ward cita a R. Ismael:[17] "Si dos hombres comparecen ante un juez para ser juzgados, uno rico y el otro pobre, el juez debería decir al rico: 'Vístete como él o ponle ropas como las tuyas'". El abuso no es solamente el resultado de una decisión consciente o de un acto claro. El maltrato al pobre puede ser pasivo y se puede ver en la falta total de respeto que los ricos demuestran hacia él. En el mundo romano, los pobres eran como la nada, unos sin rostro a los ojos de los ricos.

La pregunta de Santiago en el versículo 4 implica que la norma conocida y aceptada dentro de la comunidad cristiana era igualitaria. Como aclararemos en la sección Construyendo Puentes, esta ética establece un firme contraste con la cultura del entorno. Dado que Santiago se refiere enseguida a Levítico 19:18, es posible que, como argumenta Laws,[18] el apóstol tenga en mente Levítico 19:15: "No perviertas la justicia, ni te muestres parcial en favor del pobre o del rico, sino juzga a todos con justicia". Pero insistir demasiado en esto tampoco es prudente ni

---

14. Davids, *The Epistle of James,* 109.
15. W. B. Ward, "Partiality in the Assembly: James 2:2-4", *HTR* (62, 1969): 87-97.
16. *Ibíd.,* 89-90.
17. *Ibíd.,* 89.
18. Laws, *The Epistle of James,* 102.

necesario. El Antiguo Testamento no carece de pasajes con un mensaje similar.

También parece probable que la discriminación dentro de la iglesia alude aquí a una aceptación de los principios culturales por parte de algunos, pero también a un rechazo de los mismos por parte de otro grupo dentro de ella a favor de las normas sociales igualitarias del evangelio. Santiago ya ha utilizado el término "de doble ánimo" en 1:7 para describir a un individuo de pensamiento dividido, cuando se refirió a alguien que no podía decidirse entre confiar en Dios o en el mundo. Aquí aplica la misma idea a toda la iglesia, y lo utiliza por las mismas razones. Resulta fácil ver que los miembros pobres de la iglesia harían causa común con otros pobres que se vieran acosados por los que tenían riqueza y poder. Los ricos y poderosos del siglo I estaban acostumbrados a un trato especial, precisamente el tipo de favoritismo que Santiago denuncia aquí.[19] Por algo habló Jesús de la dificultad con que el rico entraría en el reino de los cielos (Mt 19:23).

La sabiduría de la experiencia está en contra del favoritismo (2:5-7)

Como en 1:16-29, Santiago vincula una fuerte enseñanza y las palabras duras con el término *agapetoi* ("amados"). Siempre como un pastor, Santiago transmite un serio mensaje con el timbre y los matices de una suave ternura. Respalda su exposición utilizando un argumento experiencial: "Escuchen, mis queridos hermanos: ¿No ha escogido Dios a los que son pobres según el mundo para que sean ricos en la fe y hereden el reino que prometió a quienes lo aman?". Esta pregunta equilibra otras que conciernen a los ricos (vv. 6-7) y parece sugerir un estilo de diatriba.

Al escoger esta línea de ataque, Santiago se basa en la tradición de Jesús que desarrolla un caso parecido al que Pablo utiliza en 1 Corintios 1. En Lucas 6:20,[20] Jesús proclama: "Dichosos ustedes los pobres, porque el reino de Dios les pertenece". Y Pablo declara que la sabiduría de Dios parece locura cuando se ve a través de las lentes de la sabiduría del mundo (1Co 1:18-29). Además, detrás de esto destaca la creencia

---

19. Cicerón se hizo famoso por el juicio a Verres, exgobernador de Sicilia, quien, como era habitual, había extorsionado dinero a sus súbditos, y en el que tuvo gran éxito. Solo el abrumador talento de Cicerón condujo a un resultado inusual: el veredicto de culpabilidad. Véase Cicerón, *Discursos. Verrinas.*

20. Véase también Mt 5:3.

hebrea de que Dios amaba especialmente a los pobres. La fraseología de Santiago también se apoya en la opinión de que Dios escogía a ciertas personas y pueblos. Eligió a Israel (Dt 4:37), y a los gentiles para que fueran el campo de misión para Pablo (Hch 15:7). Según Santiago, Dios ha escogido a los pobres para sí.

Hacia finales del siglo I, el término que Santiago usa para "pobres" (*ptochos*) había adquirido el sentido del pobre que pone su confianza en Dios y no en (la esperanza de) la riqueza material. Ernst Bammel cita a R. Akiba, que, al parecer, pronunció estas palabras: "Hermosa es la pobreza de la hija de Jacob, como collar rojo en el cuello de un caballo blanco".[21] Bammel observa que el término había llegado a poseer todo un abanico de significados estrechamente relacionados, como "el justo que posee la fe auténtica", "los objetos de las acciones de Dios", y personas que eran casi "camaradas de Dios cuando él está ocupado en su obra".[22] De este modo, para Santiago el contraste es más fuerte que el que se da sencillamente entre el rico y el pobre, y está relacionado con aquellos que confían en Dios y con aquellos cuya confianza en Dios está mezclada con la que tienen en los principios del mundo, que parecen perpetuamente hostiles a él y a sus designios

La frase "ser rico en fe" indica que estos pobres, a diferencia de los ricos, no solo tienen "verdadera riqueza" aquí en esta vida, sino también en la escatológica, por cuanto la suya consiste en el reino. Santiago deja claro lo que Lucas da a entender en Lucas 6:20: la pobreza no es lo único que surge de esta herencia, sino que es ella la que hacer germinar la fe. La gramática y el vocabulario describen claramente a ese grupo en la iglesia que, como el individuo de un solo pensamiento del capítulo 1, recibirá la corona de vida prometida a aquellos que aman a Dios. Santiago vincula así a los pobres de la iglesia con los del capítulo 1 y con todos los necesitados en general, algunos de los cuales experimentan el mismo trato mezquino que solían recibir en el mundo cuando visitan la comunidad cristiana. Para Santiago, esto es una tragedia.[23]

---

21. Ernst Bammel, "πτωχός", *TDNT*, 6:899.
22. *Ibíd.*, 885-915 (esp. 897, 911).
23. Tenemos un caso similar en 1Co 11, donde Pablo lucha contra la usurpación de los principios populares, en primer lugar, en el uso del vestir que indica una actitud de engreimiento (no cubrirse la cabeza en el caso de las mujeres), y, en segundo lugar, en las practicas discriminatorias de las comidas públicas.

A pesar de los principios perfilados por Jesús (y Pablo), de los que Santiago espera que sus lectores estén al tanto, la comunidad ha "menospreciado" a los pobres (2:6). El problema no consiste tanto en el trato que se le da al rico, ni tampoco encontramos ningún indicio de que Santiago crea que la membresía de la iglesia tuviera que reservarse para quienes fueran materialmente pobres. La cuestión es la desigualdad en la calidad del trato, sobre todo porque sigue las mismas líneas de estatus corrientes en la cultura romana. El término para "menospreciado" deriva de *atimao*, una palabra que se utilizaba para oprimir a los pobres en la LXX (Pr 14:21).

Este insulto se traduce de la forma más increíble, ya que, favoreciendo al rico, algunos de la iglesia están atribuyendo un trato especial precisamente a la clase de personas que procuran dañar a la iglesia; y es que los ricos y poderosos son los que arrastran a los cristianos a juicio (v. 6) y difaman el nombre de Cristo (v. 7). Santiago lanza tres acusaciones contra los ricos: la opresión, la persecución legal y la blasfemia. Aunque casi todos los comentaristas desean ver a los ricos que "arrastran" a los cristianos ante los tribunales como gente de fuera de la iglesia, existen varias razones para preferir una opinión distinta. Se acepta de buen grado el comentario que Martin hace en cuanto a que la forma en que debía tratarse a los paganos difícilmente daría lugar a estas energías divisorias. Además, nótese el uso frecuente que Santiago hace de "hermanos míos". Finalmente, la estrecha asociación de los tres cargos parece indicar la identificación de los ricos como cristianos. Existen problemas con esta opinión, como demuestra el debate de Ropes[24] en lo tocante al uso del vocablo "blasfemia". Sin embargo, si por "los ricos" entendemos una referencia tanto a los de dentro como a los de fuera de la iglesia, entonces las objeciones se silencian en gran medida.

El pasaje está repleto de simbolismo forense que explica la predilección de algunos por considerar que el contexto de este favoritismo es el tribunal de la iglesia. No obstante, los ricos antecedentes del Antiguo Testamento en lo que concierne al favoritismo "en la puerta" (es decir, en las disputas legales) parecen justificar por completo el uso que aquí se hace. Más grave es la insinuación de que el rico, dentro de la comunidad en general, llevaba a los cristianos a juicio. La gramática parece respaldar tres posibles interpretaciones: (1) se arrastra a los cristianos ante el tribunal precisamente por ser cristianos y quienes los denun-

24. Ropes, *The Epistle of St. James*, 196.

cian por ello difaman el nombre de Cristo; (2) el hecho de que algunos cristianos sean llevados ante el tribunal es, quizá, por deberle dinero a alguna gente rica, y es un motivo para que toda la población difame el nombre de Cristo; o (3) si la situación es que los cristianos ricos denuncian a los cristianos pobres, esto habrá provocado una difamación que se ha asociado con el nombre de Cristo.

Aunque esta última opción es paralela al pensamiento de 1 Corintios 6:1-11, gramaticalmente es la menos probable. Cualquiera de las otras dos alternativas es posible. Los ricos, cristianos o no cristianos por igual, estaban llevando a juicio a los pobres de la iglesia. Por lo general, en la administración provincial romana, el estado no presentaba cargos. En vez de hacerlo, delegaba en los ciudadanos para ello. La persona que lo hacía se denominaba *delator*.[25] Algunos desean situar el escrito de Santiago en el contexto del reinado de Domiciano y, por tanto, asumen que los cristianos eran perseguidos precisamente por su fe en Jesús. Aunque esto es posible, no tiene por qué ser necesariamente así.

La jurisprudencia romana a nivel local aprobaba que se presentaran pleitos en cualquier momento, como atestiguan Hechos y, probablemente, Filipenses. Ser llevado a juicio por la razón que fuera (deudas, salarios, etc.) era en ese tiempo, como también lo es ahora, sencillamente un inconveniente de importancia, y Santiago da a entender en el versículo 8 que, cualquiera que fuese la acusación, al menos parte de la razón tenía que ver con la fe del pobre. Aunque esto no tuviera que ver, en modo alguno, con la acusación, una de las motivaciones debía de ser la protección del rico y de su estatus, que, de por sí, eran contrarios al evangelio. La idea de Santiago es que atribuir favor a cualquiera, sencillamente por su riqueza, equivale a malinterpretar fundamentalmente el evangelio y dañar la fe.

---

25. En el 109/110 d.C., Plinio el Joven fue designado por su amigo, el emperador Trajano, para ser su enviado personal a la provincia de Bitinia-Ponto (norte de Turquía en la actualidad). Plinio y Trajano mantuvieron una animada correspondencia en cuanto a distintos asuntos de interés para el estado. Algunas de esas cartas tienen que ver con el cristianismo, y dos de ellas (Plinio, *Epistulae,* 96-97) son de interés aquí. En la primera, Plinio describe a los cristianos y sus prácticas, y pide consejo sobre cómo llevar el asunto de forma legal. Trajano responde que deben dejar en paz a los cristianos, a menos que otra persona haya presentado cargos contra ellos: "Has hecho bien, mi querido Plinio, al examinar a quienes han sido acusados de ser cristianos [...]. Estas personas no deben ser perseguidas, pero si se las lleva ante ti y se puede demostrar la acusación, deben ser castigadas".

"¿No son ellos [los ricos] los que blasfeman el buen nombre de aquel a quien ustedes pertenecen?" (v. 7). El "buen nombre" debe, claro está, referirse a Cristo. En la LXX, "el nombre" era una forma perifrástica de referirse a Dios (Dt 29:10; Is 43:7).[26] Pero, para los cristianos, sustituía al nombre de Jesús.[27] Por ello, en Hechos 2:38, Pedro dice: "Arrepiéntase y bautícese cada uno de ustedes en el nombre de Jesucristo para perdón de sus pecados". Si de verdad Santiago es un documento de composición temprana, el hecho de que reemplace de una forma tan clara el nombre de Jesús por Dios es un fuerte argumento a favor de que la enseñanza cristiana asumió una alta cristología en una fecha precoz. Dada la poca cristología que Santiago se permite, resulta impresionante que tanto aquí como en la atribución de la "gloria" a Jesucristo en 2:1 tengamos declaraciones de alta cristología.

Las Escrituras están en contra de mostrar favoritismo (2:8-13)

El tercer trozo del argumento de Santiago en esta sección consiste en mostrar que las Escrituras no aceptan la demostración de favoritismo. En contraste con la conducta que acaba de denunciar, el apóstol sostiene la "ley suprema" que se halla en la Escritura: "Ama a tu prójimo como a ti mismo" (v. 8). Si siguen esto, dice, "hacen muy bien". Como Jesús (Mt 22:37-40), Santiago argumenta que la obediencia al mandamiento de amor de Levítico 19:18 cumple con el espíritu de todo el cuerpo legal veterotestamentario. El uso de "amar" en tiempo futuro (*agapeseis*) da color a la frase como indicativa de la esperanza de Santiago, un mandamiento para una acción futura. Mostrar una clase de favoritismo que discrimina en detrimento del pobre coloca a la persona junto a quienes difaman el nombre de Dios. Esta enseñanza está plenamente sincronizada con la tradición profética del Antiguo Testamento.[28]

Santiago hace una distinción entre la ley veterotestamentaria (a la que alude con una sola palabra, *nomos*) y el entendimiento específicamente cristiano de la ley del Antiguo Testamento, que señala con un califica-

---

26. Scot McKnight (de próxima aparición) argumenta que "el Nombre" era la manera en que Jesús se refería a Dios.

27. Hermas, *Comparaciones,* 8.1.1; 8.6.4; 9.12.4. Esto último es particularmente relevante, porque afirma que se ha de recibir el nombre del "Hijo de Dios" para poder entrar en el reino de Dios.

28. Isaías 3:14-15 dice: "El Señor entra en juicio contra los ancianos y jefes de su pueblo: '¡Ustedes han devorado la viña, y el despojo del pobre está en sus casas! ¿Con qué derecho aplastan a mi pueblo y pasan por encima de los pobres?'".

tivo como "la ley perfecta que da libertad" (1:25) o "la ley suprema" (aquí en 2:8). C. H. Dodd[29] ha recopilado unos cuantos ejemplos de la frase *basilikos nomos* ("ley suprema") empleada por los pensadores políticos griegos, cada uno de los cuales se refiere a una ley promulgada por un rey. Esto, por supuesto, apela a los adherentes a la fe en Jesús el Mesías. La hermosura de esta ley es que se toma en serio tanto la fe como la misericordia, el pecado y la gracia. Dios no nos excusa de nuestro pecado, sino que nos perdona (Ro 1:20; 2:1). Excusarnos es afirmar que la parte ofensora no es en realidad culpable de la ofensa o negar la gravedad de la misma. Perdonar concede un peso pleno tanto a la culpa como a su gravedad, pero la anula.

Santiago sigue argumentando que mostrar favoritismo es, en sí mismo, un pecado y que esta conducta acusa a uno de quebrantar la ley suprema (v. 9). Su expresión "muestran algún favoritismo" (*prosopolempteite*) vincula este versículo con 2:1, donde aparece la forma del sustantivo (*prosopolempsia*), y, al hacerlo, concede unidad a la totalidad del pasaje. Que Santiago considere este pecado del favoritismo con tanta gravedad establece un firme contrapunto a la aparente falta de preocupación con la que se lo tomaba la comunidad cristiana. Es posible que el apóstol condene aquí la opinión típica del judaísmo helenístico con respecto a lo central (la piedad, la filantropía y la justicia) por considerarla errada. La profundidad de su tristeza y el poder de su ataque prefigura su afirmación posterior (2:11; 4:11-12; 5:5-6) en cuanto a que quienes respaldan prácticas basadas en un criterio que menosprecie la necesidad de observar lo estipulado en Levítico 19:18 son culpables de antinomianismo.

En el versículo 10, Santiago vuelve a hacerse eco del tono de las enseñanzas de Jesús cuando dijo que tropezar en un solo punto de la ley equivalía a ser culpable de todos ellos. En su doctrina, algunas partes de la ley tenían más importancia que otras, como manifiesta su enseñanza sobre el divorcio.[30] Con respecto a su propia comprensión de la moralidad (en oposición a la ley del Antiguo Testamento), Jesús sostenía un criterio similar al de Santiago. En Mateo 5:28, por ejemplo, afirma: "Pero yo les digo que cualquiera que mira a una mujer y la codicia ya

---

29. C. H. Dodd, *The Bible and the Greeks* (Londres: Hodder, 1935), 39.
30. Como ha demostrado Wolfhart Pannenberg (Wolfhart Pannenber, "Revelation and Homosexual Practice", *Christianity Today* (11 noviembre 1996), Jesús argumenta que la intención original de Dios revelada en los relatos de la Creación toma precedencia sobre la ley mosaica.

ha cometido adulterio con ella en el corazón". Aquí, la idea consiste en que el mandato de amar al prójimo como a uno mismo es absoluto. Los cristianos no pueden escoger quién es su prójimo ni cuándo deben seguir esta ley.

"Pues el que dijo: 'No cometas adulterio', también dijo: 'No mates'. Si no cometes adulterio, pero matas, ya has violado la ley" (v. 11). En lo que podría parecer un extraño emparejamiento, Santiago dice que cometer asesinato, aunque no adulterio, equivale a quebrantar todo el cuerpo de la ley. Estos dos pecados no se han escogido al azar, ya que ambos representan cuestiones fundamentales relativas a la conducta ética, sobre todo el honor concedido a otros seres humanos. El asesinato es un claro ejemplo de deshonrar a la víctima, pero el adulterio lo es también, porque demuestra de forma inequívoca que la gratificación personal es más importante que el cónyuge, los hijos o la familia. Por estas razones, estos dos pecados están presentes en los Diez Mandamientos.

También es posible, por supuesto, que Santiago esté hablando directamente a la comunidad de cristianos a los que les estaba escribiendo, porque tanto el asesinato como el adulterio fueran prácticas conocidas allí. Pero deberíamos observar, asimismo, que Jesús asocia la actitud de discriminación contra los pobres con el asesinato, y que el Antiguo Testamento se refiere a la falta de adhesión a Dios y a sus enseñanzas catalogándolas de adulterio (Os 1). Su idea parece consistir en que esta discriminación, que al menos algunos dentro de la iglesia tratan a la ligera y hasta de forma positiva, para él equivale al más horrible de los pecados de los que es consciente.

Santiago vincula así la profesión y la acción (véase v. 12). Su llamado al juicio no es extraño al pensamiento del Nuevo Testamento. Aquí tenemos un poderoso recordatorio del verdadero centro de la vida cristiana: la ley perfecta que está plantada dentro de nosotros. En los actos de abnegación y amor por los demás es donde se demuestra la fortaleza de nuestra fe. En un pasaje extenso (Mt 25:31-46), Jesús declara que la eficacia de la fe se demuestra en actos de misericordia (proveyendo para los que tienen hambre, los sedientos, los extranjeros, los mal vestidos, los enfermos, y los presos). En otras palabras, tanto para Jesús como para Santiago, la ley que es el fulcro del juicio es la del amor por el prójimo.

En el versículo 13, Santiago prosigue en la tradición de Jesús argumentando que, para quienes no muestran misericordia, no habrá misericordia. El Antiguo Testamento afirma que Dios es misericordioso (Éx 34:5-6) y que las personas deberían, por tanto, mostrar misericordia las unas con las otras (Os 6:6). Este fue un distintivo en la enseñanza de Jesús (Mt 5:7; Lc 6:36). Una actitud misericordiosa es aquella que evidencia que una persona está verdaderamente viva en Cristo.

Pocos comentaristas argumentan que el juicio sea aquí escatológico, es decir, que en caso de mostrar favoritismo condene a quien lo perpetra a la condenación eterna. En realidad, este no parece ser el caso. Más bien, Santiago está señalando el peligro de permitir que esta actitud crezca dentro del individuo y también de la iglesia; y es que si su crecimiento no se retrasa y se invierte, esta actitud tendrá como resultado un impulso básico del carácter que llegará a dominar futuras decisiones que, de hecho, afectarán el propio juicio escatológico. Este fallo total a la hora de vivir las implicaciones de la fe es lo que, para el apóstol, constituye la evidencia de una falta total de fe: la fe sin obras está muerta.

Es relevante que Santiago acabe con un mensaje de esperanza: "¡La compasión triunfa en el juicio!". En su misericordia, Dios perdona incluso a quienes han sido culpables de semejante discriminación, y la misericordia que un individuo muestra tiene el poder de crecer tanto en él mismo como en aquellos a quienes ha demostrado compasión.

Construyendo Puentes Cuando Santiago habla de "los ricos", de "los pobres" y del "favoritismo", está utilizando la forma de hablar de los indicadores sociales y económicos. Es un lenguaje con el que estamos familiarizados. Pero en él existe una ciénaga, un peligro que se debe evitar. Y es que, a pesar de la similitudes aparentes, la palabra de Santiago era diferente de la nuestra en bastantes formas fundamentales, tres de las cuales se citan a continuación: (1) la posición social no era casi nunca una función de riqueza como lo es en nuestro mundo; (2) casi no existía la posibilidad de escalada social o económica en el mundo de Santiago; (3) la pirámide social y económica en el Imperio romano era extremadamente pronunciada, sin prácticamente ninguna clase media tal como entendemos hoy el término. Tal vez un ocho por ciento de la población tuviera riqueza, otro dos por ciento la estaban consiguiendo, y el noventa por ciento restante vivía en condiciones que muy bien podríamos describir de pobreza. Séneca escribió: "Consideremos desde un principio la gran mayoría que forman los pobres".[31] Antes de poder pasar con confianza a la aplicación, debemos saber algo sobre los valores y los principios del mundo social del Imperio romano. En esta sección vamos a centrarnos en el debate sobre dicho entorno social.

En nuestro mundo, el estatus en la sociedad es, con gran frecuencia, una función de riqueza, mientras que otros factores, como la educación y el nivel social al nacer, juegan un papel secundario.[32] Mi hermano, mi hermana y yo fuimos la primera generación en la historia de mi familia que asistió a la universidad. Mi hermana es enfermera quirúrgica, y tanto mi hermano como yo tenemos un doctorado. A los ojos de nuestro mundo, progresamos "ascendiendo en la escala", aunque nuestros abuelos nunca acabaron la escuela elemental. Nunca dejaré de asombrarme ante las reacciones de las personas cuando me presentan como "el Dr. David Nystrom", frente a "David Nystrom". La educación importa en nuestra cultura. Mi abuela trabajaba en el servicio doméstico y mis abuelos eran trabajadores de cuello azul, es decir, obreros. Semejante "escalada social" no es extraordinaria en modo alguno en nuestro mundo, pero era algo casi inaudito en el siglo I.

La cultura social y económica del Imperio romano estaba marcada por un grado mucho más alto de rigidez que el nuestro. Cuando uno habla de "posición" en el Imperio romano, son tres las clasificaciones que se deben considerar: la clase, *ordo*, y el estatus. De estas tres, la "clase" es la menos útil. Por lo general, los sociólogos usan el término para referirse a nivel de ingresos,[33] y Marx lo utilizó para referirse a la relación del obrero con el medio de producción.[34] Semejante definición es inadecuada para el mundo romano, ya que la riqueza no garantizaba el estatus social.

En cuanto al orden social (*ordines*), había tres órdenes: *ordo senatorius, ordo equester* y *ordo decurionum*. (1) El orden senatorial estaba

31. Séneca, *Di consolatione ad Helviam*, 12.1.
32. Aquí, la excepción es la raza. Estados Unidos sigue siendo un contexto cultural en el que, como Cornel West ha afirmado, la raza importa.
33. Véase el debalte de G. E. M. De Ste. Croix, *The Class Struggle in the ancient Greek World* (Londres: Duckworth, 1981), 31-69.
34. Entre otras muchas referencias, véase Karl Marx, *El dieciocho brumario de Luis Bonaparte*, VII, en el que Marx afirma que las condiciones económicas son primordiales a la hora de definir una clase.

compuesto por miembros de las familias nobles romanas más antiguas y su riqueza se concentraba en tierras y producción agrícola. El ingreso en este orden se basaba tanto en el nacimiento como en la riqueza, con un mínimo establecido por Augusto de un millón de sestercios. Esto equivalía a unas 250.000 veces el salario medio de un obrero.

(2) El ingreso en la orden ecuestre se basaba únicamente en la riqueza, con un mínimo establecido en 400 sestercios. Los ecuestres, o caballeros, hacían su fortuna como mercaderes, banqueros y emprendedores, así como a través de consorcios que se hacían con las contratas del gobierno para construir carreteras, aprovisionar a los ejércitos y recaudar los impuestos.

En general, los miembros del *ordo senatorius* sentían poco respeto por los ecuestres, y menospreciaban a todos los demás. Hacia el siglo III a.C., el Senado aprobó una ley que decía que era ilegal que los senadores se implicaran en comercio, con el solo fin de distanciarse de los ecuestres. Pero, como ha demostrado Ramsay MacMullen, los miembros de estos dos grupos tenían mucho en común, porque el número total de aquellos a quienes sus ingresos colocaba en los dos *ordines* más altos equivalía a no más de una décima parte del uno por ciento de la población.[35]

Para el otro 99,9% del imperio, un ecuestre era una persona de prestigio poco común. A los ojos de un senador, el ecuestre representaba a "un nuevo rico", sin las finuras que una educación senatorial garantizaba. Pero es que los senadores podían permitirse afirmar que el dinero no era un factor significativo a la hora de determinar un estatus. ¡Ellos ya lo tenían! Para cualquier otro, el dinero era el rey. Juvenal escribió:

> Deja que el dinero dirija el día, que el oficio sagrado se le entregue a un recién llegado de pies blancos[36] a nuestra ciudad. Porque a ningún dios se tiene en tan alta reverencia entre nosotros como a la riqueza, aunque tú, malvado dinero, no tengas todavía tu propio templo.[37]

Juvenal revela aquí una firme creencia en la sagrada naturaleza de la estratificación social y el amor al dinero que, en su opinión, había de-

---

35. Ramsay MacMullen, *Roman Social Relations, 50 B.C. to A.D. 284*, (New Haven, Conn.: Yale Univ. Press. 1974), 88-89. MacMullen estima que los ecuestres sumaban menos de la décima parte del uno por ciento de la población total del imperio y los senadores dos milésimas partes del uno por ciento.

36. Los pies de los esclavos se marcaban con tiza blanca antes de venderlos.

37. Juvenal, *Sátiras,* 1.110.4.

safiado a esta. Cuando se veía desde abajo, el dinero era un indicador de prestigio social en el mundo romano. Cuando se contemplaba desde arriba, tenía poco valor.

(3) El *ordo decurionum* consistía en la élite local y, aquí, la riqueza era más importante que la cuna. En este orden, como en el caso de los senadores, la riqueza tendía a tomar la forma de la tierra, de manera que en una ciudad cualquiera pocas familias dominaban el decurionato a lo largo de los años.[38] Tal vez un siete por ciento de la población del imperio se encontraba en esta categoría.

Junto a estos *ordines* oficiales se encontraba el informal *ordo Augustales*. Esta clase consistía en personas a las que, por diversas razones de nacimiento o estatus, se les impedía entrar en el decurionato. La mayoría eran libertos (exesclavos) que habían llegado a ser bastante adinerados. Aunque carecía de un estatus oficial, esta orden emulaba al decurionato en términos de títulos y función. Sin contar a las mujeres y los niños, el noventa por ciento de la población quedaba excluida de estas categorías.

La categoría social final es lo que podríamos llamar "estatus". En el mundo romano de Santiago, el "estatus" quedaba determinado por una compleja maraña de factores. La edad, la condición de nacimiento, el lugar donde se nacía, el género, la riqueza, la ciudadanía, la carrera militar y la ocupación eran los factores más relevantes a la hora de determinar el estatus de cada uno. Por lo general, a la gente rural se la consideraba grosera (*cf.* Jn 1:46, cuando Natanael ofrece su opinión sobre la diminuta aldea galilea de Nazaret: "¡De Nazaret! —replicó Natanael—. ¿Acaso de allí puede salir algo bueno?"); los provincianos se consideraban menos favorecidos que los que vivían en Roma, el dinero nuevo era más atractivo que el viejo; los nacidos libres recibían mayor consideración que los libertos.[39] Para un miembro de los pobres urbanos venido a menos, el liberto rico era más envidiable que un miembro de la familia senatorial que hubiera perdido su fortuna.[40]

---

38. Véase Michael Woloch, "Four Leading Families in Roman Athens", *Historia* 18 (1969): 503-12.

39. Marcial (*Epigramas,* 3.33) incluso llegó a afirmar que las relaciones sexuales con una mujer libre eran preferibles a las que se mantenían con una mujer que hubiera sido esclava, y que estas debían preferirse a las mantenidas con una que aún fuera esclava.

40. Pero no a otros senadores. Juvenal nos habla de un rico *liberto*, propietario de cinco tiendas, que siente que lo consideran como si no fuera nadie en comparación con un senador, ahora destituido, y obligado a cuidar ovejas (*Sátiras*, 1.102-6).

Con el libro de Santiago entramos en el mundo de las provincias romanas. Los decuriones locales, cuya riqueza palidecía sin duda al lado de la de los senadores romanos, eran, no obstante, personas de gran poder y prestigio en su propia comunidad, y así los consideraba la iglesia allí ubicada. Las ciudades solían contar con un cuadro de cien decuriones,[41] y de este grupo se seleccionaba cada año a un cierto número para que desempeñaran distintos oficios en la ciudad. La competencia por el decurionato era feroz.[42] La membresía permitía un trato legal especial, pero también había exigencias especiales.[43] Se esperaba, por ejemplo, que esta clase proporcionara el aprovisionamiento de grano para la ciudad, que pagara la construcción de proyectos públicos como edificios y carreteras, y que mantuviera el orden público.

Cuando eran elegidos para servir en un cargo público, se esperaba que estos hombres[44] pagaran unos gastos que se designaban mediante el término *summae honorariae*. Este importe, así como el mínimo requerido para poder optar al decurionato, variaba según el cargo en cuestión y la población de la ciudad.[45] Estas y otras personas ricas también sufragaban los proyectos de obras públicas de su propio bolsillo (p. ej. la edificación de templos, los baños públicos, el pavimento de las calles y la factura del impuesto de la ciudad). Estos pagos voluntarios solían conocerse con el nombre de *munera*. Un tercer tipo de pago era la *sportula*, término que parece haber designado originalmente el pago diario que un patrocinador hacía a sus clientes.[46] Otros tipos de *sportulae* incluían regalos en las bodas, ceremonias de mayoría de edad y otras funciones públicas. Otro ejemplo relevante era el banquete público. Era bastante común que una persona adinerada celebrara un banquete público para

---

41. Véase R. Duncan-Jones, *The Economy of the Roman Empire* (Cambridge: Cambridge Univ. Press, 1982), 286-87. En la parte oriental del Imperio romano, el número era más fluido y abarcaba desde 20 a 500.

42. Véase Dion Crisóstomo, *Discursos,* 40.13-14.

43. Véase A. H. M. Jones, *The Greek City* (Oxford: Clarendon, 1949), 180. P. Garnsey, *Social Status and Legal Privilege in the Roman Empire* (Oxford: Clarendon, 1970), 84, 224-25.

44. Existen unos pocos casos de mujeres que sirvieron en un *decurionato* local, pero solo en ciudades muy pequeñas. Esto ha conducido a la especulación de que se permitía este honor a las mujeres, solo como último recurso.

45. Véase Plinio, *Epistulae,* 10, 112-13.

46. Marcial, *Epigramas,* 10.116, cuenta que era común que los patrones de Roma pagaran a sus clientes unos seis sestercios al día, más o menos el equivalente de la cifra necesaria para una comida media. El término designaba en un principio la cesta en la que los patrones colocaban regalos para los clientes.

toda la ciudad, aunque la calidad de la comida recibida, así como la ocasión de la misma, dependía del estatus social.

La evidencia epigráfica de Italia recoge unos 277 tipos de *sportula* y revela una clara discriminación a favor de los poderosos. Los decuriones recibían doce sestercios; los *Augustales*, ocho; y los ciudadanos ordinarios, cuatro. En la mayoría de los casos se excluía a las mujeres y, en los casos en que estaban presentes, por lo general recibían menos que los hombres.[47] Es probable que esto tenga que ver con las aberrantes prácticas eucarísticas contra las que Pablo habló en 1 Corintios 11:17-22, así como con las flagrantes exhibiciones de favoritismo y adulación que Santiago denuncia.

Uno podría muy bien preguntar: "¿Qué puede haber inducido a esta gente a pagar por tantas cosas?". La respuesta es la gloria y el honor. Antes de que se estableciese la *pax romana*, esto había que ganarlo en el campo de batalla o a través del ámbito de la política local. Pero con la instauración del gobierno romano en Oriente, estas vías principales para una reputación favorable quedaron cerradas. No había conflicto armado del que hablar, y, prácticamente todas las decisiones políticas relevantes se tomaban en Roma. El resultado fue un campo de opciones estrechamente restringido, la más segura de las cuales era gastar dinero, siempre y cuando hubiera una placa o algo similar que revelara el nombre del generoso benefactor para que todos pudieran leerlo y quedara para la posteridad.

La sociología del Imperio romano, sobre todo tal como la experimentaban los urbanitas, servía a sus necesidades. Estaba marcada por una complicada red de sistemas de patrocinio y de apoyo de benefactores. Se esperaba que los receptores (los *clientes*) de la generosidad de los benefactores demostraran su dependencia o su agradecimiento a sus "patrocinadores" (los *patrones*) mediante exhibiciones públicas que solían incluir la adulación. Las personas de modesta riqueza solo podían comprometerse a una munificencia privada, tomando a su cargo a un grupo de antiguos esclavos[48] y libertos. Los más ricos se dedicaban a una munificencia pública. Pavimentaban las calles, construían edificios

---

47. Véanse las tablas en pp. 184-186 de R. Duncan-Jones, *The Economy of the Roman Empire*.
48. Una vez realizada su liberación, los exesclavos solían convertirse en clientes de sus antiguos amos.

públicos, patrocinaban campañas políticas,[49] e incluso liberaban a grandes cantidades de esclavos, todo con la esperanza de que se atribuyera gloria a su nombre.[50] Aquellos cuyo nacimiento descartaba la membresía en el decurionato local, como los *Augustales*, se comportaban de un modo similar. Muchas familias de todo el imperio gastaban de esta manera hasta empobrecerse. Plutarco[51] nos ha proporcionado la explicación siguiente:

> La mayoría de los hombres consideran que se les ha robado su riqueza si se les impide exhibirla, y ese despliegue se hace en las cosas superfluas de la vida, no en las necesidades de la misma.

Este fenómeno no se limitaba a los individuos. Las ciudades competían unas con otras por títulos[52] y magnificencia en obras públicas. En Bitinia-Ponto, Plinio encontró ciudad tras ciudad atrapadas en deuda pública por el número y la enormidad de programas de edificación pública, tan extravagantes como deficientes en su ejecución.[53] Juvenal dijo que *Pecunia* (el amor por el dinero) era una diosa. Pero en realidad era una vasalla, una subalterna al servicio de otra diosa, *Filotomía* (el amor por el estatus).

En nuestro mundo, el amor por el dinero y el amor por el estatus son cebos igual de poderosos y perniciosos. Los estadounidenses se hunden cada vez más en tarjetas de crédito cada año y los números de bancarrotas expedientadas van en aumento. Gastamos nuestro dinero en deseos

---

49. Ramsay MacMullen, *Roman Social Relations 50 B.C. to A.D. 284,* cita un eslogan político que se conservaba en Pompeya: "Los vecinos de la calle unidos instan a la elección de tal y cual como magistrado. Proporcionará un espectáculo de cuatro parejas de gladiadores". La elección a un cargo aportaba estatus y la oportunidad de una mejora adicional.

50. Durante su reinado, Augusto se sintió obligado a promulgar una ley que limitara el número de esclavos que uno podía liberar (la *Lex Fufia Caninia* del 2 a.C.), la edad mínima (establecida en los 20 años por la *Lex Aelia Sentia* del 4 d.C.), y las condiciones favorables bajo las cuales los esclavos eran liberados (la *Lex Iunia* del 19 d.C.).

51. Plutarco, *Marco Catón*, 18.3.

52. En las décadas centrales del siglo II d.C., Esmirna y Pérgamo codiciaron el título de "primera y más extraordinaria metrópolis de Asia", que había sido aplicado históricamente a Éfeso. El emperador Antonino confirmó el derecho de Éfeso al título, y Pérgamo tuvo que contentarse con el de "Metrópolis de Asia y primera ciudad dos veces guardiana del templo" (Ramsay MacMullen, *Enemies of the Roman Order* [Cambridge: Harvard Univ. Press, 1966], 186, D. Magie, *Roman Rule in Asia Minor* [Princeton, Princeton Univ. Press, 1950], 1496, n. 18).

53. Véase, por ejemplo, Plinio, *Epistulae,* 10, 39.

que tomamos por necesidades: un auto más llamativo, una piscina, ropa de nuevos diseñadores. Los anuncios publicitarios nos dicen que compremos automóviles, casas y hasta papel higiénico con miras a impresionar a otros. Esta corriente ha llegado a infectar a la iglesia. Existe una línea en la que la excelencia en la arquitectura de la iglesia, las instalaciones y las programaciones se convierten en una opulencia excesiva, que cierra la puerta a algunos que se sienten incómodos, mientras que los que se hallan en el lado afortunado del espectro social se sienten como en su casa. Esta línea es diferente en todos los ámbitos y requiere un corazón sensible para discernir la sabiduría de Dios.

Para la inmensa mayoría de la población del Imperio romano que no podía procurar la gloria por medio de estas vías, había otras opciones. Las asociaciones comerciales y los clubs privados (*collegia*) se habían establecido con nombres extravagantes: Consistorio Sagrado Universal de Tejedores de Lino, Augustísimo Centro Laboral de Lavadores de Lana; Santo Colegio de Tintoreros, Sagrado Oficio de Trabajadores del Lino.[54] Estas asociaciones estaban organizadas siguiendo las líneas de las administraciones municipales, y con distintos cargos cuyos títulos imitaban a los de los puestos de la ciudad.[55] La membresía en asociaciones de este tipo proporcionaba la oportunidad de experimentar la apariencia del poder y del prestigio, sentimiento que se elevaba gracias a la excelsa, aunque carente de contenido, nomenclatura que adoptaba.[56]

Con frecuencia, los ricos que no tenían otra forma de exhibir su opulencia se convertían en patrones, o patrocinadores, de un *collegium* cívico o religioso. Las mujeres, en particular, escogían esta vía. Es muy probable que muchas de las mujeres que encontramos en el Nuevo Testamento encajen en este modelo.[57] Para el mundo romano, la iglesia cristiana no era más que otro de estos *collegia*, otra vía que otorgaba a los ricos una oportunidad de demostrar su superioridad sobre los demás. Una persona así esperaría que se le concediera el mayor respeto durante las reuniones del grupo.

---

54. Véase Ramsay MacMullen, *Roman Social Relations 50 B.C. to A.D. 284,* 76.

55. A. H. M. Jones, *The Roman Economy,* ed. P. A. Brunt (Oxford: Blackwell, 1974), 44.

56. De manera similar, Pedro Picapiedra y Pablo Mármol, en los dibujos animados *Los Picapiedra* ganaron gran respeto por sí mismos a través de su membresía en la Orden Sagrada de los Búfalos Mojados.

57. Como Juana y Susana (Lc 8:3), y Cloé (1Co 1:11).

La naturaleza generalizada de esta hambre de prestigio es difícil de recalcar. Cicerón afirmó: "El rango debe mantenerse". Cuatro siglos después, en la ciudad provincial de Antioquía, Libanio expresó el mismo sentimiento: "Cualquiera que sea el rango que uno ostente, ha de mantenerlo".[58] Todos conocían su lugar. La fascinación romana por el anquilosado estatus social ayuda a explicar el deseo de dejar clara la propia superioridad, y este deseo se refleja en Santiago 2:1-13. Era una sociedad con pocas posiciones de autoridad real y una sed insaciable por el sentido del poder.

Las fuentes legales y literarias de aquel periodo hablan de la diferencia entre los *honestiores* y los *humiliores,* "los grandes" y "los humildes". En la primera categoría se encontraban los miembros de los tres *ordines* destacados. Todos los demás, con las raras excepciones de aquellos que habían hecho dinero, se consideraban *humiliores.* Salustio nos ha dejado un ejemplo típico: "En cada ciudad, los que son pobres envidian a los mejores ciudadanos".[59] Elio Arístides alabó a Roma por esta distinción:

> Pero lo siguiente es lo más digno de consideración y admiración en tu gobierno, la magnanimidad de tu idea, porque no hay nada igual a ella. Tú has dividido en dos partes a todos los hombres de tu imperio —con esta expresión he indicado a todo el mundo habitado— y en todos los lugares has convertido en ciudadanos a todas las personas más realizadas, nobles y poderosas, aunque retengan sus formas nativas, mientras que has hecho que el resto de ellos sean los súbditos y los gobernados.[60]

Esto se vio reforzado por otro rasgo importante de la vida en el mundo romano, la naturaleza estática de la economía que hizo que la escala social fuera casi imposible. Hubo excepciones, como ya hemos visto en los casos de los ecuestres en Roma, pero también hubo excepciones dentro de las provincias.[61] Un excelente ejemplo fue el de Corinto, des-

---

58. Cicerón, *Pro Cnaeo Plancio,* 15, Libanio, *Discursos,* 48.31. Plinio concordó con ellos y habló de la necesidad de "conservar las distinciones entre las clases" (*Epistulae,* 9.5).
59. Salustio, *Bella Catalinae,* 37.4.
60. Elio Arístides, *Discursos,* 26.59.
61. La familia de Plancia Magna se autoinstituyó familia principal en Perge, después de un siglo residiendo allí. Véase M. T. Boatwright, "Plancia Magna of Perge: Women's Roles and Status in Roman Asia Minor". *Women's History and Ancient History,* ed. S. Pomeroy (Chapel Hill, N. C.: Univ. Of North Carolina Press, 1991), 249-72.

truida por los romanos en el 146 a.C., pero repoblada con ciudadanos romanos por Julio César en el 44 a.C. Esto significaba que no había élite antigua en Corinto, y estaba madura para la escalada social. Pero estos son casos extraordinarios. Apenas el dos por ciento de la población podía optar a esta mejora social. En un centro urbano local, pues, la élite estaba compuesta por miembros de las familias ricas y los afortunados implicados en el comercio local o provincial. No era inusual que los libertos se involucraran en el comercio, y su estatus de nacimiento les impedía recibir honor por parte de los ricos nacidos libres. Tales personas serán los perfectos candidatos para convertirse en los benefactores de un *collegium* religioso.

Con frecuencia se afirma hoy que el mundo neotestamentario era un mundo de "honor y vergüenza", y, sin duda, era una percepción útil (aunque limitada). "Honor" tal como lo define el antropólogo cultural Bruce Malina, es el valor que una persona tiene a sus propios ojos, más el que tiene dentro de su grupo social.[62] Malina define "honor" mediante tres indicadores de márgenes: "… poder, estatus sexual y religión, y, donde los tres se juntan, lo que queda demarcado es algo llamado *honor*"[63]. "Poder" es la capacidad de controlar el comportamiento de los demás, "estatus sexual" es el conjunto de deberes en cuanto a la conducta que se espera de los hombres y mujeres, "religión" es la "actitud y la conducta que se espera que uno siga en cuanto a quienes controlan la propia existencia".[64] Honor es el comportamiento socialmente adecuado en el ámbito donde estos tres indicadores de márgenes forman intersección.

El honor se podría conseguir de dos formas: se podría asignar (como a través de la herencia), o se podría adquirir. Los que se consideraban "nobles" o aspiraban a ese estatus, se interesarían de forma vital por realzar la claridad de la estratificación social. Buscarían grupos en los que, en relación con los demás, tuvieran un "alto estatus", y procurarían resaltar la potencia de aquellos marcadores de posición. Para este tipo de personas, una iglesia cristiana local podría parecer un campo primordial de cultivo, una oportunidad para que se consideraran entre los *honestiores*.

---

62. Bruce Malina, *The New Testament World: Insights From Cultural Anthropology* (Atlanta: John Knox, 1984), 27.
63. *Ibíd., 26.*
64. *Ibíd.*, 26-27.

En toda una variedad de formas, nuestra cultura es una reminiscencia de la que Santiago conoció. Ambas están enfermas y son peligrosas, porque tienden a extremos de envanecimiento y el peligro radica en que la iglesia parece demasiado dispuesta a caer presa de la cultura. La fascinación con la riqueza y el estatus es demasiado prominente en Estados Unidos. Nuestros héroes culturales incluyen a los ricos en virtud de su talento o por accidente, como Donald Trump, Ross Perot, Michael Jordan, Bette Middler y Demi Moore. La industria publicitaria glorifica la riqueza en su persecución de productos desde los automóviles hasta los desinfectantes.

El deslumbramiento también destaca en el evangelicalismo estadounidense. Hace poco hablé en una iglesia que, en sus ochenta años de historia, ha cambiado de ubicación cuatro veces, desde el centro urbano a suburbios cada vez más recientes. Hoy es propietaria de unas instalaciones con diez acres de terreno, con santuario, gimnasio, cocina, espacio para la educación cristiana y un generoso césped que rodea todo el conjunto. La iglesia también está rodeada por casas que valen medio millón de dólares, Cádillacs deportivos, automóviles marca BMW y Lexus, muchos de los cuales se encontraban en el aparcamiento el domingo en que yo prediqué. Aquel día, la persona que dirigía anunció una recaudación de fondos que estaba a punto de inaugurar. Mientras él estaba en el púlpito, no puede evitar observar (y dudo mucho que alguien pudiera) la enorme sortija de diamantes que llevaba. Todo en este caballero gritaba "dinero".

El dinero no es malo en sí mismo, claro está, pero si se usa como medida de valor personal, ya sea consciente o inconscientemente, habremos caído presa de los principios de nuestra cultura. De formas sutiles y obvias ansiamos estatus y riqueza. También nos dejamos impresionar exageradamente por otros marcadores de posición social como el atuendo, la profesión y hasta el refinamiento social. Santiago quería advertirnos en contra del poder sutil que estos marcadores culturales pueden tener sobre la comunidad cristiana.

Estas diferencias en los patrones culturales del siglo I y del nuestro afectarán la forma en que leamos los tres puntos generales que Santiago ha perfilado (la exhibición del favoritismo basado en el estatus, el intento de imitar las posiciones de la cultura que nos rodea, y el argumento bíblico). Nuestro mundo proporciona muchas más oportunidades para conseguir estatus e influencia que el de la época de Santiago. Esto significa que una investigación adecuada de la relevancia contemporánea del pasaje debe incluir nuestra cultura para descubrir las muchas y variadas maneras en que concede estatus a individuos y grupos. Lo que Santiago tiene que decir en cuanto a los ricos debería leerse como aplicación a este grupo más diverso de nuestra propia cultura. Además, la iglesia de la sociedad del apóstol sentía la tentación de abrazar ciertos patrones culturales, algunos de los cuales eran obvios y otros más sutiles. La iglesia contemporánea sucumbe a la misma tendencia, pero los patrones culturales de nuestro siglo no son, claro está, necesariamente los mismos que aquellos a los que se enfrentaba Santiago. Un debate adecuado de la relevancia contemporánea de este pasaje busca discernir algunos de los peligros inherentes a nuestra cultura que la iglesia de hoy, como la del tiempo del apóstol, podría verse tentada a aceptar.

Significado Contemporáneo Santiago nos ha presentado una imagen de la iglesia bajo la influencia de la cultura del entorno. Imitando las predominantes normas sociales romanas, la iglesia empezaba a estar marcada por el favoritismo y la estratificación social. Algunos de los que la formaban parecían dichosamente inconscientes del peligro. Otros, quizá, veían el problema pero no entendían toda su gravedad. Para ellos, Santiago ha perfilado una ética integral: tropezar en un punto de la ley equivale a quebrantarla en su totalidad. Este es el mensaje que se debe aplicar a la situación contemporánea. En la persecución de esta tarea, el debate siguiente se centrará en cuatro puntos: (1) nuestra cultura está enferma y es peligrosa; (2) nuestra cultura es peligrosa y debilitadora en formas que no siempre esperamos o entendemos; (3) el problema del favoritismo, que casi había paralizado la iglesia de Santiago, es evidente en las nuestras; (4) como el apóstol, debemos perseguir un modelo integral de la vida de la iglesia.

Nuestra cultura está enferma y es peligrosa. Como ya hemos observado en la sección anterior, el mundo romano que Santiago conoció estaba marcado por una estratificación social anquilosada, combinada con un sistema social en el que el pobre concedía honor al rico mediante exhibiciones públicas. El historiador romano Livio (59 a.C.–17 d.C.) comentó sobre este desarrollo: "La riqueza nos ha hecho avariciosos y la permisividad ha hecho que, por medio de toda forma de excesos sensuales, estemos, si se puede decir de este modo, enamorados de la muerte tanto individual como colectiva".[65] Esta es una descripción que a muchos estadounidenses podría parecerles espeluznantemente familiar.[66] En el famoso inicio de su discurso a la Universidad de Harvard, en 1978, Alexander Solzhenitsin acusó a Occidente de haber escogido el materialismo, la impiedad y superficiales intentos de libertad y felicidad, al haber eliminado a Dios y, por tanto, al sentido de rendir cuentas y el propósito que se deriva de esta creencia. Cualquier esfuerzo por regresar a la grandeza, afirmó, debe empezar con el reconocimiento de que la vida y la naturaleza humanas se encuentran en su núcleo central espiritual y, por tanto, los seres humanos tienen una responsabilidad hacia Dios y hacia los demás.

Uno entre un aluvión de libros que cataloga el declive moral de los Estados Unidos es *Why America Needs Religion* [¿Por qué necesita Estados Unidos la religión?].[67] Un rasgo impactante del mismo es que su autor, Guenter Lewy, catedrático emérito de Ciencias Políticas en la Universidad de Massachusetts, es agnóstico. Afirma haber comenzado el libro con la intención de refutar la tesis de que el declive del clima moral estadounidense se puede rastrear hasta el rechazo moderno de los valores teológicos, y hasta la negación de Dios. Pero sigue afirmando: "... por el camino hasta llegar al final del libro, ocurrió algo gracioso que tomé como una defensa del humanismo secular y el relativismo ético. Las posturas que yo había respaldado siempre resultaron ser, tras una nueva reflexión, mucho menos convincentes de lo que yo había supuesto".[68] Descubrió que estaba de acuerdo con posturas y comentaristas que había descartado desde hacía mucho tiempo.

Lewy sigue creyendo que la arrogancia moral y la intolerancia deben evitarse, pero es mucho menos optimista en cuanto a la capacidad del relativismo moral para producir una sociedad saludable. Llama a la cooperación entre cristianos y no cristianos en esta tarea, cita al Vaticano II, al teólogo protestante Paul Ramsay, al teólogo evangélico Carl F. H. Henry, y a Robert Bork como otros que han emitido llamados si-

---

65. Livio, *History of Rome*, 1.1.
66. No estoy argumentando aquí que el declive de Roma sea, en modo alguno, paralelo a los Estados Unidos contemporáneos. Roma sobrevivió durante casi medio milenio después de que personas como Livio empezaran a hablar de su decadencia.
67. Guenter Lewy, *Why America Needs Religion: Secular Modernity and Its Consequences* (Grand Rapids: Eerdmans, 1996).
68. *Ibíd.*, ix-x.

milares.[69] Sigue siendo noteísta, pero su llamamiento a la reforma ética respalda calurosamente el corazón de la enseñanza ética cristiana.

Sigo cuestionando la afirmación que muchos teólogos cristianos hacen en cuanto a tener la Verdad moral bajo control; sin embargo, descubro que estoy de acuerdo con no pocas de sus posturas morales [...]. La tarea urgente que propongo, para creyentes y no creyentes por igual, es la de reponer el capital moral que se acumuló durante muchos siglos a partir de una reserva religiosa y unas enseñanzas éticas únicas, un fondo de tesoro que se ha venido agotando últimamente a un ritmo alarmante.[70]

En 2:1-13, Santiago emite un fuerte e inequívoco llamado a evitar ciertos aspectos de la cultura romana, en particular aquellos aspectos que apoyaban una estratificación social y económica. Es vital observar que no es universal en esta condena de la cultura. Aquello a lo que se opone es el espíritu del siglo, un espíritu de egoísmo. De la misma manera, hay mucho peligro y enfermedad en nuestra cultura. Pero los evangélicos no deberían ser demasiado rápidos para condenar a la totalidad de la cultura. Hay mucho que merece la pena y que puede ser redimido. Resulta fácil emitir condenas globales de la cultura estadounidense. Pero tales actos y actitudes nos cierran al mundo en el que Santiago nos llama a implicarnos como embajadores de Dios. A pesar de todo, nuestra cultura puede encontrar su forma de entrar en la iglesia, y lo hace, y algunas de estas intrusiones son perjudiciales para su vida y su salud. Podemos ser fuertes y claros en nuestra oposición al aborto o al abuso de las drogas, podemos ser elocuentes en el caso de la oración en las escuelas públicas, pero también podemos estar ciegos a las formas sutiles en las que nuestra cultura puede moldear nuestras iglesias hasta conseguir una imagen que no es la de Cristo.

A veces, la influencia cultural no es lo que esperamos. Nuestra cultura influye en nosotros de maneras que no reconocemos ni aguardamos. En un artículo titulado "Hope Dreams" [Sueños de esperanza], Amy Sherman revisó un número de libros que toman como tema "los otros Estados Unidos", es decir, la vida en el gueto urbano.[71] De mane-

---

69. *Ibíd.*,141-42.
70. *Ibíd.*, xii.
71. Amy Sherman, "Hope Dreams", *Books and Culture: A Christian Review* (mayo/junio 1996), 3, 31-33.

ras que me parecen fascinantes, su artículo arroja un haz de luz sobre facetas de nuestra cultura que con frecuencia no reconocemos. Uno de los libros que revisaba es *The Ville,* de Greg Donaldson. La obra describe lo que Amy Sherman denomina:

> ... el truncamiento engendrado por el gueto: la reducción del "ser" al "tener". Este triunfo del consumismo emerge en gran parte del dominio de la televisión. "Los adolescentes [de Brownsville] no tienen la educación necesaria en la mayoría de las cosas —afirma Donaldson—, pero son conocedores de la cultura pop, receptáculos preparados para las canciones publicitarias y la imaginería poco consistente de la televisión. Su discurso está empapado de los desechos verbales de los espectáculos de televisión. Llaman a la policía los Cinco Ceros, conforme a la serie *Hawai 5.0* [...]. Los nombres de marcas tiranizan las clases; se adora a los coches de prestigio".

En la calle, ser una persona de "sustancia" se define, con ironía, como tener cierta apariencia o imagen.

En su persecución de la "apariencia" de la sustancia, un joven gastó los primeros setenta y cinco dólares que ganó en su nuevo trabajo en un localizador, para poder parecer un camello. Los traficantes, según cree él, son personas de "sustancia" porque tienen dinero, mujeres y bienes materiales. Donaldson los llama *"props"* [accesorios], y observa que en este rincón de los Estados Unidos, los "accesorios", las contingencias, se han convertido en los marcadores y los símbolos de la "sustancia" aunque no haya ninguna "sustancia" debajo. Los jóvenes que Donaldson nos presenta se autodenominan *"LoLifes"*, por los polos marca Ralph Lauren, que visten a modo de uniforme. Creen literalmente que "el hábito hace al monje". Donaldson escribe: "Los *LoLifes* son más bien un grupo consumista fuera de la ley que una banda [...]. Los jóvenes negros de Brownsville acusan a la sociedad por su fe total en ella. Confían en lo que se les ha dicho sobre la imagen, el estatus, la competencia, la jerarquía y la primacía de la autogratificación. Su fe es letal, en su mayor parte para ellos mismos".[72] Donaldson también nos lleva a prisión, donde un miembro de los *LoLifes* es despojado de su

---

72. *Ibíd.,* 31.

identidad de camiseta polo, y, a merced de nuestro malestar, se nos deja llegar a la conclusión de que hay muy poca sustancia en el hombre.

Sherman comenta con gran sabiduría que el resto de los Estados Unidos comparte esta creencia en el consumismo, pero sus inhumanos efectos debilitadores parecen menos obvios por la riqueza de oportunidades no disponibles para las personas del gueto. ¿Son los Estados Unidos evangélicos inmunes a esta enfermedad? Tristemente, no. El cristianismo evangélico se retrata en términos consumistas. "Dios solo quiere lo mejor para ti [...]. La iglesia debería hacer que te sintieras bien", afirma Tammy Faye (Bakker) Messner en el programa de televisión *Politically Incorrect*.[73] ¿Hasta qué punto venden el evangelio las megaiglesias que salpican el paisaje protestante estadounidense en su esfuerzo por proporcionar un entorno confortable, sin amenazas y familiar para el prototipo de ejecutivo de éxito entrado en años, que es con frecuencia el público buscado? ¿Hasta qué punto debería molestar a nuestra conciencia ver que la persona que dirige en la iglesia se marcha en un BMW o un Jaguar?

Estos ejemplos de cultura materialista no son inherentemente malos, mientras haya una sustancia auténtica debajo; en este caso, una sustancia espiritual. De otro modo, no son más que los "accesorios" de nuestra cultura. ¿Han remplazado la riqueza y la realización profesional al ejercicio de las disciplinas espirituales como prerrequisito para el liderazgo en nuestras iglesias? Varios amigos míos del entorno de la universidad cristiana así lo piensan. Cuando la arquitectura de la iglesia imita conscientemente los estilos de los cuarteles generales corporativos suburbanos de las compañías de alta tecnología, quizá hayamos capitulado ya. Podemos atraer conversos, pero a menos que combinemos las aptitudes beneficiosas de la competencia mundana con la madurez espiritual, queda abierta la pregunta de en qué hemos convertido a las personas. Es posible que las iglesias de la generación X, con su pasión por "la autenticidad" en contradistinción con el claro profesionalismo y el atuendo de colores combinados que distinguen a las iglesias del Baby Boom tengan un punto a su favor.[74] Por supuesto que la cultura de la generación X tiene sus propios escollos que evitar.

---

73. Douglas L. Leblanc, "The Mars Hill of Television", *Books and Culture: A Christian Review* (noviembre/diciembre 1996), 14.
74. Steve Rabey, "Pastor X", *Christianity Today* (11 noviembre 1996), 40, 43.

Muchos que critican la adulación corporativa evangélica son testigos, de otras maneras, de los efectos erosionantes de la cultura que nos rodea. La creciente influencia de una ideología de política antiséptica y relativismo moral se puede ver, por ejemplo, en aquellos que sin una reflexión bíblica crítica han comprado el argumento del "yo nací así" de la práctica homosexual. Nacido del deseo de ser "agradable" y de ejercer la compasión cristiana, no llegan a entender que la aplicación más amplia de este principio anula todo pecado. Después de todo, muchos hombres "nacen" con una inclinación a la promiscuidad. Este impulso interno es lo que Pablo denomina la "vieja naturaleza" o "el hombre natural" (*psychikos*), y lo que Santiago llama los "malos impulsos". Una persona de este tipo está bajo el control de la ley del pecado en la carne.[75] El Nuevo Testamento reconoce que es "natural", pero nunca argumenta que "natural" sea, por tanto, "correcto". No es compasión tratar aquello que la Biblia llama pecado como algo menor.

Tampoco deberíamos esperar que nuestra cultura respalde calurosamente la verdad bíblica. Tal verdad no se aplaude, sino que se envilece y se rechaza, como hicieron con Jesús. El cuerpo de Cristo está llamado a servir a nuestro mundo y no a condenarlo (*cf.* 1Co 5:12-13; Stg 4:12). La iglesia evangélica ha fijado hoy su atención en la cuestión de la homosexualidad. La justicia exige que reconozcamos los deseos y las acciones inadecuadas de la comunidad heterosexual junto con los de los homosexuales. Su magnitud es equivalente y están integrados los unos en los otros. Hemos de enfrentarnos a nuestro pecado y demostrar una profunda preocupación por él antes de condenar el de los demás. En realidad, reconocer nuestra propia pecaminosidad nos permite admitir el pecado tal como es y hablar de él y afrontarlo de forma compasiva. Las personas que sufren de sida son los leprosos de nuestro tiempo; necesitan que les hagan los recados, que les sirvan buenas comidas y simple compañía humana. La iglesia tiene aquí una oportunidad para caminar en las pisadas del Señor. Pero los continuos efectos de la cultura que nos rodea se vuelven peligrosos cuando empezamos a demostrar favoritismo o a tomar decisiones basadas en nuestros principios culturales del honor y de la aceptabilidad.

El peligro del favoritismo. Nuestra cultura influencia a la iglesia evangélica en diversas maneras que reflejan la forma en la que la iglesia

---

75. Véase G. B. Caird y L. D. Hurst, *New Testament Theology* (Oxford: Clarendon, 1994), 99-100.

de Santiago estaba influenciada por la suya. Una de las más obvias es mostrar favoritismo, abrazar ciertas expectativas basadas en diversos marcadores. Estos indicadores se solidifican en nuestra mente, formando expectativas en cuanto a los demás que se cierran a la posibilidad del cambio.

La película de 1957, *Tú y yo,* protagonizada por Cary Grant y Deborah Kerr es la favorita de muchos. Contiene una escena que representa a la cultura estadounidense de mediados de siglo, y que solo se puede contemplar hoy con incomodidad y malestar. Representa a varios niños de diversos grupos étnicos y que cantan en un grupo combinado acompañado por una orquesta. En un momento dado, se interrumpe la interpretación, los dos únicos niños afroamericanos que aparecen en pantalla pasan al centro del escenario e interpretan un número de claqué. Existe un digno historial de claqué, y los afroamericanos han estado tradicionalmente entre sus practicantes más habilidosos. Pero la escena en cuestión es molesta, porque aquellos niños afroamericanos solo estaban presentes para cumplir un papel que nuestra cultura esperaba. No había violinistas ni solistas vocales afroamericanos. Nuestra cultura nos ha enseñado cómo mostrar favoritismo. Los marcadores que aprendemos desde la infancia señalan el peldaño que uno ocupa en la escala del respeto, como la profesión, el "refinamiento social", la ropa y la riqueza.

(1) *La profesión.* En Estados Unidos existen papeles y profesiones claramente definidos que, en nuestra opinión, merecen mayor respeto que los demás. Cuando yo tenía veintisiete años, un líder evangélico me pidió que asistiera a la reunión anual de ministros de su denominación. Tras una sesión vespertina, un grupo de cincuenta fuimos invitados a unirnos a uno de los administradores denominacionales en su suite para tener un tiempo de conversación. Varios empleados del hotel estaban presentes, vestidos con su uniforme y sirviendo cafés, refrescos y galletas. En situaciones como esta me siento incómodo y, por lo general, suelo optar por una actividad que me mantenga ocupado. Observé que no había suficientes camareros para cubrir todas las tareas que había que cumplir en la habitación, porque los refrescos se servían al estilo autoservicio. Empecé, pues, a llenar vasos de bebidas para los invitados.

Supongo que, con mi traje, debía de parecer el supervisor de un equipo de trabajadores de hotel en la habitación. Un invitado de aspecto distinguido se acercó a mí y se sirvió. Me trató de la manera brusca e inhumana que quienes han trabajado en el sector de servicios conoce demasiado bien. Intenté entablar conversación con él, pero, con una mirada despectiva, se limitó a alejarse. Poco después, se nos pidió que nos organizáramos y que formáramos un amplio círculo con el fin de iniciar el tiempo de debate. Junto con otros cuantos, dispuse mi silla detrás del círculo y me encontré justo detrás del hombre al que había servido. Comentando sobre el sermón que habíamos escuchado pocos minutos antes, nuestro anfitrión dijo: "Escuchemos la opinión de nuestro especialista residente en Nuevo Testamento". En ese momento, se dio la vuelta y me miró. El caballero que estaba delante de mí también se giró y, cuando se dio cuenta de que el especialista en cuestión era yo, su rostro se desencajó y se quedó lívido. Más tarde se acercó a mí y, sin hacer alusión a nuestro anterior no-intercambio, me habló en un tono amable y adulador.

Toda aquella escena me dejó mal sabor de boca. ¿Qué había cambiado? Yo seguía siendo la misma persona, con la misma ropa, con las mismas flaquezas, fragilidades y esperanzas que antes. Sencillamente, él había juzgado mal mi "estatus" tal como nuestra cultura lo define. En su mente, a un "especialista en Nuevo Testamento" se le debe atribuir más honor que a un empleado de hotel.

Lord Acton, el hombre que dijo que "el poder tiende a corromper, y el poder absoluto a pervertir del todo", también afirmó: "No hay peor herejía que la que asevera que el cargo santifica a quien lo desempeña".[76] Con demasiada facilidad atribuimos o retiramos el honor, el respeto o incluso la simple amabilidad humana basándonos meramente en la profesión. ¡Con cuánta facilidad hemos olvidado que cada ser humano con el que nos encontramos merece igualmente nuestra atención más amable, porque cada uno de ellos está hecho a la imagen de Dios!

(2) *El anonimato y el "refinamiento social"*. En el mundo de Santiago, los ricos solían poner en riesgo económico y social a los pobres sin percatarse tan siquiera de ello. En la película *Casablanca* hay una escena en la que Ugarte, el personaje interpretado por Peter Loire, le habla a Rick, Humphrey Bogart: "Tú me desprecias, ¿verdad, Rick?". "Probablemente lo haría —responde Rick— si te dedicara algún pensamiento". Los campesinos agricultores de las grandes fincas propiedad de terratenientes ausentes entenderían esta frase. También lo harían millones de personas a las que nuestra cultura atribuye poco valor.

---

76. Lord Acton en una carta a Creighton, 4 de abril de 1887.

Hace varios años, yo era pastor de universidad en la zona de San Francisco Bay y nuestro grupo se componía de personas en edad universitaria en el mundo laboral, en la comunidad universitaria estudiantil, y unos pocos estudiantes de la Universidad de Stanford. Sobra decir que se trataba de una mezcla interesante. Nuestro equipo de liderazgo reflejaba esta variedad. Era un grupo impresionante, bendecido con un talento real. Pero, en muchos sentidos, la persona más interesante y, en mi opinión, el líder evidente del equipo, era un joven llamado Frank. Había tenido una vida difícil. Su padre había desaparecido del mapa y su madre, junto con toda una serie de novios, vivía con Frank y con su hermano. Él había abandonado la escuela secundaria con el fin de encontrar un trabajo con el que mantener a su familia. Su falta de refinamiento reflejaba su historia. El inglés coloquial de Frank estaba salpicado de expresiones mal conjugadas como si su meta fuera impresionar a quien lo oyera por su falta de refinamiento social. Todo en él hablaba de bajas expectativas según los estándares de nuestro mundo: su forma de hablar, de vestir, sus modales. Pero Dios lo había bendecido con un corazón tierno, gran percepción y una habilidad de líder. Pronto se estableció como el líder de nuestro equipo de liderazgo; cuando hablaba, hasta los estudiantes de Stanford escuchaban con gran cuidado. Según todas las apariencias, Frank era un candidato al anonimato según los principios de nuestro mundo. ¿A cuántas personas más ignora la iglesia, sencillamente por nuestras suposiciones?

(3) *El atuendo*. En el programa informativo de la CBS *Coast to Coast*,[77] un reportero decidió embarcarse en un experimento poco ortodoxo. En un día claro y soleado, dio un paseo en bicicleta alrededor de Tucson, Arizona, buscando gente. La encontró por todas partes: sentadas y leyendo, esperando a amigos, tomando café en la terraza de una cafetería. Se dirigió en su bicicleta hacia aquellos desconocidos, desmontó y les preguntó si podían cuidar de ella hasta que regresara. Cuando le dijeron que sí, se marchó como si tuviera que hacer un recado. Pocos minutos después, uno de sus compañeros actuaría como un ladrón, se apropiaría de la bicicleta e intentaría marcharse con ella. Cada una de estas escenas se grabó en video.

El periodista observó que la consabida queja de "ya nadie quiere implicarse en nada" se ha convertido en algo común y corriente en los Estados Unidos. Existe una montaña de pruebas que respaldan esta

---

77. 15 enero 1997.

opinión, pero el reportero quería comprobar la veracidad de esta suposición. Se preguntaba si no habría algún estadounidense que quisiera involucrarse. Escogió confiar en las mujeres y en los adolescentes, en un guardia de seguridad (que observó con calma y fingida indiferencia cómo el ladrón se marchaba con la bicicleta), unos jóvenes sin camisa y un oficial del ejército. La mayoría de las personas reaccionaron de inmediato, exponiéndose a un riesgo potencial para proteger la propiedad de un extraño. Hasta decidió fiarse de una pareja sin hogar que descansaban junto a su perro sobre una manta al borde de un parque municipal. El rostro de la mujer mostraba signos de una exposición prolongada al sol y a los elementos. El hombre vestía una camiseta sucia y unos *jeans* andrajosos. El periodista se preguntó cómo reaccionaría la pareja. Para su sorpresa y hasta para su vergüenza, los sin techo protegieron rápida y valientemente su propiedad. Más tarde, cuando los entrevistó, observaron que otras personas apenas se fiaban de ellos, por culpa de su aspecto y su situación. Sin embargo, la esposa comentó: "Somos gente honrada y digna de confianza". Así lo demostraron. ¿Pero cuántos de nosotros se molestaría en darles la oportunidad de simplemente demostrarlo?

(4) *Riqueza.* El ministerio requiere dinero, salarios, instalaciones, seguros, furgonetas para la iglesia, todo esto precisa una tremenda cantidad de fondos. Un amigo mío me habló sobre su sabio pastor titular, que recordó en una ocasión al fogoso pastor juvenil que algunos de los ricos de la congregación a quienes este había criticado por su estilo de vida (autos caros, casas inmensas) eran las mismas personas que hacían posible su ministerio. Les habían comprado una furgoneta a los grupos de jóvenes, habían puesto de su bolsillo la diferencia de 3.000 dólares de descubierto en el que habían incurrido por el viaje misionero a México, y eran los donantes anónimos que contribuían con regularidad a un fondo para que los niños de la comunidad que se hallaban en circunstancias desfavorecidas pudieran ir al viaje de esquí patrocinado por el grupo de jóvenes y que costaba 400 dólares.

La riqueza es el marcador más claro del estatus social en nuestra cultura. Comparada con el siglo I, nuestra era ofrece toda una variedad de opciones para la ostentación. Los automóviles que manejamos expresan a los demás lo ricos que somos y lo que pensamos sobre nosotros mismos.[78] Nuestro atuendo suele difundir el nombre de los diseñadores

---

78. Manejo una ranchera Volvo de segunda mano. Estoy bastante seguro de no querer pensar en lo que esta elección dice sobre el propietario.

de moda, tanto de forma figurada como literal. Se supone que el lugar donde escogemos vivir revela nuestra posición. Mi esposa y yo vivimos en el vecindario de North Park University, donde soy catedrático. La escuela se halla en la frontera entre los "buenos" barrios (hacia el norte) y los "malos" (hacia el sur). Cuando nos mudamos, la gente de la iglesia nos preguntó dónde vivíamos. Les dimos nuestra dirección y la típica respuesta fue un sorprendido: "¿Al sur de la Avenida Foster?". Según la sabiduría de estatus de nuestro vecindario, no habíamos sido muy juiciosos a la hora de elegir.

Santiago no está en contra de la riqueza, sino de que la iglesia se convierta en un campo donde exhibir la opulencia que se utiliza para realzar el estatus. Ponerle a las instalaciones de la iglesia el nombre de la persona que ha hecho el donativo u otros alardes de este tipo pondrían nervioso al apóstol, por no decir que lo enojarían. Su enseñanza es del todo equivalente a la de Jesús en Mateo 6:2-4:

> Por eso, cuando des a los necesitados, no lo anuncies al son de trompeta, como lo hacen los hipócritas en las sinagogas y en las calles para que la gente les rinda homenaje. Les aseguro que ellos ya han recibido toda su recompensa. Más bien, cuando des a los necesitados, que no se entere tu mano izquierda de lo que hace la derecha, para que tu limosna sea en secreto. Así tu Padre, que ve lo que se hace en secreto, te recompensará.

Un modelo integral de vida de iglesia. En numerosas formas, la iglesia imita la cultura que la rodea o no es consciente de que, de formas sutiles e insidiosas, las manifestaciones no tan conciliadoras de nuestra cultura han imprimido su sello sobre la vida de la iglesia. Livio y Solzhenitsin describieron cada uno su cultura, y en términos bastante similares: impía, materialista, permisiva, avariciosa, dada a los excesos sensuales. Una de estas influencias más profunda, quizá, es el aislamiento y la pérdida del sentido de verdadera comunidad cristiana. Nouwen, McNeill y Morrison escriben:

> Numerosos cristianos generosos se encuentran cada vez más cansados y desanimados, no tanto porque el trabajo sea duro o el éxito escaso, sino porque se sienten aislados, sin apoyo y abandonados. La gente que dice: "Me pregunto si a alguien le importa lo que estoy diciendo. Me pregunto

si mi superior, mis amigos en casa, o las personas que me enviaron piensan alguna vez en mí, oran por mí o si me consideran parte de su vida", está en un peligro espiritual real. Somos capaces de hacer muchas cosas difíciles, tolerar muchos conflictos, vencer muchos obstáculos y perseverar bajo muchas presiones, pero cuando ya no experimentamos que formamos parte de una comunidad que se interesa, que apoya y que ora, perdemos rápidamente la fe. Esto se debe a que, en la compasiva presencia de Dios, la fe nunca puede separarse de la experimentación de la presencia de Dios en la comunidad a la que pertenecemos. Las crisis que ocurren actualmente en la vida de muchos cristianos solícitos están estrechamente asociadas a profundos sentimientos de no pertenecer a ninguna. Cuando no se tiene la sensación de haber sido enviado por una comunidad a la que uno le importa, la vida compasiva no puede durar mucho y se degenera rápidamente hasta convertirse en una vida marcada por el entumecimiento y el enojo. Esta no es una simple observación psicológica, sino una verdad teológica, porque separado de una relación vital con una comunidad que se preocupa por uno, es imposible mantener una relación vital con Cristo.[79]

Santiago se enfrentó a una situación en la que la actitud permisiva de algunos de su congregación amenazaba con no crear una comunidad de compasión, sino una de estratificación social y privilegio. Escribió para restablecer las condiciones necesarias para una comunidad de compasión que denominó "la ley que nos da libertad" (2:12). Pero, así como había amenazas para la congregación de Santiago, también las hay para las nuestras.

Una amiga mía afroamericana se ríe con frecuencia, y algunas veces conmigo, de lo "agradables" que son las iglesias blancas. Estamos tan preocupados por ser "agradables" en cuanto el aspecto de salud y corrección, según ella, que con frecuencia nos quedamos fuera de contacto con la verdad de nuestra propia vida privada y corporativa. Cuando habla de esta forma, suelo sentirme incómodo. En ocasiones hasta discuto con ella. Pero, en lo profundo de mi corazón, sé que la mayoría del

---

79. Henri J. M. Nouwen, Donald P. NcNeill y Douglas A. Morrison, *Compasión, reflexión sobre la vida cristiana* (Santander: Sal Terrae, 1985), p. 61 de la edición en inglés.

tiempo está en lo cierto. No abogo por una revelación pública de cada trapo sucio, pero algo no encaja si los problemas maritales de un pastor se le esconden al liderazgo de la iglesia hasta que se anuncia que la pareja ha presentado los papeles para el divorcio. ¿Acaso no hay confianza en esos líderes? Con demasiada frecuencia, las tensiones entre el personal tienen como resultado el despido de uno de los pastores de una forma rápida y ampliamente silenciosa. Estas situaciones son "difíciles", "delicadas" e "indecorosas" y, por tanto, más vale manejarlas sin hacer demasiado ruido, pero sin dar mucha, o más bien ninguna, oportunidad al cuerpo de ser parte de un proceso de sanidad.

¿Cómo puede orar el cuerpo por sus miembros y apoyarlos en semejante clima? ¿Cómo se puede esperar que esos líderes, o el cuerpo en conjunto, consideren su papel y el valor en el que se les tiene? Como nuestra cultura más amplia, no tratamos bien con el conflicto. Con frecuencia nos escondemos de él, esperando que todo "vaya sencillamente a mejor". Unas veces lo hace, pero otras no. ¿No sería mejor que el cuerpo orara por y con la pareja en cuestión? ¿Acaso no sería más saludable si hubiera equipos de apoyo más amplios? Pero nuestra cultura nos aconseja que ocultemos estas cuestiones. Uno de los personajes de la popular comedia televisiva *Friends* se preocupaba porque estaba perdiendo a su novia por culpa de otro. Cuando empezó a verbalizar sus preocupaciones, otro personaje lo interrumpió con este consejo: "¡No lo hagas! ¡Guárdalo para ti! ¡No expreses jamás tus sentimientos!".[80]

Mi experiencia ha sido que, de forma predominante, las iglesias evangélicas blancas no manejan muy bien el conflicto. Algunas veces esto implica cuestiones de la vida familiar, un ámbito que nuestra cultura suele considerar zona prohibida para los demás. Uno de mis íntimos amigos del seminario que formaba parte del personal de una iglesia vio pasar por el divorcio a una pareja destacada de la congregación. Tanto el marido como la esposa eran populares y respetados en la iglesia, y, como suele ser el caso, por todas partes corrieron comentarios culpándolos por el fracaso del matrimonio. Mi amigo observó cómo el marido obtenía apoyo para sí dentro de la iglesia, envileciendo sutilmente la reputación de su esposa. Ella, por varias razones, permitió pasivamente que él siguiera así. En gran medida, el personal y el liderazgo de la iglesia se limitaron a mantenerse al margen.

---

80. 16 enero 1997.

En nuestra cultura, estos asuntos son privados, ¿pero deberían serlo en la iglesia? Hemos dejado atrás el tiempo en que podíamos escondernos y estar a salvo detrás de nuestra ingenuidad. Existen demasiados casos de maltrato de esposas, de abuso sexual de niños en nuestras iglesias y entre nuestros parroquianos. Santiago defendió la propuesta de que la mera profesión de fe no era suficiente para mantener la membresía en la comunidad cristiana. La fe trata de la transformación de la vida interior y, por tanto, también de "actos". "Hablen y pórtense —nos dice—, como quienes han de ser juzgados por la ley que nos da libertad" (v. 12).

En su reseña de la película *El club de las primeras esposas*, Michael G. Maudlin relata cómo su esposa, una psicóloga, llega en ocasiones enojada a casa después del trabajo.[81]

> En nueve de diez ocasiones lo que provoca su furia es un caso de divorcio. El marido esconde los ingresos y la esposa no tiene ni la menor idea de lo que poseen en realidad. O él la ha engañado y ahora quiere la mitad de su pensión. O la esposa quiere luchar por un acuerdo justo, pero teme que él la golpee o incluso que la mate. O sencillamente no sabe cómo educar a tres hijos y cubrir los gastos mientras su marido consigue realizar los sueños de una segunda adolescencia.

> Karen ya lo ha oído todo [...]. Bulle de furia y se frustra por su relativa impotencia. Está de parte de la esposa, pero, al parecer, todos los demás cierran filas con el marido: los abogados, los jueces, el gobierno y, trágicamente, la iglesia...

> Mi esposa se sorprendió una vez ante el franco e irreflexivo comentario de un pastor: "Las mujeres que pasan por el divorcio suelen volverse más vivas y más interesantes de lo que eran antes". Karen y yo hemos observado este molesto fenómeno y nos sentimos incómodos, porque complica la sencilla fórmula: "El divorcio está mal".

> En *Gender and Grace* [Género y gracia], la psicóloga Mary Stuart Van Leeuwen expone la interesante teoría de que hombres y mujeres experimentan la Caída de forma distinta. Ella especula que la propensión pecaminosa de los hombres consiste en materializar a las personas y tratarlas como

81. Michael G. Maudlin, "Female fury Fuels Box-Office Frenzy", *Books and Culture: A Christian Review* (enero/febrero 1997), 7.

medio para un fin. Las mujeres, por otra parte, se sienten inclinadas a obsequiar demasiada responsabilidad con tal de tener una relación...

La iglesia ha empezado a movilizarse contra el divorcio, pero *El club de las primeras esposas* revela otro paso que debemos tomar: promover modelos de matrimonio que permitan a las mujeres progresar y crecer sin tener que divorciarse.

Maudlin ha puesto el dedo sobre una verdad inquietante: nuestras iglesias no siempre son lugares de santuario. No estoy convencido de que Mary Stuart Van Leeuwen esté en lo correcto cuando especula con que hombres y mujeres experimentan la Caída de un modo distinto, pero sí sé que la iglesia necesita preguntarse si la perpetuación de un papel estereotipado para la mujer es algo cultural o bíblico. ¿Puede la iglesia ser un agente de sanidad en situaciones como la que Maudlin ha diagnosticado? ¿Puede la iglesia ser el campo en que mujeres, niños y hombres progresen y crezcan espiritual, emocional e intelectualmente? ¿Puede la iglesia ser un lugar donde remplacemos la "agradable" conducta estadounidense por la sinceridad que va vinculada a la compasión?

Henri Nouwen así lo cree. En *Compasión*,[82] afirma que el "mensaje que viene hasta nosotros en el Nuevo Testamento es que la vida compasiva es una vida que se vive juntos". Esto es por lo que Santiago está luchando cuando argumenta contra el favoritismo y en favor de "la ley que nos da libertad" (v. 12). Aunque la compasión es un rasgo individual, también es básicamente comunitario por naturaleza. Como tal, la comunidad cristiana es el antídoto para el aislamiento, que es el otro lado de la moneda de la permisividad de la que habla Livio. En comunidad, nuestra vida se vuelve compasiva, por la forma en que vivimos y trabajamos juntos. De buena gana nos ponemos unos al lado de los otros, y, al trabajar juntos y compartir, aprendemos a confiar los unos en los otros y a ser vulnerables unos ante otros.

Parte de lo que la iglesia moderna ha perdido y que haríamos bien en recuperar es la intimidad y la interdependencia de la iglesia primitiva. Santiago mismo es un modelo de sinceridad a este respecto. Se preocupaba lo *suficiente* por los miembros de la iglesia como para ofrecerles represión, pero lo hizo bajo el manto de hermano y no como juez o superior. Con demasiada frecuencia se mantiene el orden en la iglesia a

---

82. Nouwen, NcNeill, y Morrison, *Compasión*, pp. 49-61 de la edición en inglés.

través de un sistema que refleja al de nuestra cultura. Haríamos bien en recordar el espíritu humilde que hizo que el apóstol reclamara el título de "hermano".

De forma sorprendente, la teoría del crecimiento de la iglesia puede ser de ayuda aquí. Puede estar marcada por una preocupación pragmática que, en algunos momentos, parece subestimar la enseñanza bíblica. Sin embargo, muchos teóricos de este tema argumentan que las iglesias necesitan asegurarse de que cada persona forme parte de una "congregación", de un subconjunto de la iglesia en sí, para poder ser saludable, grande y en pleno crecimiento. Estas "congregaciones" no deberían contar con más de cien personas para que la intimidad, la responsabilidad y la sinceridad se puedan desarrollar. George Hunter, en su *The Contagious Congregation* [La congregación contagiosa] argumenta firmemente que las iglesias deben crear oportunidades para que los miembros se "den a conocer".[83]

Mi esposa Kristina y yo vivimos en la ciudad de Chicago. Nos sentimos seguros en nuestro vecindario, aunque hay alguna que otra pandilla de grafiteros que ya han hecho de las suyas en nuestra puerta trasera. En este paisaje urbano existen numerosos problemas. Algunas iglesias han intentado remediar la situación a través de un ministerio de misericordia "a base de productos" como un banco de alimentos o un comedor social.[84] Otros concentran sus energías en la acción política. Son empresas admirables. Sin embargo, caen fácilmente presa del peligro del liberalismo antiséptico. Ninguno de estos más generales planteamientos involucra necesariamente a los miembros de la iglesia en un estrecho contacto con sus vecinos, esas mismas personas a las que quieren ayudar. Sobre todo, cuando se asocian a iglesias que ostentan una teología más liberal, estos esfuerzos presuponen una disposición a ubicar el pecado en las instituciones y las estructuras y no en los individuos. Esta forma de pensar comete el error fatal de no reconocer que las estructuras están formadas y dirigidas por las personas. También hace un flaco favor a las personas mismas a las que están intentando ayudar, porque el mensaje implícito es que no hay nada en ellas que necesite ser reformado.

Por el contrario, la mayoría de las iglesias evangélicas tienden a ver que la única necesidad del individuo es la reforma. Al centrarse de for-

---

83. George Hunter, *The Contagious Congregation: Frontiers in Evangelism and Church Growth* (Nashville: Abingdon, 1979), 149.
84. Sherman, "Hope Dreams", 33.

ma casi exclusiva en las necesidades espirituales de las personas, dejamos de abarcar la enorme y mutuamente implicatoria red de problemas
que constituye la realidad a la que se enfrenta una persona pobre de la
ciudad. En cada uno de estos casos se halla un mensaje, ampliamente
escondido a nuestros ojos, pero abundantemente claro para aquellos a
los que queremos "ayudar" en nuestro deseo de servir a Jesús. En cada
escenario jugamos el papel de Jesús, ofreciendo sanidad o un toque de
compasión. Aun sin darnos cuenta de ello, hemos afianzado la afirmación de poseer un alto estatus y, de forma inconsciente, adoptamos una
actitud de superioridad con respecto a estas personas. No les permitimos
ser el toque de Jesús en nuestra vida (*cf.* Mt 25:31-46). Es posible que necesitemos ese toque tanto o más de lo que otros precisan nuestra ayuda.

En Chicago, la Lawndale Community Church ha asumido este duro
reto,[85] y lo ha hecho con no poco éxito a través de un programa multifa-
cético de desarrollo comunitario.[86] Esta iglesia trata de frente las necesidades materiales de la comunidad, desafiando a los drogadictos y los
traficantes para que renuncien a su estilo de vida tan corrosivo para su
comunidad, hablando a favor de la abstinencia sexual y enseñando principios bíblicos para la vida. Sus miembros son activos a la hora de trabajar por la reforma del sistema escolar, el sistema legal y el sistema de servicio social. Pero es igualmente apasionada con la necesidad que tienen
los perdidos de venir a Cristo. Es una iglesia que se ha tomado en serio
las palabras de Santiago. Ha entendido que hay cristianos en la ciudad,
hermanos y hermanas que forman parte de una comunidad que necesita
nuestra ayuda, y en la que Dios se puede revelar a sí mismo en nuevas
maneras a los cristianos más ricos. Sin embargo, al mantenernos aisla-
dos en suburbios o en "agradables" iglesias urbanas blancas, dejamos de
reconocer el rostro de Cristo en la cara de la ciudad. Este mundo extraño nos permite mantener la distancia y, por tanto, mostrar favoritismo.

Santiago ha dicho que Jesucristo es la *Shekiná* de Dios. Su llamado
consiste en que evitemos el favoritismo y vivamos por la ley que nos da
libertad. Jesús, la gloria misma de Dios, fue el modelo de una vida así.
Santiago ha conservado fielmente dicho modelo y este llamado. Procuremos ser hallados fieles.

---

85. Véase el libro que Wayne Gordon y Randall Frame ha escrito sobre la Lawndale Com-
      munity Church, *Real Hope in Chicago* (Grand Rapids: Zondervan, 1995).
86. *Ibíd.*, 31-33.

Santiago 2:14-26

Hermanos míos, ¿de qué le sirve a uno alegar que tiene fe, si no tiene obras? ¿Acaso podrá salvarlo esa fe? ¹⁵ Supongamos que un hermano o una hermana no tienen con qué vestirse y carecen del alimento diario, ¹⁶ y uno de ustedes les dice: "Que les vaya bien; abríguense y coman hasta saciarse", pero no les da lo necesario para el cuerpo. ¿De qué servirá eso? ¹⁷ Así también la fe por sí sola, si no tiene obras, está muerta.

¹⁸ Sin embargo, alguien dirá: "Tú tienes fe, y yo tengo obras".

Pues bien, muéstrame tu fe sin las obras, y yo te mostraré la fe por mis obras. ¹⁹ ¿Tú crees que hay un solo Dios? ¡Magnífico! También los demonios lo creen, y tiemblan.

²⁰ ¡Qué tonto eres! ¿Quieres convencerte de que la fe sin obras es estéril? ²¹ ¿No fue declarado justo nuestro padre Abraham por lo que hizo cuando ofreció sobre el altar a su hijo Isaac? ²² Ya lo ves: Su fe y sus obras actuaban conjuntamente, y su fe llegó a la perfección por las obras que hizo. ²³ Así se cumplió la Escritura que dice: "Le creyó Abraham a Dios, y esto se le tomó en cuenta como justicia", y fue llamado amigo de Dios ²⁴ Como pueden ver, a una persona se le declara justa por las obras, y no sólo por la fe.

²⁵ De igual manera, ¿no fue declarada justa por las obras aun la prostituta Rajab, cuando hospedó a los espías y les ayudó a huir por otro camino? ²⁶ Pues como el cuerpo sin el espíritu está muerto, así también la fe sin obras está muerta.

Sentido Original Al principio del capítulo 2, Santiago expresó fe en "nuestro glorioso Señor Jesucristo", con el fin de alentar a sus lectores a perseguir una vida de integridad relativa a la fe. En esta sección sufre por aclarar la naturaleza y los límites de esta fe. Una "fe" que consiste en meros asentimientos a la doctrina o, quizá, hasta en la simple expresión de una declaración doctrinal no es fe en absoluto. Está muerta, incapaz de lograr salvación. Por el contrario, Santiago pone en consideración como fe verdadera aquella que se demuestra a sí misma en obras; como ejemplos de dicha fe cita a Abraham y a Rajab.

Este pasaje ofrece tres problemas desconcertantes. (1) ¿Cuál es la conexión, si es que la hay, entre esta sección y la precedente (2:1-13)?

Aclara aún más la naturaleza de la verdadera fe. Además, proporciona ejemplos específicos del fallo de la comunidad en mostrar respeto por los pobres, demostrando así su falta de fe práctica. Finalmente, los versículos 15-16 recuerdan a 2:3, donde el apóstol afirma que el favoritismo mostrado hacia los ricos es inaceptable.

(2) El siguiente problema es aún más difícil, y surge porque Santiago sigue aquí su declaración del principio con un argumento en forma de diatriba (en el que el autor presenta la postura de un oponente imaginario y participa de ella). ¿Dónde acaba precisamente la postura del "oponente" y dónde empieza Santiago a montar su propio argumento? El versículo 18 es un punto de gran debate y de una ardua y casi distorsionada exégesis.

(3) El problema más difícil se vislumbra en 2:24. "Como pueden ver, a una persona se le declara justa por las obras, y no sólo por la fe". Este es, quizá, el versículo más debatido de todo el libro de Santiago, porque parece contradecir la opinión que Pablo tiene de las obras y la fe tal como se expresa en Romanos 3:28. Reservamos el análisis de este problema para la sección Construyendo Puentes.

El pasaje puede dividirse fácilmente en cuatro secciones. Los versículo 14-17 se ocupan del caso del cristiano pobre que solo recibe de la iglesia buenas palabras de aliento. A los ojos de Santiago, esta "ayuda" no sirve de nada. La segunda sección (2:18-20) es un argumento lógico difícil de seguir, y cuyo punto consiste en que aunque algunos afirman la existencia de una "fe verdadera" al margen de las obras, semejante fe no es cierta, sino que está muerta y es inútil. La tercera (2:21-14) y la cuarta (2:25-26) secciones son dos argumentos bíblicos que respaldan la postura de Santiago.

El hermano o hermana cristiano/a pobre (2:14-17)

Santiago pasa ahora del contraste entre el juicio y la misericordia al contraste entre la fe y las obras. Ofrece un ejemplo de respuesta a una hermana o hermano en necesidad con el fin de argumentar que la verdadera fe se demuestra mediante un paso adelante con buena disposición y el ofrecimiento de una ayuda concreta.

El pasaje comienza con dos preguntas retóricas: ¿de qué sirve la fe sin obras? ¿Puede una fe así generar salvación? La frase "¿de qué le sirve...?" (*ti to ophelos*) marca el principio de una forma de estilo que sigue el modelo de la diatriba. Santiago presenta a los intervinientes en la diatriba: el autor y ese "alguien" ficticio (*tis*) que representa la postura a la que él se opone. Aunque este "alguien" es imaginario, tal como se presenta la postura representa claramente la actitud errónea que se mantiene en ese momento en la iglesia. Santiago ha establecido sus opiniones sobre esta creencia equivocada. Lo más probable es que tenga en mente a los falsos maestros a los que se refiere en el capítulo 3.

La cuestión no es nueva en esta carta, ya que se presentó en el capítulo 1. ¿Puede la fe auténtica hallar su expresión en una confesión de doctrina correcta solamente? ¿Puede la fe genuina expresarse meramente como sentimiento que nunca alcanza el punto de la acción? ¿O tal vez sea una fe que va más allá de todo esto hasta incluir una acción práctica? El impulso del argumento de Santiago aquí (el uso de *ti to ophelos* en los versículos 14-16 sugiere que la expresión sirve de paréntesis, es decir, que los mencionados versículos constituyen una postura que algunos dentro de la iglesia mantienen, pero que el apóstol rechaza) es que semejante fe no tiene provecho alguno ni ventaja; no resulta en vida eterna.

El uso de la frase "hermanos míos" tanto en 2:1 como en 2:14 indica que las personas descritas en 2:1-13 son culpables de aferrarse a una fe que no genera vida eterna. En otras palabras, no se trata tan solo de una cuestión moral, sino también soteriológica (relacionada con la salvación). Tanto Pablo como Santiago consideran la fe como la confianza en el acto salvífico de Dios junto con el efecto que este tiene en la vida de los seguidores de Jesucristo. Ni Pablo ni Santiago consideran que la fe sea la mera afirmación de la doctrina. La NIV traduce aquí correctamente *erga* como "actos" y no "obras", aunque traduce este mismo término como "obras" en Romanos 11:6. La malinterpretación de este término ha producido muchos quebraderos de cabeza y angustias inútiles. Pablo emplea con frecuencia *erga* para indicar "las obras de la ley"; para Santiago, *erga* significa "actos de justicia cristiana", una práctica que Pablo esperaría y exigiría a la vez. La sección Construyendo Puentes tendrá más que decir a este respecto.

La "fe" que se considera en la segunda pregunta del versículo 14 es la fe sin obras y no la fe *per se*. Santiago detesta incluso dignificar esta postura con el término "fe". El uso de *sosai* ("sabe") demuestra que, una vez más, es el sentido soteriológico el que se tiene en mente. Aquí tenemos otro claro vínculo con 2:1-13, ya que este pensamiento le da sentido a 2:13. Aquellos que mostraron parcialidad hacia el rico en detrimento del pobre están realizando obras que no proceden de la fe, sino de la sabiduría y de los principios de la cultura romana. La fe sin obras no solo no resultará en salvación, sino que tampoco tiene nada concreto que ofrecer a los pobres y a los necesitados, ya que es básicamente egoísta.

Semejante postura no es exclusiva de Santiago. Según Lucas 3:7-14, Juan el Bautista argumentó que los actos deben acompañar a la fe verdadera. Además, tras afirmar que la fe y las obras van juntas ("un árbol bueno no puede dar fruto malo, y un árbol malo no puede dar fruto bueno"), Jesús advirtió en duros términos que muchos que lo llaman "Señor" no entrarán en el reino de los cielos (Mt 7:15-23).

Santiago ofrece entonces una ilustración de la vida de la iglesia. Imagina una situación en la que los miembros no exhiben ni las formas más básicas de caridad los unos con los otros. Que esta situación se describa dentro de la comunidad hace que sea plausible que los "ricos" de 2:1-13 incluyan a algunos de los que pertenecen a la comunidad. Con "hermano o hermana" Santiago podría tener en mente a una pareja casada, o, tal vez, mencione de forma consciente a una mujer con el fin de resaltar el contraste con la cultura romana.[1] En cualquier caso, aquí tenemos un claro ejemplo de miembros mal vestidos de la comunidad.

La escena se estiliza y es tan obvia que no se puede prestar a equívoco. Las condiciones de estar casi desnudos y hambrientos son el tipo de frase hecha que tiene numerosos paralelos en el Antiguo Testamento (Job 24:7; Is 58:7). A partir de este ejemplo general indiscutible, el apóstol construirá su argumento. Si la persona pobremente vestida de 2:2 es un visitante, Santiago podría estar recordando aquí a sus lectores la parábola del buen samaritano: no solo deben preocuparse por los su-

---

1. Los ricos, en el seno de la sociedad romana, solían ser anfitriones de un banquete para los ciudadanos de la ciudad. Se conocían con el nombre de banquetes *sportulae*, del latín que alude a una cesta en la que los patrones colocaban los regalos que hacían a sus clientes. La idea era que la exhibición de tal riqueza y munificencia les trajera honor, fama y prestigio. Aunque sabemos que algunos de estos banquetes incluían a mujeres, la inmensa mayoría no lo hacía. Véase Petronio, *Satiricón,* 45, 71; R. Duncan-Jones, *The Economy of the Roman Empire* (Cambridge: Cambridge Univ. Press, 1974), 184-86. Tales banquetes y otras distribuciones al contado pesaban a favor de los ricos y los poderosos. Dado que la idea era la honra y el estatus del donante, era más importante impresionar a los ricos y los poderosos. Véase Steven E. Ostrow, "Augustales Along the Bay of Naples", *Historia* 35 (1985): 71.

yos, sino también por otros que estén en necesidad. No solo carecen de la ropa necesaria, sino también de una alimentación adecuada.

Una vez proporcionado el ejemplo hipotético de claridad cristalina, Santiago sorprende a sus lectores con una respuesta que parece increíble (v. 16). ¡Quién podría responder a una necesidad tan clara de una forma tan deficiente, y motivada de un modo tan obvio por un corazón vacío! A pesar de todo, para el apóstol la postura de sus oponentes en la iglesia es igual de chocante y difícil de creer, aunque no parezca tan evidente a los ojos de la iglesia. El versículo presenta una serie de verbos en imperativo: "Que les vaya bien; abríguense y coman hasta saciarse". La grave acusación que ofrece aquí es la de pronunciar palabras vacías sin suplir las necesidades humanas básicas de otros, y, tal vez, hasta de sentirse hastiado por dichas carencias.

Santiago prosigue diciendo que la fe sin obras está muerta (*nekra*). Con esto quiere decir, claro está, que una fe así no cumple la meta de la verdadera fe. Ese tipo de fe puede tener cierto tipo de poder, pero no es el propio de la fe.[2] Como observa Ropes, el contraste no se halla tanto entre fe y obras (aunque este se halle en segundo plano), sino entre la fe muerta, inútil y la fe viva.[3] La fe sola, sin obras, está tan muerta como un cuerpo sin aliento. Los actos no son algo adicional que se añade a la fe; son una parte constituyente necesaria de ella. Sin actos, la fe no es una fe verdadera, sino tan solo una sombra, un matiz, una impostora de la verdadera fe.

Fe verdadera, fe muerta (2:18-20)

Santiago ofrece ahora un argumento lógico con el fin de mostrar que, aunque puede haber un tipo de "fe" que no resulta en actos, dicha fe está muerta y no tiene poder salvífico. La verdadera fe, insiste, siempre cambia el corazón y, por tanto, produce actos de misericordia y compasión.

"Sin embargo, alguien dirá: 'Tú tienes fe, y yo tengo obras. Pues bien, muéstrame tu fe sin las obras, y yo te mostraré la fe por mis obras'" (v. 18). Este es un osado desafío, uno que se hace con un tono que pon-

---

2. Resulta impresionante que Santiago parezca conceder incluso menos eficacia a esta "fe" que a la "fe de los demonios (2:19). Esto abre la posibilidad de que algunos que mantienen y enseñan esta postura no crean en absoluto, sino que usan la iglesia como una oportunidad de estatus, algo muy parecido a los *collegia*. Sin embargo, esto es altamente especulativo.
3. James H. Ropes, *The Epistle of St. James*, 207.

dría nerviosos a muchos evangélicos.[4] También hay aquí una grave dificultad gramatical. Se ve claramente que, con el versículo 18, el estilo de diatriba entra en juego, ¿pero dónde acaba? ¿Quién es ese "alguien" a quien se cita? Existen cinco opciones básicas.

1. En esta coyuntura se presenta a un aliado de Santiago y este se involucra en el diálogo en representación suya; el apóstol retoma la palabra en el versículo 19.

2. Quien habla en el versículo 18 es un opositor de Santiago, y el apóstol retoma el discurso en el versículo 19. Aunque esta opción conlleva ciertas dificultades, parece ser la mejor, en particular en la forma modificada.

3. El versículo 18 está compuesto de un diálogo imaginario entre dos personas ficticias.

4. Santiago retoma la palabra a mitad del versículo 18: "Muéstrame tu fe sin las obras".

5. El oponente de Santiago es quien habla en el versículo 19, y el apóstol retoma la palabra en el versículo 20.

La primera opción es la que defiende James Adamson,[5] entre otros. Esta postura sugiere la presentación de un aliado de Santiago, un defensor de su postura. Si se trata de un aliado del apóstol, gran parte de las dificultades gramaticales quedan resueltas, y la conjugación en la segunda persona del singular se refiere al creyente de la "fe sin obras", y la primera persona alude al aliado de Santiago. Resolver las dificultades gramaticales de una forma tan esmerada no es mal asunto. Santiago 2:17-18 sería, pues, como sigue: "La fe sin obras está muerta. Pero si alguien que cree que la fe sin obras está muerta dice: 'Tú tienes fe, yo (admites) tengo obras'; muéstrame tu pretendida 'fe' al margen de tus obras (sé que no puedes), y yo te mostraré mi fe por medio de lo que hago". El problema de esta interpretación es que el versículo comienza con un término antagonista *alia* ("pero"). No existe ningún paralelo aparente, porque si *alia* presenta la postura opuesta, parece improbable que Santiago proporcionara la única excepción que conocemos. Además, resulta difícil discernir qué ganaría el apóstol por medio del uso

---

4. Véase la forma tan elegante en que Scot McKnight trata este problema en "James 2:18a: The Unidentifiable Interlocutor", *WTJ* 52 (1990): 355-64.

5. James B. Adamson, *The Epistle of James,* 124-25.

de semejante elemento. En resumen, gramaticalmente es posible, pero inverosímil.

La segunda alternativa (que el objetor es un oponente de la postura de Santiago) es la conclusión natural, dado el estilo de una diatriba o incluso de una homilía. La dificultad radica en que este objetor no objeta, sino que se limita a reafirmar la postura que Santiago ofrece. Una sugerencia es que la frase debería tomarse como pregunta: "¿Tienes fe?", a lo que el apóstol responde que tiene obras.[6] Esta solución está cargada de dificultades y ha ganado pocos partidarios. Una variante sería la sugerencia de que el argumento expuesto por el objetor se ha perdido y solo queda la respuesta de Santiago.[7] Esta solución también tiene un valor limitado.

La tercera opción es tal vez la más débil. Aunque esta solución parece evitar los problemas asociados a la segunda opción, es improbable, dada la construcción extremadamente torpe. De haber sido esta la situación, la construcción más natural habría sido probablemente *alios... alios* ("uno tiene fe, otro tiene obras").[8]

Martin ofrece la cuarta opción, y, aunque puede no sortear la gran dificultad gramatical con la habilidad que uno desearía, sí conserva la intención básica del versículo.[9] En la interpretación de Martin, Santiago comienza la respuesta a su oponente con la palabra "Muéstrame" en el versículo 18. Pero esto requiere que el apóstol haya cambiado las palabras de sus oponentes de forma que el "tú" en "tú tienes fe" se refiera a quien se opone a Santiago, y el "yo" de "Yo tengo obras" sea el apóstol mismo. Aunque esto resuelve los problemas gramaticales, la solución es un tanto laboriosa. Sin embargo, posee el dichoso beneficio de una lectura directa de la segunda mitad del versículo 18. Según esta opinión, Santiago desafía a su oponente a que demuestre una fe al margen de las

---

6. F. J. A. Hort, *The Epistle of St. James: The Greek Text With Introduction, Commentary As Far As Chapter IV Verse 7, and With Additional Notes* (Londres: Macmillan, 1909), 60-61.

7. Esta es la postura de H. Windisch, *Die Katholischen Briefe,* ed. H. Preisker (HNT, Tubinga, Mohr, 1951), 16-17.

8. Ropes, *The Epistle of St. James,* 211, opta por esta lectura, aunque es muy consciente de sus defectos. La categórica respuesta de C. F. D. Moule a esta interpretación es convincente: "A decir verdad no se me ocurre una forma menos verosímil de expresar lo que J. H. Ropes quiere que el pasaje de Santiago signifique que la que está escrita". Esta cita está tomada de una nota personal mencionada en James B. Adamson, *The Epistle of James,* 137.

9. Ralph P. Martin, *James,* 87.

obras, algo por supuesto imposible. A continuación, el apóstol demuestra la fe por medio de las obras. Esto es coherente con el pensamiento de la carta: solo la fe que resulta en obras es la fe verdadera.

En la opción final, Santiago permite que su oponente separe la fe de las obras, argumentando que cada una de estas cosas es un componente de la religión auténtica. La gran dificultad que hay aquí es que el versículo 19 se interpreta de forma más natural como respaldo de la postura de Santiago. Sin embargo, no es inconcebible que el versículo 19 pueda interpretarse como un intento de apoyar la postura de los oponentes del apóstol. En uno y otro caso, Santiago niega sistemáticamente la opinión expresada al final del versículo 18: que existe una fe legítima sin obras y otra fe con obras.

"¿Tú crees que hay un solo Dios? ¡Magnífico! También los demonios lo creen, y tiemblan". Si esta sigue siendo la voz del oponente de Santiago, entonces su argumento es sencillamente que existe un tipo de fe sin y distinta de las obras. Este opositor se refiere después a la *shemá*,[10] la antigua confesión utilizada por los judíos y, posteriormente, por los cristianos ("Oye, Oh Israel, el Señor nuestro Dios es el único Señor"; *cf.* Dt 6:4). Observa que hasta los demonios creen esto, y que esto es una fe sin obras. Esto nos parece una interpretación tortuosa del versículo 19, pero es una posibilidad. Es una traducción que permitiría la respuesta de Santiago en los versículos siguientes en cuanto a que tener una "fe" así es tan inútil como no tener ninguna en absoluto.

Pero también es posible leer este versículo a la luz de la cuarta opción, es decir, que 2:19 es la continuación de la respuesta de Santiago a sus oponentes.[11] De ser así, a continuación señala que creer en el único Dios es un excelente punto de partida, pero que una conclusión tan intelectual no es la fe verdadera, porque hasta los demonios saben esto. La religión que tiene algún valor implica la acción que crece del corazón. Esta opinión tiene la ventaja de hacer una buena descripción de aquellos miembros de la comunidad cristiana que se niegan a ofrecer una ayuda concreta a los pobres. En vez de actuar así, muestran favoritismo al no ofrecer más que huecas palabras piadosas. Su sentido de la seguridad espiritual es falsa, y su fe no es más salvífica que el conocimiento que incluso los demonios poseen: que solo hay un Dios.

---

10. Sophie Laws, *The Epistle of James,* 125-26, no está convencida de que esto constituya una referencia directa a la *shemá,* pero está dispuesta a permitir la posibilidad.
11. Véase Martin, *James,* 87-89.

No obstante, Laws señala con sabiduría que suponer que la forma en que los demonios creen en Dios es meramente intelectual equivale a infravalorar grandemente esta idea.[12] Los demonios no tienen un simple asentimiento intelectual de consecuencia pasiva, ya que ellos creen "y tiemblan". Los demonios creen algo acerca de Dios que ocasiona en ellos una respuesta. Laws argumenta que Santiago se está refiriendo aquí al rito del exorcismo. Mediante esta interpretación hay, pues, tres tipos de fe que se someten a nuestra consideración: la fe separada de las obras; una fe marcada por obras perversas (la "fe" de los demonios); y la fe que Santiago defiende, una que resulta en buenas obras.

Tenga Laws razón o no, podemos resumir el argumento como sigue: el orador de 2:18 mantiene una postura contraria a la de Santiago (opción 2 más arriba). Su argumento es: (1) la fe y las obras son entidades separadas, porque (2) si la fe queda validada por las obras, entonces se puede afirmar que, en cierto modo, existe antes de esta validación; por tanto, (3) la fe es anterior y superior a las obras; y (4) los demonios creen sin obras, y esto implica que también hay una fe no salvífica. Aunque Santiago y sus oponentes cree que existe una fe con obras y una fe salvífica, el apóstol no puede estar de acuerdo con quienes, al contrario que él, creen que hay una "fe" salvífica que pervive sin obras.

En respuesta a esto, Santiago argumenta que (1) la fe y las obras no pueden desgajarse las unas de la otra, (2) que la única fe que merece llevar ese nombre es aquella que se expresa en obras; y (3) que la fe sin obras es falsa, ya que "no funciona"; no cumple su propósito. Esta última es una idea potente, capaz de sobrevivir a la interpretación de Laws. La fe tiene un propósito, y este va dirigido a que la palabra crezca dentro de nosotros (1:18) hasta que seamos maduros y completos (1:4). Cualquier "fe" que no progrese hacia la meta de la salvación no es, pues, una fe "verdadera".[13] Es una idea similar a la de Isaías 55:11, donde Dios declara que su palabra siempre cumple el propósito para el cual él la envía. Cualquier cosa que se quede corta y no alcance esta meta demuestra que lo que se tiene a la vista no es la palabra de Dios.

Para entender el versículo 20 nos asentamos sobre un terreno más firme en cuanto a gramática y exégesis, ya que contiene claramente las palabras de Santiago. El *de* concede a las palabras del apóstol la

---

12. Laws, *The Epistle of James,* 126-28.
13. Existen paralelos de esto en el Nuevo Testamento, sobre todo en el Evangelio de Juan, como mostrará la sección Construyendo Puentes.

fuerza de la incredulidad: "¡Qué tonto eres! ¿Quieres convencerte...?". La naturaleza peyorativa de su respuesta se capta en el uso que hace de "tonto" (*kene*) como término que puede indicar tanto la necedad como una postura moral deficiente. El punto es, obviamente, que la "fe" sin obras es "fe" solo de nombre. No puede ser la fe salvífica, ya que carece de la fuerza de lograr el fin adecuado de la fe (la salvación) o de la capacidad de entender que la fe bíblica siempre va vinculada al carácter y, por tanto, a la acción, como demuestran los grandes profetas del Antiguo Testamento. Santiago incluso lleva su argumento más lejos con una pizca de humor en forma de juego de palabras: la fe sin obras (*ergon*) es estéril, es decir, no obra (*arge=a+ergos*).

El ejemplo de Abraham (2:21-24)

Santiago emplea ahora el ejemplo de Abraham para demostrar el vínculo entre la fe y las obras. Esto no es nuevo, afirma, sino que es en realidad el deseo de Dios desde el principio. "¿No fue declarado justo nuestro padre Abraham por lo que hizo cuando ofreció sobre el altar a su hijo Isaac?". Es posible que el (los) oponente(s) del apóstol haya citado Génesis 15:6, que declaraba que, cuando Abraham creyó, Dios lo reconoció como justo. Entendiendo que el patriarca es objeto de veneración, el apóstol desea señalar que la fe de Abraham no fue un asentimiento intelectual estéril, sino una fe que se manifestó en acciones confiadas que, con frecuencia, supusieron grandes riesgos, como el acto del casi sacrificio de Isaac.

Santiago presenta aquí una concienzuda noción judía de la justicia, es decir, ser justo como fidelidad al pacto, y esta lealtad no es nada si no trata de la conducta (Is 42:9; Mt 12:37; Ro 2:6-11; 6:11-12). La justicia que es genuina siempre obligará al justo a realizar actos de misericordia y bondad (véase Ro 2:7). Santiago alude al ejemplo de Abraham, cuya confianza en Dios fue tanta que estuvo dispuesto a arriesgar incluso a su propio hijo. Aunque Pablo es cauto con este argumento, el autor de Hebreos también va desde Génesis 15:6 hasta el casi sacrificio de Isaac en Génesis 22 (Heb 11:17-19). También es posible que, al mencionar a Abraham, Santiago desee implicar la hospitalidad que este mostró por los tres viajeros en Génesis 18.[14] Realizó actos de misericordia, por su fe en Dios.

---

14. Aunque es cierto que Santiago cita el casi sacrificio de Isaac, dentro del judaísmo este acontecimiento se empareja con la misericordia de la que Abraham hace gala en Gn 18, como algo emblemático de la "justicia que le fue reconocida" en Gn 15:6. Véase

El uso de "nuestro padre" para referirse a Abraham, suele tomarse en
el sentido de que tanto el autor como la audiencia son judíos. Ciertamente, lo más natural es entenderlo como una alusión a los judíos. Sin
embargo, la tradición del evangelio y Pablo dejan claro que la descen-
dencia judía no supone una garantía de estatus como "hijos de Abraham" (Lc 3:8-9; Ro 4:1, 16). Nótese cómo Clemente llama a Abraham
"nuestro padre", cuando se dirige a una audiencia compuesta predomi-
nantemente por cristianos no judíos (1 Clemente 31:12). De cualquier
modo, tal declaración es natural incluso aunque los cristianos judíos
fueran una minoría significativa dentro de la iglesia.

En el versículo 22, Santiago sigue recalcando la unidad de la fe y las
obras. "Ya lo ves" es la llamada del apóstol a su oponente para que per-
ciba la lógica correcta de la postura que está a punto de articular una vez
más: que la fe de Abraham fue perfeccionada por medio de sus actos.
El término para "hacer perfecta" es *eteleiothe,* que deriva de la misma
raíz que "maduro y completo" en 1:4. Santiago quiere sostener tanto la
fe como las obras. Ambas cosas deben mezclarse para que cada una de
ellas merezca la pena. Nunca podemos "ser perfeccionados" sin tener
las dos cosas.

El versículo 23 comienza con "así" (*kai*), que sirve de conexión y que
el apóstol utiliza para demostrar que Génesis 15:6 es la prueba de la
veracidad de la postura que él defiende. Al explicar que la fe de Abraham lo era porque su confianza estaba activa, socava la posibilidad de
considerar que Génesis 15:6 apoya una postura exclusiva de *sola fides*.
La "fe-obra" del patriarca, argumenta Santiago, es el tipo de fe que Dios
considera justa. La atribución "amigo de Dios" no se encuentra en el
Antiguo Testamento como tal, pero, en el hebreo original de Isaías 41:8,
Dios alude a Abraham como "mi amigo", y en 2 Crónicas 20:7, Josafat
se refiere al patriarca como "tu amigo".

En la frase final de Santiago en cuanto a Abraham, (v. 24), está tan
cerca de contradecir a Pablo como en cualquier otra coyuntura de la
carta. Con todo, es importante ver que Santiago está, en realidad, defen-
diendo una postura paulina. No desea exponer que la "fe" y las "obras"
estén en desacuerdo, como tampoco pretende negar la importancia de
la fe en la justificación. Su idea consiste en que cada una de estas cosas
necesita a la otra con el fin de ser eficaz. La fe sola es insuficiente, afir-

---

A Rabbinic Anthology, ed. G. G. Montefiore and H. Loewe (Nueva York: Schocken,
1974), núm. 1172.

ma Santiago. Es el equivalente natural a la fórmula de Pablo en cuanto a "la fe que actúa mediante el amor" (Gá 5:6; NVI).

El ejemplo de Rajab (2:25-26)

Santiago utiliza el ejemplo de Rajab para respaldar aún más su afirmación en cuanto a la unidad de la fe y las obras. Aunque era una mujer de dudosa reputación, sus actos fueron la evidencia de la fe. En la tradición judía, Rajab se casó con Josué y se convirtió en la antepasada de Jeremías y Ezequiel (*h. Meg.* 14b, 15a), y, en la tradición cristiana, se la incluye entre los ancestros de Jesús (Mt 1:5). Fue hospitalaria con los espías (de la misma manera en que Abraham actúa con los tres extranjeros). Se escoge este ejemplo, porque la iglesia se ha negado a mostrar hospitalidad con aquellos cuya apariencia externa indicaba que no podían beneficiar a la iglesia. Sin embargo, Abraham, y Rajab sí fueron hospitalarios con aquellos cuyo aspecto exterior los identificaba con los pobres de la iglesia.[15]

"Pues como el cuerpo sin el espíritu está muerto, así también la fe sin obras está muerta" (v. 26). Con esta declaración, Santiago ofrece su conclusión. El pensamiento griego creaba una división entre "el cuerpo" y "el espíritu". Sin embargo, en el pensamiento bíblico, esta idea no ha lugar. "Carne", en hebreo, es *básar*, ya sea viva o muerta; *nepeš* ("alma") es lo que hace vivir al cuerpo. Un griego podría decir: "Tengo un alma", pero en el pensamiento bíblico estricto deberíamos afirmar: "Soy un alma". Santiago es, pues, aquí un buen teólogo bíblico, ya que argumenta que, así como *nepes* describe un cuerpo vivo, la "fe" se utiliza de forma adecuada para describir una confianza en Dios que, por definición, está marcada por la fidelidad de la conducta.

En sí mismo, un "cuerpo" no es nada, y un "alma" no puede ser tal cosa aparte de un cuerpo. De esta manera, Santiago compara la fe y las obras. Así como *básar* indica carne, pero una que está muerta, la "fe" que no impulsa al creyente a las buenas obras no es una fe viva en absoluto. Los ejemplos de Abraham y Rajab se proporcionan para hacer que el argumento sea irrefutable. Cuando el Espíritu y la sabiduría de Dios son nuestros, nuestro corazón cambia, y, en ese momento, también lo hacen nuestros deseos y nuestros actos.

---

15. También merece la pena observar que tanto Abraham como Rajab deben verse como prosélitos. Josué 2:11 hace que Rajab declare que el Dios de los espías es Dios en el cielo y en la tierra, y 6:25 afirma que Rajab vivió en Israel.

Construyendo Puentes

En este texto, dos cuestiones principales requieren una cuidadosa atención antes de que se pueda aplicar las lecciones que Santiago tiene para nosotros: la relación entre la fe y las obras en el Nuevo Testamento y el significado del término "creencia/fe" en el Nuevo Testamento. Las dos cosas están relacionadas con la fidelidad al llamado de Jesús. Ambas tratan de la integridad, es decir, de convertirse en una persona integral, alguien en quien las creencias y las acciones estén vinculadas.

Fe y obras

Este es el lugar donde, más que en cualquier otro, Santiago ha logrado la notoriedad. En apariencia, contradice la doctrina paulina de la justificación por la fe, y esto constituye un aparente problema teológico de no poca envergadura. Por esta razón, Martín Lutero emitió su famosa condena de Santiago.[16] G. E. Ladd dice que "la admisión de la contradicción verbal es inevitable".[17] Esta "contradicción" es, quizá, la que hace que este pasaje sea el más discutido de toda la carta.

Resumido, este es el problema. En Romanos 3:28, Pablo dice: "Porque sostenemos que todos somos justificados por la fe, y no por las obras que la ley exige". Pero, en Santiago 2:24, leemos: "Como pueden ver, a una persona se le declara justa por las obras, y no sólo por la fe". Era algo muy popular entre los eruditos sugerir que Santiago conocía Romanos y Gálatas, y que aquí hacía un intento deliberado por refutarlas.[18] Sin embargo, esto es poco probable. Una vez avancemos más allá de lo superficial, la evidencia mostrará que Pablo y Santiago concuerdan básicamente. Por el interés histórico de esta cuestión, así como

---

16. En la introducción a su primera edición en alemán del Nuevo Testamento (1522), Lutero escribió:
    In fine, el Evangelio de San Juan y su primera epístola, las epístolas de San Pablo, sobre todo las de Romanos, Gálatas, Efesios y la primera epístola de San Pedro son los libros que te muestran a Cristo, y te enseñan todo lo necesario y bendito que debes saber, aunque nunca leyeras ni escucharas ningún otro libro o doctrina. Por tanto, la epístola de Santiago es una carta de paja en comparación con ellas, porque no contiene carácter alguno del evangelio".

    Sin embargo, como hemos visto, Lutero tiene muchas cosas buenas que decir sobre varios versículos de esta epístola.

17. G. E. Ladd, *A Theology of the New Testament* (Grand Rapids: Eerdmans, 1974), 592.
18. *Ibid.,* 592.

por su importancia teológica, dedicamos aquí una generosa cantidad de espacio a esta explicación.

La relación entre el don gratuito de la gracia y la responsabilidad cristiana ofrece menos problemas que la capacidad limitada del lenguaje humano para expresarlo con facilidad. El problema es triple: confusión sobre el significado de los términos, confusión del uso de Génesis 15:6, y la confusión que resulta de no entender cuál de los tres tiempos de salvación se está considerando.

(1) El primer problema, el de la similitud verbal, es quizá el más molesto. Puede resolverse una vez que reconocemos que las palabras pueden tener distintos significados y que Pablo y Santiago utilizan los mismos términos con distintos sentidos. Para Pablo, como para Santiago, la "fe salvífica" significa la aceptación del evangelio e incluye un compromiso personal con Jesucristo y su misión. Ladd, siguiendo a Jeremias,[19] entiende que, para Santiago, fe es la afirmación misma del monoteísmo.[20] Aunque esto es, ciertamente, un componente de la definición de la fe que Santiago acepta, es insuficiente. Él argumenta que la "creencia" monoteísta de los demonios, aun siendo una forma de fe, no basta porque no es salvífica. La fe es esta creencia monoteísta, más una determinación a nutrir la palabra plantada dentro de nosotros, con un resultado: actos de amor cristiano.

Sin embargo, cuando nuestra atención pasa a las "obras", el paisaje se torna más problemático. Dentro de la tradición protestante, se contemplan las "obras" con recelo, porque la dependencia de ellas es una enseñanza mal orientada y peligrosa. "La fe", sin embargo, es buena, porque por gracia somos salvos, por medio de ella. Existe, decididamente, un matiz antijudío en esta interpretación recibida. El cuidadoso examen de la evidencia no la apoyará, sin embargo. Para Pablo, "las obras" suelen ser con frecuencia, aunque no siempre, actos deliberados de obediencia hacia la ley judía, algo que, según argumenta, se hacía con el fin de demostrar que uno había sido escogido y que formaba parte de la familia de Dios. Como llegó a considerar que esta creencia es errónea, igual

---

19. Joachim Jeremias, "Paul and James", *Exp. Tim* 66 (1954-1955): 368-71. Jeremias ve en Santiago 2:19 ("los demonios creen") un reflejo del concepto rabínico de *'amuna*, que significa la aseveración del monoteísmo (370). Admite que aquí Santiago alude al concepto popular de la fe y que el apóstol conoce otro, la seguridad de que Dios escucha nuestras oraciones. No obstante, Jeremias sí dice que *pistis* "en Santiago significa admitir la existencia de Dios" (370). Esta definición limitada no es satisfactoria.

20. Ladd, *A Theology of the New Testament*, 592.

que la "fe" de los demonios de la que habla Santiago, esta tampoco era salvífica; no tenía la capacidad de realizar el propósito de la fe. Este es el punto que Pablo expone en Romanos 8:1-4.

Para Santiago, "las obras" no son "las obras de la ley", sino aquellas que surgen del amor cristiano y que cumplen la ley real. Una palabra de aliento, cuando lo que se necesita es mucho más, no es amor cristiano. La acción es la clave, como visitar a las viudas y los huérfanos (1:27) u oponerse a cualquier tipo de favoritismo. Para él, "obras" son los actos de caridad que fluyen de una vida que se vive en sintonía con Dios, porque él es un Dios preeminentemente misericordioso. Recordando 2:13, Santiago afirma que cualquier otra "fe" tendrá como resultado el juicio y no la misericordia. Que esta es la interpretación correcta es algo que queda sellado por la declaración de Pablo en Gálatas 5:6: "En Cristo Jesús de nada vale estar o no estar circuncidados; lo que vale es la fe que actúa mediante el amor".

(2) El segundo problema implica la forma en que tanto Pablo como Santiago usan Génesis 15:6.[21] Pablo cree que la justificación concedida a Abraham fue el resultado de las promesas que Dios le dio y que selló mediante la circuncisión, señal del pacto. La justificación fue algo que Dios *hizo* en el pasado, sin que hubiese mérito alguno por parte de Abraham. Santiago, por el contrario, pasa por alto la circuncisión de Abraham y, en lugar de ella, aprovecha el casi sacrificio de Isaac. Para él, este acontecimiento es el que constituye el ejemplo de la fe del patriarca, una demostración *presente* de lo que Dios *ha hecho* en él.

Resulta impactante que la pregunta se formule casi siempre como algo en lo que Santiago está en desacuerdo con Pablo, como si el primero pudiera tener cierta deficiencia. En cualquier supuesto conflicto entre ambos apóstoles, ponemos fácil y automáticamente a Santiago en el papel del acusado. Entre los protestantes, claro está, existen razones históricas para ello, que se remontan hasta Lutero. Pero la verdadera pregunta es si el criterio paulino es coherente o no con el de Jesús, que dijo: "A cada árbol se le reconoce por su propio fruto" (Lc 6:44), y también anunció que muchos dirían: 'Señor, ¿cuándo te vimos hambriento o sediento, o como forastero, o necesitado de ropa, o enfermo, o en la cárcel, y no te ayudamos?'. Él les responderá: 'Les aseguro que todo lo que no hicieron por el más pequeño de mis hermanos, tampoco lo

---

21. Laws, *The Epistle of James,* 128-30.

hicieron por mí'". Aquellos irán al castigo indestructible, y los justos a la vida eterna (Mt 25:44-46). Aquí, el principio es equivalente a las "obras" de Santiago.

(3) El factor final que complica las cosas implica la ubicación temporal de la "salvación" y, por tanto, las "obras" en cuestión. En el Nuevo Testamento en general, y en los escritos de Pablo en particular, la salvación es una triple experiencia:

- Es un hecho ya realizado: hemos sido salvados (véase Ef 2:8).
- Es una experiencia presente: somos salvos (véase 1Co 1:18, Fil 2:12).
- Es una esperanza futura: seremos salvos (véase Ro 13:11; Fil 3:20).

Parte de la dificultad para enmendar la cuestión Pablo/Santiago en cuanto a las obras radica en que el primero, en Romanos 3:28, está hablando de la salvación como un acontecimiento pasado; no hay nada que los seres humanos puedan hacer para conseguir el perdón de Dios. Pero Santiago, cuando habla de las obras, tiene en mente una actividad presente. Cuando alude a la salvación como algo pasado, emplea un lenguaje que no abarca el mérito humano, sino la providencia divina: "Por su propia voluntad nos hizo nacer mediante la palabra de verdad" (Stg 1:18). Aquí, el sentido de los escritos de Pablo está en total acuerdo con Santiago.

Según Pablo, ser cristiano es estar vivo, lleno de una vida rica, abundante y latente.[22] Significa entrar al servicio del Dios vivo, "el Dios que da vida a los muertos y que llama las cosas que no son como si ya existieran" (Ro 4:17). En esta novedad de vida, los cristianos son hechos competentes por Dios para que sean "servidores de un nuevo pacto, no el de la letra sino el del Espíritu; porque la letra mata, pero el Espíritu da vida" (2Co 3:6). Según Pablo, este Espíritu "vive en ustedes" (Ro 8:11). Aquí, el apóstol tiene claramente en vista una vida marcada por el tipo de corazón y, por tanto, por la conducta que selló la vida de Jesús. Consiste en caminar por una nueva senda, vivir "una vida nueva" (6:4).

La insistencia de Pablo en la salvación por fe, solo por medio de la gracia, surgió de su propia experiencia anterior en el judaísmo, en la

---

22. Véase G. B. Caird y L. D. Hurst, *New Testament Theology* (Oxford: Clarendon, 1994), 179, 185-90.

que afirmó haber malinterpretado la ley tomándola por el talismán del orgullo nacionalista. También le llegó en el contexto de su larga batalla con judaizantes. Una vez entendió que judíos y gentiles se hallan en un plano de igualdad delante de Dios en cuanto a elección, y que ser escogidos no se basa en el mérito personal o nacional, se comprometió con la propuesta de que la gracia era un don gratuito (Ro 11:5-6). Pablo y los judaizantes estaban de acuerdo en que la cruz fue el acto de salvación de Dios, pero el apóstol fue más allá y argumentó que la gracia debe gobernar cada rasgo de la vida cristiana:

> Para nosotros, el motivo de satisfacción es el testimonio de nuestra conciencia: Nos hemos comportado en el mundo, y especialmente entre ustedes, con la santidad y sinceridad que vienen de Dios. Nuestra conducta no se ha ajustado a la sabiduría humana sino a la gracia de Dios. (2Co 1:12)

Para Pablo, la gracia de Dios es una potente fuerza ética:

> En efecto, la ley no pudo liberarnos porque la naturaleza pecaminosa anuló su poder; por eso Dios envió a su propio Hijo en condición semejante a nuestra condición de pecadores, para que se ofreciera en sacrificio por el pecado. Así condenó Dios al pecado en la naturaleza humana, a fin de que las justas demandas de la ley se cumplieran en nosotros, que no vivimos según la naturaleza pecaminosa sino según el Espíritu. (Ro 8:3-4)

Aquí Pablo pinta una imagen impresionantemente similar a la de Santiago, aunque el paladar del vocabulario es diferente. Los "justos requisitos" de la ley han de cumplirse, así como Santiago argumenta a favor de "la ley perfecta que da libertad" (2:12). Tanto Pablo como Santiago tienen la idea de una vida vivida bajo la dirección de Dios, ya sea "el Espíritu" en el caso del primero o la palabra implantada en el del segundo (1:21).

Para Pablo, una vida bajo la gracia y en el Espíritu es una vida de transformación que comienza con la mente ("No se amolden al mundo actual, sino sean transformados mediante la renovación de su mente", Ro 12:2), y que sigue hasta la muerte de la vieja vida y sus patrones ("Nosotros que hemos muerto al pecado, ¿cómo podemos seguir viviendo en él? [...] nuestra vieja naturaleza fue crucificada con él para que nuestro cuerpo pecaminoso perdiera su poder, de modo que ya no siguiéramos siendo esclavos del pecado", 6:2, 6), a favor de una nueva vida que se vive imitando la de nuestro Señor ("Considérense muertos al pecado, pero vivos para Dios en Cristo Jesús", 6:11; "Porque a los que Dios conoció de antemano, también los predestinó a ser transformados según la imagen de su Hijo", 8:29).

De nuevo, este simbolismo es distinto, pero el sentido de Pablo es concienzudamente consonante con el pensamiento de Santiago. Cuando el primero les suplica a los cristianos romanos que dejen a un lado su conformidad con el modelo de este mundo, está exponiendo el caso general que se expresa de manera particular en el ruego de Santiago con respecto a que eviten el favoritismo. Hasta el lenguaje paulino de la elección y la conformidad a la imagen de Jesucristo se ve en Santiago, que en 1:18 afirma: "Por su propia voluntad nos hizo nacer mediante la palabra de verdad, para que fuéramos como los primeros y mejores frutos de su creación". De manera que entre Santiago y Pablo no hay desacuerdo de sustancia alguno, sino solo uno de énfasis y vocabulario. Pablo intentaba argumentar en contra de la falsa doctrina que afirma que las obras de la ley separadas de la fe lleven a la salvación. Para Santiago, la fe en sí misma no es deficiente, sino que, según argumenta, la verdadera fe siempre resulta en buenas obras.[23]

Pero, en medio de este frenesí de teología, debemos recordar que Santiago, al igual que Jesús, nos llama a la obediencia, a una obediencia radical. Parafraseando a Bonhoeffer, cuando Cristo te llama, te llama a venir y a morir.[24]

"La creencia" y su abanico de significados

Esta multiforme gama de significados para el mismo concepto teológico no solo está operativo a la hora de sacar comparaciones entre dos autores diferentes o dos libros de la Biblia, sino que a veces está presente en un único libro. En Santiago nos encontramos con varios usos del término "fe". Los demonios tienen una "fe", como también los oponentes del apóstol. Pero este apenas considera ninguna de estas como fe salvífica. Ahora bien, esta variedad de significados puede parecer problemática y torpe.

---

23. Martin, *James*, 81.
24. Dietrich Bonhoeffer, *El costo del discipulado*, tr. Andrés G. Kline (Tampa, Fl.: Ed. Doulos, 2012), p. 99 de la traducción en inglés.

Pero existe un paralelo en el Evangelio de Juan que podría arrojar luz sobre Santiago. En ese Evangelio, la familia de palabras *pisteuo/ pistis* ("creer/creencia) posee este mismo carácter en Juan 2:11, tras el milagro de Caná, los discípulos "creyeron en" Jesús. Esta creencia, suponemos, es una fe salvífica. Esta suposición parece confirmarse en 3:16: "Porque tanto amó Dios al mundo, que dio a su Hijo unigénito, para que todo el que cree en él no se pierda, sino que tenga vida eterna". Sin embargo, en 6:66, muchos de los discípulos que habían creído en él "le volvieron la espalda". Por tanto, la "creencia" de algunos de los discípulos no era salvífica. En Juan 11 se nos cuenta la historia de la resurrección de Lázaro. Jesús demoró su viaje a Betania hasta que Lázaro hubiera muerto, y proporciona la siguiente explicación a sus discípulos: "Por causa de ustedes me alegro de no haber estado allí, para que crean" (11.14). Al parecer, Jesús sostiene que la fe que sus discípulos poseen va creciendo hacia la fe salvífica, pero no ha llegado aún a serlo. En 12:42-43, nos enteramos de que "muchos de ellos, incluso de entre los jefes, creyeron en él, pero no lo confesaban [...]. Preferían recibir honores de los hombres más que de parte de Dios".

En otras palabras, Juan, como Santiago, puede utilizar el término "fe" para trazar puntos concretos a lo largo de una serie continua. Para Juan están los que reconocen que Dios está obrando en Jesús, pero se niegan a creer. Están los que creen en un principio, pero se dan la vuelta y se van. Están los que creen, pero cuyos deseos por la alabanza mundana tienen más poder que su creencia. Están los que van creciendo hacia la fe salvífica. Finalmente, está la fe salvífica que se manifiesta en la obediencia de los mandamientos de Jesús (Jn 15:9-10). Para Santiago, al menos dos tipos de "fe" no son la verdadera, porque no pueden salvar: la "fe" de los demonios y la del partido antinomiano que afirma la existencia de una "fe" sin obras (Stg 2:18-19). El apóstol mantiene que solo hay una "fe" que merezca tal nombre, que es verdad, que tiene poder de salvar y que se manifiesta en obras. Esta "fe activa" fluye de una vida que se vive en sintonía con Dios, así como en el Evangelio de Juan, Jesús nos pide: "Permanezcan en mi amor" (Jn 15:9).

Significado Contemporáneo

La enseñanza de Santiago en este pasaje es un llamado a la integridad, a vivir el evangelio. Este "estilo de vida" no solo se ve en el persuasivo poder evangelizador de una vida así, sino también en la fuerza del evangelio de Cristo para enfrentarse a las estructuras del mal que, como la estratificación de la cultura social romana, infectan nuestro mundo. Asuntos como estos son los que se tratan en el debate siguiente.

Uno de los aspectos fundamentales de la enseñanza de Santiago aquí es la importancia de vivir una vida de integridad cristiana. Stephen Carter, el Catédratico de Derecho William Nelson Cromwell, de la Universidad de Yale, y el autor del influyente libro *The Culture of Disbelief: How American Law and Politics Trivialize Religious Devotion* [La cultura de la incredulidad: cómo la ley y la política estadounidenses trivializan la devoción religiosa], ha escrito un nuevo libro titulado *Integrity* [Integridad].[25] Carter afirma que la definición de integridad en la literatura filosófica, es decir "vivir según un conjunto coherente de principios", es inadecuada. Después de todo, los líderes del régimen nazi eran coherentes a la hora de seguir sus retorcidas convicciones. Pero a lo que se refiere Carter es a que integridad significa vivir la vida de acuerdo a un "conjunto de principios profundamente discernido".[26] Es consciente de que esta definición no garantiza la "moralidad", pero escribe en y para la pluralista cultura estadounidense contemporánea, y uno ya no puede suponer una estructura religiosa ni una moral cristiana comunes. Sin embargo, sí señala que la definición popular de hoy con respecto a la tolerancia como suspensión del juicio moral es errónea, imprudente y peligrosa. En una democracia, declara, la tolerancia significa estar abierto al diálogo con aquellos que tienen una opinión diferente y, en los Estados Unidos contemporáneos, debería implicar un diálogo franco con quienes adoptan una ética que se basa en el principio religioso.

Santiago nos llama a vivir de forma coherente, según los principios *cristianos*. Es necesario que lo hagamos, al menos por tres razones: (1) rinde gloria a Dios. San Agustín dijo de Dios: "Tú nos has formado para ti, y nuestro corazón está intranquilo hasta que halla reposo en ti".[27] Nuestro vivir coherente con sus enseñanzas complace a Dios.

(2) Semejante patrón de vida es nuestra herencia de pleno derecho. Santiago afirma que el crecimiento en la fe es lo que nos hace maduros

25. Stephen L. Carter, *Integrity* (Nueva York: Basic Books, 1994).
26. Véase Michael Cromartie, "How We Muddle Our Morals", *Books and Culture: A Christian Review* (mayo/junio 1996), 14.
27. San Agustín, *Confesiones*, 1.1.1.

y perfectos (Stg 1:4). En última instancia, crecer conforme a lo que Dios pretende para nosotros es algo que redunda en nuestro beneficio.

(3) Existe algo más que a algunos les parece atractivo en cuanto a las vidas que se viven de forma coherente. Un periodista del programa informativo *Coast to Coast* de la CBS montó un experimento.[28] "Perdió" su cartera en el asiento trasero de un taxi varias veces con el fin de comprobar cómo reaccionarían las personas. En la billetera incluyó una tarjeta de visita con su número de móvil, veintitrés dólares, la lista de la compra que llevaba una anotación de "¡comprar un regalo para papá!". Casi todos los que observaron la billetera en el asiento lo llamaron en pocos minutos y se la devolvieron con todo su contenido intacto. Aun aquellos "buenos samaritanos" que trabajaban por un sueldo mínimo, rechazaron en todos los casos su ofrecimiento de los veintitrés dólares como gratificación. Y así, Mohammed, Sonia y los demás nos resultaron atractivos por su honestidad y su integridad.

Hace poco hablé en una conferencia para personas involucradas en ministerios de oración y evangelización. Durante uno de los recesos, mantuve una conversación con un pastor amigo mío que había asistido a un seminario de formación para la evangelización. Un día, tras una sesión, había regresado a su hotel "entusiasmado", en sus propias palabras, por poner en práctica lo que había aprendido. "De modo que, aquella noche, oré para que Dios pusiera una oportunidad delante de mí", me comentó.

Dios respondió su oración. La mañana siguiente, estando en el *jacuzzi* del hotel, tres hombres se unieron enseguida a él; los tres se conocían. De inmediato, sintió que Dios estaba contestando su oración. Pero, de repente, aquellos compañeros empezaron a beber Jack Daniels y a esnifar cocaína. De repente, el escenario ya no parecía tan prometedor. Pero mi amigo entabló una conversación con ellos que, poco a poco, fue derivando hacia el tema de la vida profesional de cada uno. Sin saber a qué atenerse, mi amigo les comentó a aquellos hombres su línea de trabajo y les explicó que se encontraba en la ciudad para una sesión de formación para la evangelización. Uno de los hombres respondió: "Eso es verdaderamente interesante. Tengo una pregunta para usted. ¿Puede decirme qué significa ser 'nacido de nuevo'? En realidad no lo sé. Hasta hace poco, me reía de aquellos que decían ser 'nacidos de nuevo', pero

---

28. 29 enero 1997.

algunas personas que conozco desde hace años también hablan de este modo ahora, y el asunto es que los he observado y sé que sus vidas han sido transformadas. ¿Qué es, pues, 'nacer de nuevo'? Necesito saberlo de verdad". El coherente modelo de vida cristiana tiene el poder de atraer a otros al reino.

Dietrich Bonhoeffer ofrece una interesante perspectiva sobre esta cuestión. En su libro *El costo del discipulado*, este mártir moderno[29] delimita la distinción entre "gracia barata" y "gracia costosa". La "gracia barata" es un tipo de fe que no conduce necesariamente a la acción, porque no exige un cambio de corazón. La "gracia barata", según él:

> ... [significa] la gracia como doctrina, como principio, como sistema. Significa el perdón de los pecados proclamado como verdad general, el amor de Dios enseñado como la concepción cristiana de Dios. Un asentimiento intelectual a esta idea se tiene por suficiente en sí misma para asegurar la remisión de los pecados [...]. La gracia barata es la predicación del perdón sin requerir arrepentimiento, bautismo sin disciplina de iglesia [...]. La gracia barata es gracia sin disciplina, gracia sin la cruz, gracia sin Jesucristo, vivo y encarnado.[30]

En contraste con la gracia barata, Bonhoeffer define también la "gracia costosa" como "el reinado regio de Cristo, por quien el hombre se arrancará el ojo que le sea causa de tropiezo [...]. Semejante gracia es *costosa*, porque nos llama a seguir, y es *gracia*, porque nos llama a seguir a *Jesucristo*".[31] Bonhoeffer expone la idea de que la "gracia barata" convence al pecador de que solo aquellos que creen pueden obedecer y, por tanto, el pecador puede caer en el autoengaño de la absolución. Como no creen, no pueden obedecer. Esto, afirma Bonhoeffer, es uno de los resultados tristemente torcidos de la gracia barata. Los cristia-

---

29. De joven, Bonhoeffer ya fue consciente de que el nacionalsocialismo era un intento de hacer historia sin Dios, y, en 1933, denunció el sistema que convertía al *Führer* en dios e ídolo. Fue el líder de la Iglesia Confesante clandestina en Alemania durante la Segunda Guerra Mundial. Finalmente se involucró en un complot fallido para asesinar a Hitler y fue ejecutado en el campo de concentración de Flossenburg, el 9 de abril de 1945. Para un relato más completo, véase Thomas Powers, "The Conspiracy That Failes", *The New York Review of Books* (9 de enero, 1997), 49-54. El artículo es una revisión de varios libros sobre la presunta "resistencia alemana" y menciona a Bonhoeffer.

30. Dietrich Bonhoeffer, *El coste del discipulado*, pp. 45, 47 de la traducción inglesa.

31. *Ibíd.*, 47.

nos deben recordar y vivir según los dos lados de la propuesta: "Solo aquel que cree es obediente, y solo el que es obediente cree".[32] Cuando Jesús llamó a sus discípulos, quiso decir que la fe "ya no podía significar permanecer sentado, quieto y esperar, sino que debían levantarse y seguirlo. El llamado los libera de todas las ataduras terrenales y los vincula a Jesucristo solamente. Deben quemar sus barcos y sumergirse en la absoluta inseguridad para poder aprender la exigencia y el don de Cristo".[33] La obediencia precede a la fe y, al mismo tiempo, es la consecuencia de esta.

Bonhoeffer desarrolló su salvación en medio del régimen nazi en la Segunda Guerra Mundial. Los estadounidenses nos enfrentamos a un crisol complicado, aunque no siempre somos conscientes de ello. Es un crisol con elementos de los que nos hemos llegado quizá a hastiar, porque nos distanciamos de ellos y afirmamos que no guardan relación con nuestra vida. Pero son parte del paisaje estadounidense. Santiago dijo que no sirve de nada decir a quienes están en necesidad: "Que les vaya bien; abríguense y coman hasta saciarse" [...]. Por tanto, tal vez deberíamos abrir nuestros oídos y nuestros ojos. Eazy-E, el rapero líder ya fallecido de NEW (Niggers With Attitude), traspasó los límites del simbolismo, rapeando descaradamente letras que presentan "disparos a modo de telón de fondo de sus salvajes y desagradables historias no aptas para menores de tráfico de drogas, pandilleros y enfrentamientos policiales". Como dice Eazy-e, el rap pandillero es algo de la prensa alternativa para la subclase de Los Ángeles:

> Contamos la historia verídica de lo que supone vivir en lugares como Compton. Les [a los fans] damos realidad. Somos como reporteros. Les damos la verdad. La gente de la que procedemos escucha tantas mentiras que la verdad sobresale como algo insólito.[34]

Los críticos de la cultura estadounidense condenan con razón la desbocada violencia y la malevolencia sexual que el rap de estilo pandillero utiliza como grasa para los patines de su cruzada antinomiana que no es a favor de la justicia, sino por el éxito comercial.[35] Pero deberíamos

---

32. *Ibíd.,* 69, 76.
33. *Ibíd.,* 68.
34. Robert Hilburn, "Rap", *Los Angeles Times Calendar* (2 abril 1989).
35. Uno de los rasgos distintivos del rap pandillero de Los Ángeles fue su preocupación incondicional por la acumulación de riqueza. El grupo con base en Nueva York, Public

tener cuidado a la hora de señalar que hay cuestiones que han provocado esta hostilidad. Santiago nos proporciona los ejemplos de Abraham
y Rajab; ambos percibieron una necesidad y procuraron suplirla. Su fe
no estaba muerta, sino viva. Tal vez la comunidad evangélica haya sido
demasiado lenta para reconocer las verdaderas necesidades de nuestra
sociedad: un complejo de factores que puede aplastar a los afectados.
¿Quiénes serán hoy Abraham o Rajab?

Recientemente tuve al pastor Willie Jemison de la Oakdale Covenant
Church de Chicago hablando a una de mis clases. Cuando llegó a esta
iglesia al sur de Chicago, a principios de los setenta, se dio cuenta de
que la educación era la mayor necesidad de la comunidad. Bajo su liderazgo, la iglesia empezó a poner en marcha toda una serie de programas
educativos hechos a medida para suplir las necesidades particulares de
aquella comunidad. En la actualidad, el noventa y nueve por ciento de
la gente joven de Oakdale se gradúa en la escuela secundaria, mientras
que la cifra representa el cincuenta por ciento de la comunidad en general; el ochenta y cinco por ciento de los jóvenes de Oakdale se gradúan
en la universidad, mientras que la cifra ronda el veinte por ciento para
la comunidad en general. Esta es una iglesia que ha percibido una necesidad y decidió meterse a fondo y ocuparse de ella.

La parte central-sur de Los Ángeles tenía, hacia mediados de los
ochenta, todas las probabilidades de convertirse en un páramo, deser-
tado por el resto de los poderes económicos y sociales del sur de California. La zona experimentaba un desempleo de dos cifras, las escuelas
estaban abarrotadas, y las casas deterioradas. Un informe especial de
Los Angeles Times afirmaba que "el gueto negro no es una comunidad
viable [...], está muriendo poco a poco".[36] El Distrito Escolar Unifica-
do de Los Ángeles, por entonces el segundo más grande de la nación,
atendía a más de 600.000 estudiantes en clases más saturadas que las de
Mississippi, y con un ratio de abandono de entre el treinta y el cincuenta
por ciento. Dado que California sufrió de una recesión regional en los
ochenta, su desembolso estudiantil per cápita descendió hasta el puesto
treinta y tres entre los estados, con un importe por estudiante equivalente a un tercio del estado de Nueva York. Un estudio UCLA de 1989

Enemy, por el contrario, se constituyó en heraldo de los intereses y el nacionalismo
de la gente de color.
36. Mike Davis, *City of Quartz, Excavating the Future in Los Angeles* (Nueva York: Vin-
tage, 1992), 302.

descubrió que la pobreza crecía con mayor rapidez entre los latinos de Los Ángeles, sobre todo entre la juventud, que en cualquier otro grupo urbano de los Estados Unidos.[37]

Había otras desigualdades. El sur de California experimentó una explosión de empleo en la industria del servicio en los ochenta, pero fue en los suburbios. Jóvenes mujeres y hombres suburbanos pudieron encontrar un trabajo fácilmente disponible en establecimientos de comida rápida y en los centros comerciales. Sin embargo, para los jóvenes de los guetos, los empleos eran tan inalcanzables como si estuvieran en la luna. Como señala Mike Davis, había otro producto listo para atraer la visión comercial en desarrollo de la juventud del gueto.[38] Un historiador social que escribe en elegante prosa mordaz, declara: "Por medio del 'crac' han descubierto una vocación por el gueto en la economía del nuevo 'mundo de la ciudad' de Los Ángeles". Bruce Springsteen recoge la crónica de la misma historia en su canción "Sinaloa Cowboys", que escribió tras leer un artículo en *Los Angeles Times* acerca de dos hermanos mexicanos que trabajaban en un laboratorio de drogas en el centro de California. A sus ojos, esta opción era más atractiva que las condiciones experimentadas por trabajadores emigrantes. Cuando presentó su canción durante un concierto en Fresno, una de las ciudades más importantes del rico valle agrícola Central Valley de California; declaró: "Sesenta años después de que John Steinbeck escribiera *Las uvas de la ira,* en Central Valley la gente sigue trabajando en condiciones que los estadounidenses no toleraríamos jamás".[39]

El gueto conoce una violencia cruda, inhumana y despreciable. Pero, en Los Ángeles, la retórica de la seguridad ha servido para estratificar y no para unificar. En 1965, el legendario Chief Parker del LAPD (Departamento de Policía de Los Ángeles) le comentó a una audiencia televisiva: "Se estima que hacia 1970, el cuarenta y cinco por ciento del área metropolitana de los ángeles será negra; si quiere alguna protección para su hogar y su familia [...] tendrá que implicarse y apoyar a un departamento de policía fuerte. De no hacerlo, llegado 1970, que Dios los ampare".[40] Davis relata cómo, en la primavera de 1989, la Ley de

---

37. Paul Ong, *The Widening Divide: Income Inequality and Poverty in Los Angeles* (UCLA, junio 1989), citado en Mike Davis, *City of Quartz,* 315.
38. Mike Davis, *City of Quartz,* 309.
39. Nicholas Davvidoff, "The Pop Populist", *The New York Times Magazine* (26 enero 1997), 71.
40. Mike Davis, *City of Quartz,* 320, n. 65.

Control y Prevención del Terrorismo Callejero (STEP, según sus siglas en inglés) de 1988, en la disposición "malos padres", se puso a prueba en el arresto de una mujer de treinta y siete años, del área centro sur, cuyo hijo de quince años había sido procesado por violaciones colectivas. El triunvirato de prensa, fiscales y policía la retrataron como una "reina de las prestaciones sociales" que contribuían a la educación de una generación de niños terroristas callejeros. Pero algunos periodistas escarbaron a más profundidad y descubrieron que la versión oficial era incorrecta. La policía había arrestado y humillado en público a una madre que educaba sola a sus tres hijos y que trabajaba duramente.[41] Davis nos proporciona este comentario:

> Como resultado de la guerra a las drogas, todo adolescente no angloamericano en el sur de California es ahora prisionero de la paranoia de las pandillas y se los asocia a la demonología. Inmensas superficies de los patios de juegos, playas y centros de entretenimiento se han convertido en zonas a las que los jóvenes negros y chicanos prácticamente no pueden acudir...

> Don Jackson, un policía fuera de servicio de Hawthorne, que precisamente pretendía participar en el *apartheid* de facto, dejó que algunos niños del gueto entraran en el Village. Observaron escrupulosamente la ley, pero, como era de esperar, los detuvieron y los obligaron a besar el cemento, y los cachearon. A pesar de su identificación como policía, Jackson fue arrestado por "alterar la paz". Más tarde, en una conferencia de prensa, el jefe Gates lo execró por "provocaciones" y "ardid publicitario barato", descripciones que se aplican de forma más adecuada a la policía de Los Ángeles. De manera similar, unas cuantas semanas después, todos los viajeros de un autobús de bien vestidos miembros negros de *Juventud para Cristo* fueron rodeados de forma humillante por guardias de seguridad y cacheados en busca de "drogas y armas" en el popular parque de atracciones Magic Mountain. Los directores del parque defendieron incansables su derecho a registrar a los jóvenes sospechosos (es decir, negros) como política de la empresa.[42]

---

41. *Ibíd.*, 283.
42. *Ibíd.*, 284, 286.

Como cristianos, tenemos una responsabilidad para con quienes son atrapados en la garra del mal y el descuido sistemático. También debemos reconocer que, en ocasiones, también nos hemos visto cautivos en la misma red. Nuestro deseo de estatus y riqueza no es más que un ejemplo. Se nos ha llamado a ser el Abraham y la Rajab de nuestro mundo.

Es evidente que la mera presencia de una maldad sistemática no condona los actos del pecador atrapado en el sistema. En su libro *El pecado: sinopsis teológica y psicosocial*, Cornelius Plantinga cita a Jack Beatty:

> Incluso jóvenes pobres y poco educados que viven en una sociedad saturada de racismo, deben ser tenidos como responsables de sus actos. Creer lo contrario es adoptar un determinismo ambiental casi tan ofensivo a la razón y a la moralidad como el racismo mismo. El crimen, el incendio premeditado, la violencia en las calles, tienen contextos sociales, no causas sociales. [El estruendo que hacen los medios de comunicación acerca de] los contextos es una distracción insidiosa que descansa en el supuesto de que la sociedad es responsable de los crímenes que se cometen contra ella. Esto es una tontería legal y moral.[43]

Entonces, Plantinga pregunta si la sociedad no tiene al menos parte en la responsabilidad. Yo creo que tiene razón. Los individuos tienen que rendir cuentas por sus actos. De no ser así, la gracia de Dios es una farsa. Pero una sociedad en la que las escuelas se financian de forma desigual, cuando la instrucción pública está marcada por un mandato legal de evitar los intentos de dejar claro lo que es moral o no, cuando el sistema judicial protege a los grupos de violadores que atribuyen *glamour* al asesinato de policías y a una conducta inhumana y violenta contra las mujeres, entonces, Plantinga afirma, tal vez la sociedad sí que tiene alguna responsabilidad.

San Agustín declaró que el mal es, en efecto, la ausencia del bien.[44] El mal sistemático puede proporcionar un contexto en el que el pecado sea más parecido al progreso. Sin embargo, no "causa" la decisión de un joven de asesinar al dependiente de un colmado. Uno de mis amigos de

---

43. Cornelius Plantinga Jr., *El pecado: sinopsis teológica y psicosocial* (Grand Rapids, MI: Libros Desafío, 2001), p. 94.
44. San Agustín, *Confesiones*, 7.11.17-12.18.

la infancia fue asesinado por la policía hace una década. Había robado en una tienda utilizando una pistola de juguete que parecía real. Cuando la policía lo arrinconó y le ordenó que se detuviera, se dio la vuelta y alzó su seudoarma. Esa fue su última equivocación. Había recurrido al robo para pagarse su adicción a la droga. Las condiciones sociales en las que vivió no "causaron" su muerte. Él tomó las decisiones que lo condujeron hasta allí. Pero las condiciones sociales hicieron más verosímil esta resolución.

Cristopher Lasch, el influyente historiador iconoclasta y crítico de la cultura estadounidense, ofreció en una ocasión hacerse cargo del asunto relativo a la religión. Según Lasch:

> [La religión] es un desafío a la autocompasión y la desesperación, tentaciones comunes a todos nosotros, pero, en especial, a quienes han nacido en la clase social equivocada [...]. La sumisión a Dios hace que las personas sean menos sumisas a la vida cotidiana. Les hace menos temerosos, pero también menos amargados y resentidos, menos inclinados a buscarse excusas. Los movimientos sociales modernos, por otra parte, tienden a depender del resentimiento [...]. Desconfían de cualquier modo de pensamiento que pareciera "culpar a la víctima". De este modo, desalientan la asunción de la responsabilidad personal.[45]

La expresión de sentimientos como esta es la que le reporta a Lasch la ira de los liberales. Su condena del capitalismo corporativo le ha conseguido la cólera de los conservadores. La Biblia afirma que el mal sistemático es una realidad. Pablo alude a este mal como los principados y potestades (Ro 8:38), y Santiago se refiere a ellos como los poderes del infierno (Stg 3:6). Pero la Biblia también afirma que los seres humanos tienen una responsabilidad personal por sus actos. Además, Santiago emite un llamado a los cristianos que es simple, aunque asombroso por su alcance. ¿De qué sirve la fe si damos la espalda o cerramos nuestros ojos a quienes están en necesidad? ¿Dónde están los Abraham y las Rajab, cuya fe se manifestó en la acción?

Tal vez uno de los ejemplos más elocuentes y poderosos de la fe en acción sea el de John Perkins. Nació en el Mississippi rural en 1930. Su

---

45. Citado en Mary Ann Glendon, "The Man Who Loved Women and Democracy", *First Things* (febrero 1977), 43.

familia no era religiosa, pero, en realidad, afirma él, era conocida por su firme disposición. Al crecer en Mississippi experimentó el racismo y el odio de primera mano. Siendo adolescente vio morir a su hermano después de haber recibido una tremenda paliza por parte de un ayudante del *sheriff* blanco. Poco después se mudó a California y sintió que había escapado a las aplastantes condiciones del odio racial y de la opresión económica del sur.

En 1957, Perkins se convirtió al cristianismo. Poco después, se implicó en un grupo cristiano de hombres de negocios. Dos de ellos le pidieron que los acompañara a visitar campos de prisioneros para jóvenes en California. Estos campamentos eran para jóvenes de entre trece y dieciséis años. La mayoría de ellos, según especifica Perkins, eran negros.

> Hacía falta un testigo negro. Y ese testigo negro era yo [...]. Esos niños en el campo de prisioneros tenían, con frecuencia, un trasfondo exactamente igual al mío. Sus voces y sus acentos sonaban como el de los niños con los que yo crecí [...]. Como yo, ellos llegaron sin muchas aptitudes, sin demasiada educación. Como yo, no tenían un firme trasfondo religioso.[46]

Pero Perkins se dio cuenta de que él había escapado por la gracia de Dios. "Por tanto, si Dios había hecho todo esto por mí, si no amaba a estos menos de lo que me amó a mí, ¿qué significaba todo aquello? ¿Qué decía esto a *mis* planes para *mi* 'buena vida cristiana'?".[47] En su interior empezó a crecer una convicción.

> La convicción se convirtió enseguida en una orden. Recuerdo la noche en que sucedió, la noche en que Dios me habló a través de su Palabra en cuanto a regresar a Mississippi y empezar un ministerio allí para él. Aquella noche estaba compartiendo mi testimonio en una iglesia blanca de Arcadia, California.

> Allí, delante de la multitud de personas congregadas, usé como texto de base Romanos 10:1, 2, donde Pablo dice: "Hermanos, el deseo de mi corazón, y mi oración a Dios por los israelitas, es que lleguen a ser salvos. Puedo declarar en

---

46. John Perkins, *Let Justice Roll Down* (Ventura, Calif.: Regal 1976), 78-79.
47. *Ibíd.,* 79.

favor de ellos que muestran celo por Dios, pero su celo no se basa en el conocimiento".

Dios tomó el poder del amor de Pablo por su pueblo y lo disparó a través de mí, diciéndome: "John, mi deseo para ti es que regreses a Mississippi, porque yo doy testimonio de que tu pueblo tiene gran celo por Dios, pero no está iluminado".[48]

Armado con "todo el evangelio", un mensaje de nueva vida en Cristo y el llamado bíblico a la justicia, John Perkins, su esposa, Vera Mae, y sus hijos, pusieron en marcha el *Voice of Calvary Ministries,* comenzando por la ciudad de Mendenhall, Mississippi. Iniciaron clases de Biblia para jóvenes y mayores; desarrollaron programas para enviar a los jóvenes a la universidad; inauguraron un centro de cuidados para niños, para la educación del votante y programas de registro, así como del desarrollo del liderazgo; establecieron una cooperativa de viviendas, otra agrícola y una de minoristas, así como un centro de salud y un centro de ayuda legal, todo esto porque John Perkins comprendió que los problemas sociales y económicos nunca se resolverán hasta que los corazones cambien, y los corazones transformados no descansan hasta que la justicia y la esperanza llegan a su pleno florecimiento. Vio la verdad del evangelio: que Dios se interesa en la totalidad de la persona.

En tono característicamente amable, aunque inquisitivo, John Perkins escribe que tal vez "los cristianos evangélicos, blancos y negros, estaban confundiendo la teología con el *statu quo*".[49] En esto se afirma como profeta tanto para la iglesia blanca, de la que dice acertadamente que demasiado a menudo ignora su responsabilidad para con todos los que han sido creados a la imagen de Dios, como para la iglesia negra, que a su juicio se ha callado con demasiada frecuencia. Lo describe de esta manera: "Si *Voice of Calvary* es un modelo es porque es una de las pocas veces que la evangelización, la acción social y el desarrollo de la comunidad se han reunido en la pobre comunidad negra de los Estados Unidos". Aunque casi lo matan a golpes en 1970 cuando lo detuvieron los oficiales para la aplicación de la ley después de una manifestación por los derechos civiles, John Perkins no ha perdido jamás de vista su visión, su esperanza, su valor y su compasión. En el crisol de la autorre-

---

48. *Ibíd.,* 79-80.
49. *Ibíd.,* 109.

flexión siguiente a su tortura, la verdad de estos principios no hizo más que reforzarse en él.

> Empecé a ver con horror que el odio podía destruirme [...].
> Todo este asunto de odiar y devolver odio por odio. Esto
> es lo que mantiene el círculo vicioso del racismo en movi-
> miento [...]. Jesús miró a la multitud que lo linchaba [...] [y]
> los perdonó. Es una verdad profunda, misteriosa, el concep-
> to de amor de Jesús que superaba al odio. Puede ser que yo
> no vea su victoria durante mi vida. Sin embargo, sé que es
> verdad [...] porque me ocurrió a mí. En ese lecho, lleno de
> moraduras y puntos, Dios hizo que fuera verdad para mí.
> Lavó mi odio y lo eliminó, remplazándolo por un amor por
> el hombre blanco en el Mississippi rural.[50]

John Perkins ha copiado su eficaz modelo de desarrollo comunitario en Jackson, Mississippi, y Pasadena, California. Es cofundador y presidente de la Christian Communnity Development Association, y editor de la revista *Urban Family*. Ha buscado formas tangibles de tratar las necesidades sociales, económicas y espirituales de personas que, a través de una combinación de la elección personal y la indiferencia sistemática, se encuentran en los márgenes de nuestra sociedad. Son personas a las que, en sus palabras, Dios "no amó menos que a mí".

John Perkins ha tomado muy en serio el llamado de Santiago y ha trabajado para crear un lugar en el que el favoritismo casual o sistemático no tiene cabida. El apóstol advierte a sus lectores contra las palabras vacías, contra el canto piadoso: "Que les vaya bien; abríguense y coman hasta saciarse". Perkins ha retomado la lucha para suplir esas necesidades y capacitar a las personas para que puedan resolverlas para sí mismos. En el prefacio del libro del Dr. Perkins *Let Justice Roll Down* [Descienda la justicia], el senador Mark Hatfield escribió:

> Esta es la historia de un hombre negro que fue casi un már-
> tir, y que sin duda es un santo moderno. La mayoría de no-
> sotros jamás hemos conocido la implacable pobreza, la cru-
> da violencia y la endurecida injusticia que fueron infligidas
> sobre John Perkins como persona de color en Mississippi.
> Y a pocos he conocido cuya vida haya respondido a tales

---

50. *Ibíd.*, 204-6.

indignidades abrumadoras con un testimonio de milagrosa compasión, visión y esperanza.

La historia de John Perkins revela el poder transformador y revolucionario de Jesucristo [...]. [Es una historia] sobre e del discipulado [...] [y] la esperanza incansable, el amor sin límites que puede nacer en el corazón de aquellos que siguen a Jesús.[51]

En los sagrados pasillos de universidades y colegios, en los santifica-dos confines de las iglesias, se estudian cuestiones como las del desarro-llo comunitario, la acción social y la justicia. John Perkins y su familia las han vivido en la vida real, con su sangre, su sudor, sus lágrimas y su gozo. Nos ofrecen un monumento vivo al potente calibre de espe-ranza para lo que puede ser el cuidadoso estudio que resulta en acción, una pasión por el bien de los demás y una compasión que fluye desde el corazón mismo de Dios. Estas virtudes son las que Santiago quería colocar en nuestro corazón y mente, verdades cuya persecución merece la pena el compromiso de toda una vida.

---

51. *Ibíd.*, 7.

Santiago 3:1-12

Hermanos míos, no pretendan muchos de ustedes ser maestros, pues, como saben, seremos juzgados con más severidad. ² Todos fallamos mucho. Si alguien nunca falla en lo que dice, es una persona perfecta, capaz también de controlar todo su cuerpo.

³ Cuando ponemos freno en la boca de los caballos para que nos obedezcan, podemos controlar todo el animal. ⁴ Fíjense también en los barcos. A pesar de ser tan grandes y de ser impulsados por fuertes vientos, se gobiernan por un pequeño timón a voluntad del piloto. ⁵ Así también la lengua es un miembro muy pequeño del cuerpo, pero hace alarde de grandes hazañas. ¡Imagínense qué gran bosque se incendia con tan pequeña chispa! ⁶ También la lengua es un fuego, un mundo de maldad. Siendo uno de nuestros órganos, contamina todo el cuerpo y, encendida por el infierno, prende a su vez fuego a todo el curso de la vida.

⁷ El ser humano sabe domar y, en efecto, ha domado toda clase de fieras, de aves, de reptiles y de bestias marinas; ⁸ pero nadie puede domar la lengua. Es un mal irrefrenable, lleno de veneno mortal.

⁹ Con la lengua bendecimos a nuestro Señor y Padre, y con ella maldecimos a las personas, creadas a imagen de Dios. ¹⁰ De una misma boca salen bendición y maldición. Hermanos míos, esto no debe ser así. ¹¹ ¿Puede acaso brotar de una misma fuente agua dulce y agua salada? ¹² Hermanos míos, ¿acaso puede dar aceitunas una higuera o higos una vid? Pues tampoco una fuente de agua salada puede dar agua dulce.

Sentido Original

En esta sección, Santiago expone tres puntos básicos. (1) Pequeños elementos como la lengua, un timón, o incluso un maestro, pueden controlar un gran conjunto como el cuerpo, una nave o a toda un congregación. (2) Una fuente del mal es el infierno, la fortaleza de Satanás. (3) Cuando la lengua se ve influenciada por las fuerzas infernales, el resultado es el doble ánimo en toda su gravedad. Visto de forma ilógica, esta misma lengua puede alabar a Dios y, al mismo tiempo, maldecir a las personas que él ha creado a su propia imagen.

La conexión entre esta sección y las anteriores no resulta inmediatamente obvia,[1] aun existiendo verdaderamente. Aunque es cierto que
Santiago introduce una nueva noción mediante la puesta en tela de juicio a los maestros, el punto central de esta sección, como la que encontramos en 1:19-21, está relacionado con la forma de hablar adecuada.
El apóstol inicia este debate, porque al igual que el favoritismo sobre el
que acaba de disertar, el ataque verbal también tiene un efecto particularmente corrosivo y letal en la vida de una comunidad, y en especial en
una de fe. De hecho, cualquiera de las dos desvela que para los falsos
maestros, blanco de la ira de Santiago, no se trata de una comunidad
distinta en absoluto, sino otra simple vía mediante la cual obtener el
poder personal. La presencia del ataque verbal y del favoritismo son
cosas que el apóstol considera totalmente dignas de crítica y peligrosas
en extremo.

Otro nervio que vincula esta sección a lo que se ha dicho con anterioridad es el uso frecuente del término "cuerpo" (*soma*). La primera vez
que aparece es en alusión a la lengua como parte del cuerpo humano,
pero Santiago lo usa rápidamente para referirse a la comunidad cristiana. Con anterioridad observamos que el comienzo de la carta trató la
moralidad personal, pero que, en el capítulo dos, el apóstol aborda la
moralidad corporativa, y aquí este sigue siendo el caso.

Un rasgo fascinante de este pasaje es que el debate procede en dos niveles. A primera vista, el texto se puede leer (y con toda la razón) de una
forma directa: se considera el peligro de la lengua, una pequeña parte
del cuerpo que puede causar gran daño. Pero enseguida nos percatamos
de estar en presencia de un escritor muy hábil, porque, con gran destreza, Santiago señala un segundo nivel de significado mediante el doble
uso que hace del término "cuerpo", refiriéndose tanto a los individuos
como a la iglesia cristiana. A este nivel vemos que los maestros (y los líderes), aunque forman un pequeño porcentaje de la totalidad del cuerpo
de una comunidad cristiana, son capaces de dirigir a toda la iglesia, así
como el timón guía a toda una nave; con la lengua, los líderes pueden
envenenar a toda la comunidad. En 3.4 Santiago nota que el tema crucial del timón es la naturaleza del piloto y su voluntad. La pregunta es,
pues, si los maestros están moldeados y controlados por la voluntad de
Dios o por el Gehena.

---

1. Sophie Laws, *The Epistle of James,* 140, no ve ningún vínculo claro.

No se debería pasar por alto que, con el capítulo 3, Santiago inaugura un extenso debate compuesto por tres bloques de material que trata con una forma de hablar pura. El primero (3:1-12) tiene que ver con su afirmación de que una conversación pura no surge de la ira ni de la duplicidad; en el segundo (3:13-18) se expone que un habla pura tiene su origen en la sabiduría; y en la sección final (4:1-10), Santiago argumenta que la oración pura no surge del enojo, sino que se instala en la verdad.[2] Aquí vemos a gran escala muchos de los temas que el apóstol ya ha destacado.

El pensamiento de Santiago en la presente unidad consta de tres capas. La primera (3:1-2) es un proverbio en cuanto a los maestros, que sirve para introducir el núcleo central de la sección. La segunda (3:3-5) amplía este proverbio mediante el debate sobre la dificultad práctica de controlar la forma de hablar, centrándose en la lengua, como si tuviera una mente propia. La capa final (3:6-12) también prosigue con el pensamiento de 3:1-2 resumiendo el poder de la lengua y su propensión a lo inadecuado. En todo esto, nuestro autor se inspira en toda una abundancia de ricas imágenes, desde la cría de animales a la navegación, desde el fuego a la agricultura, con el fin de ilustrar el poder de la lengua para bien o para mal.

Maestros y una conversación pura (3:1-2)

El versículo 1 comienza con un "no", con el fin de enfatizar el peligro asociado al oficio de maestro. Las responsabilidades de enseñar en el contexto de la iglesia son serias, tanto que una gran deliberación debería acompañar a la aspiración. Es, asimismo, posible, dado lo que Santiago está a punto de decir, que algunos que ejercen esa función en la iglesia primitiva deberían dejarla. El apóstol se esfuerza en mostrar que es consciente de dichas exigencias, porque él mismo es maestro, como demuestra la segunda cláusula ("maestros [...] seremos juzgados"). El uso aquí de la primera persona del plural indica que el contexto que el autor tiene en mente es el de enseñar dentro de la comunidad cristiana. Debería notarse que la iglesia del Nuevo Testamento tenía una desesperada necesidad de maestros, pero pocos recursos en lo concerniente a examinar los requisitos y comprobar la ortodoxia de los mismos.

Aquí, la razón para la advertencia de Santiago es que los maestros recibirán un juicio más estricto si fallan. Es probable que el escritor tenga

---

2. Véase Peter H. Davids, *The Epistle of James,* 135, 149, 155.

en mente la enseñanza de Jesús: "Pero si alguien hace pecar a uno de estos pequeños que creen en mí, más le valdría que le colgaran al cuello una gran piedra de molino y lo hundieran en lo profundo del mar" (Mt 18:6; *cf.* Mr 9:42; Lc 17:2). Santiago no identifica de forma específica este juicio, pero dada la enseñanza que se acaba de citar, es lógico asumir que tenga en mente el juicio escatológico. Que el apóstol tenga a la vista este juicio en otros puntos también conduce a esta conclusión.

Por la naturaleza de su posición, los maestros tienen la oportunidad desmesuradamente grande de influir en los demás, en el seno de la congregación. Parece inevitable que Santiago culpe a ciertos maestros de la comunidad por enseñar falsas prácticas, como el favoritismo y una actitud erróneamente antinomiana. Una vez ha tratado con cada uno de los errores, ahora se centra en la fuente de los mismos: los falsos maestros. Es muy probable que el apóstol esté recordando otra de las enseñanzas de Jesús: "Pero yo les digo que en el día del juicio todos tendrán que dar cuenta de toda palabra ociosa que hayan pronunciado" (Mt 12:36). Las palabras de los falsos maestros no son improductivas tan solo porque se pronuncian de forma irreflexiva, sino porque, a diferencia de lo que Dios dice, ellos no son capaces de llevar a cabo su propósito. La doctrina y la práctica que estos maestros defienden no contribuyen a la edificación de la comunidad, sino que van en detrimento de esta.[3]

En el seno de la iglesia primitiva, la posición de maestro era una de gran nivel. Como ya se ha observado con anterioridad, el deseo que el ser humano tiene por el estatus era endémico en el mundo romano, y, aunque muchos procuraban suplir esta necesidad uniéndose a los *collegia,* otros buscaban de forma ilegítima satisfacer su aspiración uniéndose a la iglesia. El respeto que se concedía a los maestros dentro del judaísmo tampoco debería ignorarse.[4] Es evidente que había un grave problema a este respecto en la iglesia primitiva. Sin tener en cuenta unos estándares claros, se podía poner a cualquiera en un puesto de autoridad, y hasta Pablo se vio desafiado en ocasiones sobre este asunto. Santiago, como Pablo, emite una súplica para que se acepte su autori-

---

3. Véase G. B. Caird y L. D. Hurst, *New Testament Theology* (Oxford: Clarendon, 1994), 328.

4. Joachim Jeremias, *Jerusalén en los tiempos de Jesús* (Madrid: Cristiandad, 1980), 259, proporciona varios ejemplos. El Talmud (*b. Yom. 71b*) relata que un año, en la tarde del Día de la Expiación, una muchedumbre acompañaba al sumo sacerdote hasta su casa. Se acercaron dos escribas y la multitud abandonó al sumo sacerdote para irse con ellos.

dad como algo que está por encima de sus oponentes. Pero lo hace de un modo que no nos recuerda a este último.

En el versículo 2, Santiago admite una verdad sumamente humana: ninguno de nosotros somos perfectos y todos tropezamos con frecuencia. Aquí, la palabra "muchos" puede referirse al número o a la variedad de pecados, pero lo más probable es que aluda a ambas cosas. Pero existe al menos un pecado que es común a todos: el pecado de la lengua. Llegado a este punto, el apóstol no solo tiene en mente a los maestros, sino a todos los cristianos, aunque, claro está, los efectos de los tropiezos en el caso de los maestros pueden tener consecuencias mucho más amplias. Y ahora Santiago imagina que, de haber alguien que jamás hubiera pecado de palabra, esa persona sería perfecta, ya que resulta mucho más fácil controlar el cuerpo que refrenar la lengua. La noción de un hombre perfecto (*teleos aner*) debe ser la de la completitud y la madurez, exactamente como en 1:4. Se trata de la compleción en la virtud cristiana y no de una impecabilidad [la cualidad de no pecar] perfecta.

"Mantener todo el cuerpo controlado" implica dominar las pasiones. Esto, a su vez, sirve de vínculo con la idea del *yeşer* anteriormente debatido y forma otra conexión con 3:6. La forma de hablar, y en especial la lengua como elemento emblemático de la conversación, suele ser con frecuencia la herramienta del *yeşer ha-ra*.[5]

La tradición de la sabiduría tenía mucho que decir en cuanto a la lengua indomada.[6] Pero aquí están teniendo lugar otras muchas cosas, ya que Santiago tiene en mente las enseñanzas que desvían a las personas, que imparten falsedades teológicas haciéndolas pasar por verdades. El apóstol insiste en que alguien que nunca falla en lo que dice también es capaz de controlar (*chalinago*, este mismo término se utiliza también en 1:26) su cuerpo. Su idea, ya expuesta varias veces en esta sección, es que un elemento pequeño (un freno, un timón, una lengua) puede guiar y controlar al conjunto de mayor tamaño. No debe pasarnos por alto que los maestros (y otros líderes) en la iglesia encajan bien en esta imagen. El mismo miembro pequeño puede guiar al conjunto mayor a un lugar donde esté a salvo o condenarlo a las devastaciones del rencor y de la

---

5. Davids, *The Epistle of James,* 138.
6. Proverbios 16:27-28 declara: "El perverso hace planes malvados; en sus labios hay un fuego devorador. El perverso provoca contiendas, y el chismoso divide a los buenos amigos" (véase también 10:8,11,19; 18:7-8).

falsedad.[7] Cuando la lengua está fuera de control, puede destruir mucho bien que ya se haya logrado; un líder cuya enseñanza es errada puede, visto y no visto, arrasar años de cuidadoso y sano crecimiento en la vida de una congregación. Un tipo semejante de teología mancillada amenazaba a la comunidad a la que Santiago escribió, y resultó en una práctica imperfecta. Él no tuvo más remedio que detener aquello y enderezar el rumbo de la comunidad.

La lengua nos puede controlar (3:3-5)

En los versículos 3-4, Santiago inicia una serie de ilustraciones de la vida cotidiana con el fin de presentar a sus lectores, en parte, con una intensidad especialmente ajustada, el poder de la lengua ya sea para corroer o para nutrir. Las dos primeras analogías no son demasiado precisas (la lengua no controla el cuerpo del mismo modo en que el freno domina a un caballo, o como lo hace el timón con una nave), pero el significado queda suficientemente claro. Quienes desempeñan cargos de liderazgo son los que controlan a la iglesia. Por tanto, así como el jinete dirige al caballo[8] y el piloto al timón, el maestro cristiano debe estar bajo la dirección de la autoridad adecuada.[9]

Dibelius argumentó[10] que 3:3-5 deriva de la literatura helenística y que este cambio es el responsable de algunas de las dificultades gramaticales que se presentan. Aunque el vocabulario es ciertamente extraño (muchos de los términos solo se encuentran en este lugar de las Escrituras), el inmenso número de paralelos sugiere que estas imágenes eran comunes en el mundo helenístico. Por tanto, no se tiene ningún parale-

---

7. A principios de la Segunda Guerra Mundial, un proyectil del *Bismarck,* un navío de guerra alemán, hundió el pesado crucero *Hood*, orgullo de la armada británica. Una gran persecución se inició, y el *Bismarck* se vio finalmente condenado cuando un torpedo destruyó su timón, haciéndolo navegar desventuradamente en círculos, hasta que una barrera de fuego de la artillería naval británica lo envió al fondo del Atlántico. Véase Winston Churchill, *The Grand Alliance* (Boston: Houghton and Mifflin, 1950), 315-19.
8. Esta era una imagen conocida para los escritores antiguos, véase Plutarco, *Moralia,* 33.
9. Peter H. Davids, *The Epistle of James,* 139, alude desfavorablemente a la explicación por parte de Reicke en cuanto a que Santiago desea vincular la imagen que Pablo tiene de la iglesia como un cuerpo a la de la iglesia como un barco. Esto nos lleva a la pregunta de la fecha, ya que no existe referencia bíblica alguna a la iglesia como nave. La alusión al arca en 1P 3:20 puede proporcionar la base para esta imagen, pero no existe evidencia alguna de ello.
10. M. Dibelius, *James: A Commentary on the Epistle of James*, rev. H. Greeven, tr. M. A. Williams (Hermeneia, Filadelfia: Fortress, 1976), 185-90.

lo específico a la vista. Santiago adecuó sencillamente lo que conocía como frases hechas y las incorporó para sus propios fines.

En el versículo 5, Santiago hace gala de su destreza literaria, y en particular de la aliteración: "La lengua es un miembro (*melos*) pequeño (*mikron*), pero se jacta de grandes cosas (*megala*)". El apóstol señala su intención afirmando que la lengua se vanagloria, y esto, en el Nuevo Testamento, se suele considerar pecado, por indicar un deseo de colocarse uno mismo en el papel de Dios. Davids[11] remarca cómo Santiago ejecuta aquí un cambio de tono: se habla tanto del freno como del timón en términos positivos; sin embargo, de la lengua, el comentario es básicamente negativo. Esto se debe a que su potencial es infinitamente superior al de los dos elementos anteriores; es capaz de alturas sublimes, pero también de hundirse en las profundidades más perniciosas del mal. Santiago opina que no debemos subestimar el poderoso potencial de las posiciones de liderazgo ni infravalorar el perjuicio que puede causar una conversación negligente o mezquina.

Santiago pasa a una nueva imagen: la del fuego que enciende una pequeña chispa. Aquí, la ilustración es claramente negativa. Aunque existen paralelos en la literatura griega,[12] el trasfondo de este dicho se halla en la literatura judía. La tradición de la sabiduría, en especial, tiene mucho que decir sobre el poder destructor de la lengua, y la asocia en ocasiones con imágenes de fuego.[13] Pocos desastres en el antiguo mundo se temían más que el fuego, ya que las personas de aquella época poseían escasísimos recursos para combatir incendios,[14] hasta en los centros urbanos.[15] El propósito de esta ilustración consiste en enfatizar el gran poder destructivo de la lengua.

---

11. Davids, *The Epistle of James*. 140.

12. Véase Ralph P. Martin, *James,* 113.

13. Nótese Pr 26:21: "Con el carbón se hacen brasas, con la leña se prende fuego, y con un pendenciero se inician los pleitos" (véase también 16:27; Sal 39:1-3; 120:2-4).

14. En una de sus cartas a Trajano, Plinio menciona un incendio urbano: "Estando yo inspeccionando otra zona de la provincia, un incendio en Nicomedia consumió muchas casas privadas y dos edificios públicos, el centro de reunión de los mayores y el templo de Isis, aunque una calle pasa entre ellos. En un primer momento se vio alimentado por una brisa, pero no habría sido tan violento de no ser por la actitud despreocupada de los ciudadanos. Al parecer, los ciudadanos permanecieron allí parados, observando el desastre, inmóviles, sin hacer nada por detenerlo. Tampoco existe ni un solo carro de bomberos en la ciudad ni un balde, ni ningún otro instrumento para combatir un fuego" (Plinio, *Epistulae,* 10.33).

15. Tradicionalmente, los "fuegos" aquí mencionados se describen como incendios forestales, una tradición con la que la NVI continúa. Aunque esto no es incorrecto, el

El poder de la lengua (3:6-12)

De una forma más cortante y habiendo utilizado de forma extraña alguno de los términos más fuertes que tiene a su disposición, Santiago deja claro en el versículo 6 cuáles son los efectos y la fuente de una lengua que yerra. A estas alturas, ambos niveles de significado están en juego: la lengua descontrolada puede causar gran daño, y los maestros cristianos cuya enseñanza en la iglesia está equivocada causan un perjuicio tremendo.

Sin embargo, bajo el aparente significado evidente subyace gran complejidad. Muchas de las frases son, como poco, enigmáticas. Además, la primera parte del versículo 6 contiene cinco términos en caso nominativo, pero un solo verbo en indicativo (*kathistatai*), aquí traducido "(presente) *entre* las partes del cuerpo". La dificultad consiste en saber cuál es la mejor forma de asignar el verbo. Además, el texto está marcado por una cantidad de interpretaciones diversas que ha llevado a algunos comentaristas a suponer que el texto, tal como lo tenemos, es corrupto.[16] Es del todo innegable que este pasaje resulta difícil de interpretar, pero debemos seguirlo. Buscar versiones "reconstruidas", como muchos han sugerido, equivale a participar en la extravagancia y abandonar la integridad de la tarea exegética.

Como vimos más arriba, la declaración de que la lengua es un fuego se hace claro eco del simbolismo veterotestamentario en cuanto a la lengua y a la conversación inoportuna. Pero al escoger el uso de *kosmos* ("mundo"), Santiago nos ha dejado, tal vez con toda intención, un término rico en varios significados. La vinculación de esta palabra con "maldad" sugiere que, de entre los numerosos matices asignados a *kosmos* en el Nuevo Testamento, aquí debe querer aludir al mundo y a sus fuerzas que se oponen a Dios. Toda una variedad de personajes habitan este mundo y el apóstol cree, con toda claridad, que los falsos maestros son ciudadanos del mundo o, al menos, están bajo la influencia de este, aunque no se den cuenta de ello.

La idea que Santiago está exponiendo es que el gran "mundo de maldad" se ve en los ejemplos más pequeños y específicos. Por una parte, la

---

término griego aquí utilizado, *hylen*, deriva de *hyle*, que significa conflagración, ya sea de madera o de leña cortada. Por esta razón, el horror del fuego en un centro urbano no se descarta aquí.

16. Véase James H. Ropes, *The Epistle of St. James*, 234. James B. Adamson, *The Epistle of James*, 158.

lengua incontrolada es un ejemplo de la perversidad de este mundo que se opone a Dios. Por otra, los maestros que se oponen a Santiago son un ejemplo de ese mismo mundo. El Espíritu de Dios no guía ni a la lengua ni a los maestros, pero de la misma manera como un piloto controla el timón, la lengua descontrolada y los falsos maestros reciben directrices de las fuerzas del Gehena.

Existen otras dificultades gramaticales en este versículo. La NVI ha optado por entender que "un mundo de maldad" está gramaticalmente conectado con la frase de apertura "la lengua es un fuego". La mayoría de los comentaristas disienten, y afirman que el verbo "ser" se debería comprender en la primera frase, que a continuación se convierte en una locución completa. Esto tiene la ventaja de permitir que figure ambas veces el término *glossa* ("lengua") y que se registre en la traducción: "Y la lengua es un fuego. La lengua es un mundo de maldad que está presente entre nuestros miembros". Sin embargo, como señala Martin,[17] existe en verdad poca diferencia entre las dos traducciones. La idea es que la lengua suele ser culpable de poner en práctica el potencial que tiene para el mal y, al hacerlo, infecta el resto del cuerpo.

En realidad, esto es lo que Santiago declara al final del versículo 6, que la lengua puede corromper o manchar a toda la persona (*soma*, lit., "cuerpo"). Esta es otra forma de exponer lo que ya ha registrado con anterioridad: aunque pequeña, la lengua controla el conjunto mayor (3:2, 3, 4). El apóstol sigue con su serie de comentarios negativos sobre la lengua al afirmar que "prende a su vez fuego a todo el curso de la vida". Es decir, que la lengua puede contaminar toda la vida, ya sea la del individuo o la de la comunidad. Dada la doble narrativa del pasaje, es más que probable que se trate de una ambigüedad intencionada del apóstol.

En su frase "encendida por el infierno", Santiago rastrea la raíz de la maldad, cuyos portavoces son los maestros y sus expresiones (de forma particular) el favoritismo y el antinomianismo. El término griego traducido "infierno" es *geenna* (que suele transliterarse "Gehena"), que se refería a Ge Hinnom, el valle al sur de Jerusalén que se había convertido en símbolo de la ubicación de la maldad y la fortaleza de Satanás (véase la sección Construyendo Puentes). Parece claro que Santiago está argumentando que Satanás es la fuente máxima de las falsas enseñanzas

---

17. Martin, *James*, 115.

corrosivas que ofrecen los líderes de la iglesia.[18] Con anterioridad había identificado el *yeṣer ha-ra* (el impulso malvado) como fuente de perversidad dentro de la persona. Aquí, describe una fuente que contribuye al *yeṣer ha-ra* que es Satanás.[19]

En resumen, Santiago 3:6 capta e intensifica el impulso de 3:3-5 que la lengua es capaz de causar un gran daño. El apóstol logra este efecto mediante un popurrí de imágenes de gran fuerza evocativa que, como Martin y Davids señalan,[20] resaltan más por su fuerte impresión que por su gran claridad gramatical.

En la yuxtaposición con la incapacidad de los seres humanos a la hora de controlar la lengua, Santiago ofrece la idea de que el hombre puede domar y ha domesticado a miembros del reino animal (v. 7). Los antiguos solían considerar el reino animal como símbolo del desorden, pero también se preciaban de su capacidad de domar la naturaleza. Tal vez sería mejor afirmar que los antiguos creían que la razón gobernaba tanto a la naturaleza como a la convención humana, y que cuando los seres humanos eran capaces de poner riendas a la naturaleza, esto era la prueba de la potencia del espíritu racional en el universo.[21]

Pero es evidente que Santiago tiene también en mente el relato bíblico de la creación, sobre todo que Dios otorgó a la humanidad el derecho de gobernar sobre "los peces del mar, y sobre las aves del cielo; sobre los animales domésticos, sobre los animales salvajes, y sobre todos los reptiles que se arrastran por el suelo" (Gn 1:25). El apóstol llega a usar la típica división bíblica del mundo animal en cuatro clases (*cf.* también Gn 9:2).

Esta referencia indirecta a la creación trae a la mente el recurrente *leitmotiv* de "perfectos e íntegros"[22] que conlleva el matiz de "feliz término". Dios creó a los seres humanos con un propósito, y este no se cumplirá siguiendo a los falsos maestros.

Santiago prosigue con su pensamiento: "Pero nadie puede domar la lengua. Es un mal irrefrenable, lleno de veneno mortal". La incapacidad

18. Esta interpretación se refuerza por la aparición de temas similares en 3:15 ("Esa no es la 'sabiduría' que desciende del cielo, sino que es terrenal, puramente humana y diabólica") y en 4:7 ("Resistan al diablo").

19. *Gehenna* (aquí traducido "infierno") podría funcionar a modo de circunloquio para Satanás, así como "cielo" es con frecuencia un circunloquio para Dios (véase Lc 15:21).

20. Martin, *James,* 116; Davids, *The Epistle of James,* 143-44.

21. Cicerón, *De natura deorum,* 2.34.

22. Véase el análisis sobre esta expresión en 1:4.

de la raza humana para domar la lengua es la prueba de la naturaleza irracional de su orientación y su esfuerzo. El énfasis parece haber cambiado de la lengua como un código para el líder de la iglesia a la referencia individual. Se describe a la lengua como "indecisa" o "inconstante" (*askatastaton*),[23] que solo sirve para realzar el contraste con el orden y la razón que, por implicación, están conectados a la enseñanza de Santiago en contraposición con la de sus oponentes.

La imagen que Santiago utiliza aquí es la de una bestia deficientemente enjaulada que escapa e irrumpe con un poder destructivo irracional. Este nervioso desbarro es parecido al doble ánimo de la lengua, un tema con el que a estas alturas ya estamos familiarizados. A este poder destructivo se le añade colorido mediante la descripción de la lengua como un elemento repleto de ponzoña letal; su arsenal se mejora por medio de un suministro de veneno mortal.[24]

Una vez hecha la declaración de que la lengua no es digna de confianza y es decepcionante, Santiago prosigue en el versículo 9 para proporcionar un ejemplo. Rehúye el uso de la metáfora para exponer esta idea, prefiriendo en su lugar una imagen sacada del entorno litúrgico. Esto le señala al lector que, una vez más, la lengua a modo de código para los líderes de la iglesia es al menos uno de los referentes que se tienen a la vista. Como ya hemos visto antes,[25] la lengua, como emblema del doble ánimo, era algo conocido en el judaísmo.[26]

Según Santiago, usamos la lengua para expresiones que son mutuamente incompatibles. La referencia a "bendecir" es de señalada importancia, ya que se refiere a Dios mismo y lo trae a la mente, así como la relación que existe entre él y los seres humanos. A medida que se desarrollaba la conciencia de la santidad de Dios dentro del judaísmo, los judíos idearon formas elípticas de referirse a él, una de las cuales era: "el Santo, bendito sea".[27] Con este ejemplo particularmente llamativo y conmovedor, Santiago espera proporcionar una seria advertencia en cuanto a la importancia de una cuidadosa supervisión sobre la lengua.

---

23. De todo el Nuevo Testamento, solo se encuentra aquí y en Santiago 1:8.
24. La imagen no era desconocida para los hebreos. Sal 140:3 afirma: "Afilan su lengua cual lengua de serpiente; ¡veneno de víbora hay en sus labios!".
25. Véase el análisis de Santiago 1:26, p. 115.
26. Sal 62:4 dice: "Bendicen con la boca, pero maldicen con el corazón".
27. *Midrash Bereshith* 1. *Cf.* también Mr 14:61, que incluye la pregunta del sumo sacerdote: "¿Eres tú el Cristo, el Hijo del Bendito?".

A este ejemplo, Santiago añade otro que capta de inmediato la atención por su marcada gravedad: "con ella maldecimos a las personas [a nuestros congéneres], creadas a imagen de Dios". Que el verbo "maldecir" (*kataraomai*) figure en tiempo presente cimenta la interpretación de que Santiago tiene en mente una situación concreta y no hipotética en el seno de la iglesia. La cuestión de maldecir no es una menor, sino interesante, en el Nuevo Testamento. Jesús maldijo a la higuera (Mt 21:19), y Pablo parece haber sido menos que inmune a maldecir cuando la situación exigía palabras mayores.[28] Pero estas son las excepciones, ya que el Nuevo Testamento está, en general, en contra de maldecir. La idea era, evidentemente, limitar las exhibiciones de una ira irracional. Esto encaja sumamente bien en la idea general de la enseñanza de Santiago.

También queda claro que no llegar a percibir la imagen de Dios los unos en los otros forma parte de este complejo. Al mostrar favoritismo y hacer gala de un espíritu antinomiano que, al parecer, consideraba una nadería el mandamiento de amar al prójimo, ciertos líderes eclesiásticos no hacían más que alentar una enseñanza y una práctica desviadas. No reconocer que cada uno de nosotros ha sido creado a imagen de Dios llegará a permitirnos oprimirnos y esclavizarnos unos a otros. Se trata, en realidad, de una razón fundamental por la que Dios prohibía la adoración de dioses extraños, porque esta práctica no solo significaba rechazarlo a él, sino también repudiar sus principios sociales y éticos.

El entorno lingüístico exacerba además la importancia de la cuestión. ¿Cómo pueden los adoradores maltratar conscientemente a sus congéneres y esperar adorar a Dios en pureza? Este versículo combina esmeradamente, pues, las dos prácticas anormales de la iglesia a la que Santiago dirige su carta.

"De una misma boca salen bendición y maldición. Hermanos míos, esto no debe ser así (v. 10). Basándose, quizá, en Salmos 62:4, Santiago modifica la imagen por una falsedad que sale de la boca, un cambio que tal vez tiene lugar para recordar a sus lectores las palabras de Jesús en Mateo 15:11: "Lo que 'contamina' a una persona no es lo que entra en la boca sino lo que sale de ella". Jesús entendía que las acciones eran reveladoras del carácter, como atestigua el dicho: "Un árbol bueno no puede

---

28. En 1Co 5:5, Pablo ofrece su opinión de que el hombre culpable de incesto debería ser entregado a Satanás para que destruya la naturaleza pecaminosa, y que su espíritu pueda ser salvo de ese modo; en al menos un texto (Ro 3:8), este apóstol juzgó que la condenación de alguien era más que merecida.

dar fruto malo". También creía que nuestra conversación desvelaba el carácter, que es el punto esencial que aquí se expone. Lo que decimos sale del corazón.

En el versículo 11, Santiago incluye una frase del depósito de la sabiduría mediterránea, traducida en latín: *a fonte puro pura defluit aqua* ("de un manantial puro fluye agua pura"). También regresa al mundo de la metáfora. Una fuente de la que sale agua dulce y salada a la vez era algo antinatural; de esta forma, Santiago continúa exponiendo su idea de que la conversación abusiva es irracional. La triple imagen de la falta de lógica de esperar que árboles y vides produzcan un fruto que no es propio de su especie y que un manantial de agua salada produzca agua dulce sirve para recalcar la idea que ha expuesto una y otra vez. El uso que el apóstol hace de la frase "hermanos míos" (vv. 10-11) sugiere que reconoce haber pronunciado palabras duras a sus lectores y, de este modo, reitera el afecto que siente por ellos para traer a su memoria que es uno de ellos y que en su corazón solo pretende los mejores intereses para todos ellos.

Construyendo Puentes Santiago ha bosquejado para nosotros un pasaje de extraordinaria intensidad, repleto de imágenes memorables ("la lengua es un fuego, un mundo de maldad") y observaciones espirituales ("Con la lengua alabamos a nuestro Señor y Padre y con ella maldecimos a los hombres, que han sido hechos a la imagen de Dios"). El apóstol estaba escribiendo a una iglesia profundamente dividida a causa de las distintas enseñanzas postuladas por diferentes maestros, aunque este simple bosquejo es todo lo que sabemos. Sin embargo, trata dos cuestiones que nos ayudarán a evitar dar un paso equivocado cuando luchemos por dar vida a este pasaje en nuestro propio mundo. La primera concierne al término *geenna* ("infierno") en 3:6; la segunda implica el enfoque central del pasaje, la susceptibilidad de la lengua (ya sea como discurso o como emblema de los líderes dentro de la comunidad cristiana) a la influencia de Satanás.

En un pasaje que está marcado por tan rico simbolismo, estos dos temas pueden parecer mundanos. No obstante, afianzan la forma en que se aplican estas cuestiones del texto en la vida contemporánea y la controlarán en parte. La preocupación fundamental de esta porción es el poder [...] de Satanás y el de la lengua para distorsionar y corromper. La comprensión adecuada del punto de vista bíblico del poder es, por tanto, esencial si queremos establecer con éxito un puente sobre la brecha existente entre el mensaje de Santiago para el siglo I y para el nuestro. Por estas razones se han seleccionado estos dos términos.

Gehena. En 3:1-12, Santiago nos informa que la inclinación malvada que hay en nuestro interior, aliada en diversas maneras con Satanás y dispuesta receptora para él, es la fuente del deseo de emplear la lengua de formas que hacen daño. Por un lado, Santiago nos advierte contra la ignorancia; esos "deslices" de la lengua pueden, de hecho, no ser tan inocentes o inofensivos, y pueden muy bien representar las fases iniciales de ese crecimiento biológico de la maldad de la que el capítulo 1 da testimonio. Por otro lado, Santiago nos está previniendo contra los líderes que no fomentan un espíritu de cooperación y compasión, sino más bien de envidia y lucha. Estos temas serán rasgos destacados en el resto de la carta.

La NVI usa el término "infierno" en 3:6, pero, detrás de este término se halla el vocablo griego geenna. Es imperativo que entendamos tanto los matices literales como los figurados de esta palabra, con el fin de aplicar su significado a nuestra propia época. Sin esta comprensión, la conducta de los líderes y la conversación impura de los individuos pueden desestimarse, así como un médico puede errar al descartar los primeros síntomas de cáncer en un paciente. Este descarte no es inofensivo, ya que la fuente del problema no es inocente: es el Gehena.

En el Antiguo Testamento, el valle de Hinón (heb. *gay'hinnon*) formaba parte de la delimitación entre la tribu de Judá y la de Benjamín (Jos 15:8).[29] Era, asimismo, la ubicación de la adoración de los dioses cananitas, como Baal y Molec. Estos ritos iban acompañados de sacrificios de niños que se ofrecían allí (2R 23:10). Jeremías dijo que ese valle sería lugar de juicio, y lo denominó "Valle de la Matanza", por la gran cantidad de judíos que los babilonios mataron y arrojaron al valle (Jer 7:29-34). Durante el periodo del segundo templo, este valle se llegó a vincular con la idea de juicio de fuego y con el escatológico (1 Enoc 26–27). Esto hizo que Gehena acabara asociándose con los fuegos del infierno y, por tanto, con el infierno mismo.

---

29. Sobre esta cuestión véase H. Bietenhard, "γέεννα", *NIDNTT,* 2:208-9, Duane F. Watson, "Gehenna", *ABD,* 2:926-28.

En el Nuevo Testamento encontramos doce referencias a Gehena. A excepción de esta de Santiago, todas salen de la boca de Jesús en los Evangelios Sinópticos. Aquí, pues, tenemos otro enlace entre Santiago y la tradición de Jesús. Tras el juicio final, Gehena es el lugar de castigo y destrucción de los malvados (Mt 5:22); allí se juzga el cuerpo y el alma (Mt 10:28; Mr 9:43-47), y este castigo es eterno (Mt 25:41, 46). Jesús nos advierte contra varios pecados que pueden causar que uno sea condenado al Gehena, incluido el de llamar necio a un hermano (5:22) y el de entregarse a inclinaciones pecaminosas (5:29-30). Estos dos temas destacan en Santiago y son una prueba más del vínculo entre él y Jesús.

En este pasaje, pues, Gehena es símbolo de la fuerza de Satanás. En Santiago 3:15, la falsa "sabiduría" de este mundo, caracterizada por la envidia y la amargura se atribuye a lo "demoníaco" (que la NVI traduce "el diablo") y, en 4:7, el apóstol nos dice "resistan al diablo". Un "mundo de maldad" está esperando para atraparnos y su fuente es Satanás. Estos son de los términos más duros de los que dispone Santiago. Está advirtiendo a la iglesia: ¡Ignoren tal discurso y los actos de este tipo de líderes, bajo su propia responsabilidad!

El poder desde la perspectiva bíblica. Según Santiago: "La lengua es un fuego [...]. Contamina todo el cuerpo, es encendida por el infierno" (3:6). La lengua tiene una influencia enormemente desproporcionada con respecto a su tamaño. También es susceptible a las fuerzas del mal. Se la puede distorsionar para que lleve a cabo la obra del infierno. Este lenguaje es duro e intransigente, y nos presenta de nuevo el poder de Satanás. Cuando nuestro discurso manifiesta la capacidad de devastar a otros y hasta a nosotros mismos, nuestra lengua ha sido doblegada por las fuerzas del mal. Cuando quienes están en posiciones de liderazgo dentro de la iglesia hacen un mal uso de esa confianza, están bajo la influencia de las fuerzas del mal. Santiago no quiere que ignoremos esto, porque el desconocimiento nos hace aún más vulnerables a los estragos corrosivos del infierno. Tanto la lengua como las posiciones de liderazgo ejercen poder, y ambos se ven comprometidos. Es, pues, fundamental que entendamos el punto de vista bíblico sobre el poder.

Lord Acton declaró: "El poder tiende a corromper y el poder absoluto corrompe de un modo absoluto".[30] Acton se ha hecho eco, en esta frase,

---

30. Lord Acton, "Letter to Bishop Creighton", 5 de septiembre, 1887. Henry Adams declara: "Un amigo en el poder es un amigo perdido" (*The Education of Henry Adams*, cap. 7).

de una verdad teológica. Daniel le dijo a Belsasar que Dios era quien le había dado a Nabucodonosor, su padre, "soberanía, grandeza, gloria y majestad [...]. Pero cuando su corazón se enalteció y su espíritu se endureció en su arrogancia, fue depuesto de su trono real y su gloria le fue quitada" (Dn 5:18, 20). De acuerdo con la Escritura, el poder tiene la capacidad y la tendencia de torcerse y pervertirse. Esto es relevante, porque en Santiago 3:6 el autor vincula las posiciones de autoridad (la lengua) y el abuso de poder (los falsos maestros, con quienes discrepa) con la fuente de esta calumnia: el infierno. Al exponer este argumento, el apóstol está tocando una rica tradición bíblica que procuraba explicar la presencia y el poder del mal. Es una comprensión que comparten Santiago, Pablo y Juan entre los escritores del Nuevo Testamento.

El primer paso para entender cómo la lengua o las personas que están en posiciones de liderazgo pueden "ser encendidos por el infierno" y, por tanto, abusar de su poder equivale a reconocer que el Antiguo Testamento asevera que Dios confió a la humanidad una autoridad delegada. En Génesis 1:26, leemos: "Y dijo Dios: 'Hagamos al hombre a nuestra imagen, conforme a nuestra semejanza; y ejerza dominio sobre los peces del mar, sobre las aves del cielo, sobre los ganados, sobre toda la tierra, y sobre todo reptil que se arrastra sobre la tierra'". La humanidad, creada a imagen de Dios, ha recibido una autoridad delegada sobre toda la tierra. Los Salmos afirman que "del Señor es la tierra" (Sal 24:1) y que "los cielos son los cielos de Señor" (Sal 115:16). Santiago establece un enlace consciente a esta idea de autoridad delegada cuando en Santiago 3:7-8 alude al cuádruple orden de la creación.

Esta combinación de autoridad delegada con la creación a imagen de Dios se celebra en Salmos 8, una especie de comentario de Génesis 1:26-27, que habla de la humanidad antes de la caída:

> Cuando veo tus cielos,
> obra de tus dedos,
> la luna y las estrellas que tú has establecido,
> digo: ¿Qué es el hombre para que de él te acuerdes,
> y el hijo del hombre para que lo cuides?
> ¡Sin embargo, lo has hecho un poco menor que los ángeles,
> y lo coronas de gloria y majestad!
> Tú le haces señorear sobre las obras de tus manos;
> todo lo has puesto bajo sus pies:
> ovejas y bueyes, todos ellos,

> y también las bestias del campo,
> las aves de los cielos
> y los peces del mar,
> cuanto atraviesa las sendas de los mares.
> ¡Oh Señor, Señor nuestro,
> cuán glorioso es tu nombre en toda la tierra! (8:3-9)

Aquí se afirma la gloria y el dominio concedidos a la humanidad.

El segundo paso para entender la idea de Santiago del abuso de poder es ver que hay algo inherente en el poder que inclina a la maldad. Este es una trama secundaria que halla su expresión en las secciones apocalípticas de Daniel. En Daniel 7, el profeta recibe una visión y, a continuación, la relata:

> Habló Daniel, y dijo: "Miraba yo en mi visión nocturna, y he aquí, los cuatro vientos del cielo agitaban el gran mar; y cuatro bestias enormes, diferentes unas de otras, subían del mar.
>
> La primera era como un león y tenía alas de águila. Mientras yo miraba, sus alas le fueron arrancadas, fue levantada del suelo y puesta sobre dos pies, como un hombre, y le fue dado corazón de hombre.
>
> Y he aquí, otra segunda bestia, semejante a un oso, estaba levantada de un costado, y en su boca, entre sus dientes, tenía tres costillas; y le dijeron así: 'Levántate, y devora mucha carne'.
>
> Después de esto seguí mirando, y he aquí, otra más, semejante a un leopardo que tenía sobre su dorso cuatro alas de ave; la bestia tenía cuatro cabezas, y le fue dado dominio.
>
> Después de esto seguí mirando en las visiones nocturnas, y he aquí, una cuarta bestia, terrible, espantosa y en gran manera fuerte que tenía enormes dientes de hierro; devoraba, desmenuzaba y hollaba los restos con sus pies. Era diferente de todas las bestias que le antecedieron y tenía diez cuernos". (Dn 7:2-7)

La visión se inicia con un mar agitado. El mar representa el caos, el lugar de las fuerzas que se oponen a Dios.[31] El mar está embravecido por la noche, y ambos rasgos pretenden aumentar el sentido de peligro y de maldad. De él salen cuatro bestias que representan a poderes políticos. Poseen autoridad, "se les dio dominio", porque Dios ha confiado esta tarea a la humanidad. Pero, así como Nabucodonosor en Daniel 5, las bestias abusan de ese poder. Se les dice que "[devoren] mucha carne" y que "[huellen] los restos con sus pies".

Daniel, como Santiago, proclama la verdad de que las personas que ostentan posiciones de poder suelen abusar de él, así como la lengua causa daño a menudo. Pero Daniel también habla de que Dios traerá juicio sobre el poder político, cómo serán despojados de su poder y cómo se da "dominio, gloria y reino" a "uno como un Hijo de Hombre" (7:13-14). El significado de esta imagen es que las instituciones humanas poseen "autoridad", porque Dios la ha delegado en nosotros. Sin embargo, en nuestra mayordomía, esa autoridad ha sido contaminada por el mal; ya no se puede confiar en ella, y, un día, Dios despojará a las instituciones humanas de la autoridad que ahora usamos de forma inadecuada. Y él se la dará al "Hijo del Hombre", el agente de Dios que establecerá el reino de este. El poder político es moralmente neutro, pero fácilmente asumido por las fuerzas del mal.

El tercer paso para percibir la idea que Santiago tiene del poder como algo influenciado por el infierno consiste en comprender esas fuerzas del mal. ¿Qué son? En la traducción que la Septuaginta hace de Deuteronomio 32:8-9 leemos que cuando "el Altísimo dio a las naciones su herencia, cuando separó los hijos del hombre, fijó los límites de los pueblos según el número de los hijos de Israel. Pues la porción del Señor es su pueblo; Jacob es la parte de su heredad". Es decir que Dios nombró a los seres celestiales para que supervisaran a las naciones. En 4:19 se le advierte a Israel que no adore a esos ángeles, porque, aunque son seres celestiales, no son Dios: "No sea que levante los ojos al cielo y veas el sol, la luna, las estrellas y todo el ejército del cielo, y seas impulsado a adorarlos y servirlos, cosas que el Señor tu Dios ha concedido a todos los pueblos debajo de todos los cielos". Sin embargo, en su ignorancia, los seres humanos adoran a esos ángeles como si fueran Dios, y algu-

---

31. Por esta razón, en Ap 21:1, cuando se describe el nuevo cielo y la nueva tierra, el primer elemento mencionado es que "el mar ya no [existía]".

nos de ellos aceptan esa adoración. Esto justifica la ira de Dios con los ángeles.

Este es el tema de muchos salmos. Salmos 82:1-2, por ejemplo, afirma que Dios se sienta en juicio de "los dioses" (un término que se refiere a los espíritus angelicales): "Oh Dios, no permanezcas en silencio; no calles, oh Dios, ni te quedes quieto. Porque, he aquí, tus enemigos rugen, y los que te aborrecen se han enaltecido". Salmos 89:6-7 afirma que ninguno de los dioses se puede comparar a Dios; 86:4 afirma que Dios es temible sobre todos los dioses, y 97:7 declara que los dioses deberían adorar a Dios.

Del mismo modo, Isaías se hace eco de esta idea y añade el tema del juicio. Isaías 24:21-22 declara:

Y sucederá en aquel día,
que el Señor castigará al ejército de lo alto en lo alto,
y a los reyes de la tierra en la tierra.
Y serán agrupados en montón
como prisioneros en un calabozo;
serán encerrados en la cárcel
y después de muchos días serán castigados.

De manera similar, Isaías 34:2-4 afirma:

Porque el enojo del Señor es contra todas las naciones,
y su furor contra todos sus ejércitos;
las ha destruido por completo,
las ha entregado a la matanza.
Sus muertos serán arrojados,
y de sus cadáveres subirá el hedor,
y las montañas serán empapadas con su sangre.
Todo el ejército de los cielos se consumirá,
y los cielos se enrollarán como un pergamino;
también todos sus ejércitos se marchitarán
como se marchita la hoja de la vid,
o como se marchita la de la higuera.

Obsérvese aquí la estrecha asociación de los ángeles con las fuerzas políticas humanas que representan. Detrás de muchas instituciones humanas se hallan las fuerzas sobrenaturales del mal. Esto es particularmente cierto en el orden político, ya sea que se manifieste en los gobiernos, en la cultura burocrática de las corporaciones o en la política de las universidades.

Esta es, básicamente, la opinión de Juan y de Pablo. En el Evangelio de Juan son los romanos quienes ejecutan el falso juicio contra Jesús, por culpa de los judíos que los obligaron (Jn 19:12-16). Pero detrás de ambos está Satanás. Las autoridades judías no se dan cuenta, pero, según dice Jesús, son los hijos de Satán (Jn 8:44). Hablando de su muerte a manos de los romanos, dice: "No hablaré mucho más con vosotros, porque viene el príncipe de este mundo". Satanás está detrás de las fuerzas políticas que, ignorantes de su presencia, se inclinan a su voluntad.

Pablo nos presenta un lienzo ligeramente agrandado. Afirma que esos ángeles son los gobernadores de este siglo y que están aliados con Satanás, "el dios de este mundo" (2Co 4:4), "el príncipe de la potestad del aire" (Ef 2:2). Pablo asevera que estos gobernantes están detrás de las fuerzas del poder político, en especial de las que ejecutaron a Jesús: "Ninguno de los gobernantes de este siglo ha entendido, porque si la hubieran entendido no habrían crucificado al Señor de gloria" (1Co 2:8). En Colosenses 2:15, el apóstol escribe que esos gobernantes, junto con sus esbirros terrenales, han sido derrotados en la cruz. "Y habiendo despojado a los poderes y autoridades, hizo de ellos un espectáculo público, triunfando sobre ellos por medio de él". La victoria de Cristo es tan completa que, como las víctimas del poder romano, los principados y las potestades tienen que desfilar asumiendo su vergüenza delante del conquistador. Con todo, Pablo afirma que los poderes derrotados siguen siendo peligrosos: "Porque nuestra lucha no es contra sangre y carne, sino contra principados, contra potestades, contra los poderes de este mundo de tinieblas, contra las huestes espirituales de maldad en las regiones celestiales" (Ef. 6:12).

La Biblia argumenta, pues, que el orden político es moralmente neutro, pero inherentemente débil y fácilmente corrompido por Satanás. Los ejemplos no son difíciles de hallar. Los soldados serbios defienden su complicidad en actos de asesinato y tortura bajo la afirmación de que se limitaban a cumplir órdenes. Los supervisores pasan por alto a los empleados que merecen un ascenso para concedérselo a un pariente. Los gobiernos dirigen pruebas nucleares con el fin de determinar los efectos de la radiación exponiendo a los soldados a una lluvia nuclear radioactiva, pero no los informan del peligro.

El poder político es peligroso, precisamente porque es poder. Sin él, Adolf Hitler no habría sido más que un insignificante y malevolente insatisfecho que mantenía una lujuriosa e incestuosa aventura con su sobrina.[32] Pero se hizo con el poder y llegó a controlar un moderno estado-nación que pudo destrozar mediante una carnicería indescriptible. Stalin pudo haber pasado su vida no siendo más que un tirano de humor cambiante dentro de su familia, pensando persistentemente y en privado en sus ambiciones y leyendo su novela favorita, una traducción rusa de *Tarzán de los monos*, de Edgar Rice Burroughs.[33] A pesar de ello, por culpa del poder del estado, superó a todos los que residen en el largo corredor de la depravación humana en el espeluznante negocio del asesinato.

Los padres pueden paralizar el espíritu de sus hijos mediante un lenguaje avasallador y crítico. La lengua tiene el poder de devastar a un niño pequeño. Hasta en la iglesia, el poder está abierto al abuso. Ahora pasamos a la explicación de este tema.

Significado Contemporáneo

La idea central de este pasaje tiene que ver con el poder y, de forma específica, con su aplicación errónea. Las personas en posición de liderazgo caen presa de su fascinación, hasta en el liderazgo de la iglesia. Cada uno de nosotros tiene el poder de infligir dolor en los demás con lo que decimos. Finalmente, el mundo en el que vivimos está inundado de abuso de poder que hace que sea más difícil y necesario no dejarse atraer por él.

El texto nos ofrece tres cuestiones relevantes para la aplicación. Por encima de todas las demás está el asunto de los maestros y el poder que tienen en virtud de su posición. Al ofrecernos Santiago advertencias en cuanto a los maestros y el liderazgo, el debate se centrará en algunos de los peligros a los que estos se enfrentan. La segunda cuestión importante tiene que ver con el poder que la lengua tiene de infligir daño y dolor. Pero la idea que permite que las otras dos adquieran claridad se expresa en la frase del apóstol "un mundo de maldad". Desea recordar a sus lectores que Satanás es capaz de gran perversidad, y emplea esta frase para crear una terrible visión de advertencia. Sin diligencia, la iglesia puede

---

32. William Manchester, *The Last Lion. Winston Spencer Churchill. Visions of Glory, 1874—1932* (Boston: Little, Brown, 1983), 867, 870.

33. *Ibíd., 876.*

convertirse en algo demasiado parecido a ese mundo de maldad, incluso aunque quienes la componen sean unos dichosos ignorantes de la cuesta abajo hacia la depravación. Ciertamente esto fue lo que ocurrió en la congregación a la que Santiago dirigió su carta.

El mundo de maldad. La lengua puede inaugurar un "mundo de maldad" (3:6), así como una diminuta chispa puede causar un inmenso fuego. La experiencia humana lo confirma. San Agustín dijo que, como resultado de la caída, todos nosotros estamos combados hacia la perversidad.[34] La lengua es un mal inquieto, cuya fuente es el infierno; permitimos que Satanás nos distorsione y nos pervierta. Por esta paralizante malevolencia, no llegamos a reconocer la imagen de Dios en los demás (véase 3:9). Nuestra cultura no anda escasa de pruebas de este carácter irracional y pernicioso del mal.

La editora del anuario escolar de una escuela secundaria de Indiana se venga de sus rivales pintarrajeando sus fotos. Los libros se publican con fotografías en las que se han pintado dientes negros y vello en las axilas.

La madre de una aspirante a animadora de trece años, en Texas, contrata a un sicario para que asesine a la madre de la rival de su hija. Espera que el dolor de la otra muchacha le impida esforzarse por entrar a formar parte del equipo de *cheerleaders*.

En 1993, la ciudad de Lakewood, California, salió en las noticias nacionales como resultado de un escándalo que involucraba a adolescentes, la presión de su grupo y una maldad irracional. Numerosos miembros de un equipo de fútbol de la escuela secundaria habían formado un club llamado "La cuadrilla de la espuela" en la que los miembros competían entre sí para ver cuántas veces podían mantener relaciones sexuales con distintas mujeres. Con toda la indecencia, iban llevando la cuenta y algunos llegaban a las cincuenta o sesenta. Era impresionante que muchos de los miembros de esta banda se sentían orgullosos de su conducta, pero lo más desconcertante es que algunos padres defendieron a sus hijos. "Mi hijo no ha hecho nada que cualquier chico estadounidense de sangre caliente no hubiera hecho a su edad", dijo uno de ellos. Otros culparon a las chicas, refiriéndose a ellas como "basura".[35]

---

34. San Agustín, *De correctione et gratia*, 9.
35. Cornelius Plantinga Jr., *El pecado: sinopsis teológica y psicosocial* (Grand Rapids, MI: Libros Desafío, 2001), 199, 217.

La película *La vida en el abismo* [o *Trainspotting*], que se convirtió en un clásico a mediados de los noventa, también ilustra este "mundo de maldad".[36] El film empieza con Mark Renton, el cabecilla extraoficial de un grupo de adictos a la heroína de Edimburgo chutándose en el apartamento de su proveedor. Al contemplar esta escena, oímos la voz de Renton que va comentando: "¿Quién necesita razones cuando tienes heroína?". En su inquieta e irracional búsqueda de la droga, los jóvenes les roban a sus familias y los unos a los otros. Ni la muerte de un bebé como resultado de un descuido los disuade: Renton y la madre del bebé muerto improvisan otra remesa de veneno. Al final de la película, Renton, que les ha robado a sus amigos y los deja en la estacada, dice: "Entonces ¿por qué lo hice? Podría ofreceros un millón de respuestas, todas falsas. Lo cierto es que soy una mala persona".

Renton, como San Agustín, entendió que el pecado es más que estar engañado, o que un error casual, o "peor que todo, la 'elección de un estilo de vida'. Es hundirse a toda velocidad en la caldera silbante de la lujuria, seguido por una apetecible dosis del calmante de los jugos del amor propio".[37] Los seres humanos quieren conocer la experiencia del pecado, la permisividad. Pero San Agustín sabe lo que Renton desconoce: el pecado es su propia penitencia; se convierte en algo agotador y, finalmente, mata.

En su galardonada novela *Mi mapa del mundo,* Jane Hamilton nos presenta a Alice, una mujer cuyo inocente descuido lleva a la trágica muerte por ahogamiento de la hija de su mejor vecina y amiga. Reflexionando sobre este acontecimiento y sus secuelas, Alice dice:

> Yo solía pensar que si uno caía de la gracia era algo más probable que el resultado de un error tremendo, o de un accidente desafortunado. No había aprendido que puede ocurrir de un modo tan gradual que no es como recibir una patada en el estómago o hacerte daño al aterrizar. Sigues en movimiento y no te detienes necesariamente. He descubierto que se requieren al menos dos, y, por lo general, tres cosas para que se altere el curso de una vida: te deslizas un vez, luego otra y otra, y ahí estás, sintiendo por un momento

---

36. J. A. Hanson, "It's Heavy, Man" (una reseña de la película "Trainspotting" [La vida en el abismo]), *Regeneration Quarterly, 2* (Fall 1996): 41.
37. *Ibíd.*

que ocurrió de repente, que tu llegada a la parte inferior del montón ha sido súbita.[38]

Como dice Santiago, cuando se concibe el deseo, este da a luz el pecado; cuando este ha sido consumado, engendra la muerte (1:15). El proceso no siempre es obvio, pero sus efectos son repentinos y, desconcertados, nos damos cuenta de que hemos llegado al final del montón.

Según Plantinga, el pecado es como el cáncer: mata porque se reproduce.[39] El pecado se repite a lo largo de las generaciones. Los sistemas familiares marcados por el incesto y los malos tratos se perpetúan. La violencia entre los grupos étnicos o entre familias sigue mucho después de que las razones originales se hayan perdido en la niebla del tiempo. En *Romeo y Julieta* de Shakespeare, los Montesco y los Capuleto siguieron matándose unos a otros porque... era lo que se suponía que debían hacer. Una mentira conduce a otra. La lengua es un emblema de este mal. Es un "mundo de maldad" (3:6), una perversidad inquieta, irracional, llena de veneno (3:9), una chispa maliciosa que produce una conflagración (3:6).

Las tentaciones del liderazgo. La paralizante malevolencia del pecado se manifiesta en la atracción y en el obstáculo del poder político. Sorano declaró: "El cuerpo está enfermo de deseo".[40] De entre esos anhelos, uno de los más potentes es el del poder político. Daniel lo dejó claro en el caso de Nabucodonosor. Santiago trata el tema aquí, a través del modo en que los maestros abusaban de su posición al enseñar y practicar la falsa doctrina. En los últimos años ha aflorado en la política nacional con el ascenso de la política de Dick Morris, a la que se puede denominar "la política del estilo sobre la sustancia". Morris, el asesor político del presidente Clinton, ahora caído en desgracia, ayudó a introducir la era de la comprobación constante de la opinión pública. El resultado ha sido la inquietante sensación de que el presidente de los Estados Unidos no defiende nada que no sea lo que es popular en el momento.[41]

---

38. Jane Hamilton, *Mi mapa del mundo* (Nueva York: Anchor Books/Doubleday, 1994), p. 3 de la versión inglesa.
39. Plantinga, *El pecado,* p. 55 de la edición en inglés.
40. Sorano, *Gynaikeia, 1.30.* Sorano nació en Éfeso a finales del siglo I d.C. Estudió medicina en Alejandría y practicó en Roma bajo Trajano (98–117 d.C.) y Adriano (117–138).
41. Churchill hacía poco uso de los sondeos de opinión. Declaró: "No es bueno estar tomándote constantemente el pulso y la temperatura. Aunque uno tenga que hacerlo

En su reciente libro, *Behind the Oval Office: Winning the Presidency in the Nineties* [Detrás del despacho oval: ganar la presidencia en los noventa][42] Dick Morris afirma alegremente que fue uno de los primeros en comprometerse en una publicidad negativa. Gary Wills, dice Morris, y otros como él, están "deseosos de hacer lo que haga falta y subordinan otras consideraciones a la atracción electoral de su cliente".[43] Morris explica su motivación en términos duros. "Yo necesitaba como fuera un [poder] fijo".[44] Afirma que el éxito de la campaña Clinton radicó en su capacidad de conocer el ánimo del país en aquel momento y moldear el mensaje del presidente para adaptarlo a ese estado. Para ello, Wills señala que se requerían constantes sondeos que costaban gran cantidad de dinero. En su opinión, el "verdadero escándalo" no fue la larga aventura que Morris estaba teniendo con una prostituta, sino que la Casa Blanca de Clinton tenía una necesidad tan desesperada de fondos para respaldar a este equipo electoral que se involucraban las medidas de ética cuestionable. "El dinero recaudado de procedencia extranjera era una medida de la búsqueda desesperada por cualquier fuente de ingresos".[45] Esta necesidad de reelección que consumía al presidente le hizo perder el enfoque, ¡y de qué manera! Reflexionando sobre las conversaciones con el presidente, Morris declara:

> Clinton se quejaba amargamente de tener que recaudar tanto dinero [...]. "No puedo pensar. No puedo actuar. No puedo hacer nada excepto ir a los captadores de fondo y estrechar manos. Quieres que emita órdenes ejecutivas y yo solo me puedo centrar en el próximo recaudador de fondos. Hillary no puede, Al tampoco... todos nos estamos enfermando y volviéndonos locos por culpa de esto".[46]

La misma enfermedad puede infectar inmediatamente a maestros y líderes dentro de la iglesia cristiana. Los maestros de la congregación de Santiago abogaban por prácticas que reflejaban los principios del Impe-

---

en alguna ocasión, no es bueno convertirlo en una costumbre. He oído decir que el gobierno debería mantenerse atento a todo lo que ocurre a su alrededor, pero también debería recordar que no es una actitud demasiado decorosa" (Manchester, *The Last Lion*, 106-7).

42. Dick Morris, *Detrás del Despacho Oval* (Nueva York: Random House, 1997).
43. Garry Wills, "The Real Scandal", *The New York Review of Books* (20 febrero 1997), 4.
44. *Ibíd.*
45. *Ibíd.*, 6.
46. Citado en *Ibíd.*

rio romano. En nuestros días, algunos cristianos defienden un dominio del proceso político por los valores cristianos e incluso evangélicos. En una democracia, todo ciudadano tiene derecho de airear sus opiniones, como Stephen Carter ha destacado con gran sabiduría.[47] Sin embargo, los cristianos no deberían olvidar que no se puede confiar en el estado; no es el sustituto de la iglesia.

Algunas iglesias evangélicas confunden peligrosamente los valores "estadounidenses" con los del Nuevo Testamento. Hace poco, una iglesia emergió de una larga batalla por la colocación de la bandera de los Estados Unidos sobre la plataforma. Muchos miembros de la congregación sentían que la sugerencia de quitar el emblema era un ataque al patriotismo. Indicaron que sus padres y hermanos habían muerto por la libertad, incluida la religiosa, luchando bajo la bandera estadounidense. Se dieran cuenta o no, esta disposición envía un poderoso mensaje, aunque a veces sea sutil: los Estados Unidos son el agente de Dios y, por tanto, él aprueba en cierto modo cualquier cosa que elijan hacer.

Es innegable que este país se ha levantado con frecuencia contra la opresión y las fuerzas del mal y, en tales casos, los Estados Unidos son dignos de elogio. Pero nuestra historia está manchada, y confundir al estado con la iglesia de Jesucristo es un peligro tan mortal como el que confrontó Santiago en su iglesia. Los anales de la historia demuestran que los gobiernos tienden hacia el poder a expensas de los intereses de la mayoría. Salomón comerció con aldeas enteras, sus habitantes incluidos, para pagar deudas. El gobierno británico renegó de sus promesas a Francia y Checoslovaquia en un intento por comprar la paz con Hitler. El gobierno de Estados Unidos ha quebrantado innumerables promesas hechas a los norteamericanos nativos. Sencillamente, al estado no le interesa en demasía la causa de Cristo y nosotros confundimos ambas cosas en nuestro propio perjuicio.

---

47. Stephen L. Carter, *The Culture of Disbelief: How American Law and Politics Trivialize Religious Devotion* (New York: Basic Books, 1993). En las páginas 4-5, Carter cita este ejemplo: "Cuando se vio a Hillary Rodham Clinton llevando una cruz al cuello, en algunos de los eventos públicos que rodearon la inauguración de la singladura de su esposo como presidente de los Estados Unidos, muchos observadores se quedaron horrorizados, y un comentarista televisivo preguntó si era adecuado que la Primera Dama exhibiera de una forma tan abierta un símbolo religioso. Pero si ella no puede hacerlo, entonces el presidente tampoco podrá, y esto vetaría por siempre el desempeño de este cargo a un judío ortodoxo, que está bajo la religiosa obligación de portar la kipá (heb. *yarmulke)*".

Algunas iglesias evangélicas escogen evitar el problema guardando silencio sobre las cuestiones del día. Esta ingenua negativa para tratar cuestiones críticas no es ni bíblica ni segura. La "respuesta cristiana" a la reforma del bienestar, al aborto, a los derechos de los homosexuales, a la intervención en Bosnia, a los estadounidenses sin hogar y otros asuntos no se disciernen con facilidad, porque son enormemente complicados. Sin embargo, su complejidad no es excusa para renunciar a un diálogo sincero y bíblico para buscar una respuesta documentada por la fe y el Espíritu de Dios. Hacerlo de otro modo es bautizar la ideología secular de cualquier índole y llamarla cristiana.

La vida y las decisiones de Dietrich Bonhoeffer y Alexander Menn proporcionaron maravillosos ejemplos. Ambos hombres vivieron bajo regímenes hostiles a la fe y ambos se negaron a seguir la dirección de los líderes eclesiásticos que se acomodaron a dicha forma de gobierno. Bonhoeffer fue un pastor luterano en la Alemania nazi y llegó a la sorprendente conclusión de que la moralidad le exigía participar en un complot para asesinar a Hitler. Decisiones como esta no se alcanzan a la ligera, sino que vienen tan solo después de dedicar tiempo a la oración cuidadosa, al estudio y a la reflexión.

A Alexandr Menn lo asesinaron el 9 de septiembre de 1990. Era un sacerdote ortodoxo, consejero espiritual de Alexandr Solzhenitsyn y Andrei Sakharov. Fue un crítico del sistema soviético sin pelos en la lengua. Dos meses antes de que lo golpearan por la espalda con un hacha, fue entrevistado en la radio y el programa se oyó por toda Rusia. Se le preguntó: "¿Es necesario ser cristiano y, si es así, por qué?". Menn comenzó diciendo:

> El hombre siempre busca a Dios. El estado normal del hombre es, hasta cierto punto, estar conectado con un poder más alto, aun cuando en la mente humana este poder esté distorsionado y se haya convertido en algo secular. Las épocas del estalinismo [...] y todos los demás "ismos" buscan a un falso dios aunque para ello tengan que sacar a Dios. Esto se convierte en idolatría, pero, aun así, el instinto interno de buscar a Dios sigue ahí [...]. Creo que todo lo que hay de valor en el cristianismo es valioso porque le pertenece a Cristo. Lo que no es suyo entra en la misma categoría que el

islam o el budismo. De modo que toda religión es un intento de llegar a Dios. Pero Jesucristo es la respuesta.[48]

Fue precisamente este tipo de valentía frente a la oposición del gobierno la que firmó su sentencia de muerte. La noche anterior a su asesinato, Menn pronunció las siguientes palabras en una conferencia impartida en Moscú: "Ninguna criatura viviente, excepto el hombre, es capaz de asumir un riesgo, aunque sea el de la muerte, a causa de la verdad". Menn fue capaz de identificar el cristianismo políticamente aceptable de sus superiores ortodoxos y, con todo, vivir para la verdad. El orden político tiene su propio programa y este suele ser, a menudo, dañino para la causa de Cristo.

Este deseo de poder entre los cristianos se manifiesta también de otras maneras, ya que las personas utilizan con frecuencia la congregación local como una oportunidad para hacer uso del poder. Esto ocurre a veces con pastores que se arrogan el poder de tomar la más mínima decisión en la vida de la iglesia. Un íntimo amigo de Chicago está a punto de abandonar su iglesia. Está contento con la congregación y confía en la predicación del pastor. Pero la incapacidad de este para permitir que cualquier otra persona, incluido el consejo, tome decisiones ha sido el detonante para que mi amigo se sienta agotado más allá de lo expresable. La casi patológica necesidad del pastor le deja abierto a la ceguera y la arrogancia del autoengaño. Este ya ha dado lugar a una conducta destructiva, porque algunos que han sido críticos con su necesidad de poder han visto cómo se convertían en el blanco de sus calumnias verbales. El deseo de poder y el mal de la lengua suelen ir de la mano.

En ocasiones, la culpa es de los laicos. Mi pastor recuerda a un hombre que, durante sus días de interno, estaba molestando a muchos de la congregación. Afirmaba que Dios lo había llamado a ejercer el don espiritual de la represión. Que ese don particular no se mencione en el Nuevo Testamento no lo perturba. Al parecer, creyendo actuar como agente de Dios, este hombre había empezado a aterrorizar a la congregación con sus frecuentes e insensibles acusaciones de imperfección. No soy psicólogo, pero me da la sensación de que era el caso de una persona que se envolvía en el manto de la espiritualidad con el fin de ejercer una necesidad humana y mezquina de mejorar su imagen propia diezmando la de otros.

---

48. Larry Woiwode, "A Martyr Who Lives", *Books and Culture: A Christian Review* (marzo/abril 1996), 23-25.

Otro caso clásico implica al consejo de una iglesia donde un amigo mío es pastor. Parece que uno de los miembros se pasó media hora argumentando contra la compra de una máquina de café de cuarenta y cinco dólares y a favor de otra cuyo precio era de treinta y cinco dólares. Varias personas de la congregación se negaron a servir en el consejo mientras este hombre formara parte del mismo. Unos cuantos años más tarde, sin embargo, este hombre se implicó en un programa dedicado a trabajar con nuevos cristianos en la iglesia. Posteriormente declaró: "Esto revolucionó mi vida". Comenzó a ver que sus anteriores esfuerzos en el servicio de Dios no eran en verdad más que funciones de su propia necesidad de ostentar el control. La lengua tiene ciertamente el poder de infligir profundas heridas. Se disculpó ante la congregación, reconoció las veces que había pronunciado cosas hirientes, todo por perseguir metas mezquinas.

Finalmente, el deseo por el poder puede hacerse sentir en las cuestiones doctrinales. Santiago escribió contra maestros que habían alterado el evangelio. En nuestro tiempo, existen enseñanzas y prácticas similares dentro de la comunidad cristiana. Algunas expresiones de la fe, o perversiones de la misma, abogan por una doctrina exageradamente rigurosa. Un ejemplo es la creciente Iglesia de Cristo Internacional (Boston). Como estudiante graduado y pastor universitario me familiaricé con este grupo. Los estudiantes que conocía y que estaban implicados en esta iglesia me dijeron que enseña una ética bíblica dura, y selectivamente literal, y que les dice a sus miembros que son los únicos cristianos "verdaderos". Hace poco, un exestudiante y buen amigo encontró esta iglesia aquí en Chicago. Tras asistir a uno de los cultos, se le invitó a comer con el pastor. En aquella reunión, este líder informó a mi amigo que su vida espiritual era gravemente inadecuada y que la enseñanza que había recibido en su iglesia madre tenía tantas carencias que no daba la talla. Mi amigo regresó a su casa, encontró una página web dedicada a personas que se están "recuperando" del daño causado por este grupo y descubrió una extensa carta escrita por una mujer cuya experiencia era muy parecida a la suya.[49] Este tipo de exclusivismo ha sido una marca registrada de herejía desde que Pablo luchó contra los "superapóstoles".

Pero no es necesario que nos aventuremos más allá de la amplia mezcla de evangelicalismo para discernir los vestigios de esta actitud tre-

---

49. Hay una web patrocinada por exmiembros: http://www.reveal.org

mendamente fuerte. Philip Yancey ha trabajado como periodista cristiano durante veinticinco años. Durante el primer mandato de Bill Clinton, la Casa Blanca lo invitó, junto con otros colegas, a desayunar allí con el presidente. Clinton les dijo: "En ocasiones me siento como un huérfano espiritual", porque había visto pegatinas en los parachoques que proclamaban: "Votar a Clinton es un pecado contra Dios". En el artículo que escribió después de aquel desayuno, Yancey observó que la fe del presidente "no era una pose para su propia conveniencia política, sino una parte integral de su identidad".[50] Como consecuencia de este artículo, Yancey recibió un bombardeo de cartas, en la mayoría de las cuales lo atacaban por retratar a Clinton bajo una luz un tanto favorable. "En mis veinticinco años de periodismo, he recibido mi porción de críticas de todo tipo. Aun así, al leer montones de cartas injuriosas, descubrí por qué el mundo en general no asocia automáticamente el término 'gracia' con los cristianos evangélicos".[51] En nuestro deseo de ser "correctos", no nos preocupa aislar a la misma gente que Cristo vino a salvar.

Pero la iglesia también puede ser demasiado blanda. El espectáculo de John Spong, el obispo de la diócesis episcopaliana de Nueva Jersey, es un buen ejemplo de ello. Ha argumentado a favor de la permisividad de las relaciones sexuales fuera del matrimonio tanto para los heterosexuales como para los homosexuales, afirmando que "el sexo fuera del matrimonio puede ser santo y vivificante en algunas circunstancias".[52] Niega el nacimiento virginal y la resurrección corporal de Jesús. En estos y otros sentidos, sus enseñanzas quedan bastante lejos de la explicación bíblica. Otro ejemplo es el que implica a la *Interfaith Alliance*, que ha empezado recientemente a aflorar en la consciencia pública estadounidense. Este grupo que se autodescribe como "moderado", empezó con fondos del Comité de Campaña del Congreso Demócrata, y tiene por objetivo contrarrestar el "extremismo" de la Coalición de la Derecha Cristiana. Su director ejecutivo es Jill Hannauer, quien, siendo estudiante en la Universidad de Colorado, intentó impedir a Bill McCartney que dirigiera a sus jugadores a guardar un momento de silencio antes de los partidos de fútbol. Este parece un curioso pedigrí.[53]

---

50. Philip Yancey, "A State of Ungrace. In Fighting the Culture Wars: Has the Church Forgotten Its Central Message?", *Christianity Today* (3 febrero, 1997), 32.
51. *Ibíd.*
52. C. Stephen Evans, "Why I Feel Sorry for Bishop Spong", *Books and Culture: A Christian Review* (enero/febrero 1997), 5.
53. Richard John Neuhaus, "The Public Square", *First Things* 71 (marzo 1997): 69.

Los maestros y líderes cristianos también pueden desviarse cuando existe un énfasis exagerado sobre una verdad o doctrina. En la década de los ochenta, el movimiento "Señales y prodigios" hizo unas declaraciones alarmantes acerca del deseo de Dios de sanar a todos los cristianos. Wimber afirmó que Satanás era quien causaba la enfermedad y que la realización de "señales y prodigios" por parte de los cristianos era el plan de Dios para la evangelización del mundo. Hace poco, la propia experiencia de John Wimber con el cáncer ha conducido a un punto de vista bíblico más equilibrado.[54] Dos generaciones atrás, el movimiento dispensacionalista se señaló por una negación de la aplicación contemporánea de los dones espirituales. Hoy, ese borde recalcado se va difuminando sobre la piedra de afilar de la enseñanza y la experiencia bíblicas.

Entre las muchas tentaciones que implican las posiciones de enseñanza y liderazgo dentro de la iglesia encontramos la de no ser lo suficientemente cuidadosos en el proceso de evaluación. El conde Axel Gustafsson Oxwnstierna, canciller de Suecia en el siglo XVII, declaró una vez: "Mira, hijo mío, con qué poca sabiduría se gobierna el mundo".[55] No hace falta mucha perspicacia para comprobar que esto es así. Sin embargo, mucha de la culpa es nuestra, porque, de forma rutinaria, nos tomamos demasiado poco tiempo para evaluar a quienes escogemos para el liderazgo, y con gran facilidad nos dejamos embaucar. Tucídides declara: "Los hombres se complican tan poco la vida para buscar la verdad que están dispuestos a aceptar cualquier cosa que les llegue de primera mano".[56] Una vez expulsado el tirano Pisístrato, los antiguos atenienses le permitieron regresar a la ciudad amparado en un ardid de aficionado. Encontró a una muchacha campesina sumamente llamativa, la vistió como Atenea y la puso de pie delante de él en un carro. Luego envió heraldos a la ciudad de Atenas proclamando que la diosa misma estaba reinstaurando a Pisístrato como tirano. A pesar de su legendaria sabiduría, los atenienses consintieron.[57]

En el siglo presente se ve esta misma tendencia a ser demasiado confiados. En el caos que se produjo en Alemania entre ambas guerras, la iglesia en general no supo detectar en Adolf Hitler a un hombre y una misión que no merecían confianza alguna, sino un escrutinio y hasta la

---

54. Véase John Wimber, "Signs, Wonders and Cancer", *Christianity Today* (7 octubre 1996), 49-51
55. A lo largo de la historia, este dicho se ha atribuido a muchos otros.
56. Tucídides, *Historia de la Guerra del Peloponeso*, 1.20.
57. Herodoto, *Historia*, 1.60.

condena. En este contexto confluyeron unas cuantas cuestiones, y la escasez de cualquier tradición de oposición al estado dentro de la iglesia alemana no fue la menos importante de todas. Como suele ocurrir con frecuencia entre los cristianos estadounidenses, muchos creyentes alemanes consideraron que los intereses del estado eran acordes con los de su fe. Algunos adoptaron el lema: "La esvástica sobre nuestro pecho, la cruz en nuestro corazón". Sus pastores vistieron uniformes nazis mientras cantaban himnos de esta ideología. Philip Yancey comenta: "Se enteraron demasiado tarde de que, una vez más, la iglesia se había dejado seducir por el poder del estado".[58]

Pero los protestantes alemanes no fueron los únicos que no supieron ver el peligro inminente. En septiembre de 1938 hubo una conspiración sumamente bien organizada para expulsar a Hitler; detrás de ella estaban elementos de alto rango del ejército alemán. Habría tenido éxito si el primer ministro británico, Neville Chamberlain, no hubiera cedido ante Hitler en cuanto al asunto de Checoslovaquia. Los conspiradores teutones creyeron que lo único que tenían que hacer los británicos para obligar a Hitler a someterse era enviar a "un militar enérgico que, de ser necesario, pudiera gritar y golpear la mesa con su fusta de montar".[59] En vez de esto, Chamberlain fue a Múnich y capituló sobre la cuestión. Fue un fallo garrafal a la hora de leer las señales.

Como cristianos, a menudo tampoco sabemos interpretar las señales. En ocasiones, las iglesias escogen a pastores que, aun siendo piadosos, no encajan bien en la congregación que los llama. De manera más relevante, y a veces hasta trágica, somos a menudo demasiado confiados en una era de abusos sexuales perpetrados por el clero. Nuestros pastores merecen y necesitan nuestro apoyo, nuestro perdón y nuestra clemencia, pero también nuestro sincero interés. Santiago dice que todos tropezamos en muchas maneras. El clero también da traspiés. A algunos los induce el deseo de poder o de conseguir dinero, como ilustran los casos no tan lejanos de Jim Bakker y Oral Roberts. El primero y sus organizaciones estafaron millones de dólares a almas incautas y, como resultado de esta debacle, pasó un tiempo en la cárcel. La causa de Cristo ha estado sufriendo gran perjuicio desde que se destapó este escándalo. Otros ministros simplemente se mueren por tener autoridad. Son faltas muy

---

58. Yancey, "A State of Ungrace", 36.
59. Citado en Thomas Poers, "The Conspiracy That Failed", *The New York Review of Books* (9 enero 1997), 50.

humanas. Pero las congregaciones se deben a sí mismas y a sus líderes el proveer los adecuados sistemas de apoyo e interés por los que ocupan posiciones de autoridad, para asegurarse de que la enseñanza y la práctica siguen siendo bíblicas. Esto proporciona un seguro contra el error teológico por una parte, y, por la otra, contra la devastación del pastor, maestro o líder a manos de la congregación.

El poder de la lengua. Según Santiago, la lengua tiene gran potencial, pero es inestable. Con ella alabamos a Dios y, al mismo tiempo, vilipendiamos a nuestro prójimo (3:9-10). Esto es irracional, afirma con toda la razón. Es, asimismo, una esmerada descripción de nuestra vida como cristianos. Este poder ilógico de la lengua para causar el mal es el que llevó a Henri Frederick Amiel a escribir: "Para poder ver el cristianismo, uno debe olvidar a casi todos los cristianos".[60]

Los seres humanos tienen la propensión de proferir palabras irreflexivas y estas, en ocasiones, perjudican a otros o a nosotros mismos. A principios de la Primera Guerra Mundial, Winston Churchill sirvió a la nación británica como Primer Lord del Almirantazgo. Había convencido a un héroe naval británico retirado, John "Jacky" Fisher, para que sirviera como Primer Lord del Mar, el equivalente a Jefe de Operaciones Navales en los Estados Unidos. Trabajaron bien juntos durante un cierto tiempo, pero a medida que progresaban los planes para la estrategia de Los Dardanelos, cada vez fue más obvio a los ojos de muchos que Fisher, ya entrado en años, se estaba volviendo inestable. De hecho, el fracaso de la estrategia de Los Dardanelos y el desastre de Gallípoli no se le achaca a Churchill, sino que se debió principalmente a la postergación tanto del primer ministro Asquith como el Secretario de Estado para la Guerra Kitchener, y, en segundo lugar, a Fisher, que parecía incapaz de asesorar de forma coherente. También se las ingenió para que relevaran a Churchill de sus deberes como Primer Lord del Almirantazgo, un plan en el que tuvo éxito, pero que implicó su propio cese en el cargo que ostentaba.

Sin ser ya miembro del gabinete, pero sí aún de la Cámara de los Comunes, Churchill escogió servir en Infantería y se implicó en la guerra de trincheras en Flandes. Varios meses después, regresó a la Cámara de los Comunes y el 7 de marzo de 1916 pronunció el que William Manchester ha calificado como "uno de los más desafortunados discursos de

---

60. Henri Frederick Amiel, *Journal* (30 agosto 1887).

toda su vida". Tras ofrecer una perspicaz crítica de ciertos rasgos de la forma de abordar la guerra por parte del gobierno, profirió una fatídica frase, una que lo envió de nuevo al exilio político: "Insto al Primer Lord del Almirantazgo a que, sin demora, se fortalezca, que vitalice y anime a su Consejo del Almirantazgo volviendo a instaurar en su puesto a Lord Fisher como Primer Lord del Mar".[61]

Según cuenta Manchester, la Cámara de los Comunes no daba crédito. El exprimer ministro Balfour, en aquel momento enemigo político de Churchill, olió su oportunidad. Señaló que en el discurso de despedida de Churchill, el anterior otoño, "nos dijo que cuando el Primer Lord del Mar, Lord Fisher, sirvió en el mismo Almirantazgo con él, no le había proporcionado un claro asesoramiento antes del acontecimiento ni el firme apoyo posterior que tenía derecho a esperar...". Además, Balfour dijo que Churchill afirmaba ahora que Fisher es "no obstante el hombre que se le debería dar como apoyo y guía a cualquiera que tuviera en aquellos momentos la posición responsable de Primer Lord del Almirantazgo. Es una paradoja del tipo más salvaje y extravagante". Balfour concluyó con una observación calculada para condenar a Churchill al olvido: "Debería considerarme despreciable más allá de lo que se puede decir si tuviera que ceder un ápice a una exigencia de este tipo, presentada de esta forma".[62]

Los casos como este no se limitan a la arena política. Antes de unirme al mundo académico a tiempo completo, pasé diez años en el ministerio de congregación local, donde me encontré con numerosos ejemplos que confirman la declaración de Santiago. Algunos eran sin querer, como la vez que, durante una sencilla reunión social, un pastor, en una observación sobre la marcha, ofreció su opinión con respecto a una cuestión social del momento. Se informó a otros de su inocente constatación y esto produjo una división dentro de la iglesia y provocó la marcha de varias familias con niños cuya vida había sido tocada por ese asunto social en particular. Pero las familias no se acercaron al pastor para pedirle su versión del comentario. Le negaron la oportunidad de proporcionar un contexto teológico para sus observaciones. El pastor tampoco fue tras las familias, sino que se dedicó a hablar sobre las que le parecían ser sus motivaciones para marcharse. El resultado fue una saludable reserva

---

61. Manchester, *The Last Lion,* 596.
62. *Ibíd.,* 597.

de malos sentimientos mutuos, todos ellos creados por un comentario irreflexivo que corrió como la pólvora.

El mal uso de la lengua por parte de los líderes dentro de la iglesia contribuye a una amplia franja de descontento en cuanto a la iglesia. Dennis Ngien cuenta una historia emblemática de este descontento, pero también de su transformación.

> Mi vecino, un hombre de negocios rico y arrogante, se burló de la iglesia durante muchos años. Cuando los miembros le telefoneaban, los criticaba: "Ustedes, la gente de iglesia, solo están interesados en mi dinero. Yo no les importo en absoluto; solo se preocupan por mi cartera". Pero entonces enfermó y quedó paralizado. Cuando fui a visitarlo, para mi completa sorpresa, toda su habitación parecía una floristería y en la pared había tarjetas pegadas por todas partes. Frente a su cama, una gran hoja de papel sobre la pared decía: "Me equivoqué. A la iglesia sí le importo". Más tarde se convirtió, y todo por la disposición de la iglesia a arriesgarse a amar la vulnerabilidad.[63]

En este caso, la misma "lengua", la voz de la iglesia que en primer lugar se había experimentado sin la gracia y la compasión de Jesús, había dado a conocer su verdadera naturaleza. Con la lengua podemos conducir inconscientemente a las personas fuera o atraerlas hacia adentro. La diferencia es la sabiduría de Dios y la sensibilidad a su Espíritu.

Algunas veces usamos la palabra con la intención deliberada de hacer daño. El mundo académico resulta ser una especie de misterio para la mayoría de nosotros, pero aun en él, las flaquezas y los fracasos son evidentes. En una ocasión me contaron una historia perturbadora que lo confirma, era un caso que tenía que ver con una cátedra permanente. En la política universitaria esta es una de las cuestiones más sacrosantas. Por lo general, en el caso de un catedrático elegible para un puesto fijo se debate primeramente a nivel departamental y, a continuación, la recomendación del departamento se envía a diversos comités. Por razones obvias, los comentarios que se hacen durante estas sesiones de debate han de mantenerse en la más estricta reserva. En este caso, un catedrático titular abusó de este privilegio. Solo él sabe por qué le comentó a un profesor interino que otro catedrático titular había hablado mal sobre

---

63. David Ngien, "The Cod Who Suffers", *Christianity Today* (3 febrero 1997), 41.

él durante la reunión de nombramientos para los puestos permanentes. Esto le produjo al profesor amargura y enojo, y durante más de una década fue alimentando el rencor. Por desgracia, todo había sido una mentira. Durante más de diez años, lo que había sido una creciente amistad quedó maltrecha y anquilosada, ahogada por una mentira maliciosa.

A veces, los miembros de la propia familia son quienes infligen el mayor daño. Winston Churchill fue ignorado por sus padres. Su progenitor, Lord Randolph Churchill, lo detestaba; su madre no le prestaba la menor atención. El que Winston fuera una decepción como estudiante (su nota en redacción en lengua inglesa fue de cincuenta y tres sobre cien en el examen de ingreso a Sandhurst, la academia militar británica) parecía confirmar su opinión como padres y su mente justificaba el trato negligente que prodigaban a su hijo. Cuando el joven Winston se graduó en Sadhurst, imaginaba que su padre estaría orgulloso. Sin embargo, en vez de ello, Randolf estaba furioso de que no hubiera alcanzado una puntuación suficiente para entrar en el regimiento del ejército británico de los *60th Rifles*, un "regimiento de élite". Le escribió una carta a su hijo en la que expresaba estas palabras cargadas de veneno:

> No vayas a creer que me tomaré la molestia de escribirte largas cartas después de cada fallo que cometas y cada fracaso por el que pases [...]. Para mí, nada de lo que puedas decir sobre tus logros y hazañas tendrá el más mínimo valor [...]. Si no puedes evitar llevar la vida más ociosa, inútil y sin provecho alguno, como lo has hecho durante tu periodo escolar y en los últimos meses, te convertirás en un mero holgazán social, uno de los centenares de fracasos de la escuela pública y degenerarás en una existencia estrafalaria, infeliz y fútil. Si esto sucede, toda la culpa de tales infortunios será únicamente tuya.[64]

Randolf acabó esta carta de una forma brutal: "Tu madre te envía su amor".

Este tipo de pullas intencionadas se sueltan hasta en la iglesia. No hace mucho me encontraba al teléfono con un viejo amigo que vive a miles de kilómetros. Cuando le pregunté por la vida de la iglesia, guardó silencio y se entristeció. Su congregación había atravesado malos tiempos, y varios miembros destacados habían lanzado algún que otro

---

64. Manchester, *The Last Lion,* 182-83.

dardo envenenado dirigido contra mi amigo y su esposa. A raíz de esto, ambos sintieron que otras personas de la iglesia los evitaban a propósito. Mi amigo sigue asistiendo con regularidad, pero su esposa ha experimentado un daño profundo y solo lo acompaña con él muy de vez en cuando. ¡Qué mezquinos somos, y cuánto daño hacemos!

A veces escondemos nuestra culpabilidad con mentiras. En los primeros meses de 1997, el público estadounidense se interesó cada vez más en los esfuerzos de la administración de Clinton y del Comité Democrático Nacional en la campaña de recaudación de fondos en la que, en particular, daban la impresión de "vender" el acceso al presidente. El *New York Times* informó que, en 1995, el presidente Clinton "aprobó personalmente un plan bajo el cual el Partido Demócrata recompensaba a algunos donantes excepcionales con comidas, cafés, salidas a jugar al golf y a hacer *jogging* con él, y pernoctando en el dormitorio Lincoln...".[65] El 25 de febrero de 1997, en medio del creciente furor, el presidente Clinton declaró: "El dormitorio Lincoln jamás se vendió".[66]

Con todo, según el informe del *Times*, algunos "demócratas recaudadores de fondos vendieron de forma explícita invitaciones para tomar café con el presidente Clinton y ofrecieron organizar colaciones por un precio, por lo general de cincuenta mil dólares, pero pudiendo llegar hasta los cien mil". Este diario también publicó una copia de un memorándum escrito a mano por el presidente, con fecha de 1995: "Sí, ve a por los tres y cuanto antes. Consigue otros nombres a cien mil y cincuenta mil o más [...]. Estoy preparado para empezar con las pernoctaciones enseguida. Entrégame de nuevo la lista de los diez más importantes junto con la de los cien mil y los cincuenta mil".[67] También se hacía saber que, mientras los agentes de la administración Clinton afirmaban que jamás se vendieron estas invitaciones a los eventos de la Casa Blanca, "varios contribuyentes y recaudadores de fondos [...] dijeron que esto no era cierto. 'No entiendo por qué siguen negando lo evidente', comentó un recaudador de fondos...".[68]

La iglesia tampoco es inmune a este fenómeno. Tengo una amiga que es psicóloga clínica. Hace algunos años, una joven, hija de un destacado pastor, vino a su consulta para que la tratara. Pronto se descubrió que

65. *New York Times* (26 febrero 1997): 1.
66. *Ibíd.*
67. *Ibíd.*
68. *Ibíd.*, 13.

su padre era culpable de maltratar físicamente a su hija. No era un caso de memoria creativa, ya que había pruebas incontrovertibles en forma de testigos e informes hospitalarios. Su padre negó las acusaciones. Los miembros del consejo de la iglesia, confiando en su amigo y pastor, lo defendieron enérgicamente. En el transcurso de varios meses, el asunto salió al debate público. Finalmente, el pastor admitió su culpabilidad. Había mentido, explicó, para proteger a la iglesia del escándalo y salvarse él mismo. El resultado fue catastrófico para la iglesia. Había engañado a los ancianos, que habían confiado en el pastor, y cayó en desgracia tanto a los ojos de la iglesia como de la comunidad. En este caso, la lengua perpetuó una maldad y esparció el veneno del mal original, infectando todo lo que entró en contacto con él. ¿Cuántas mentiras se dirían para cubrir el embuste original, que cubrió el pecado del maltrato? ¿Cuánta fidelidad e integridad se vio mancillada a causa de aquella primera mentira? Cuando son pecaminosas, nuestras palabras crecen hasta alcanzar un efecto pernicioso con mayor rapidez de lo que imaginamos. En este caso fue la lengua de un pastor que, al decir una mentira egoísta, contaminó y destruyó a toda una congregación.

En el capítulo titulado "Reina Alicia" de su *Alicia través del espejo,* Lewis Carroll hace que la Reina Roja diga: "Una vez has dicho una cosa, queda fija, y debes apechugar con las consecuencias". Nuestra lengua puede ser pequeña, pero así como una diminuta chispa prende las llamas, ella también puede hacer un daño indecible a otros.

Hace varios años me encontraba mochileando con algunos amigos en el norte de California. Por la mañana del último día, durante una tormenta eléctrica, nos dimos cuenta de que había un incendio forestal no lejos de allí. A medida que el día iba avanzando, el aire se hizo cada vez más denso y lleno de humo. Durante todo el día pudimos oír y a veces incluso ver avionetas que se preparaban para descargar sobre las llamas productos químicos que detuvieran el fuego. Cuando llegamos a nuestro auto y encendimos la radio, nos enteramos de que el fuego había quemado la zona donde habíamos estado acampados la noche anterior. Tras calcinar varios centenares de acres, la tormenta y los esfuerzos de los bomberos consiguieron detener el fuego. Se había iniciado como resultado del descuido de lanzar una cerilla. En la lengua se almacena un gran potencial, como también ocurre en la posición de maestro. Pero ambas cosas se deben ejercer con la sabiduría de Dios.

Santiago 3:13-18

¿**Q**uién es sabio y entendido entre ustedes? Que lo demuestre con su buena conducta, mediante obras hechas con la humildad que le da su sabiduría. [14] Pero si ustedes tienen envidias amargas y rivalidades en el corazón, dejen de presumir y de faltar a la verdad. [15] Esa no es la sabiduría que desciende del cielo, sino que es terrenal, puramente humana y diabólica. [16] Porque donde hay envidias y rivalidades, también hay confusión y toda clase de acciones malvadas.

[17] En cambio, la sabiduría que desciende del cielo es ante todo pura, y además pacífica, bondadosa, dócil, llena de compasión y de buenos frutos, imparcial y sincera. [18] En fin, el fruto de la justicia se siembra en paz para los que hacen la paz.

Sentido Original Santiago nos ofrece aquí una serie de claros contrastes entre dos tipos de sabiduría. Este pasaje es también un buen ejemplo de la unidad básica de esta carta, a pesar de la opinión de muchos en cuanto a que la epístola es una colección de enseñanzas morales que no encajan entre sí.[1] La porción anterior del capítulo 3 trataba el problema de los falsos maestros y de sus peligrosas enseñanzas y lo ilustraba con la imagen de la lengua. Este "fuego" (3:5-12) es, sin duda, la causa de una amarga envidia, ambición y divisiones que se debaten en la presente sección.

Santiago pone ante nuestros ojos lo que es aprobado: el maestro sabio y la sabiduría que viene de Dios y lo contrasta con la falsa sabiduría que ofrecen sus oponentes. Asimismo, prosigue aquí con el debate sobre la fuente del mal que existe en nuestro interior. En el capítulo 1, tocó la presencia del *yeṣer ha-ra* dentro de nosotros, y en 3:6 aludió a Gehena, un circunloquio para Satanás. En 3:15, ofrece una observación más directa: en el seno de la iglesia, algunos hacen gala de una conducta propia "del diablo". Esta serie telescópica de declaraciones en cuanto

---

1. Basándose ampliamente en la evidencia gramatical, Dibelius argumentó que esta sección fue en un principio una unidad independiente, ya que no parecía haber "conexión alguna de pensamiento" con el argumento anterior de Santiago (M. Dibelius, *A Commentary on the Epistle of James,* Rvdo. H. Greeven, tr. M. A. Williams [Hermeneia, Filadelfia: Fortress 1976], 207). Cualquiera que sea la forma en que sopesemos la evidencia gramatical, en realidad existen numerosas conexiones.

a la fuente del mal ancla, pues, este pasaje firmemente dentro de la carta para formar un conjunto. Es evidente que lo que aquí tenemos es el producto de un cuidadoso pensamiento, porque lleva la marca de la claridad de la estructura temática y la destreza en su presentación.

Cinco son las pruebas que demuestran este esmero por parte de nuestro autor. (1) Toda la sección lleva por marca la idea de la sabiduría que sirve de paréntesis al pasaje y aparece en los versículos 13 y 17. (2) Estos versículos emplean dos catálogos: una lista de vicios con sus correspondientes orígenes malvados, y una de virtudes con sus pertinentes fuentes saludables. Nótese, en particular, el orden descendente del versículo 15: "terrenal, puramente humana [y finalmente], diabólica". (3) La lista de virtudes del versículo 17 va marcada por la asonancia (ver más abajo). (4) El uso de la sabiduría (*sophia*) sugiere un contraste con la "sabiduría" de los maestros a los que Santiago ha puesto en entredicho.[2] Además, los temas de la vida comunitaria discordante y la ambición no solo están presentes aquí, sino en las secciones precedentes. En realidad, esta sirve a modo de recapitulación de lo que se ha dicho con anterioridad, planteando que los maestros y los demás no deberían hacer un mal uso de la lengua, sino desarrollar las virtudes cristianas auténticas. (5) Finalmente, el pasaje contiene un tema destacado que ya hemos visto antes: la fe sin obras está muerta (2:14-26). El asunto aparece aquí en términos de sabiduría celestial y el tipo de obras que conforman su evidencia y su confirmación.

Santiago ofrece aquí un contraste de dos sabidurías. La marca de la falsa sabiduría es la "envidia" y las "rivalidades", dos rasgos que constituyen el resultado tangible de la falsa doctrina en la vida de quienes la siguen. El apóstol los pone de manifiesto y destaca que ninguna de estas características puede proceder de Dios; por tanto, la enseñanza que las engendra es falsa. La consecuencia de estos rasgos en acción es el desorden y hasta las "acciones malvadas" dentro de la comunidad cristiana. Santiago ya nos ha dicho que cree que la fe produce buenas obras (2:14-26). Ahora nos revela que la fe aberrante también se manifiesta por sus hechos. Una vez más, nos viene a la mente la enseñanza

2. Como argumentó Pablo en 1 Corintios 1, la "sabiduría" de este mundo (la búsqueda de la cual está dominada por el egoísmo, el deseo de la riqueza y de la posición) es diametralmente opuesta a la sabiduría de Dios. Santiago ha expuesto un caso similar al de Pablo en 1Co 2 y 3.

de Jesús: "Del mismo modo, todo árbol bueno da fruto bueno, pero el árbol malo da fruto malo" (Mt 7:17).

La *verdadera* sabiduría se revela también por medio de varios indicadores. Estos incluyen "obras hechas con la humildad que le da su sabiduría" (Stg 3:13). Tales hechos revelan que quien los efectúa está conectado a la "verdad" (v. 14), un término que Santiago reserva para el entendimiento adecuado de la vida cristiana, que combina con un cultivo saludable de la palabra y que se traduce en acción. Se describe a quienes siguen la verdadera sabiduría mediante siete atributos que funcionan como las imágenes en un espejo de la directa descripción que los versículos 14-16 presentan de los falsos maestros. El resultado práctico de esta sabia enseñanza es la paz en el seno de la comunidad. No se trata de una falsa paz a cualquier precio, ya que Santiago insiste en situar sus convicciones más allá de toda ambigüedad. Se está refiriendo, más bien, a la paz que se deriva de tomar decisiones correctas pero difíciles.

En lo que a la estructura de Santiago se refiere, el versículo de apertura establece el tema a debatir. Va seguido de una doble lista de virtudes y vicios. La sabiduría mundana (3:14-16) tal como la ofrecían los maestros con quienes el apóstol está en desacuerdo se caracteriza por la ambición y el deseo de procurar estatus por medio de la riqueza o de asegurarse una posición de poder. La verdadera sabiduría (3:13, 17) implica una visión del cielo, su sello es la humildad y resulta en buenas obras. El pasaje concluye con un proverbio adecuado: "El fruto de la justicia se siembra en paz para los que hacen la paz".

La conversación pura procede de la sabiduría

Santiago comienza ofreciendo una visión de la sabiduría alternativa a la de sus oponentes; esa sabiduría verdadera no se señala por la ambición y el deseo de posición, sino más bien por la humildad. El principal problema interpretativo del versículo 13 es la identificación de "quién" abre el pasaje. Es evidente que se tiene en mente a los maestros con los que Santiago discrepa. Se han arrogado ellos mismos una posición de autoridad como cualificados para instruir a la comunidad cristiana y, al hacerlo, se han ofrecido como "sabios", así como los falsos maestros de 1 Corintios 1:19 reivindicaban el manto de la sabiduría. A los ojos de Santiago, no obstante, existe una sabiduría que es del mundo y, por tanto, falsa. Pero también es probable que muchos otros en el seno de la iglesia se hallen en el campo de visión del autor. Ciertamente habría, y serían más de unos cuantos, quienes quedaran fascinados por el mensaje de estos maestros, una instrucción que hablaba a sus deseos humanos de alcanzar privilegios y posición.

Resulta significativo que Santiago asocie a alguien sabio (*sophos*) con quien tiene entendimiento (*epistemon*). Estos dos términos suelen ir vinculados con frecuencia en la LXX. En Deuteronomio 1:13, 15, estos vocablos aluden a los líderes, pero en 4:6 figuran en tándem y se refieren a las personas en general.[3] El sello de seguir los decretos de Dios es la sabiduría. Se les promete a los hebreos que otras naciones los llamarán sabios si sus obras son de acuerdo a los preceptos de Dios. Los hechos de los líderes de Deuteronomio 1:13, 15 deben ser acordes a sus palabras, exactamente igual que en Santiago.

A continuación, el apóstol ofrece una definición de la sabiduría que es como una estocada y que pretende devastar la posición de sus oponentes. Afirma que la verdadera sabiduría resulta en humildad y buenas obras que se manifiestan en una "buena conducta". El término que la NVI traduce "conducta" es *anastrophe*, que se interpretaría mejor como "forma de vida" o "estilo de vida", un vocablo utilizado de forma favorable en 1 Pedro (1:15; 2:12; 3:1-2, 16). Su fuerza indica que estos hechos de humildad están relacionados con el núcleo central del cristiano. Los verdaderos creyentes irradian dichos principios y acciones.

El contraste no se halla entre una sabiduría práctica que tiene por resultado la acción y otra terrenal que solo afecta a la vida de la mente, como Martin parece sugerir.[4] La "sabiduría mundana" de los falsos maestros no ha sido tan conciliadora o inefectiva. Ha tenido efectos corrosivos. Esta fuerza ácida se ha manifestado en acciones concretas: actos de favoritismo dentro de la comunidad cristiana y la legitimización de unos actos que discrepan con la "ley del amor". El contraste está, más bien, entre los distintos orígenes de estas dos "sabidurías" y entre las acciones diferentes que vienen a la zaga.

La frase *en prauteti sophias* ("la humildad que le da su sabiduría") es un tanto difícil de manejar, y sugiere que su origen es el hebreo y no el griego. Existen paralelos tanto en el Antiguo como en el Nuevo Testa-

---

3. Véase también Dn 5:12, donde se describe a Daniel como un hombre de "mente aguda, amplios conocimientos e inteligencia". En Job 28:28, Dios parece dirigirse a toda la comunidad humana por medio de Job cuando dice: "Temer al Señor: ¡eso es sabiduría! Apartarse del mal: ¡eso es discernimiento!".

4. Ralph P. Martin, *James*, 129.

mento. Ni a Moisés (véase Nm 12:1-3) ni a Jesús (véase Mt 11:29) les interesaba la popularidad o el poder personal ni tampoco se defendían, sino que con humildad dirigían a los demás a Dios.[5] De forma similar, el cristiano tiene que hacer buenas obras en humildad para la gloria de Dios. Este es el espíritu de la verdadera sabiduría.

El versículo 14 presenta una imagen opuesta: una persona amargada y egoísta. Aquí, en lugar del discurso indirecto del versículo 13 ("¿Quién [...] entre ustedes?", Santiago se vuelve más directo: "Si ustedes...". Aunque la frase del apóstol es condicional, la fuerza retórica es tal que se convierte en una declaración de hecho y en una acusación. El término que la NIV traduce "envidias amargas" es *zelon pikron*. *Zelon* deriva de *zelos,* que suele interpretarse como "celo". Puede conllevar un matiz negativo,[6] y representa a menudo a alguien pretencioso y, por tanto, un sentido inadecuado de devoción a Dios. Pablo nos explica que su propio pasado estaba marcado por un celo hacia Dios que manifestaba persiguiendo a la iglesia.[7] El término también se pude usar en un sentido positivo,[8] pero, claro está, cualquier celo tiene el potencial de ser altamente destructivo si se desvía. En este caso, el celo por el interés propio ha conducido a actitudes de envidia y deseo que se tragan cualquier mejor juicio que pudiera haber estado presente.

El término que la NVI traduce "rivalidades" es *eritheia*. Algunos argumentan que esta palabra deriva de *eris*, que puede significar "discordia".[9] Sin embargo, otros señalan que el término rara vez figura fuera del Nuevo Testamento, y su aparición anterior a este es en Aristóteles, que lo utiliza para indicar la búsqueda egoísta del poder político a través de medios injustos.[10] Esta traducción más exacta tiene sentido aquí. El uso que Pablo hace de *eris* se encuentra en las listas de vicios y, junto con *zelos,* describe a los líderes que causan discordias reivindicando una sabiduría superior y congregando seguidores en torno a sí, mientras que acusan a otros miembros de la iglesia de falta de espiritualidad. La discordia ha llegado a la comunidad cristiana como consecuencia de su

---

5.   Peter H. Davids, *The Epistle of James,* 150.
6.   Véase Ro 13:13; 2Co 12:20; Gá 5:20.
7.   Fil 3:6. Véase también Ro 10:2, donde Pablo describe a los israelitas: "Muestran celo por Dios, pero su celo no se basa en el conocimiento".
8.   Véase 1R 19:10, 14; Jn 2:17; 2Co 7:7, esp. 11:2, donde Pablo habla de un "celo [...] [que] proviene de Dios".
9.   Pablo lo usa de este modo; véase 2Co 12:20; Gá 5:20, dos textos citados más arriba.
10.   Aristóteles, *Política,* 5.3.

búsqueda de estatus y han usurpado los cargos espirituales de la iglesia con el fin de enseñar y propagar esta filosofía mundana.

Si queremos entender por qué Santiago insta a estos maestros y a sus seguidores a que dejen de "presumir" (v. 14), primero debemos comprender de qué se están jactando. Lo más probable es que aluda a la sabiduría que reivindican. Por tanto, podríamos traducirlo: "Dejen de presumir de su sabiduría mundana, porque con ello solo están negando la verdad de una forma incluso más evidente". Ropes respalda este sentido causal.[11] Lo que los maestros denominan falsamente "sabiduría" no es más que la virulenta obra del *yeṣer ha-ra* en el corazón humano. Existe una verdad celestial, que ellos niegan, y que es el polo opuesto a la "verdad" que ellos propagan.

De forma significativa, en el versículo 15 Santiago no califica de sabiduría lo que sus oponentes apoyan, y prefiere referirse a ella de una forma velada. Su "sabiduría" no es de Dios, una sabiduría que se consigue sencillamente pidiéndola (1:5). Al decir esto, el apóstol expone un claro argumento: la sabiduría de estos maestros no es neutral ni trivial. Lo explica disponiendo las fuentes de dicha "sabiduría" en una escala *in crescendo* de perniciosidad. La primera es *epigeios,* o "sujeta a la tierra". La imagen del mundo aquí, como en cualquier otro lugar de Santiago, desempeña un papel negativo. Por definición, "terrenal" es menos puro e inferior y, en este caso, se refiere a las fuerzas dispuestas contra Dios. Santiago también pretende recordar a sus lectores que el mundo está en desavenencia con Dios. Advierte: "No se engañen ustedes pensando que esta actitud es acorde con Dios, porque es mentira".

Lo siguiente es que esta sabiduría es *psychikos,* o "no espiritual", es decir humana. Es una palabra bastante inusual que solo se encuentra en otros cuatro lugares del Nuevo Testamento.[12] Pablo usa este término para describir al "hombre natural"[13] como se extrae de Génesis 2:7, donde Dios insufla aliento de vida en Adán y se convierte en *psyche* viviente. A este respecto, puede denotar el potencial desapercibido de responder a Dios de manera positiva. *Psychikos* se empleaba a veces

---

11. James H. Ropes, *The Epistle of St. James,* 246.

12. 1Co 2:14; 15:44, 45; Jud 19.

13. Véase G. B. Caird y L. D. Hurst, *New Testament Theology* (Oxford: Clarendon 1994), 99-100.

por los grupos heterodoxos para describir a sus oponentes.[14] El término señalaba, pues, a seres que meramente poseían vida, carentes del toque del Espíritu de Dios. Tales personas solo reaccionaban a los estímulos naturales. Los falsos maestros habían acusado a Santiago de esto y de falta de sabiduría. Con gran habilidad, el apóstol hace que esta acusación se les dé la vuelta en las manos. Indica que la actividad de los falsos maestros, esa ofensa egoísta, es en realidad una fachada, la consecuencia de un deseo muy natural, bajo y no espiritual del estatus y el prestigio personal.

Y lo peor de todo es que esta "sabiduría" es de origen demoníaco. El término *daimoniodes* es raro, y no aparece en ningún otro lugar de la Escritura; tampoco se encuentra en la literatura griega anterior a Santiago. Existen dos opciones en cuanto a su significado: (1) Esta enseñanza y la conducta que de ella se deriva están instigadas por demonios y por el mundo espiritual dañino; o (2) la conducta que aquí se describe es similar a la de los demonios. No existe ninguna buena razón para suponer que Santiago no tuviera la primera alternativa en mente.

En el versículo 16, el apóstol argumenta desde la perspectiva de la práctica. La sabiduría de sus oponentes, arraigada en la "envidia y las rivalidades" no ha hecho nada por fortalecer el cuerpo, sino que tan solo ha servido para acarrear "confusión y toda clase de acciones malvadas". La verdadera sabiduría no confunde las cuestiones de primera lealtad con las que tienen un carácter secundario o terciario.[15] No tolera la discordia que resulta del egoísta interés personal. Satanás es la fuente de semejante tumulto y de una conversación mezquina. El término que la NVI traduce "confusión" es *akatastasia*, el mismo vocablo que se utiliza en 1:8 para la persona inconstante y de doble ánimo. Aquí, como en 3:8, el escenario es de mayores dimensiones ya que no se trata de un tema individual, sino de la comunidad cristiana. Esta enseñanza no ha añadido a la iglesia, sino que más bien ha provocado que esta se cuestione seriamente su dirección y hasta su corazón y su alma. Toda clase de prácticas malvadas se combinan con esto.

---

14. Tertuliano (*Contra Práxeas,* 1.6) relata que los montanistas marcaron a los ortodoxos con este término.

15. Aunque el discurso de Jesús es con frecuencia hiperbólico: "Si alguno viene a mí y no sacrifica el amor a su padre y a su madre [...] no puede ser mi discípulo" (Lc 14:26)", la idea está clara: Jesús exige nuestra primera lealtad.

Santiago prosigue, a continuación, bosquejando los que en su opinión son los resultados más importantes de la sabiduría celestial. Lo hace en una lista de virtudes similar a las que Pablo da en su enumeración de "el fruto del Espíritu". Santiago presenta siete para su consideración. Primero, el sello de esta sabiduría es la pureza. El término griego *hagne* es inusual.[16] Connota la ausencia de las imperfecciones espirituales, éticas y conductuales que son parte necesaria de la persona de doble ánimo. La idea se encuentra en el Antiguo Testamento, por lo general, en conexión con el carácter de Dios. Las palabras de Dios son puras (Sal 12:6) y los caminos del hombre honrado son puros y no torcidos (Pr 21:8), porque su vida refleja el carácter de Dios. Aquí tenemos, pues, otra referencia al "fin" o "propósito" justo de la humanidad.[17] Una persona marcada por la pureza participa del carácter de Dios siguiéndolo con una "motivación sin mezcla".[18] La pureza se enumera en primer lugar, porque, en muchas maneras, es lo más importante y lo que allana el camino para lo que viene detrás.

Santiago ha dispuesto las siete virtudes restantes usando la asonancia, primero con la *e*, después con la *a*: pacífica (*eirenike*), bondadosa (*epieikes*), dócil (*eupeithes*), llena de compasión (*meste eleous*), buenos frutos (*karpon agathon*), imparcial (*adiakritos*), y sincera (*anupokritos*). Semejante sabiduría también crea un espíritu pacífico. Y esto tiene especial importancia aquí, dado el problema de discordia que existe en la iglesia.

"Bondadosa" se suele asociar con la justicia, en especial con la administración de la misma y señala a alguien que no abusa de una posición de poder, sino que permanece tranquilo, sobrio y fiel a los más altos ideales de su posición.[19]

"Dócil" puede significar "confiado" y "fácil de persuadir". No indica a una persona sin convicciones o a alguien influenciable. Más bien conjura la imagen de una persona sobria, reflexiva, intuitiva que reconoce la verdad cuando la oye y que recibe de buen grado dicha instrucción. Junta, esta pareja de términos denota a alguien que es amable y razonable a la vez, esté en una posición de autoridad o de sumisión.

---

16. Véase también Fil 4:8; 1Jn 3:3.
17. Véase el análisis en cuanto al significado de "perfectos" e "íntegros" en 1:4 y 3:7.
18. Davids, *The Epistle of James,* 154.
19. En 1 Ti 3:3, Pablo la usa para describir la conducta ideal para los líderes de la iglesia.

A continuación, Santiago menciona "llena de compasión" y "buenos frutos" (*karpon agatbon*). Anteriormente nos ha dicho que la verdadera religión se manifiesta mediante actos de bondad (1:27) y que la fe se ve en las obras de amor (2:15-18).

Finalmente, el apóstol ofrece a nuestra consideración "imparcial y sincera". La primera es una palabra de gran rareza, que solo se encuentra en este lugar del Nuevo Testamento. Es lo contrario a "doble ánimo", un término que Santiago ha utilizado con frecuencia. La sabiduría no tiene, pues, doble ánimo; posee una singularidad de propósito en su confianza en Dios. "Sincera" es un buen remate a la lista, ya que también significa "sin hipocresía".

Tomados en conjunto, estos términos contrarrestan el espíritu divisivo y partidario, e impulsan una apertura a la dirección de Dios de modo que hasta los maestros a los que Santiago se opone podrían "ver la luz".

En su comentario final, no es de sorprender que el apóstol se centre en la paz, dada la discordia existente en el seno de la iglesia. La justicia y la paz suelen ir vinculadas en el Antiguo Testamento (véase Sal 85:10; Is 32:17). Isaías 32–33 tiene una importancia particular, ya que en esos capítulos la imagen del cultivo va unida a la justicia y la paz.

La frase "el fruto de la justicia" es algo difícil porque el genitivo se puede leer como "el fruto que pertenece a los justos" o "el fruto que consiste en la justicia". En la primera opción, la justicia posee un fruto que se producirá en el contexto de la paz; en la segunda alternativa, "paz" es la condición que genera la justicia. Con gran percepción, Laws[20] argumenta que "el fruto de la justicia" es, en realidad, la sabiduría. Si está en lo cierto, el argumento de Santiago sería como sigue: (1) donde hay división no hay sabiduría; (2) la sabiduría es pacífica; (3) por tanto, los pacíficos son los que poseen sabiduría; y (4) quienes crean confusión y discordia no poseen sabiduría, por mucho que protesten y defiendan lo contrario. Los oponentes de Santiago han reivindicado, explícita o implícitamente, que poseen una sabiduría superior. Al definir la sabiduría en términos bíblicos, el apóstol ha demostrado a sus contrarios que son suministradores de una mezcla altamente corrosiva de sabiduría mundana y enseñanza deficiente. En resumen, los ha dejado en evidencia como *psychikoi*, la misma acusación que ellos dirigieron contra él.

---

20. Sophie Laws, *The Epistle of James*, 165-66.

El pasaje que tenemos ante nosotros está formado por un debate sobre la verdadera y la
falsa sabiduría. Esta enseñanza no es simplemente un árido ejercicio intelectual, sino que,
en la experiencia de Santiago, la enseñanza sobre Dios siempre es potente, y se extiende a todos los ámbitos del esfuerzo humano. Tanto la
enseñanza pura como la mancillada tienen efectos. En esta sección, trata por todos los medios de dejar claros estas consecuencias. Resume
esta unidad alentando a sus lectores a que sean pacíficos.

La cuestión individual más significativa para la investigación en esta
porción es la noción bíblica de la paz. Existen varias razones para ello.
(1) La paz es la idea del proverbio con el que concluye y es un claro
signo de que el concepto de paz es relevante para nuestro autor. (2) La
sabiduría, el don de Dios (1.5) es necesaria para ayudarnos a alcanzar la
madurez y esta está relacionada con la justicia. La justicia es, a su vez,
como nos dice Santiago, el fruto conseguido por los pacíficos. (3) La
paz es, pues, la idea que reúne un número de ideas dispares que están
funcionando en este pasaje, a medida que la sabiduría de Dios conduce
a la paz y la integridad que Dios desea de y para nosotros. A menos
que discernamos esto, no seremos capaces de entender la riqueza del
pensamiento de Santiago, y nos sentiremos tentados de buscar aplicaciones contemporáneas que se conformen con nociones inferiores y no
bíblicas de la paz. Por estas razones, la "paz" es el tema de esta sección
de Construyendo Puentes.

La noción de "paz" (*šalom*) del Antiguo Testamento, con su rica textura, es una de esas ideas que se pueden vincular legítimamente a una
única palabra. *Šalom* significa "ser íntegro, saludable, completo". A
este respecto, es distinto de la mayoría de los términos para paz. Por
ejemplo, la palabra griega *homonoia* ("armonía") transmitía, en origen,
un significado negativo que denotaba la ausencia de confusión política
dentro de una ciudad. No fue hasta más tarde cuando esta palabra llegó a poseer un matiz positivo. Pero *šalom* tuvo, desde el principio, un
significado principalmente positivo. En la LXX, *eirene* ("paz") se usa
con regularidad para traducir *šalom* y aparece más de doscientas veces.[21] Aunque se puede utilizar otros términos dependiendo del matiz de

---

21. H. Beck, C. Brown, "Peace", *NIDNTT, 7-777.*

šalom en un contexto concreto, en la LXX figura *eirene* cuando se tiene a la vista la integridad y el bienestar que procede de Dios.

Šalom se utilizaba en el Antiguo Testamento en una vertiginosa variedad de formas. El saludo diario en Israel era *šalom 'alekem* ("la paz esté contigo"), una bendición y un saludo que significaba "ojalá que estés bien".[22] El Antiguo Testamento también contrasta la paz con la guerra, pero el énfasis está en la paz con la implicación de relaciones cercanas y armoniosas entre personas.[23] *Šalom* se usa con el sentido de prosperidad (Sal 73:3), salud física (38:3) y salvación (Is 43:7). También se puede emplear en relación con la muerte. La promesa a Abraham es: "Tú, en cambio, te reunirás en paz con tus antepasados, y te enterrarán cuando ya seas muy anciano" (Gn 15:15). *Šalom* va, del mismo modo, unido al pacto. En Números 25:12, el Señor le dice a Moisés: "He aquí, yo le doy mi pacto de paz" (LBLA).

La verdadera integridad, la verdadera paz, está íntimamente relacionada con el carácter de Dios. Esta idea está presente en Salmos 34:14, donde el salmista declara: "Que se aparte del mal y haga el bien; que busque la paz y la siga". Aquí vemos la noción de paz asociada a las ideas gemelas de justicia y rectitud, que, juntas, son componentes integrales del carácter de Dios. No deberíamos olvidar que la definición que Santiago nos ha ofrecido para "religión verdadera" es la personificación de la noción de justicia y rectitud: visitar a las viudas y los huérfanos (Stg 1:27). En Salmos 34, la paz es sustancial; está relacionada con el núcleo central mismo del corazón de Dios y debe perseguirse. La idea de "verdad" (*emet*) se añade a este conjunto cuando, en Zacarías 8:16-17, Dios se dirige a los habitantes de Jerusalén y de Judá:

> Digan la verdad unos a otros. En sus tribunales, pronuncien veredictos que sean justos y que conduzcan a la paz. No tramen el mal unos contra otros. Dejen de amar el decir mentiras y jurar que son verdad. Yo odio todas esas cosas, dice el Señor [...]. Así que amen la verdad y la paz".

Por supuesto, la realidad de la vida dicta que una paz como esta rara vez se conoce. Por esta razón, tiene también una orientación futura. El

---

22. Joseph P. Healey, "Peace", *ABD*, 5:206.
23. En 2R 5:4, Salomón declara: "El Señor mi Dios me ha dado paz en todo el territorio; no tengo enemigos, y todo marcha bien". En Jue 4:17 leemos: "Sísara corrió hasta la carpa de Jael, la esposa de Heber, el ceneo, porque la familia de Heber tenía *amistad* [lit. paz] con el rey Jabín, de Hazor".

"Príncipe de Paz" es el agente de Dios que trae su justicia, su verdad y su paz.

En el Nuevo Testamento, la idea de paz destaca en las enseñanzas de Jesús. Es significativo que, en las Bienaventuranzas, el término "pacificadores" sea uno de virilidad; todas las demás características mencionadas por Jesús "designan un estado o una actitud, mientras que esta describe un acto concreto".[24] La paz es, pues, la creación y el mantenimiento de un estado de verdad, honestidad, rectitud y justicia. En término de relaciones sociales, esta noción de integridad tiene un mérito obvio dado el contexto de la iglesia de Santiago. Pero la cuestión de la verdad y la justicia no deberían pasarse por alto.

Cuando Santiago alienta a sus lectores con las palabras "el fruto de la justicia se siembra en paz para los que hacen la paz" para que sean pacíficos, se está refiriendo a esta compleja idea de *šalom*. La justicia, la rectitud y la paz son primordiales en el carácter de Dios. Desarrollar un talante así en nosotros mismos y en el seno de la comunidad cristiana ha sido, con frecuencia, el tema a lo largo de esta carta. Lo que nos queda por considerar es la forma de aplicar su uso, tal como se nos revela aquí, a nuestra época.

Significado Contemporáneo

Los evangélicos harían bien en volver a captar la idea bíblica de la paz. En la práctica, a menudo confundimos este concepto con su contrapartida moderna empobrecida: la ausencia de una tensión obvia. Lo hacemos en parte, porque nos resulta conveniente a corto plazo evitar el desacuerdo y la tensión que acarrea.

En un pasaje de Tucídides, una delegación corintia intentó persuadir a los atenienses para que se uniesen a su causa; para ello, usaron las siguientes palabras: "La verdadera senda de la conveniencia es la del derecho".[25] Los corintios dijeron la verdad, pero en los extensos anales de la historia humana hallamos pocas pruebas que respalden la popularidad de su opinión. Nuestro curso de acción más típico es sucumbir a la tentación de la senda que, en proyecto, parece permitir la menor resis-

---

24. William Klassen, "Peace", *ABD*, 5:209.
25. Tucídides, *Las guerras del Peloponeso,* 1.42.

tencia y la menor probabilidad de un daño personal. Una vez registrada nuestra elección, la honramos con piadosas racionalizaciones.

La iglesia evangélica no es inmune a esta enfermedad que todo lo impregna. De hecho, resulta sorprendente la frecuencia con que la iglesia evangélica contemporánea ha elegido ciegamente las ideas no bíblicas de "paz" en lugar de decantarse por el concepto bíblico más profundo. Por rutina perseguimos la paz que es la "ausencia o la negación de tensión dentro del cuerpo", en lugar de la que supone la "completitud dentro del cuerpo". La mayoría de las iglesias evangélicas que conozco están petrificadas de tensión; por tanto, debatir temas que puedan causar conflicto es algo que se ha suprimido. En los últimos cuatro meses he oído varias de estas historias: un poco de carne, unos cuantos recuerdos de sucesos de hace mucho tiempo.

• Para sorpresa de muchos dentro de una congregación, se expulsó a uno de sus pastores asociados. Unos cuantos miembros estaban al tanto de que había problemas, y otros sentían que el pastor en cuestión no era eficiente. Otros muchos, sin embargo, disentían, ya que opinaban que les había sido de gran ayuda. El anuncio de su despido fue, por tanto, un *shock*. Más sorprendente aún para muchos fue el culto del último domingo en que el pastor todavía ocupaba su cargo. Se preparó una letanía en la que tanto el pastor como la congregación leyeron llamados al perdón dirigidos el uno a la otra y viceversa. Para muchos esto pareció excesivamente extraño. No se ha vuelto a hablar del asunto.

• Toda la junta ejecutiva de una iglesia dimitió afirmando que el pastor estaba "dirigiendo la iglesia" por medio de sus amigos y no a través de la estructura del consejo elegido. La tensión entre el pastor y la junta ha ido en aumento durante casi un año. Ambas partes han protegido a la congregación en general de una forma deliberada y efectiva de esta creciente tensión. Se han dedicado a obtener el respaldo de miembros selectos de la congregación para sus posiciones. La mayoría, sin embargo, solo se enteró de lo que estaba ocurriendo cuando se presentó la dimisión masiva. Esta política arriesgada agrió el espíritu de la iglesia y la asistencia disminuyó en un cuarenta y cinco por ciento.

• Un consejero voluntario del grupo de jóvenes fue descubierto en una postura ligeramente comprometida con una estudiante. Se le expulsó del personal asesor de la escuela secundaria y el equipo pastoral de la iglesia decidió tapar el incidente. No obstante, los informes de lo sucedido empezaron a circular por la pequeña comunidad, y muchas de las personas exageraron de una forma salvaje. La iglesia siguió andándose con evasivas ocultando la verdad. La iglesia, que había tenido el alto respeto de la comunidad, inició una rápida caída en picado.

- Tras dos años de oración y deliberación, una congregación decidió seguir adelante con sus planes de edificar un santuario nuevo y más amplio, un proyecto con el que el pastor estaba plenamente de acuerdo. Sin embargo, durante la semana siguiente a la votación para la realización del proyecto, varios miembros de la congregación se reunieron en secreto con el pastor y lo convencieron para que cambiara de parecer. Al domingo siguiente, el pastor anunció obedientemente que ahora consideraba que los planes para la construcción del nuevo santuario eran "pecaminosos". Pronto abandonó la iglesia al darse cuenta de que lo habían manipulado. Los líderes del "golpe" y los líderes electos de la iglesia se han negado a dirigirse la palabra durante la década siguiente, o, al menos, a no hablar de este capítulo de la historia de la iglesia, citando la necesidad de "mantener la paz" dentro de la congregación.

- Un nuevo pastor titular anuncia a la congregación que desea que todo el equipo permanezca en su puesto, pero en privado deja claro a un miembro del grupo que se requiere su dimisión. Su renuncia causa sorpresa a muchos y, cuando se le pregunta si le están "presionando para que dimita", esta persona miente alegando que lo hace "en el interés de la paz y del bienestar de la iglesia".

- Una mujer miembro de una iglesia y frecuente solista se siente molesta porque el pastor no está de acuerdo con que actúe al menos dos domingos al mes como solista. Ella y su familia dejan la iglesia y nadie, al margen de las dos partes implicadas, conoce el motivo. Cuando se les pregunta, ninguno de ellos habla del asunto.

- Una iglesia que se ha quedado con doscientos miembros durante quince años ha llamado a un nuevo pastor. Muy pronto se da cuenta de que hay una familia difícil en la congregación. Esta pareja insiste en hacer las cosas a su manera, hasta el punto de amenazar durante las reuniones administrativas de la iglesia. Muchos miembros compadecen al pastor y le informan de que ese matrimonio ha venido dominando la iglesia durante años, pero que nadie desea pasar por el trago desagradable de ofuscarlos. El pastor se entera de que el marido ha sido acusado de abuso infantil en el pasado y, en una sesión en privado, le hace saber que no puede seguir trabajando con los jóvenes de la iglesia. Dándose cuenta de que el pastor no puede hablar de este tema públicamente, el hombre intenta perjudicar al pastor para excluirlo del ministerio. El pastor tiene muy claro que no volverá a aceptar la llamada para pastorear otra iglesia antes de que el liderazgo se enfrente finalmente a esta pareja controladora.

Ninguno de estos casos es simple. Como siempre, existen circunstancias atenuantes que se deben considerar. Una de ellas es la protección de la intimidad de los individuos, sean pastores o miembros de la congregación. La segunda se suele citar con frecuencia: la exigencia paulina de proteger la unidad de la iglesia con el fin de mantener la "paz" en su seno. Es importante reconocer que este mandamiento aparece en un contexto particular de Filipenses, uno en el que Pablo argumenta a favor de la unidad de la iglesia no ya como un fin en sí misma, sino para que la iglesia esté firmemente fijada en su principal tarea que, según dice el apóstol, es la propagación del evangelio (Fil 1:27; 3:2-3). Si la iglesia se está consumiendo con divisiones por cuestiones terciarias hasta el punto de que las preocupaciones más importantes quedan desatendidas, no se habrá cometido un mal insignificante. En algunas de estas situaciones enumeradas más arriba, cada factor atenuante podría recordarse de forma legítima. No obstante, existe algo en el evangelicalismo contemporáneo que no da la talla cuando se lo compara con la idea bíblica de la paz.

Hace poco, pedí a una colega que dirigiera una de mis clases en un debate sobre "la comunidad cristiana". Comenzó preguntando a los estudiantes sus impresiones sobre las relaciones en el seno de la iglesia. Las respuestas iniciales fueron lentas y titubeantes, pero tras los dos primeros minutos, llegaron rápidas y furiosas. Diligentemente fui recogiendo tantas de sus contestaciones como me fue posible.

• Las personas llevan una careta.
• Las relaciones son básicamente superficiales.
• La mayor parte del tiempo las personas no son sinceras.
• Pero hay muchas que sí se interesan de verdad por los demás.
• Con frecuencia se nota que todo es artificial.

- Las personas son realmente "buena gente" y parecen tener paz.
- Las personas son normalmente consideradas.
- Cuando las personas son amistosas, suele ser con otros cristianos; no suelen extenderse a los de fuera de la iglesia.
- Todos están demasiado ocupados.
- La iglesia no es igualitaria, sino altamente estructurada.
- La iglesia es jerárquica, con claras normas de poder que no se dicen: el pastor, los diáconos, los miembros de mucha antigüedad, y los que son ricos ostentan el poder.
- Las personas quieren evitar el conflicto.

A continuación, mi colega les preguntó por qué pensaban que esto era así, si teníamos un modelo bíblico de comunidad cristiana. De nuevo recogí tantas respuestas como pude:

- Tenemos otras prioridades: el dinero, la apariencia, el reconocimiento.
- No somos sinceros con nosotros mismos sobre esto, sobre nuestras verdaderas prioridades.
- Tememos ser perseguidos por el mundo.
- Tememos las consecuencias de la verdad. Con frecuencia evitamos hablarles a otros de la verdad y nos decimos que es porque queremos proteger sus sentimientos. Sin embargo, sabemos que la verdadera razón es que no queremos tener que aguantar el momento potencialmente desagradable de la situación.
- Tenemos miedo de enfrentarnos con que no podemos vivir según los principios bíblicos.
- Nos damos cuenta de que no podemos hacer ninguna diferencia en el mundo y ni siquiera en nuestra iglesia, de modo que ¿para qué intentarlo?

Por último, les pidió que describieran los valores que nuestra cultura parece elogiar o que son el sello de la misma:

- El materialismo: queremos cosas.
- Queremos atención, e incluso fama.
- Ambicionamos, deseamos poder y estatus.
- No nos importan las personas, sobre todo aquellas que no conocemos.

- Nuestra cultura ama la tentación.
- La autoprotección.
- El temor.
- La agresión.
- La envidia.
- El orgullo, la falta de humildad.
- La suposición. No nos molestamos en descubrir la verdad, sencillamente hacemos suposiciones sobre las personas y las juzgamos sobre una base superficial, sin conocerlas realmente.

En nuestro deseo por conservar lo que es una "paz" no bíblica, ¿no habremos producido una situación de tales proporciones no bíblicas? Me impresionaron varias cuestiones de las que oí hablar a mis estudiantes. Me chocó que se identificaran con los asuntos más profundos en el segundo grupo de respuestas. También me desconcertó su temor por no dar la talla en cuanto a los principios de Dios. Esto es plenamente proporcional a lo que dice Santiago. Su carta enseña la lealtad a un estándar riguroso. Pero también instruye sobre el perdón de Dios y la verdad de que, si la palabra es plantada en el interior y se alimenta, el cristiano puede crecer hasta la "perfección" (1:4, 18).

El punto final que me impresionó de estas tres listas fue el grado de correspondencia entre ellas y la lista de vicios bosquejada por Santiago. Su catálogo del mal en el capítulo 3 es aterradoramente similar al modelo del crecimiento biológico del mal descrito en 1:15. Estos vicios tienen su origen en deseos que son "terrenales, puramente humanos y diabólicos" (3:15), que conducen a la "envida y rivalidades" que, a su vez, causan "confusión" (3:16) dentro de la comunidad cristiana. Santiago se niega categóricamente a permitirnos considerar estos desarrollos como cosa trivial. Su origen es insano y, por inocente o conciliador que sea el atuendo con el que se vistan inicialmente, en última instancia son un cáncer en el cuerpo.

Por esta razón, Santiago usó sin reservas un lenguaje duro en 3:1-12 cuando trató el tema de los falsos maestros, la falsa enseñanza y el efecto devastador que estos tienen sobre la comunidad. No se dejen engañar ni intimidar, entona Santiago. Semejante enseñanza, no reconocerla y no resistirse a ella es extremadamente peligroso. El veneno empieza inocentemente, en el fértil receptáculo de nuestra mente y nuestro corazón. Crece hasta dominar nuestras acciones. Finalmente, a través de nuestros hechos se va extendiendo para infectar a la comunidad de nuestro alrededor. La forma más eficaz de evitar este mal, según nos recuerda Santiago, es caminar firmemente y con decisión por la senda de la sabiduría celestial y sus frutos.

Las impresiones de mis estudiantes no transmiten, claro está, toda la imagen del evangelicalismo estadounidense. Se podría decir mucho más, y gran parte sería positivo. Pero son, no obstante, precisas al señalar rasgos que, aunque no conforman la totalidad del paisaje, están sin embargo presentes. Estas impresiones deben establecerse en contraste con el catálogo que Santiago nos ha dejado en cuanto a vivir de acuerdo con la "sabiduría que desciende del cielo", cuyo resultado es la paz.

En 3:13, Santiago habla de la sabiduría celestial que coloca su sello sobre todo un "estilo de vida" (*anastrophes*). Los siete rasgos que perfila componen esa "vida coherente" moldeada por la sabiduría celestial: es "pura, pacífica, bondadosa, dócil, llena de compasión y de buenos frutos, imparcial y sincera". Juntas, son las características del que hace la paz de 3:18.

La "pureza" refleja el carácter de Dios. Una persona pura sigue los decretos de Dios que motiva lo que no tiene mezcla. Para un individuo así, la purificación de 4:7-8 es innecesaria. Los motivos de la solista mencionada más arriba no estaban libres de mezcla. Es posible que imaginara solo razones puras, pero estoy seguro de que la mayoría de los observadores detectarían en ella la actitud de una *prima donna* egocéntrica en pleno funcionamiento, y no la actitud humilde y desinteresada que Santiago ensalza.

También existen casos en los que se pueden aplicar circunstancias atenuantes. Hace varios años, un amigo mío trabó amistad con los miembros de un grupo cristiano de *heavy metal*. Con gran orgullo me contó cómo aquel conjunto lanzaba Biblias a la audiencia durante sus actuaciones. Aunque mantengo mis reservas sobre la sabiduría de este estilo de ministerio y evangelización, es posible que para algunos sea eficaz. También me mostró fotografías de ella con los miembros del grupo. Yo no podía evitar observar los pantalones que llevaban. Eran de cuero, pegados a la piel, tan ceñidos que no se dejaba nada a la imaginación, precisamente el tipo de pantalones que vestían los miembros de cualquier grupo de *heavy metal* de la industria de la música secular. Tal vez yo sea un tanto puritano, pero esto me pareció un mensaje mezclado.

Como ya hemos visto, "bondadoso" suele asociarse con justicia, sobre todo en evitar el abuso de poder. Esta ha sido una cuestión en la que he pensado mucho últimamente. Hace algún tiempo se me pidió que hablara a un grupo de pastores sobre cómo gobernar la iglesia, sobre todo sobre el papel del pastor, las juntas y la congregación según el Nuevo Testamento. Con un pequeño sondeo, me di cuenta de que el verdadero problema era el poder. Al menos la mayoría de los vocales del comité directivo pedían alguna justificación para cualquier cesión de mayor poder en las manos del pastor. Soy muy cauteloso en cuando al poder, como creo que también lo es Santiago. Pero coloca delante de nosotros una característica clave para los que están en el poder: la consideración.

El primer pastor bajo cuya supervisión serví sigue teniendo todo mi respeto como hombre de integridad, carácter y consideración. Aunque superficialmente pueda parecer brusco, y aunque algunos lo vean como dictatorial (durante aquellos años, me dijo una vez: "Si no sabes en qué dirección va a ir el voto de tu junta, es que no has hecho tus deberes"), no lo conocen como yo, porque tengo el privilegio de conocerlo muy bien. Durante los tres años que trabajamos juntos, varias veces le vi absorber el vituperio poco apropiado y mal dirigido, porque tenía la integridad de no revelar información confidencial o cosas que él sabía que podían perjudicar a otros. Desde entonces, he conocido a muchos líderes y casi todos han fracasado en este mismo examen. Este pastor es un hombre inquebrantable en su dedicación por ver avanzar la obra de Cristo y es diligente en su intento por discernir la voz de Dios. En su rostro nunca se verá el titubeo cuando la integridad del evangelio o de la obra de Cristo esté en juego. Pero sigue siendo tolerante y hasta imperturbable ante las fuerzas desinformadas que suelen trabajar para su gran detrimento personal.

Santiago incluye el término "dócil" en esta lista de virtudes, y significa alguien que reconoce la verdad de Dios cuando la oye y que se somete a ella de buen grado. Tras pasar más de una década en el ministerio pastoral, me decidí por la rama académica, y me convertí en catedrático a tiempo completo en 1992. Suelen preguntarme qué prefiero y puedo responder con toda sinceridad que ambas cosas me resultan atractivas y que en mi capacidad actual puedo desenvolverme en ambos mundos. Sin embargo, echo de menos un aspecto del ministerio pastoral con apasionada nostalgia: el gozo de trabajar con un equipo de liderazgo. Durante mis últimos cinco años en el ministerio tuve el privilegio de trabajar con un grupo de líderes, todos ellos firmemente comprometidos con Dios, los unos con los otros y con las metas que habían establecido tras mucha oración. Con frecuencia discrepábamos precisamente en la forma de lograr ciertos objetivos, pero, una vez se tomaba la decisión, cada uno de nosotros se sometía con buena disposición a dicho plan, estrategia o programa.

Un equipo de trabajo como ese no se encuentra fácilmente. Éramos un grupo muy diverso: negro, asiático, blanco, y hasta alguno de países extranjeros, algunos procedían de familias ricas y otros habían crecido en medio de la pobreza. Se requería sinceridad, riesgo y horas juntos, horas de juego y también de trabajo. Recuerdo, en particular, un largo paseo en automóvil con uno de nuestros líderes de minorías. Había existido cierta tensión entre nosotros provocada por un malentendido. Tras cinco horas de conversación trivial y cuando nos encontrábamos a tan solo veinte minutos de nuestro destino, por fin me armé de valor y le dije: "Estoy preocupado por nuestra amistad". La respuesta me sorprendió: "¿Qué amistad?". Pasamos las dos horas siguientes en profunda y sincera discusión, a veces dolorosa, pero siempre en el conocimiento de que compartíamos el amor por Cristo y el uno por el otro. Estas virtudes de la sinceridad, sumisión y compasión impregnaban nuestro equipo de liderazgo y trabajar con ellos fue una de las experiencias más extraordinarias de mi vida.

"Compasión" y "buenos frutos" van juntos, porque la compasión tiene una orientación práctica que, por definición, se manifiesta en "buenos frutos". La compasión no es piedad, porque esta última no es más que la emoción de la preocupación que pasa con tanta rapidez como la sombra de una nube. Compasión es la misericordia que nos lleva a la acción. Jesús se dirigió en una ocasión a los fariseos diciendo: "Por eso les digo que el reino de Dios se les quitará a ustedes y se le entregará a un pueblo que produzca los frutos del reino" (Mt 21:43). Como hemos visto una y otra vez, los frutos proceden del corazón, del carácter, y este puede moldearse.

La película *Rain Man* es, en cierto modo, una parábola de redención. Tom Cruise interpreta a Charlie Babbitt, un vendedor desenvuelto y desaliñado que regresa a casa cuando se entera de que su padre, del que estaba distanciado, ha muerto. Cuando se lee el testamento, Charlie solo recibe el Buick descapotable de su juventud. Los millones restantes de la finca de su padre se donan a su hermano mayor, Raymond, autista, que está internado en una institución, un hermano que Charlie ni siquiera sabía que tenía. La mayor parte de la película consiste en cómo Charlie intenta sacarle el dinero a Raymond con chanchullos o aprovecharse del sorprendente talento matemático de este apostando una fortuna en Las Vegas. Pero en el interior de Charlie se va produciendo un cambio. Empieza a preocuparse de Raymond, incluso en contra de su propia voluntad. Su corazón cambia y, a medida que este cambio se va haciendo más profundo y confiado, Charlie empieza a hacer más por Raymond que por sí mismo.

Esto es un "buen fruto" del corazón. Es posible que hubiera un núcleo central de rectitud en el corazón y en la mente de aquella pequeña estructura de personas que torpedearon los planes de edificación de la congregación, pero en la mezcla había un deseo de control, un odio a perder, y una urgencia egoísta de que la iglesia permaneciera "tal como nos gusta". Una sincera reflexión podría haber revelado el verdadero origen de sus deseos.

La última pareja de virtudes, "imparcial" y "sincero" también van de la mano. Para Santiago, esto describe a una persona que no es de doble ánimo. Es la persona que conoce el corazón de Dios y, por tanto, sus prioridades. Como hemos visto anteriormente, uno de los problemas más pegajosos es saber cómo equilibrar "pacífico" con ceñirse al principio. Una de las claves consiste en entender las prioridades de Dios. Para Santiago, estas son, en resumen: (1) la devoción por la vida espiritual, para que la palabra pueda ser plantada en ustedes y crecer con fuerza; (2) cuidar de los pobres y de los marginados, no solo de su dignidad, sino también de sus circunstancias materiales; (3) una disposición a evaluarse a uno mismo con frecuencia, para asegurarse de que las virtudes, y no los vicios, están creciendo con firmeza; y (4) la disposición a conocer la verdad del evangelio y defenderla cuando se vea amenazada. Pero debemos recordar que hasta los falsos maestros eran "amados hermanos" para Santiago. Y es que la "sinceridad" transmite la idea de tratar a todas las personas por igual, de aferrarse tanto a la verdad como al amor.

Existe un principio inherente a la idea bíblica de paz, y es un tipo de corazón y mente y una conducta consecuente y congruente con Dios; esto es, por tanto, innegociable. La paz a cualquier precio no es paz, como demuestra una y otra vez la historia humana. Los horrores de la Primera Guerra Mundial dejaron a los pueblos de los primeros poderes aliados anhelando la paz y casi patológicamente incapaces de creer que otra guerra pudiera empezar jamás. Cuando la Liga de las Naciones dirigió un sondeo sobre la cuestión del desarme internacional, diez millones y medio de británicos estaban a favor y solo ochocientos setenta mil se opusieron.[26] Cuando la falta de humanidad del régimen nazi se hizo más obvia, el gobierno británico (y, de hecho, la opinión mundial) parecía ciega ante la evidencia. Tras una entrevista con *der Führer*, un periodista británico escribió que Hitler tenía "grandes ojos marrones, tan grandes y tan marrones que, de ser mujer, sería fácil entusiasmarse con ellos".[27] En realidad, los ojos del dictador de Alemania eran azules. El periodista judío de nacionalidad estadounidense, Walter Lippmann, escribió un artículo en el que elogiaba a Hitler como "civilizado" y habló de la persecución nazi de los judíos como una forma de "satisfacer" el deseo alemán de "conquistar a alguien".[28]

Los diplomáticos británicos que deberían haberlo conocido mejor creyeron que Hitler era básicamente un hombre de paz que solo quería recuperar un mínimo de prestigio y seguridad para Alemania. En nombre del gobierno del Primer Ministro Ramsay MacDonald, en la Cámara de los Comunes, el 23 de marzo de 1933, Anthony Eden afirmó que era necesario "apaciguar" a Hitler, porque, si lo calmaban, su ira se enfriaría y Alemania se volvería sensible y estable. "Apaciguar" significó, en un primer momento, permitir que Alemania quebrantara las condiciones del Tratado de Versalles y forjara un arsenal militar igual al de Francia. Más tarde, supuso autorizar a Alemania a que invadiera países como Checoslovaquia, naciones que Gran Bretaña había jurado defender. De esta forma, el honor y la integridad de Gran Bretaña quedaron en entredicho. Finalmente, claro está, significó descender al cataclismo de otra guerra mundial. A principios de 1930, estos diplomáticos británicos no entendían la ilimitada voracidad del mal. Muy pronto lo harían. El *yeṣer ha-ra,* Gehena, Satanás, son voraces e intransigentes. No se puede jugar con ellos.

Los miembros de la congregación que permitieron que una pareja dominara la vida de la iglesia buscaban la paz a través del apaciguamiento. Se permitieron impugnar la integridad del llamado bíblico a la comuni-

26. William Manchester, *The Last Lion: Winston Spencer Churchill, Alone,* 1932-1940 (Boston: Little, Brown, and Co., 1988), 95.
27. *Ibíd.,* 82.
28. *New York Herald Tribune* (12 mayo 1933).

dad aferrándose a la promesa de "paz" en la congregación. Al poner sus
pies sobre esta senda, condenaron a la iglesia a más de una década de
envidia, amargura y lucha. La paz que conduce a la justicia es una paz
que se niega categóricamente a renunciar a su estándar: justicia, rectitud
y la sabiduría de Dios. La paz comprada con su sacrificio no es la paz
bíblica.

Santiago 4:1-10

¿**D**e dónde surgen las guerras y los conflictos entre ustedes? ¿No es precisamente de las pasiones que luchan dentro de ustedes mismos? ² Desean algo y no lo consiguen. Matan y sienten envidia, y no pueden obtener lo que quieren. Riñen y se hacen la guerra. No tienen, porque no piden. ³ Y cuando piden, no reciben porque piden con malas intenciones, para satisfacer sus propias pasiones.

⁴ ¡Oh gente adúltera! ¿No saben que la amistad con el mundo es enemistad con Dios? Si alguien quiere ser amigo del mundo se vuelve enemigo de Dios. ⁵ ¿O creen que la Escritura dice en vano que Dios ama celosamente al espíritu que hizo morar en nosotros? ⁶ Pero él nos da mayor ayuda con su gracia. Por eso dice la Escritura:

«Dios se opone a los orgullosos,
pero da gracia a los humildes».

⁷ Así que sométanse a Dios. Resistan al diablo, y él huirá de ustedes. ⁸ Acérquense a Dios, y él se acercará a ustedes. ¡Pecadores, límpiense las manos! ¡Ustedes los inconstantes, purifiquen su corazón! ⁹ Reconozcan sus miserias, lloren y laméntense. Que su risa se convierta en llanto, y su alegría en tristeza. ¹⁰ Humíllense delante del Señor, y él los exaltará.

Sentido Original

Entre este pasaje y los precedentes existen varios vínculos, a pesar de que diversos comentaristas afirmen lo contrario.[1] La sección que acabamos de terminar (3:13-18) trataba el tema de la verdadera sabiduría que se manifiesta en paz, y el de la falsa sabiduría que resulta en desorden y peleas. Aquí, Santiago vuelve a ocuparse del desorden (4:2) que es la consecuencia de esta misma falsa sabiduría, de la que el diablo es la fuente máxima (4:7).

Esta sección también sigue enumerando los pasos que se van intensificando en maldad. En 1:14, Santiago presentó el deseo malvado. En 3:5 opinó que Gehena era la causa de la lengua incendiaria. En 3:15, el origen de la "sabiduría" del mundo se identificó como algo incrustado

---

1. Sophie Laws, *The Epistle of James,* 167 no ve conexión estructural alguna, pero sí observa que la transición "se comprende bien".

en lo demoníaco. Aquí, en 4:8, ahora se les dice a los cristianos que resistan al diablo. El orgullo fomentado y alimentado por la falsa sabiduría debe humillarse, y esta es la idea de la sombría aflicción de 4:9. El orgullo de 4:6 está vinculado a la jactancia de 3:14, las rivalidades de 3:14 se relacionan con el corazón humano que necesita purificación (4:8). Finalmente, la declaración "la amistad con el mundo es enemistad con Dios" (4:4) alude al deseo apasionado de algunos miembros de la comunidad por procurarse estatus y prestigio según la definición de la cultura que los rodeaba. En esta búsqueda mostraban favoritismo y hacían gala de poca disposición por entender la ley del amor, manifestando, por tanto, su oposición a Dios.

En estos versículos, Santiago señala una vez más las dos elecciones que se presentan ante la iglesia. Es un tema que ya hemos visto con anterioridad,[2] pero aquí adquiere especial relevancia. El autor acaba de realizar ante nuestros ojos una presentación en toda regla de la fuente, el origen y los resultados de los caminos terrenales y de los celestiales. Ha proporcionado un ejemplo concreto del modelo biológico del crecimiento del pecado que se expuso en el capítulo 1. De modo que aquí establece ambas sendas ante sus lectores con una claridad y una urgencia particulares: sabiduría terrenal o celestial, egoísmo o la ley del amor, la autoexaltación o ensalzar la mano de Dios. Su lenguaje es poderoso y gráfico: resistan al diablo/acérquense a Dios, límpiense las manos/purifiquen su corazón/lloren y laméntense/que su risa se convierta en llanto, humíllense/y él [Dios] los exaltará. La gravedad del asunto queda confirmada en el duro vocabulario que Santiago utiliza: "Matan" (4:2); son "adúlteros" (4:4), y sus acciones los convierten en "enemigos de Dios" (4:4); son "pecadores" (4:8).

Santiago 4:1-10 se compone de tres secciones. Las dos primeras ofrecen diagnósticos de los problemas desenfrenados en la iglesia, mientras que la tercera proporciona una solución. En los versículos 1-3, el apóstol castiga a sus lectores por sus oraciones que están marcadas por la ira y el deseo egoísta y no por una actitud de confianza en Dios. En los versículos 4-6, Santiago indica que existen diferencias sustanciales y significativas entre los valores del Imperio romano y la vida que se vive según los deseos de Dios. Es preciso hacer una elección; nadie puede satisfacer las exigencias de ambos. Luego, en los versículos 7-10, nues-

---

2. Véase el examen de los dos caminos en la sección Sentido Original de 1:16-18 (pp. 88-92).

tro autor presenta su solución a los diversos problemas que asedian la iglesia a la vez que emite un llamado al arrepentimiento.

Oraciones ofrecidas desde el enojo y el deseo (4:1-3)

Al final del capítulo 3, Santiago puso ante sus lectores un resumen positivo: se promete una cosecha de justicia a los pacíficos. La rica imagen agrícola del versículo es especialmente impresionante, dada la enorme dependencia del lenguaje hortícola que el autor ha escogido emplear. Aquí vuelve su ojo inquisitivo, una vez más, a los efectos debilitantes de la filosofía de la falsa sabiduría: "¿De dónde surgen las guerras y los conflictos entre ustedes?". El apóstol conoce demasiado bien la respuesta, por lo que esta y la siguiente pregunta del versículo 1 son retóricas por naturaleza.

Santiago retoma el problema de la lengua y compara sus efectos bajo la influencia de la falsa sabiduría con unos paralelos más bien graves: "luchan" (*polemoi*) y "se hacen la guerra" (*machai*).[3] Junto con su descripción anterior, pinta el retrato de una comunidad profundamente dividida que se compone de una diversidad de grupos, algunos de los cuales resaltan por diferentes combinaciones de prácticas moralmente malsanas. La iglesia está asediada por la envidia, las rivalidades, las difamaciones, la ira, una disposición a apartarse de la enseñanza recibida y un montón de otras maldades que siguen el patrón de su cultura.

Que el autor no aluda a ninguna disputa específica puede indicarnos una situación tan repleta de tensiones que la iglesia se encontraba paralizada. En cualquier caso, el conflicto se halla, claramente, en el seno de la comunidad cristiana,[4] ya que este es sin duda el sentido de *en hymin* ("dentro de ustedes mismos"). En otras palabras, ciertos maestros habían conseguido seguidores ofreciendo una filosofía que alentaba a la búsqueda del estatus, tal como enseñaba la sociedad, irrefrenable hasta para cualquier testigo cristiano auténtico. Esto, a su vez, permitía que una falsa creencia germinara y floreciera para que ni uno solo de los viejos prejuicios quedara y se desarrollara en el seno de la iglesia. Por esta razón, algunos mostraban favoritismo, mientras que otros explota-

---

3. El término *machai* está relacionado con *machaira*, la palabra griega que Homero usa para indicar una espada corta o un cuchillo largo. *Machai* suele reservarse para las batallas sin armas; pueden ser peleas físicas o verbales.
4. Nos recuerda la decisión de definir a "las doce tribus", los "hermanos" y "los ricos" como alusiones a los cristianos.

ban a los pobres. Frente a estos estaban los creyentes leales al evangelio que entendieron correctamente la amenaza. Los miembros de este grupo reaccionaron de diversas maneras contra los seguidores de quienes enseñaban la falsa sabiduría: unos querían la paz a cualquier precio, otros abogaban por pelear por el alma de la iglesia.

En la segunda parte del versículo 1, Santiago señala sabiamente una interpretación de "doble capa", exactamente igual a la que mantuvo a lo largo de 3:1-12. Así como existe mezcla en cada uno de nosotros, a saber, los motivos individuales y las emociones saludables y malsanas, entre otras, en el seno de la comunidad cristiana se da una amplia variedad de impulsos. Santiago afirma que sus disputas proceden de los deseos (*hedone*) internos. Los rabinos creían que los impulsos, los *yesarim* se originaba en varios órganos o "miembros" del cuerpo humano, por lo que estos estaban "en guerra" entre sí: la conciencia tiraba de ellos hacia un lado y el deseo malvado hacia el contrario.[5]

Esta imagen no es desconocida. La encontramos en otros lugares del Nuevo Testamento. En 1 Pedro 2:11 se habla de "deseos pecaminosos" que "combaten contra la vida". En Romanos 7:22-23 Pablo habla de las dos "leyes" que hay en su interior: "Porque en lo íntimo de mi ser me deleito en la ley de Dios; pero me doy cuenta de que en los miembros de mi cuerpo hay otra ley, que [...] lucha contra la ley de mi mente, y me tiene cautivo" (*cf.* también Gá 5:17). Al hablar de estos "deseos" podríamos haber esperado que nuestro autor utilizara el término *epithymia*, como hizo en Santiago 1:14-15. Sin embargo, aunque tanto *hedone*, como *epithymia* sean semánticamente neutrales, pueden (como aquí) conllevar un significado negativo, como "pasión pecaminosa".[6] El vocablo se utiliza en 4 Macabeos 1:25-26: "En el placer se da también

---

5. Aunque más tardíos que el Nuevo Testamento, estos dichos rabínicos son una prueba de esta "guerra" entre los miembros del cuerpo. "R. Simeon b. Levi afirmó: El *yeser* de un hombre crece fuerte contra él a diario, y busca matarlo; si Dios no lo ayudara, el hombre no podría prevalecer contra él" (*Kiddushin* 30b). El rabino dice: "Tan duro es el *yetzer* malvado que hasta el Creador lo define como 'malo', y dice que el *yetzer* del corazón del hombre es perverso desde su juventud (*cf.* Gn 8:21)" (*Kiddushin* 30b). En el Talmud, *b. Nedarim* 32a-32b, el valor numérico de *ha-satan* (Satanás) es 364 que significa, según afirma, que este tiene poder sobre los seres humanos durante 364 días al año, pero no en el Día de la Expiación. Y prosigue declarando que los seres humanos se componen de 248 partes corporales, y que "el deseo hacia Dios" y el "deseo hacia el mal" luchan por el conjunto del cuerpo, alojándose cada uno de ellos en diversas zonas del mismo.

6. Véase James H. Ropes, *The Epistle of St. James,* 253-54.

la mala disposición moral". Si este pasaje es el trasfondo del uso de *hedone* aquí, entonces la idea de Santiago consiste en que este tipo de persona lucha contra Dios. Sin embargo, en Tito 3:3, *hedone* y *epythymia* aparecen como sinónimos, por lo que el uso que se hace del primero en esta sección puede deberse a razones de estilo.

Son las pasiones, o, dicho de un modo más adecuado, la decisión de cultivarlas en lugar de controlarlas, las que han contribuido a los problemas dentro de la iglesia. Estas pasiones (el deseo ilimitado de poder y autoridad, el deseo de popularidad a los ojos de los poderosos, etc.) constituyen un estado de doble ánimo. Los miembros de la congregación se ven empujados de este modo, primero por su conciencia y, a continuación, por el impulso malvado.

En el versículo 2a, Santiago puntualiza su mensaje haciendo la observación de que el deseo no refrenado nunca puede satisfacerse. Sus palabras "matan y sienten envidia, y no pueden obtener lo que quieren" se refieren a las dificultades que tenían en aquel momento. Varios comentaristas han intentado interpretar "matan" (*phoneuete*) de forma metafórica.[7] Martin desea tratarlo de forma literaria, pero su reconstrucción no resulta convincente.[8] Con todo, hemos de admitir que el término puede, y tal vez debería, entenderse literalmente, aunque desconozcamos los detalles. Es posible, como sugiere Martin, que existieran varias posturas en cuanto al gobierno romano dentro de la congregación, como también es indudable la presencia de diversas actitudes con respecto a la cultura romana. Bien es cierto que los pobres consideraban traidores a quienes colaboraban con los romanos. Es significativo que Santiago añade que la razón para matar es la codicia. Si "matar" es la herramienta que sigue sin producir el resultado deseado, entonces nuestro autor está explicando que la violencia nunca es una solución digna a la que recurrir. Escoger la senda violenta es colocarse dentro de un círculo vicioso de retribución. Solo la paz que Dios ofrece puede detener una red tan trágica de circunstancias.

Pero volvemos a encontrar dificultades en el versículo 2. La edición estándar del texto griego contempla aquí tres propuestas: "Desean algo y no lo consiguen. Matan y sienten envidia, y no pueden obtener lo que quieren. Riñen y se hacen la guerra". Esta traducción es la que sigue la

---

7. Véase comentarios de Ralph P. Martin, *James,* 146.
8. Martin argumenta que algunos de los cristianos a los que Santiago escribe eran antiguos zelotes.

NIV y coloca "asesinan/matan" en el papel de una condición preliminar que tiene como resultado el deseo no correspondido. Muchos comentaristas prefieren una puntuación distinta, una que considere que este versículo está formado por dos declaraciones paralelas de causa y efecto: "Desean y no consiguen, entonces matan; sienten envidia y no pueden obtener aquello que desean, por lo que riñen y se hacen la guerra". El asesinato se convierte, pues, en una consecuencia del deseo no realizado, en lugar de una parte integrante del mismo. Esto mitiga la fuerza del argumento a favor de tomar el matar de forma literal.

Esta última parte del versículo 2 contiene un tema que ya hemos visto (1:5). Aquí, Santiago debe de estar esperando que sus lectores piensen en términos definitivos. Lo que ellos quieren no es posición en sí, sino aquello que esperan que esta les aporte: una sensación de completitud, gozo y paz. El apóstol asevera que los creyentes no consiguen lo que están procurando, porque lo han estado buscando en callejones sin salidas y en campos estériles. Deberían pedirle a Dios, que es quien da la sabiduría (1:5) y esta sí que resulta en realización y paz.

En Mateo 7:7, Jesús hizo una promesa incondicional: la oración tendría respuesta. En el versículo 3, Santiago deja muy claro lo que el Señor afirmó de forma implícita: no reciben, porque no le piden a Dios sabiduría, sino para sus placeres egoístas que, por definición, no son los de la comunidad cristiana. Mucho se ha hablado del curioso uso de las voces media y activa en 4:2-3.[9] Sin embargo, el punto relevante es que los lectores de Santiago piden con motivos equivocados, y, por tanto, solicitan cosas incorrectas.

Según el Antiguo Testamento. Dios respondía las oraciones de los justos, porque las elevaban en rectitud. Nótese Salmos 34:14-17:

> Que se aparte del mal y haga el bien;
>   que busque la paz y la siga.
> Los ojos del Señor están sobre los justos,
>   y sus oídos, atentos a sus oraciones;
> el rostro del Señor está contra los que hacen el mal...
> Los justos claman, y el Señor los oye...

9. Algunos consideran que la voz media es un indicador de la oración del corazón y que la voz activa denota la oración de labios. F. J. A. Hort, *The Epistle of St. James: The Greek Text with Introduction, Commentary As Far As Chapter IV Verse 7, and Additional Notes* (Londres: Macmillan, 1909), 89, contemplaba la voz media como la designación de pedir algo y la voz activa como indicativo de la petición de una persona.

Santiago destaca que las "oraciones" que sus lectores han ofrecido están marcadas por su deseo de "placeres". Aquí, el término griego para "satisfacer" es *dapanao*, que tiene una connotación negativa, como también en la parábola del hijo pródigo (Lc 15:13-14). La oración no fue contestada de forma positiva, en parte porque había en ella cierta arrogancia, la presunción de que quien la elevaba sabía qué era lo mejor. A menudo, la sabiduría de Dios está en desacuerdo con la nuestra, y este era el caso aquí. Lo que se requiere, por supuesto, es paciencia y una disposición a ser moldeado por Dios. Esto brillaba por su ausencia entre los lectores de Santiago.

La perdición de la transigencia (4:4-6)

En el versículo 4, Santiago adopta el manto de anciano y los reprende como se regaña a los niños. Al designarlos como "gente adúltera" está recordando una reprensión frecuente del Antiguo Testamento,[10] se hace eco de la enseñanza de Jesús en Mateo 12:39, y, con gran ingenio, extiende a sus lectores el ofrecimiento de la inclusión, a la vez que blande el látigo del castigo. El apóstol está intentando avergonzarlos al traer a su memoria el compromiso que tenían con la fe.

La referencia que nuestro autor hace a la amistad con el mundo es el estrecho paralelo de una frase empleada por Pablo en 2 Timoteo 3:4 ("más amigos del placer que de Dios") y por Juan en 1 Juan 2:15 ("No amen al mundo ni nada de lo que hay en él. Si alguien ama al mundo, no tiene el amor del Padre"). Estamos, pues, en contacto con una amplia tradición. Aquí, "el mundo" asume su función semántica como las fuerzas y los elementos que se oponen a Dios, o, de forma más exacta, todo el complejo de instituciones, valores y tradiciones humanos que, a sabiendas o sin querer, están desplegadas contra Dios.[11]

Martin observa que la elección de apartarse de Dios es deliberada.[12] Aunque la gramática podría respaldar esto, el impulso del argumento

---

10. La tesis del libro de Oseas es que el pueblo de Israel ha sido adúltero (véase también Jer 3:7-10).

11. Como hemos visto, esto se describe en Dn 7 como cuatro bestias (gobiernos e instituciones humanos) que huellan la tierra y devoran la carne, pero a quienes el Hijo del Hombre despoja de su dominio con el fin de establecer el reino de Dios.

12. Martin, *James*, 148. Él señala que el verbo "escoger" (*boulomai*) implica una elección consciente. También es cierto que las personas hacen a veces elecciones conscientes, en la completa ignorancia de las ramificaciones, sobre todo cuando interviene la hipocresía.

de Santiago no lo hace. Es cierto que algunos escogen la amistad con el mundo con pleno conocimiento de que esto constituye enemistad contra Dios, y otros siguen manteniendo la fachada de una relación con la comunidad cristiana. Tal vez nuestro autor sospeche esto por parte de los maestros a los que se opone. Pero muchos se decantan por la amistad con el mundo sin darse cuenta de que supone enemistad con Dios. Esta es, probablemente, su idea principal, porque la frase "generación adúltera" se utilizaba siempre en las Escrituras en alusión a quienes dan por sentado que mantienen una relación de pacto con Dios. ¿Por qué otra razón procuraría Santiago recuperarlos mediante el argumento y, a continuación, por medio de la represión?

Como los profetas de la antigüedad, el apóstol quería que su audiencia despertara, se frotara los ojos para ahuyentar el sueño, se mirara al espejo (1:23) y se viera como era en realidad. Lo que les había parecido una enseñanza y una práctica sanas era, en realidad, apostasía. Equivale a la adoración a un dios falso. No hay término medio cuando uno puede detenerse y permanecer sin mancilla (1:27). Seguir en pos de esta falsa enseñanza no es una mera nimiedad, sino aunar fuerzas con el mal. No han sentido los serios aprietos en los que se han metido, y Santiago hace sonar para ellos la bocina de alarma.

El versículo 5 presenta al menos dos problemas de interpretación. (1) La Escritura que Santiago tiene en mente, porque no existe ningún texto veterotestamentario que corresponda a la cita. En el siguiente versículo, el apóstol cita Proverbios 3:34, pero este versículo apenas basta aquí. Es posible que tengamos aquí una paráfrasis suelta de Éxodo 34:14: "No adores a otros dioses, porque el Señor es muy celoso. Su nombre es Dios celoso". También puede ser que nuestro autor esté resumiendo aquí los muchos pasajes del Antiguo Testamento que hablan de los celos de Dios cuando se trata de la adoración y de la máxima lealtad por parte de los seres humanos. La idea del apóstol consiste en que Dios desea fervientemente que su espíritu more en nosotros.[13]

(2) Esto nos conduce a otro problema: ¿cuál es el tema y el objeto del verbo "ama celosamente" (*epipothei*)? La NVI ha escogido enturbiar las

---

13. En Jn 14:17, Jesús alude al Espíritu que está en él y que morará en ellos cuando hayan tenido lugar su crucifixión y su resurrección: "Ustedes sí lo conocen, porque vive con ustedes y estará en ustedes". En 14:23, Jesús habla de un modo aún más profundo de esta relación de amor entre Dios Padre, el Hijo y el Espíritu Santo y con los seres humanos: "Mi Padre lo amará, y haremos nuestra vivienda en él".

aguas fusionando dos términos griegos consecutivos, *phthonon* ("envidia, celos") y *epipothei*. Es mejor considerar *phthonon* como adverbio ("con envidia, con celos") y ver a "Dios" como el sujeto y al "espíritu" como objeto del verbo. Esto nos deja la siguiente traducción: "Con celos ama al espíritu que ha hecho morar en nosotros". Esta es la interpretación que ha escogido la NRSV (*cf.* nota textual de la NVI). Otra forma de entenderlo sería, por supuesto, posible y gramaticalmente defendible. El sujeto podría ser el Espíritu Santo, en cuyo caso se traduciría: "El Espíritu Santo que él envió a morar en nosotros nos desea solo para sí mismo". No obstante, esto no nos deja muy lejos de donde nos hallamos si Dios es el sujeto.[14] En cualquier caso, la idea es, sencillamente, que Dios desea con todo su corazón que vayamos a casa y vivamos con y en él, que le pidamos su sabiduría. Pero nosotros, en lugar de actuar de este modo, seguimos la sabiduría del mundo, consciente o inconscientemente, y, al seguir esa senda equivocada, jamás lograremos obtener aquello que de verdad buscamos.

En el versículo 6, Santiago tiende una cuerda salvavidas a aquellos que, al parecer, han pecado de ignorancia en cuanto a la gravedad de su situación. Les anuncia: la gracia de Dios sigue estando disponible y es abundante. Sus exigencias pueden ser duras, pero siempre proporciona el medio para que lo sigamos. Esto es verdad hasta en el caso de quienes han sido activos en cultivar la amistad con el mundo. Es probable que el apóstol tenga en mente una panoplia de dones como la sabiduría, el Espíritu Santo, el perdón, la salvación, Jesús mismo, y muchos otros.

La Escritura que Santiago cita aquí es Proverbios 3:34: "El Señor se burla de los burlones, pero muestra su favor a los humildes". Utiliza este versículo a modo de nacimiento para la cascada de diez mandamientos. Su fuerte énfasis es que Dios se opone a los orgullosos, porque parecen tener poco interés en nadie que no sean ellos mismos, explotando con frecuencia a los pobres; y que Dios concede gracia a los menesterosos y necesitados, porque confían en él al no tener otro recurso (1:6,12; 2:5; 5:8). En este caso, los orgullosos y arrogantes ya han demostrado

---

14. Véase la nota textual sobre este versículo en la NVI. El sujeto también podría ser el espíritu humano: "El espíritu que él ha hecho morar en nosotros es un espíritu de celos y envidia". Esta traducción nos deja con el espíritu humano inclinado hacia la amistad con el mundo. No está fuera de lugar, pero sí parece tener menos sentido en la trayectoria actual del argumento de Santiago. Además, el sujeto del verbo *katokisen* (morar) es Dios, y para el apóstol es totalmente coherente que ambos verbos tengan el mismo sujeto.

de qué pie cojean: han mostrado un favoritismo basado en la riqueza y la posición, como el mundo romano exigía; por tanto, han revelado ser amigos de ese mundo y enemigos de Dios. Además, se han arrogado el derecho de proclamar como fe una negación funcional de la enseñanza misma de Jesús y, en especial, de la ley del amor.

Arrepentimiento y perdón (4:7-10)

El versículo 7 inicia una serie de diez imperativos, o mandamientos, edificados sobre el fundamento establecido en el versículo 6. Estos mandatos contienen la receta de Santiago para la humildad delante de Dios. "Someterse" (*hypotasso*) se usa normalmente en alusión a la autoridad humana, pero la idea es clara y las alternativas rigurosas: "Tal vez pensaban que habían estado sirviendo a Dios, pero no es así. Cambien, pues, sometiéndose a él". El concepto de la sumisión conlleva toda la gama que pretende tener el término *arrepentimiento,* que, ahora, ya no es un mero cambio de dirección, sino también tener un espíritu humilde y contrito. Si se escoge esta senda, la respuesta de Dios es el perdón, como nos acaba de recordar nuestro autor en el versículo 6 ("él nos da mayor ayuda con su gracia"). A continuación, el apóstol amplía estos puntos.

El primer componente de la sumisión a Dios es "resistir al diablo". El término "resistir" (*anthistemi*) es el mismo que usa la LXX en Proverbios 3:34: "Dios resiste a los soberbios". Santiago afirma rotundamente que Satanás es la fuente máxima del mal.[15] Tal vez haya empleado esta elaborada técnica *in crescendo* (el *yeṣer ha-ra* en 1:14/Gehena en 3:6; lo demoníaco en 3:15; y, aquí, el diablo) con el fin de reflejar la astucia del mismísimo Satanás. La idea de que uno pueda resistir al diablo ya es conocida tanto en el pensamiento judío como en el cristiano.[16] Dentro de la teología neotestamentaria, el poder satánico fue severamente limitado en la crucifixión/resurrección, y es posible que Santiago tenga esto en mente. Aquí lo que se promete es que, ante la resistencia, el diablo huirá. Ciertamente, cuando Jesús se le resistió en el desierto, Satanás huyó, al menos durante un tiempo (Lc 4:13).

---

15. Véase el análisis "Satanás, el mal y las pruebas" en Santiago 1:2-11 (pp. 65-70) y el de 1:13-15 (pp. 85-88).

16. La exposición sobre la armadura de Dios en Ef 6 incluye la idea de que el cristiano puede "mantenerse firme" contra los poderes y las fuerzas espirituales malignas, cuando están adecuadamente preparados. En 1P 5:9 también se le ordena a los cristianos que "resistan" al diablo.

El correlato de "resistir al diablo" es "acercarse a Dios" (4:8). Como señala Martin con gran sabiduría,[17] esta aproximación a Dios es un acto de contrición y no una conversión. Implica la renuncia a todas las prácticas y enseñanzas que ha catalogado hasta este momento en la carta.

Santiago ha establecido con sumo cuidado el trabajo preliminar en el ámbito de la enseñanza general en cuanto a la pureza y al mal. En los capítulos 2 y 3 se volvió específico. Ahora, una vez establecido este retrato del mal (una práctica, una enseñanza, un origen y una meta malsanos), ordena que se renuncie a todo ello a la vez que esgrime la promesa del perdón misericordioso. Lo declara en términos típicamente judíos de lavamiento y pureza. Está llamándolos a que se reorienten hacia Dios y sus propósitos en nuestro mundo, unas intenciones que tocan brevemente los gigantes de lo social, lo cultural y lo económico con los que los seres humanos deben medirse. La vinculación de "mano" y "corazón" es típica del judaísmo. Los Salmos, por ejemplo, hablan con frecuencia de la relación entre la disposición interior y los actos externos (Sal 24:4; 73:13).

"Pecadores" es una elección interesante, ya que era precisamente con este tipo de personas con quienes Jesús se codeaba, para gran consternación de las autoridades religiosas (Mt 9:10-13). La palabra "inconstantes" ya la ha utilizado nuestro autor con anterioridad para describir a los de doble ánimo que dudan de Dios (1:8). Aquí alude a aquellos que intentan vivir en dos naturalezas, la del mundo y la de Dios. Este tipo de doble lealtad es imposible.

Al consejo de purificarse, el apóstol añade actos evidentes de contrición, y quizá hasta públicos (v. 9). El verbo "lloren" (*talaiporeo*) de esta frase es común en los Profetas (p. ej. Jer 4:8; Jl 2:12-12), y se usaba para transmitir las nuevas de que era un momento de gran e inminente peligro. Los asuntos que Santiago ha puesto sobre la mesa no son insignificantes. De manera similar, la idea de cambiar la risa por lamento también se utilizó en Amós 8:9 para desencadenar una repentina conciencia de culpa y arrepentimiento. Mediante estas señales, los profetas advertían de catástrofes repentinas que el pueblo mismo se había acarreado por su premeditada indiferencia hacia los pobres y, por ende, también hacia Dios.

---

17. Martin, *James,* 153.

Al instarlos al lamento y a un cambio de la risa al llanto y de la alegría a la tristeza, Santiago recuerda a sus lectores que las sendas falsas que les parecían conducir a la verdadera risa y a la alegría son callejones sin salida y que es necesario que las abandonen. Esta renuncia ha de llevarse a cabo con un reconocimiento de que la búsqueda de estos viejos caminos falsos no solo ha afligido a Dios, sino que ha puesto en peligro a la comunidad cristiana y ha perjudicado a muchos de sus hermanos y hermanas. Admitir ese daño conlleva el percatarse de la culpa y la responsabilidad que no se mezclan de una forma adecuada con la risa y la alegría.

El verbo con el que comienza el versículo 10, "humíllense" (*tapeinoo*), no solo habla de contrición y arrepentimiento, sino que también indica que el penitente está en la presencia del Señor. Al emplear este grupo de palabras, tanto aquí como en el versículo 6, Santiago ha ofrecido una clave estilística clara en cuanto a la unidad del pasaje. La humildad es lo opuesto a la actitud de temeraria y arrogante indiferencia a Dios, que ha caracterizado la instrucción y la práctica de los falsos maestros. La promesa de perdón es que Dios "los exaltará" (*hypsoo*). Este verbo suele tener un sentido metafórico.[18] Los que siguieron a los falsos maestros deseaban sentirse realizados y alegres. El apóstol destaca aquí que, en su forma verdadera, estas cosas solo se pueden hallar mediante la humildad delante de Dios.

Santiago no es un mero moralista. Su pensamiento, por moral que pueda ser, está basado y respaldado por la teología. En esta sección, revela que su comunidad estaba amenazada por prácticas que se basaban en pasiones, por la capitulación a los estándares y la forma de actuar "del mundo", y por el orgullo. En respuesta, ha destacado que seguir las pasiones solo resulta en la participación en un círculo implacable y, en última instancia, sin fruto. Las pasiones no pueden conducirnos a nuestra verdadera meta, porque son básicamente egoístas. También ha señalado que uno debe escoger entre el mundo y Dios, que no hay grado medio, y que no puede haber equivocación. Finalmente, argumenta que el orgullo es un rasgo de los estándares del mundo y su antídoto es la humildad.

---

18. Una parte de la atracción perdurable y del interés del "evangelio espiritual" se debe a que, en Juan, este verbo tiene un sentido literal (véase Jn 12:32; "Pero yo, cuando sea levantado de la tierra, atraeré a todos a mí mismo").

Construyendo Puentes

La idea central de este pasaje se expresa de forma muy acertada en el versículo 7: "Sométanse a Dios". Para exponer su razonamiento, el apóstol emplea dos elementos que requieren cierta explicación. El primero está asociado con la expresión idiomática "acérquense"; el segundo es el significado del simbolismo del templo y del sacrificio a los que Santiago apela con el fin de hacer su llamado.

Acérquense. Con esta frase, el autor salta al lenguaje escatológico, en el que "acérquense" significa "lléguense". Cuando, en Marcos 1:15, Jesús dice: "El reino de Dios está cerca", lo que quiere decir es que con su actividad el reino de Dios ha empezado a llegar, y no que está en camino. Lamentaciones 4:18 expone la idea:

A cada paso nos acechan;
    no podemos ya andar por las calles.

Nuestro fin se acerca, nos ha llegado la hora;
    ¡nuestros días están contados!

La frase también se usa en relación con el sacrificio. "Acercarse para presentarle [...] a Dios la ofrenda" (Lv 21:21) significa aproximarse tanto al altar como para poder presentar un sacrificio sobre él. "Acercarse a Dios" es, pues, mucho más que limitarse a tomar la decisión de mejorar la propia vida espiritual. Quiere decir entrar plenamente en la presencia de Dios, residir allí, sentirse a gusto allí, sentirse en casa. Santiago utiliza este simbolismo, porque desea recordar a sus lectores el anhelo de Dios por conocerlos. El desafío no es menos descorazonador ni la importancia menos grave, cuando se considera la relevancia de este lenguaje y su significado para la época moderna. "Morar" en la presencia de Dios y que Dios "more" en nosotros, tal como lo expresa el Evangelio de Juan, es la tarea que tenemos por delante.

El templo y el sacrificio. Cuando Santiago dice: "Acérquense a Dios, y él se acercará a ustedes. ¡Pecadores, límpiense las manos! ¡Ustedes los inconstantes, purifiquen su corazón! [...]. Humíllense delante del Señor, y él los exaltará" (4:8-10), está empleando la imagen del templo y el lenguaje del sacrificio. Los hebreos representaban su repugnancia por la contaminación del pecado en el ámbito moral en términos de aversión a la suciedad en lo físico. El ritual del templo del Antiguo

Testamento contenía una doble distinción arraigada en este simbolismo de la contaminación física: "Que puedan distinguir entre lo santo y lo profano, y entre lo puro y lo impuro" (Lv 10:10). En el Antiguo Testamento, lo impuro era "lo que descalificaba a una persona para poder participar en la adoración, de modo que, en realidad, lo excluía de la presencia de Dios".[19]

El sacrificio era el proceso por medio del cual se eliminaba esta barrera. Los artículos sucios no eran adecuados para ser usados por los judíos.[20] Los limpios eran aceptables y se dividían en "los santos" (aceptables por Dios y dedicados a él) y "los comunes" (adecuados para el uso cotidiano). A las personas que se contaminaban no se les permitía el acceso al santuario y, por tanto, se les negaba simbólicamente el acceso a Dios. El pecado relegaba al ofensor excluido de la presencia divina. En un pasaje repleto de simbolismo del templo, Isaías expresa horror, porque ha visto a Dios e instintivamente siente que es indigno y se imagina una inminente catástrofe:

> "¡Ay de mí, que estoy perdido! Soy un hombre de labios impuros y vivo en medio de un pueblo de labios blasfemos, ¡y no obstante mis ojos han visto al Rey, al Señor Todopoderoso!".

> En ese momento voló hacia mí uno de los serafines. Traía en la mano una brasa que, con unas tenazas, había tomado del altar. Con ella me tocó los labios y me dijo:

> "Mira, esto ha tocado tus labios; tu maldad ha sido borrada, y tu pecado, perdonado" (Is 6:5-7).

---

19. G. B. Caird, *The Language and Imagery of the Bible* (Filadelfia: Westminster, 1980), 17.
20. Esta parece ser la cuestión en Jn 4:9, donde Jesús le pide de beber a la mujer samaritana. El texto añade el comentario: "los judíos no usan nada en común con los samaritanos". Cualquiera que sea el significado del verbo (*synchraomai*), no puede ser una falta de interacción, porque los discípulos habían ido a Sicar para comprar comida. Hace muchos años, David Daube argumentó que *synchraomai* significa "usar junto con" y, por tanto, tiene que ver con cuestiones de pureza en la preparación de los alimentos (David Daube, *The New Testament and Rabbinic Judaism* [Univ. de Londres: Altone Press, 1956], 375-79; *cf.* su artículo anterior, "Jesus and the Samaritan Woman", *JBL* 69 [1950]: 137-47; véase también John Marsh, *The Gospel of Saint John* [Middlesex: Penguin, 1971], 210).

La mancha del pecado se extiende más allá de lo individual, porque los hebreos reconocían la naturaleza común de la existencia humana. El pecado, por tanto, tenía la capacidad de contaminar al territorio mismo de Israel.

> No profanes la tierra que habitas. El derramamiento de san-gre contamina la tierra, y sólo con la sangre de aquel que la derramó es posible hacer expiación en favor de la tierra.

> No profanes la tierra donde vives, y donde yo también vivo, porque yo, el Señor, habito entre los israelitas. (Nm 35:33-34)

El deseo de Dios es vivir entre su pueblo; él junto con las personas for-man la comunidad. La contaminación hace que esto sea difícil, por no decir imposible. La riqueza teológica de la vista panorámica que hemos encontrado aquí es tal que, asociadas con el sacrificio, tenemos cuatro ideas que expresan aspectos distintos aunque compenetrados del papel del sistema sacrificial dentro de Israel.[21] Cada una de ellas influye en esta sección de Santiago: *la comunidad, la ofrenda, el poder,* y *la con-memoración.* Al emplear las imágenes del lavamiento, de la pureza y de acercarse a Dios, el apóstol está ampliando estas ideas. Su comunidad no era en absoluto una comunidad, sino que estaba repleta de divisiones que necesitaban resolverse. El sacrificio era necesario para purificar a la comunidad y efectuar esta sanación, y, por tanto, Santiago pide a sus lectores que sacrifiquen su egoísmo sometiéndose a Dios. El autor sabe que el poder para sanar a su comunidad reside tan solo en Dios. Usó el lenguaje del sacrificio para recordarle este poder a su comunidad.

(1) Uno de los rasgos más curiosos de la imagen sacrificial del Anti-guo Testamento era su conexión con la *comunidad.* El sacrificio era una parte integral de cualquier ceremonia que celebrara el pacto entre Dios y su pueblo, porque, colectivamente, eran *su* pueblo.

> La mitad de la sangre la echó Moisés en unos tazones, y la otra mitad la roció sobre el altar. Después tomó el libro del pacto y lo leyó ante el pueblo, y ellos respondieron: Ha-remos todo lo que el Señor ha dicho, y le obedeceremos. Moisés tomó la sangre, roció al pueblo con ella y dijo: Esta

---

21. Toda esta sección está en deuda con G. B. Caird y L. D. Hurst, *New Testament Theo-logy* (Oxford: Clarendon, 1994), 150-52.

es la sangre del pacto que, con base en estas palabras, el Señor ha hecho con ustedes. (Éx 24:6-8)

El sacrificio era, pues, un precursor necesario que señalaba la unidad esencial del pueblo implicado. El pacto era con Dios, pero era el pacto *del pueblo* en conjunto, y no solo del pueblo como grupo de individuos. A estas alturas, resulta ver por qué Santiago escogió el lenguaje del sacrificio. Su comunidad, presumiblemente una comunidad "del pacto", mostraba pocas de las señales de una comunidad de ese tipo. Era un grupo de individuos díscolos, sentenciosos y egoístas. Este simbolismo del sacrificio pretendía recordarles una visión para la comunidad que residía tanto en la idea como en la realidad viva del pacto. No solo se les invitaba a recordar, sino también a experimentar en el presente la presencia de Dios en ellos y en medio de ellos. Al hacerlo, conseguirían la sabiduría divina y, a su debido tiempo, su paz y su justicia.

No obstante, el simbolismo del sacrificio también arroja su influencia en el periodo moderno, porque estamos mucho más enamorados de nuestra cultura que aquellos que eran el blanco de la represión del apóstol. El desafío consiste en aplicar el mensaje y el significado del sacrificio a nuestro propio tiempo. Enamorados como estamos del individualismo, a los evangélicos les resulta a menudo más fácil argumentar por el cambio estructural que someterse al duro trabajo de aprender a vivir juntos en comunidad.

(2) El *sacrificio* también era un símbolo de lealtad y gratitud a Dios, ofrecido por su pueblo desde la gratitud por su perdón. No era un soborno ni un pago, porque los hebreos eran sumamente conscientes de que ninguna de estas dos cosas habría funcionado. El sacrificio tenía que ser impecable, un símbolo del deseo del penitente de ser igualmente puro. Sin embargo, en esto había una dimensión corporativa: "Si el que peca es el sacerdote ungido, haciendo con ello culpable al pueblo, deberá ofrecer al Señor, como sacrificio expiatorio por su pecado, un novillo sin defecto" (Lv 4:3). Aquí no solo vemos la naturaleza perdonadora de Dios, sino también la influencia de un líder. Si el sacerdote pecaba, la mancha de su pecado podía extenderse a todo el pueblo. Este era el lado más oscuro de la comunidad.

Así como en la época de Santiago había líderes cuyos actos ensuciaban a la comunidad en general, también hoy existen este tipo de dirigentes. A ellos y a sus seguidores Dios les ofrece su perdón, confiando en que agradecidos lo aceptemos.

(3) El rito del sacrificio veterotestamentario estaba relacionado con la renuncia y la explosión de *poder,* ya que la sangre representaba la vida. Un pasaje de Levítico demuestra que ciertas ofrendas tienen la capacidad de santificar todo lo que entre en contacto físico con ellas: "Esta es la ley respecto al sacrificio expiatorio: La víctima deberá ser degollada ante el Señor, en el mismo lugar donde se degüellan los animales para el holocausto. Es algo sumamente sagrado [...] Cualquier cosa que toque la carne del sacrificio quedará consagrada. Si su sangre llega a salpicar algún vestido, éste deberá lavarse en un lugar santo" (Lv 6:25, 27). En Juan 6:53-56, Jesús explicó este tema con mayor detalle.

> Ciertamente les aseguro —afirmó Jesús— que si no comen la carne del Hijo del hombre ni beben su sangre, no tienen realmente vida. El que come mi carne y bebe mi sangre tiene vida eterna, y yo lo resucitaré en el día final. Porque mi carne es verdadera comida y mi sangre es verdadera bebida. El que come mi carne y bebe mi sangre, permanece en mí y yo en él.

Aquí, Jesús habla del poder de su sangre sacrificial para santificar.

En relación con este asunto, Santiago entreteje unas cuantas más. Señala que no recibimos de Dios cuando pedimos, porque no pedimos lo correcto (Stg 4:3). El trimestre pasado, una estudiante se me acercó; solo me conocía como catedrático y me pidió ayuda en un problema de matemáticas. Desde que tengo uso de razón, las matemáticas han tenido para mí el mismo sentido que el vudú. Ella me estaba haciendo la pregunta errónea. Esto demostraba que no me conocía. De manera similar, nuestra determinación para pedir a Dios las cosas incorrectas no hace más que subrayar lo poco que lo conocemos.

Tomar conciencia de esto permite, pues, que Santiago nos lleve al siguiente paso: una llamada a la humildad (4:6). La actitud humilde nos posibilita tener una visión más clara, ver nuestra propia necesidad de Dios y percibir su respuesta. Adornados de este modo, estamos preparados para entrar en su presencia (4:8). Es importante observar que la pureza no se exige como prerrequisito. Los sistemas de la pureza son susceptibles de sufrir con frecuencia una peligrosa malinterpretación. En la práctica tienden hacia la expectativa de pureza como una condición previa en lugar de verla como el propósito del rito sacrificial. "Impuro" se identifica de forma equivocada con "común".

Por esta razón, Jesús afirmó: "No son los sanos los que necesitan médico sino los enfermos. Pero vayan y aprendan lo que significa: 'Lo que pido de ustedes es misericordia y no sacrificios'. Porque no he venido a llamar a justos sino a pecadores" (Mt 9:12-13). Aquí, Jesús está citando Oseas 6:6 y, al hacerlo, enfatiza que el sacrificio implica purificación. No tiene sentido reservar el sacrificio solo para aquellos que ya están limpios. Además, el sacrificio no es un fin, sino un medio para permitir el desarrollo de un carácter piadoso (aquí misericordia es emblema del carácter de Dios) en su pueblo. En lo que concierne a nuestro propósito, diremos que el perdón de Dios está disponible independientemente de lo manchados que lleguemos a vernos.

(4) En la celebración anual de la Pascua, y, en particular, en el sacrificio que a ella se asociaba, Israel *conmemoraba* su liberación de la esclavitud en Egipto. No parece justificado que Santiago inste a su congregación a liberarse de las esposas de la esclavitud a la falsa doctrina que ellos mismos se han colocado queriendo o tal vez sin querer.

Esta idea de pureza vio otros desarrollos adicionales dentro de ciertos sectores del judaísmo. El Nuevo Testamento habla de la "tradición de los ancianos" (Mt 15:1-2), un sistema de pureza observado por los fariseos que existía de forma oral en el tiempo de Jesús y que se puso por escrito entre el 160 y el 200 d.C. en un documento conocido como la Mishná.[22] Esta y, por tanto, su precursora, la ley oral, tenían por objeto la "preservación, el cultivo y la aplicación de "la ley" (Torá) a la vida...".[23] Existe un arduo debate en torno al grado en que la Mishná refleja las enseñanzas reales y las prácticas de los fariseos en la Palestina del siglo I y lo que podemos saber en verdad sobre estos fariseos.[24] Lo que sí podemos afirmar es que los fariseos del primer siglo se interesaban en conservar la santidad, en parte mediante la conservación de la pureza.

---

22. Eugene J. Lipman, *The Mishnah. Oral Traditions of Judaism* (Nueva York: Schocken 1974), 18.

23. Herbert Danby, *The Mishnah: Translated From the Hebrew With Introduction and Brief Explanatory Notes* (Oxford: Oxford Univ. Press, 1993), xiii.

24. Se puede encontrar un buen resumen de la discusión en Jacob Neusner. "Mr. Sanders' Pharisees and Mine: A Response to E. P. Sanders, *Jewish Law from Jesus to the Mishnah*", *SJT* 44 (1991): 73-95. Sanders y Neusner son los más destacados de los que intervienen en esta discusión.

La tradición oral sirvió como primer elemento de advertencia, una barrera alrededor de la Torá. Esta declara que no se puede realizar trabajo alguno durante el día de reposo o sabbat. La Mishná formula la pregunta: "¿Qué es exactamente un trabajo?", y la responde. Seguir la Mishná significa que la santidad de la Torá permanecerá intacta. Por supuesto, Jesús hizo poco uso de esta tradición ("¿Y por qué ustedes quebrantan el mandamiento de Dios a causa de la tradición? [...]. Así por causa de la tradición anulan ustedes la palabra de Dios;" Mt 15:3, 6); incluso tuvo la temeridad de quebrantar el mandato de la Torá en cuanto al reposo del sabbat. Se quejó de que en su deseo de preservar la santidad de Dios, el judaísmo había excluido a la mayoría de sus adherentes, impidiéndoles acercarse a Dios para ser purificados. Algunas tradiciones del judaísmo de su tiempo no llegaron a ver que la compasión, y no la pureza como separación, se encuentra en el corazón del carácter de Dios. Para Jesús y Santiago, la idea es que acercarse a Dios no tiene por qué hacerse solamente en estado de pureza, sino por el deseo, y hasta por la resolución, de ser y seguir viviendo limpio y puro delante de Dios. El consistente uso del simbolismo del templo en Santiago 4 está designado para recordar esta práctica de la expiación.

Significado Contemporáneo

Al utilizar aquí, de forma inusual, la imagen del sacrificio y el lenguaje de acercarse a Dios, Santiago ha llevado nuestra atención, con gran habilidad, hacia el perdón, la comunidad y la sumisión a Dios. En relación con esto último, nos aconseja de resistir al diablo. Otros muchos temas de este pasaje ya se han estudiado (el orgullo y los efectos de la falsa sabiduría, el poder corruptor del pecado, el liderazgo y el abuso de poder), de manera que el acercarse a Dios, el perdón y la comunidad será lo que trataremos aquí. Pero existe otra razón. Santiago ha dedicado un extenso espacio al error dentro de la iglesia y, en este pasaje, trata el perdón disponible para nosotros. Acercarse a Dios es, pues, la idea central del pasaje.

Esta porción nos implora que nos aproximemos a Dios para ser perdonados. El llamado es general, pero va especialmente dirigido a los lectores que forman parte de la iglesia, pero de forma específica va dirigido a los líderes que están en el seno de esta y que están abusando de su posición y su estatus. Las "guerras y los conflictos" mencionados en el versículo 1 son el resultado de seguir los deseos internos, unos anhelos que suelen chocar con los propósitos de Dios. Como antídoto, el apóstol aboga por el perdón. ¡Y este es un asunto complicado! Para algunos de nosotros resulta difícil perdonar a los demás y, al parecer, los hay que no pueden perdonarse a sí mismos. Todos necesitamos que se nos recuerde el amor de nuestro Padre celestial que nos ha perdonado. El perdón también permite que el desarrollo de la verdadera comunidad, que es aquí la esperanza del autor. Finalmente, Santiago habla de resistir al diablo.

Dios es perdonador; él nos limpia de toda mancha. En su poderosa y seductora novela *Atticus*, Ron Hansen recuenta de un modo magistral la parábola de Jesús sobre el amor y el perdón que Dios derrama profusamente sobre nosotros. Atticus, un viejo vaquero de Colorado, de sesenta y siete años, tiene dos hijos. El mayor, Frank, está casado y es senador estatal. El más joven, Scott, es brillante aunque impetuoso. Unos años antes, había perdido el control del coche familiar en un día de invierno y, como resultado del accidente, su madre murió. Tras pasar un tiempo en hospitales mentales, acabó en México, donde llevó una vida de perturbado y derrochador. En Navidad regresa a casa y, en medio de las preguntas que su padre le hizo sobre su vida y su actividad, Scott responde:

> Papá, solo puedo decir que *sigo vivo*. Tienes un hijo que es puro éxito, el vástago del que cualquier padre estaría orgulloso y otro que es un vago que se está gastando el dinero que tú ganas con tanto esfuerzo, apañándomelas de semana en semana. ¡Diantres! ¡Tengo cuarenta años! Ya deberías estar acostumbrado a que sea un fracasado.[25]

Poco después de esta conversación, Scott sale a dar un paseo y se encuentra con el auto en el que su madre murió. Cada vez más inquieto, Atticus busca a su hijo y lo encuentra sentado en el vehículo. Tiernamente, aunque con gran dolor, Hansen nos permite entender la profundidad de la autoaversión de Scott, y parte de la razón por la que cree ya es tarde para recibir el perdón.

> El Thunderbird, blanco como la leche [estaba] exactamente igual que hacía dieciséis años, cuando Scott llevó a Serena a la tienda. La gran velocidad a la que se produjo el accidente había destrozado uno de los focos delanteros y abollado la parte derecha del guardabarros y el capó como el papel es-

---

25. Ron Hansen, *Atticus* (Nueva York: HarperCollins, 1996), 7.

crito que se hace una bola y se tira. La rueda derecha colgaba de su eje como si nunca la hubiesen fijado por completo, y la goma colgaba de ella a tiras como retales negros de tela.

Atticus rodeó el auto, se dirigió al lugar del conductor y abrió la puerta. El hierro gimió cuando tiró de la manecilla, pero Scott no levantó la mirada, siguió en la misma postura, con la chaqueta de caza de cuadros rojos que pertenecía a su padre. Estaba allí sentado, sin más, apoyando la muñeca sobre el gran volante; con la mano derecha tocaba con sumo cuidado el vidrio estallado del parabrisas, como una tela de araña, del lado del copiloto. Una luz lechosa se filtraba por la pantalla de un centímetro de espesor que formaba la nieve. Atticus le preguntó: "¿Estás bien?".

Scott presionó las frías y enrojecidas yemas de sus dedos en una de las rajas y dijo: "Me preguntaba si quedaría aún algo de su cabello aquí. Los cuervos deben de haberlo usado para hacer su nido".[26]

Poco después, Scott regresa a México y, en un esfuerzo por escapar de sus problemas, pero con una sorprendente falta de sensibilidad hacia su familia, finge su propio suicidio. Luego, desde la distancia, ve cómo Atticus busca pistas en el viaje mexicano donde él había vivido.

Le has hecho pasar un infierno —pensé— *una y otra vez* [...]. Me sentí humillantemente desigual al compararme con su fidelidad, su lealtad, su amor, como si fuera heredero de unos genes extraños en los que mi padre no tenía parte.[27]

Sin embargo, finalmente, la verdad sale a la luz y Scott le revela a su padre que en realidad está vivo.

Le pregunté: "¿Podrás perdonarme?". No había acabado de pronunciar aquellas palabras y ya me sentí perdonado...

Su variable segundo hijo estaba allí, lo había encontrado y estaba vivo; en su rostro se veía dolor y parecía haber visitado todos los rincones del infierno. Eso poco importaba ahora; el gozo inundó el corazón de Atticus. Su mente había

---

26. *Ibíd.,* 19-20.
27. *Ibíd.,* 227, 238.

estado obsesionada con una sola cosa y la vida lo sorprendió con algo muchísimo mejor.[28]

Para gran decepción de Atticus, Scott no parecía expresar interés alguno por regresar a casa, en Colorado. Transcurrió casi un año y, entonces, un día, el hijo regresa.

Buscando rastros de una segunda floración de las plantas perennes de su esposa, Atticus tomó su tijera de esquilar a las ovejas, se arrodilló en el jardín en el mes de junio, y recortó el penstemon, el berro de roca, las agujas de pastor y las margaritas. Una suave lluvia empezó a caer mientras él amontonaba los verdes recortes en un saco de yute y lo arrastró de regreso al compostero. Fue entonces cuando oyó el sonido lejano de un auto que se aproximaba desde la carretera. No supo por qué, pero caminó hasta el patio delantero, se quitó los guantes y vio cómo un taxi amarillo se dirigía hacia la casa. Estando aún su hijo a cierta distancia, el padre se precipitó hacia él para darle la bienvenida.[29]

Santiago dice: "Acérquense a Dios, y él se acercará a ustedes", pero háganlo con humildad. Así como Atticus perdonó a Scott y solo deseó levantarlo, Dios los perdonará y los exaltará.

Perdonar a otros. A menudo resulta difícil perdonar a los demás, sobre todo cuando la persona ha sido el autor de una gran tragedia personal. Los familiares de las víctimas de asesinato dicen a los entrevistadores de la televisión que quieren la condena de pena de muerte. Dentro de nosotros hay una inclinación a la venganza y un deseo de "justicia" que, en ocasiones, disiente del evangelio. Hace algunos meses estaba hablando con un viejo amigo y nuestra conversación giró a la que él había mantenido con un amigo mutuo que había sufrido una gran tragedia personal a manos de un criminal. Mi amigo me comentó: "Le pregunté qué sentía hacia el perpetrador y me contestó 'lo he perdonado'. Esto no es natural —añadió mi amigo— no es natural". Y tiene razón.

En su libro *Improving Your Serve*, Charles R. Swindoll narra la historia de Aarón, un estudiante del seminario que consiguió el empleo de chófer de autobús para poder pagarse la matrícula. Una pequeña banda

---

28. *Ibíd.,* 240, 243.
29. *Ibíd.,* 240.

de "chicos duros" se subió a su autobús y se negó a pagar el billete. Tras varios días actuando del mismo modo, Aarón divisó a un policía, estacionó y le comentó al agente lo que ocurría. Este los obligó a pagar y se bajó del vehículo. Unos minutos después, la banda atacó a Aarón. Cuando despertó, el autobús estaba vacío, tenía la camisa empapada en sangre, le faltaban dos dientes y tenía los ojos hinchados; además, le habían quitado todo el dinero. Aarón decidió presentar una denuncia. Swindoll prosigue:

> Aarón y su abogado, además de los enojados miembros de la banda, entraron y estos fulminaron con la mirada a los primeros desde el otro extremo de la habitación. De repente le asaltaron toda una serie de nuevos pensamientos. No eran de amargura, ¡sino de compasión! [...] Después de haber solicitado un veredicto de culpabilidad, Aarón (para sorpresa de su abogado y de todas las demás personas presentes en la sala del tribunal) se puso en pie y pidió permiso para hablar: "Señoría, me gustaría que sumara usted todos los días de castigo que ha dictaminado para estos hombres —todo el tiempo que constituye la sentencia en su contra— y le pido que me permita ir a mí a la cárcel en su lugar". El juez no sabía si soltar un improperio o dar cuerda a su reloj. Ambos abogados estaban perplejos. Al mirar Aarón a los miembros de la banda (que tenían la boca y los ojos abiertos como platos), sonrió y les dijo con suma tranquilidad: "Es porque los perdono".
>
> Cuando el atónito juez alcanzó el nivel de la compostura, pronunció con un tono bastante firme: "Joven, esto está fuera de lugar. ¡Este tipo de cosa no ha ocurrido nunca antes!". A lo que el joven replicó con ingeniosa visión interior: "¡Oh sí, sí que ha sucedido, señoría! Ocurrió hace diecinueve siglos cuando un hombre de Galilea pagó el castigo que todos los hombres merecían".[30]

Swindoll concluye diciendo que mediante el dolor personal y la agresión, Aarón aprendió la belleza del perdón, así como Dios nos ha perdonado.

---

30. Charles R. Swindoll, *Improving your Serve: The Art of Unselfish Living* (Waco, Tex.: Word, 1981), 54-57.

Perdonarnos a nosotros mismos. A principios de la mitad de los ochenta, trabajé con los jóvenes en la zona de la Bahía de San Francisco. Durante un tiempo de dieciocho meses llegué a conocer a varias adolescentes que habían sido víctimas de abusos sexuales en su infancia. Una de ellas era Sarah. Transcurrido un mes desde que la conocí, para mí fue evidente que ella quería decirme algo. Empezó a contarme que había hecho algo malo, tanto que Dios nunca la perdonaría. Le aseguré que él siempre perdona. A lo largo de unas cuantas semanas, me comentó varias de aquellas cosas, y ninguna de ellas era alarmante. Finalmente, me reveló que siendo niña habían abusado de ella. Había sucedido hacía mucho tiempo. El hecho se había puesto en conocimiento de la policía y el perpetrador, un familiar, estaba en la cárcel. Sin embargo, a sus ojos, ella se sentía de algún modo responsable. "Debo de haber hecho algo para alentarlo", dijo. También se sentía culpable por haber causado el encarcelamiento de alguien de su familia. Estaba absolutamente segura, me confesó, de que Dios jamás la perdonaría por tanta maldad.

Hace varios años, una joven señorita se convirtió en alguien muy amada por mi esposa y por mí. La conocimos cuando tenía dieciséis años. Sus padres se habían divorciado siendo ella un bebé, y acababa de irse a vivir con su padre. Pronto fue evidente para nosotros que una profunda sombra había caído sobre la vida de Ruth, y ella no tardó en hacernos confidencias. Tras el divorcio de sus progenitores, varios hombres que habían pasado por la vida de su madre habían abusado sexualmente de ella. El dolor de aquellas experiencias la había quemado. Como muchas víctimas de esta maldad de las más agresivas y retorcidas, Ruth se sentía responsable. ¿Qué había hecho para merecer aquello? ¿Habría incitado a estos hombres? ¿Acaso había sido todo una fantasía? Y de ser así, ¿qué tipo de persona era?

Ruth era víctima de lo que se ha identificado como Síndrome de la Violencia Autoinfligida (SVA) o Síndrome de la Automutilación.[31] Se cortaba las muñecas, se quemaba a propósito, laceraba sus piernas. No eran intentos de suicidio ni tampoco —nos aseguró— llamadas de atención. En realidad, solía intentar esconder el daño que se producía. Ruth sufría una forma de tortura mental autoinducida; sencillamente no po-

---

31. Bessel A. van der Kolk, J. Christopher Perry y Judith Lewis Herman, "Childhood's Origins of Self-Destructive Behaviours", *American Journal of Psychiatry* 148 (diciembre 1991): 1665-71; Beth S. Brodsdky, Marylene Cloitre, y Rebecca A. Dulit, "Relationship of Dissociation to Self-Mutilation and Childhood Abuse in Borderline Personality Disorder", *American Journal of Psychiatry,* 152 (diciembre 1995): 1788-92.

día sacar de su mente el dolor emocional. Cuando este sufrimiento le resultaba demasiado intenso, se mutilaba, porque este intenso dolor físico le permitía amortiguar su dolor emocional; era una alternativa que lo hacía a un lado. Durante siete años, Ruth empezaba una terapia para a continuación dejarla, porque aquellas sesiones la obligaban a confrontar los recuerdos y el dolor emocional. En medio de aquella lucha que duró varios años, cuestionó el perdón de Dios. Le había entregado su vida al Señor, pero albergaba dudas con respecto a que alguien, sobre todo el Dios de santidad, pudiera perdonarla.

En mi primer año de enseñanza en North Park conocí a una maravillosa y brillante joven estudiante. Mary tenía veintiún años, estaba soltera, y era madre de un niño de cuatro años. Habían transcurrido siete semanas de clase cuando vino a verme a mi oficina. Quería —me dijo— "hablar sobre el Señor". Le pregunté qué experiencia había tenido con la fe cristiana. Me respondió que, de niña, había asistido a un programa cristiano después de la escuela, pero que el pastor de la iglesia que lo patrocinaba le había dicho que los pantalones que a veces vestía demostraban que "ella era mala", y Mary nunca volvió allí. Al contarme la historia, empezó a llorar. Si Dios consideraba que su vestuario era "malo", qué pensaría de una madre soltera de diecisiete años. Me dijo que había estado buscando a Dios, orando para poder hallar a alguien con quien poder hablar sobre él; "pero —me explicó— soy tan mala que Dios no escucha mis oraciones".

"Mary —le respondí—, ¿qué estamos haciendo ahora mismo?". Durante la siguiente hora pude asegurarle que Dios era un Dios de perdón y que quiere que nos acerquemos a él para que pueda purificarnos.

En estas tres situaciones que acabo de describir, de un modo u otro, las mujeres expresaron la dificultad de experimentar el perdón de Dios. A pesar de ello, me parece obvio que cada una de ellas tenía una lucha igual de difícil para perdonarse por una culpa real o imaginaria.

Liderazgo y perdón. Santiago incluye una seria advertencia al recordarnos que la amistad con el mundo es enemistad hacia Dios. Este aviso va dirigido a aquellos que ocupan posiciones de liderazgo, además de a quienes los siguen. De este modo, vincula un deseo excesivamente sano de acomodarse al mundo con el error del liderazgo equivocado. En su iglesia, los líderes habían defendido que el pecado del favoritismo no era, en realidad, un pecado, sino que ciertas normas culturales eran plenamente adecuadas al evangelio. Santiago atacó esta postura, aun cuando ofreció a los que la predicaban y a quienes se dejaban seducir por ella la promesa del perdón de Dios.

Que la iglesia moderna no carezca de paralelos es un triste comentario. Tom F. Driver, que una vez fue estudiante de Paul Tillich, recuerda a su mentor: "Sentía que su apología no iba dirigida a inconversos tanto como a personas como yo que habíamos sido cristianos toda nuestra vida y ahora habíamos llegado a un momento en el que no sabíamos realmente de qué trataba el cristianismo, porque parecía discrepar con nuestra cultura".[32] Esto es, por supuesto, lo más parecido a la idea. La perdición y la ceguera del cristianismo liberal incluyen la suposición de que la cultura y el cristianismo deberían unir cálidamente sus manos. Sin embargo, la Biblia nos obliga a menudo a defender valores radicalmente discrepantes con los de nuestra cultura. Otro tipo de suposición equivale a malentender la Escritura en el nivel más básico. Como afirma Santiago: "La amistad con el mundo es enemistad contra Dios" (4:4).

La perdición y la ceguera del cristianismo conservador suponen asumir que los únicos peligros están a la izquierda. Las limitaciones de la derecha evangélica pueden ser las del celo, de la vituperación o del atontamiento. En nuestro celo por la verdad, los evangélicos ofrecen con frecuencia el canibalismo religioso, mientras nos devoramos unos a otros. La actual batalla divisiva en la denominación Bautista del Sur es un buen ejemplo.[33] Los evangélicos también son culpables de una total vituperación del mundo: "La amistad con el mundo" alude a aceptar los principios mundanos. Pero no hay puntos infrecuentes de correspondencia. Los cristianos deberían afirmar lo que es verdad y lo que merece la pena en nuestra cultura en lugar de ofrecer groseras condenaciones absolutas.

Los evangélicos también son propensos a la inacción. El atrofiado silencio de las iglesias evangélicas durante el movimiento por los derechos civiles se alza como testigo mudo de la vergüenza. Los principios

---

32. Richard John Neuhaus, "The Public Square", *First Things* 70 (febrero 1997): 69.
33. Timothy C. Morgan, "SBC Targets Clinton, Disney, Jews", *Christianity Today* (mayo 1996), 66. Morgan cita a James Henry Jr., presidente saliente de la Convención Bautista del Sur, suplicando un mayor entendimiento y más unión: "Nosotros, los bautistas del sur somos gente variada. Hemos de preciar y adecuar esta diversidad para el bien común". Los comentarios del nuevo presidente, Tom Ellit, fueron menos conciliadores. Véase también Keith Hinson, "University Independence Sparks Renewed Tensions", *Christianity Today* (3 febrero 1997), 81.

bíblicos que los evangélicos afirman amar tanto —los principios de la rectitud y la justicia a los que Santiago dio voz cuando dijo: "La religión pura y sin mancha delante de Dios nuestro Padre es esta: atender a los huérfanos y a las viudas en sus aflicciones, y conservarse limpio de la corrupción del mundo" (1:27)— se ignoraron en gran medida. En vez de ello, optamos por el curso de medida inacción sancionada por los vientos del conservadurismo político estadounidense. Nos volvimos "insensibles", usando la frase de Walter Brueggemann.[34]

Con facilidad nos "insensibilizamos". En el prólogo de su libro *Whereon to Stand,* Daniel Berrigan escribe:

> ¡Cuán manchado de sangre está nuestro periodo de vida [...] una vida desechable, los pobres anónimos, las multitudes que suelen considerarse sin valor alguno [...]! En cuanto a los que enseñan, predican o permanecen callados consintiendo con su actitud [...], debemos hablar de crimen, de pecado.[35]

El periódico *First Things* informa que un grupo de sacerdotes episcopalianos de Brooklyn han importado, presuntamente, a jóvenes de Brasil para involucrarlos en actos de grotesca naturaleza sexual. La historia salió, como era de esperar, en la revista *Penthouse*.[36] Esta publicación citó las palabras del obispo de Long Island, Orris G. "Jay" Walker: "Si eran adultos consentidores, mi postura es que eran ciertamente libres de actuar así". *Penthouse* ofreció esta amargamente irónica observación: "Estos hombres se convirtieron en "juguetes para unos sacerdotes cuyo compromiso con las Escrituras se había remplazado desde hacía mucho tiempo por una búsqueda del placer que habría encajado perfectamente en Sodoma y Gomorra".[37] Cuando la revista hace semejante crítica de líderes cristianos, la situación es verdaderamente oscura.

---

34. Walter Brueggemann, *The Prophetic Imagination* (Filadelfia: Fortress, 1978), 46.

35. Daniel Berrigan, *Whereon to Stand. The Acts of the Apostles and Ourselves* (Baltimore: Fortkamp, 1991), xxiii.

36. Numerosos documentos relacionados con este asunto, incluida la declaración: "Lo que esté contaminado, purifícalo" están disponibles en http://www.episcopalian.org/EU/Press Releases/index.htm.

37. *Penthouse* (diciembre 1996), 42, citado en United Voice editorial "*Penthouse* Rebukes the Church" [*Penthouse* reprende a la iglesia], disponible en la página web citada en la nota 36.

Numerosos obispos episcopalianos han respondido emitiendo una declaración titulada: "Lo que esté contaminado, purifícalo". Esta afirmación alude al juicio Richter, donde se llegó a la conclusión de que la Iglesia Episcopal no tiene "doctrina fundamental" en el ámbito de la sexualidad humana; por tanto, la ordenación de homosexuales activos no viola ni la doctrina ni la disciplina de la Iglesia. Su gobierno ha prendido una firme protesta, en particular, porque la idea de "doctrina fundamental" parece haber sido creada para esta respuesta.[38] La declaración de los obispos también cita la posición a largo plazo del obispo presidente de la Iglesia Episcopal, el Reverendísimo Edmond L. Browning: "En esta iglesia no habrá marginados". Como dan a entender los obispos que protestan, esta es una declaración ingenua. Bien es cierto que la Biblia enseña la compasión hacia todos, pero también sobre el poder corrosivo del pecado.

La declaración de los obispos ofrece esta incisiva observación: "En una iglesia en la que casi la mitad de los obispos en activo han manifestado su respaldo —en principio— a la ordenación de personas homosexuales no célibes, no debemos sorprendernos cuando algunos miembros de su clero se lo toman al pie de la letra".[39] Esta afirmación de los obispos emite, además, un llamado para que la Iglesia Episcopal "proporcione claros principios vinculantes en cuanto a la conducta sexual del clero". Los obispos reconocen que ha ocurrido un grave error y sugieren una actitud de humildad y un proceso orientado al perdón.[40]

En cada uno de los casos, ya sea que el pecado implicado sea de acto o de omisión, lo que se requiere, tal como lo destacó Santiago hace ya mucho tiempo, es la humildad: humildad ante la voluntad de Dios revelada en la Escritura, humildad delante del Señor y ante los demás. El sacrificio de Jesús puede purificarnos, si nos acercamos a él.

Comunidad. Santiago 4:1-10 ofrece un fuerte llamado a la comunidad y, en especial, a la comunidad creada por un espíritu de humildad

---

38. Véase el documento "A Response to the Opinion of the Court for the Trial of a Bishop", disponible en la página web citada en la nota 36.

39. Richard John Neuhaus, "The Public Square", 71.

40. Elizabeth Moberly trata la cuestión de la homosexualidad desde una perspectiva clínica llena de un conocimiento profundo en "Homosexuality and Truth", *First Things* 71 (marzo 1997): 30-33. Señala que muchos estudios recientes sobre el origen biológico de la conducta homosexual son no concluyentes. Aboga por el "respeto por la verdad y el respeto por las personas" (33).

y perdón.[41] La sección Construyendo Puentes ha demostrado la crítica relevancia de la necesidad de crear una comunidad fuerte y, en especial de arrepentimiento y perdón, como medio de establecerla. Ciertamente, la congregación a la que Santiago escribió necesitaba este tipo de dirección.

Nuestro mundo está inundado de artificiales copias de verdadera comunidad. La vía que intentan utilizar los evangélicos en los Estados Unidos es la de la reforma del estado. En esta revisión sinceramente positiva del libro de Guenter Lewy *Why America Needs Religion: Secular Modernity and Its Discontents* [¿Por qué necesitan los Estados Unidos la religión?—: La modernidad secular y sus descontentos], J. Budziszewski enfatiza una idea que Lewy mismo observa cuando cita parte del documento: "Evangelicals and Catholics Together" [Evangélicos y católicos juntos]: "Sugerir que asegurar la virtud civil constituye el propósito de la religión es una blasfemia. Negar que asegurar la virtud civil es un beneficio de la religión es ceguera".[42] Parece extraño que Lewy no solo vea la necesidad de un apuntalamiento religioso para lograr una sociedad moral, sino que llegue incluso a entender que se requiere una creencia activa en Dios para animar estos principios morales. Cuando comenzó a redactar el libro, Lewy escribe que era un "humanista secular" con inclinación a la demostración de la naturaleza superflua de los valores religiosos. Pero, en su investigación, llegó a ver la importancia de estos valores y a rehuir la etiqueta de "humanista secular" y cambiarla por la de "noteísta".

Aun así, Lewy nos orienta hacia la dirección correcta. Con demasiada frecuencia, los cristianos evangélicos condenan la escasez de valores morales en este país, y procuran un cambio estructural. Este puede adoptar la forma de una acción legislativa para prohibir ciertos tipos de procedimientos médicos, o sencillamente una conversación improductiva sobre la necesidad de orar en las escuelas públicas. Aunque no sean desatinadas, son respuestas incompletas. Ron Sider destaca que los evangélicos "no dejan títere con cabeza"[43] en estas cuestiones. Los evangélicos son conservadores celosos cuando atacan aquellos programas que nos les gustan y abogan por un gobierno limitado. "Entonces,

---

41. Véase las secciones "Significado contemporáneo" de 3:1-12; 3:13-18, pp. 228-245, 287-302.
42. J. Budziszewski, "Second Thoughts of a Secularist", *First Things* 72 (abril 1997): 43.
43. Ronald J. Sider, "Can We Agree to Agree?", *Books and Culture: A Christian Review* (enero/febrero, 1997), 27.

cuando los temas cambian y se trata del aborto, de la eutanasia y de la pornografía, estas mismas personas exigen a voz en grito una acción enérgica del gobierno".[44]

Sider afirma que los evangélicos necesitan calcular cuidadosamente las implicaciones políticas específicas de la fe bíblica. Según él, precisamos una filosofía política evangélica. Llegado a este punto me pongo nervioso, porque, como ya hemos visto, las instituciones y, en particular, las políticas, aunque moralmente neutrales, son elegidas por Satanás y, por esta razón, no se puede confiar ciegamente en ellas. En realidad, Sider proporciona un ejemplo. La administración Reagan manipuló con gran destreza al pueblo estadounidense en la cuestión de la oración en las escuelas durante la campaña de 1984. En un esfuerzo por asegurarse el voto de la derecha religiosa, la campaña decidió poner en escena una falsa cruzada para aprobar una enmienda sobre la oración en la escuela. Pero primero le pidieron a un senador conservador que hiciera un recuento. Cuando informó que los votos serían insuficientes para aprobar la ley, el personal de la agencia gubernamental replicó: "Perfecto, solo queríamos asegurarnos de que no se sancionara antes de empezar la batalla". Toda la Cámara congregó a los líderes de la derecha religiosa y prometieron retorcer brazos para decretar la ley para la enmienda de la oración. Pero todo era una farsa. Los evangélicos no entendieron ni la política ni la sustancia de la cuestión.

Sider argumenta que los evangélicos necesitan "articular una visión de gobierno, de los derechos humanos, de la relación iglesia-estado, de la democracia, de la propiedad privada y de las economías de mercado, de la sociedad civil (en especial de la familia), y cosas por el estilo".[45] Está en lo cierto, mientras adoptemos una visión bíblica de gobierno. El gobierno no es el cuerpo de Cristo ni podemos esperar que lo sea. Cuando los evangélicos confunden la fe cristiana con ciertos intereses políticos, están escogiendo la amistad con el mundo por encima de la amistad con Dios. Están confundiendo la posibilidad de una estructura externa con valores más profundos que la iglesia de Jesucristo es la única en poder inspirar.

La solución de Lewy es una de las externas, aceptando la "moral" de la fe religiosa sin necesidad de la fe viva en sí misma. Hace muchos siglos, en el antiguo Israel, se desarrolló un código de este tipo; se pue-

---

44. *Ibíd.*
45. *Ibíd.*

de encontrar en el libro de Proverbios, que ofrece una sabiduría admirable para las realidades pragmáticas y hasta aburridas de la vida. Por ejemplo: "Las manos ociosas conducen a la pobreza; las manos hábiles atraen riquezas" (Pr 10:4). Este es un buen consejo, y se debería seguir. Pero, en ocasiones, la vida nos confronta con dolorosas realidades para las que el libro de Proverbios ofrece poco alivio.

Un poderoso ejemplo de esto es la historia de Job. Al empezar el relato, Satanás afirma que Job teme a Dios solo porque este lo ha recompensado por ser tan trabajador. "¿Acaso no están bajo tu protección él y su familia y todas sus posesiones? De tal modo has bendecido la obra de sus manos que sus rebaños y ganados llenan toda la tierra. Pero extiende la mano y quítale todo lo que posee, ¡a ver si no te maldice en tu propia cara!" (Job 1:10-11). El desafío de Satanás a Dios es si existe o no una fe auténtica en Job. En el sistema que leemos en Proverbios no hay necesariamente un impulso que conduzca a los seres humanos a una relación viva con Dios. Siempre que haya beneficio, semejante sistema podría seguir siendo sencillamente externo.

Los amigos de Job parecen creer en esta cosmovisión de causa externa y efecto de Proverbios: "Ponte a pensar: ¿Quién que sea inocente ha perecido? ¿Cuándo se ha destruido a la gente íntegra?" (Job 4:7). Dios considera que esta visión es deficiente. Si la tragedia golpea, los amigos de Job solo pueden concebir una causa: el pecado. Su mundo es simple: los buenos son bendecidos y los malvados no. Pero la vida no siempre es tan sencilla. Cicerón observó en una ocasión: "Las leyes que están desprovistas de calidad moral son inútiles".[46] A menos que exista algún conjunto de creencias sostenidas a un nivel profundo que animen el carácter moral de la ley, esta y el sistema moral que procura crear siguen siendo externos. El libro de Job sirve para recordarnos que las buenas costumbres religiosas son óptimas, pero si no contienen una fe viva en su interior, no son más que elegantes caparazones huecos.

Los evangélicos tienen que hacer mucho más que trabajar por un cambio estructural, porque las estructuras son débiles y Satanás las coarta fácilmente. El corazón debe cambiar, porque sin estos valores más profundos, la ley es externa. Santiago nos implora que nos acerquemos a Dios, y que no nos limitemos a adoptar unas directrices morales de lo que él aprobaría.

---

46. *Leges sine moribus vanae.*

Resistan al diablo. Cuando Santiago dice: "Resistan al diablo y él huirá de ustedes", se está alineando con la sólida enseñanza bíblica. Se puede resistir a Satanás, principalmente porque es más débil que Dios. Recuerdo que mi catedrático de Antiguo Testamento en el seminario observaba que la entrada de la serpiente en Génesis 3 es algo poco espectacular cuando se compara al resplandor de la actividad de Dios en Génesis 1 y 2, porque la Biblia quiere recalcar la abrumadora majestad de Dios. Como hemos visto, en el Nuevo Testamento,[47] el poder de Satanás se ha visto inmensamente recortado tras la resurrección de Jesús. Los rabinos también pensaban que Satanás era sumamente poderoso, pero que era un poder del cual la Torá les ofrecía protección: "Raba dijo: Aunque Dios creó el *yetzer ha-Ra,* creó la ley como antídoto [lit., especia] contra este".[48] La cuestión es, por supuesto, si el diablo "huye" hoy.

Siendo un joven graduado en la zona de San Francisco en 1981, tomé una clase sobre la oración de Robert Munger, el pastor emérito de la *First Presbyterian Church* de Berkeley y de la *University Presbyterian Church*, de Seattle. Un elemento fundamental del curso era un tiempo de oración en pequeños grupos de tres personas, en el que compartíamos preocupaciones y orábamos unos por otros. Tras unas seis semanas aproximadamente, uno de los miembros de mi grupo de tres faltó a clase. Esto me dejó a solas con una mujer en la mitad de la treintena. Cuando empezamos a orar, me contó una historia que me pareció fantástica. La noche antes —me dijo— se despertó a la una de la madrugada al oír a su hijo pequeño que gritaba en su dormitorio. Corrió a la habitación y se encontró con lo que ella describió como una presencia maligna que habitaba la habitación y que asfixiaba a su hijo. Luchó contra aquella presencia, tomó a su hijo en brazos y salió a toda prisa de la casa y no había regresado allí desde entonces.

Hizo una pausa durante varios largos segundos antes de añadir: "Yo era bruja". Admitió que había sido muy activa en la *wicca* en la zona de San Francisco durante muchos años, antes de convertirse al cristianismo. De hecho, sobre la repisa de su chimenea colgaba un tejido en macramé del signo zodiacal, el mismo que había utilizado como parte de su anterior actividad religiosa como bruja. Estaba segura de que este símbolo tenía algo que ver en todo aquello. Luego me preguntó: "¿Qué

---

47. Véase en la sección Construyendo Puentes de Santiago 3:1-12, pp. 226-228.
48. *Baba Batra,* 16a.

crees que debería hacer". Percatándome de lo abrumado que me sentía, contesté: "Creo que deberías contarle esto al Dr. Munger". En las semanas que transcurrieron después, aquella mujer me dijo que el Dr. Munger había hablado con ella, que habían orado juntos, y que sabía que el diablo había huido ante el ataque de la oración y su creciente confianza en la presencia y en el poder de Cristo.

En las primeras páginas de su libro *Christian Missions and the Judgment of God* [Misiones cristianas y el juicio de Dios], David M. Paton ofreció, hace muchas décadas, este sabio comentario:

> Pero que nuestra confianza sea sobria, y arraigada en una fe que sabe sobre la existencia del mal. Nuestro mundo es un mundo según el diseño de Dios [...]. [Mi] padre [...] dijo una vez que atravesar Shanghái en 1935 lo había convencido de la existencia del diablo, porque en el terrible nexo de maldad de aquella ciudad le pareció que había algo activo y presente, algo que superaba lo que se pudiera achacar a las locuras y las perversidades de la humanidad.

El diablo, pues, también tiene que recibir su merecido. El Sr. C. S. Lewis sugirió en el prefacio de *Cartas del diablo a su sobrino* que es tan peligroso para nuestra raza exhibir un interés excesivo en el diablo como uno demasiado pequeño. Al interesarnos en demasiada profundidad, asignamos a sus operaciones acontecimientos que se pueden explicar de forma muy adecuada mediante el pecado común o el pecado del jardín del Edén, la psicología anormal y cosas por el estilo, y permitimos esas orgías de caza de brujas que manchan la historia de la iglesia. Ser un iluminado despreciativo e ignorar el fenómeno plenamente autentificado de la posesión demoníaca (ya sea en los relatos del Evangelio en Palestina, en el África moderna o en China), le concedemos al diablo un campo más amplio para sus operaciones, mediante el mero hecho de estar con la guardia bajada. Estas dos actitudes son comunes, y no se deben imitar. Podemos conservar de forma útil [...] ese adecuado agnosticismo sin el cual no podría haber fe verdadera, solo que si permitimos

las operaciones del diablo, seamos muy claros en que Dios
es soberano.[49]

En ocasiones, Satanás opera de forma osada y personal, y en otros
momentos de una forma más solapada y por medio de estructuras de
poder y autoridad. Y también hay veces en que, con una palabra cortante lanzada con precisión, se puede sentir el halo de su maldad; pero esta
periferia apunta al peso completo de su malevolencia. No se debe tomar
con demasiada ligereza ni con excesiva seriedad, como dijo Lewis. Y
debemos recordar que Dios es soberano y que el diablo huirá de nosotros si le resistimos.

49. David M. Paton, *Christian Missions and the Judgment of God* (London: SCM, 1953),
    15.

Santiago 4:11-17

Hermanos, no hablen mal unos de otros. Si alguien habla mal de su hermano, o lo juzga, habla mal de la ley y la juzga. Y si juzgas la ley, ya no eres cumplidor de la ley, sino su juez. ^{12} No hay más que un solo legislador y juez, aquel que puede salvar y destruir. Tú, en cambio, ¿quién eres para juzgar a tu prójimo?

^{13} Ahora escuchen esto, ustedes que dicen: «Hoy o mañana iremos a tal o cual ciudad, pasaremos allí un año, haremos negocios y ganaremos dinero». ^{14} ¡Y eso que ni siquiera saben qué sucederá mañana! ¿Qué es su vida? Ustedes son como la niebla, que aparece por un momento y luego se desvanece. ^{15} Más bien, debieran decir: «Si el Señor quiere, viviremos y haremos esto o aquello». ^{16} Pero ahora se jactan en sus fanfarronerías. Toda esta jactancia es mala. ^{17} Así que comete pecado todo el que sabe hacer el bien y no lo hace.

Sentido Original — Una vez emitido el llamado al arrepentimiento y el perdón, Santiago inicia una breve sección en la que analiza una variedad de problemas dentro de la comunidad. El primero de ellos es una forma de hablar insana, bajo la forma del abuso verbal y difundir mentiras. Santiago contrarresta esta manera de actuar mostrando cómo semejante conducta anula la ley de amar al prójimo. El segundo problema tiene que ver con una fascinación no saludable con hacer dinero que el apóstol neutraliza con un recordatorio de que el dinero solo es temporal. Lo que mantiene este pasaje unido entre sí y a los precedentes es el poder de la lengua, que aquí se enciende principalmente en el sentido individual. La lengua se puede utilizar para calumniar a otros (vv. 11-12) y para jactarse de cosas tan vacías como la riqueza y el estatus (vv. 13-17).

Este pasaje se divide claramente en dos secciones. En la primera, el autor argumenta a favor de un discurso puro que no condene. Luego dirige su atención a la riqueza y ofrece una enseñanza que se extiende a lo largo de 5:6.

Una forma de hablar pura no condena (4:11-12)

En el versículo 11, Santiago usa el término "hermanos", vinculándose así a la iglesia a la que escribe. El verbo que la NVI traduce "hablar mal de" es *katalako*, que equivale a difamar, aunque también puede conllevar un sentido más estrechamente centrado de levantar falso testimonio. Ya sea que esta forma de hablar se refiera a la verdad o sea una falsedad, Santiago tiene en mente la dura crítica y la condena. Semejantes ataques verbales formaban parte de las "guerras y los conflictos" de 4:1-2.

Abunda un material similar por todo el Antiguo y el Nuevo Testamento. Los paralelos veterotestamentarios se pueden hallar en el Pentateuco,[1] los Salmos,[2] y en la tradición de la sabiduría.[3] En el Nuevo Testamento, el término aparece en varias de las listas de vicios (Ro 1:30; 2Co 12:20). Sin embargo, el contrapunto claro es Levítico 19:18, con su mandamiento "Ama a tu prójimo como a ti mismo". Este mandamiento es "la ley" a la que se alude en este pasaje. Santiago señala que cualquiera que hable de un hermano o hermana con desdén está quebrantando, en realidad, esta "ley real" (cf. 2:8). Continuar en semejante conducta no es asunto insignificante. Hace más que transgredir la ley: la trata como si no tuviera importancia, como si no estuviera ya en vigor. En resumen, juzga la ley y la halla no digna de adhesión.

Lo que molesta a nuestro autor de una forma tan intensa es que se olvide el lugar fundamental que este mandato ocupó en la enseñanza ética de Jesús.[4] Ignorarlo es, en verdad, repudiar a Cristo y convertir la autodescripción de "cristiano" en una falsedad.[5] Este "hablar mal" de las hermanas y hermanos está estrechamente relacionado con el maltratar a los hermanos de 2:1-7, y la flagrante negativa a seguir la ley real recuerda la enseñanza del apóstol en 2:8-13. El Nuevo Testamento contiene varios requerimientos en contra de juzgar (Mt 7:1-5; Ro 2:1; 1Co 4:5), pero la razón que aquí se da —que juzgar trasgrede la ley— solo le pertenece a Santiago de entre todos los autores del Nuevo Testamento.

Como en 2:10-11, el apóstol no está satisfecho de permitir que su argumento repose sobre el endeble fundamento de la ley en sí. Más bien

1. Véase Lv 19:16: "No andes difundiendo calumnias entre tu pueblo".
2. Véase Sal 101:5: "Al que en secreto calumnie a su prójimo, lo haré callar para siempre".
3. Véase Pr 10:18: "El de labios mentirosos disimula su odio, y el que propaga calumnias es un necio".
4. Véase L. D. Hurst, "The Ethics of Jesus", *DJG*, 210.22.
5. Véase el debate relativo a la "verdadera membresía" y los ricos en Stg 1:2-11.

debate sobre ella en términos de la autoridad personal de Dios que está detrás de ella (4:12). Aquí, el autor está de nuevo en contacto con una tradición ampliamente sostenida de que los cristianos no deberían juzgar a otros. Ciertamente esto es parte de la tradición de Jesús, porque él advierte en Mateo 7:1: "No juzguen a nadie, para que nadie los juzgue a ustedes" (cf. también Ro 2:1; 1Co 4:5). Solo Dios tiene derecho de juzgar, ya que él es el legislador. En la LXX, Salmos 9:20 utiliza el término *nomothetes* ("legislador") para aludir a la acción de Dios (Gn 18:25; Dt 32:39), y solo él tiene el poder máximo sobre la vida y la muerte (1S 2:6; Mt 10:28), como destaca Davids.[6]

Según Santiago, cuando juzgamos a otros, no solo nos arrogamos lo que solo le pertenece a Dios, sino que también invitamos y pronunciamos juicio sobre nosotros mismos. Esto no pretende excluir un debate sincero y saludable entre creyentes, sino que quiere dejar clara una fuerte advertencia de que la línea que demarca el discurso adecuado del pecaminoso se cruza con facilidad y, a menudo, sin darse uno cuenta. El apóstol señala también que ninguno de nosotros está libre de manchas y que merecemos el mismo juicio que con tanta justicia colocamos ante los pies de los demás. Es muy posible que una parte de la operación aquí consista en evitar que la iglesia tenga una reputación despreciable dentro de la comunidad en general.

No se jacten, porque el mañana es incierto (4:13-17)

En el versículo 13 tenemos un ejemplo del refinado estilo griego de Santiago ya que comienza con la construcción *age nun*, traducida por la NVI "ahora escuchen". La construcción es rara en el Nuevo Testamento (solo se encuentra aquí y en 5:1). Sin embargo, es algo común en el mundo de la literatura helenística.[7] El término pretende transmitir tonos de una forma de hablar insistente y hasta brusca.[8] Aunque existe algún debate en cuanto a la identidad del grupo que se tiene en mente con la frase "ustedes que dicen", no hay razón alguna para suponer que Santiago no esté considerando a miembros de la comunidad cristiana.

Muchos argumentan que la ausencia del término "hermanos" indica que el apóstol se está refiriendo ahora a personas externas a la iglesia, pero esta no es una fuerte postura, como se suele suponer con frecuen-

6. Peter H. Davids, *The Epistle of James*, 170.
7. Véase Epicteto, *Discursos*, 1.2.20
8. Véase James H. Ropes, *The Epistle of St. James*, 276.

cia, y por varias razones. (1) Tiene poco sentido argumentar que cualquiera de fuera de la iglesia estuviera interesado en lo que Santiago tenga que decir sobre estos asuntos. (2) Santiago ya se ha referido a miembros de la iglesia en términos duros sin la designación "hermanos". En 4:1-10, se hacía alusión a los cristianos mediante una variedad de términos que son menos que favorables ("gente adúltera" en 4:4, que necesita lavarse y purificarse, porque son "pecadores" en 4:8). (3) Santiago 4:15 contiene la frase "si el Señor quiere" que es, con toda seguridad, un indicativo de que se tiene en mente a los cristianos. En cualquier caso, tenemos aquí un grupo de mercaderes que tienen algún lazo estrecho con la iglesia.

El versículo 13 también contiene una cita; es probable que Santiago haya oído que tales declaraciones han estado en boca de los mercaderes de la ciudad. En el Antiguo Testamento existe una potente tradición de desconfianza en los mercaderes y comerciantes (Pr 20:23; Mi 6:11), pero este no parece ser el trasfondo adecuado aquí. Más bien la idea parece ser que el deseo de sacar beneficio se ha convertido en una prioridad tan por encima de todo que le ha hecho sombra a todo lo demás. Esto equivale a una petulante seguridad que no le deja lugar alguno a Dios. Si esto es correcto, recuerda a los mercaderes que, en palabras de Amós, pisotean a los necesitados mientras esperan con ansias el final del día de reposo para poder hacer más dinero (Am 7:4-5). La parábola del rico necio que confía en sus riquezas almacenadas también se nos viene a la mente (Lc 12:16-21).

Santiago no está argumentando en contra de hacer dinero y ni siquiera contra el deseo de conseguirlo, sino más bien de la actitud de la certeza autosuficiente, el mismo comportamiento petulante que marcaba la enseñanza de los falsos maestros. Esta seguridad revela una actitud de no tomarse a Dios con la debida seriedad, una disposición para la cual el hacer dinero despoja de toda importancia la devoción por él. El deseo desvela la amistad con el mundo y, por tanto, es enemistad con Dios. Además de esto, claro está, hay otro pecado, ya que muchos de los miembros de la iglesia no han considerado a los pobres como hermanas y hermanos suyos. No han compartido con ellos, sino que han mostrado favoritismo.[9] Aunque han llegado a conocer a Cristo, en su vida no se discierne ninguna diferencia.

---

9.   El eminente sociólogo Rodney Stark ha publicado recientemente un libro, *The Rise of Christianity*, en el que afirma que el cristianismo creció por su teología, una extraor-

Llegados a este punto, resulta adecuado preguntar sobre estos comerciantes y mercaderes. Davids[10] parece pensar que estaban haciendo negocios en el mercado local, que aún no eran ricos[11] y que sus planes consistían en construir una fortuna. Sin embargo, Laws[12] argumenta con gran acierto que debe de tratarse de comerciantes a escala internacional, ya que el verbo utilizado por Santiago (*emporeuomai*) indica una distinción entre los mayoristas itinerantes (*emporoi*) y los mercaderes locales (*kapeloi*). Más relevante aún es la alusión a viajar a otras ciudades. Como ha señalado Gerd Theissen,[13] viajar resultaba costoso y era uno de los indicadores de riqueza de tal magnitud que justifica la atención de los oficiales del gobierno.[14] A pesar de ello, conocemos a varios cristianos neotestamentarios con ese tipo de riqueza. Por ejemplo, es el caso de Cloe, una líder femenina de la iglesia de Corinto, que contaba con el suficiente dinero para enviar a su "gente" con un mensaje para Pablo (1Co 1:11). De manera que la referencia a viajar y a los considerables recursos que tales viajes hacen presuponer no descarta que estos comerciantes sean miembros de la iglesia.

El versículo 14 comienza con *hoitines*, que significa "ustedes que son los que" y que alude al "ustedes que dicen" del versículo 13. A pesar de toda su cuidadosa planificación (todos los verbos en la cita del v. 13 están en tiempo futuro: "iremos", "pasaremos", "haremos" y "ganaremos"), el futuro es incierto. Existe una clara conexión con el rico de 1:10-11, quien, a pesar de sus sentimientos de seguridad, será humillado. Allí, el apóstol dijo que el rico y su riqueza se marchitarían como

dinaria aseveración dada la actitud usual de estos profesionales para con la religión. Stark afirma que "los cristianos introdujeron en un mundo de odio y crueldad un concepto totalmente nuevo sobre la humanidad: que uno tenía la responsabilidad de ser compasivo e interesarse por todos" (véase la reseña en *Chicago Tribune*, 27 marzo 1997).

10. Davids, *The Epistle of James*, 170-71.
11. "Rico" es, por supuesto, un término totalmente inexacto, ya que lo que podría parecerle una asombrosa fortuna a un pescador galileo sería insignificante para alguien de la orden ecuestre. La riqueza era algo relativo según el lugar, el estatus y el trasfondo.
12. Sophie Laws, *The Epistle of James*, 190.
13. Gerd Theissen, *The Social Setting of Pauline Christianity: Essays on Corinth*, ed. y trad. por John H. Schutz (Filadelfia: Fortress 1982), 91-96.
14. Es evidente que viajar no indica necesariamente la riqueza del viajero. Pero alguien rico pagó la factura. Como solía ocurrir con tantas otras cosas en el mundo antiguo, nuestras lagunas de conocimiento y sus implicaciones son alarmantes. Por ejemplo, ¿por qué sentiría Plinio la necesidad de obtener, de forma ilegal, un permiso de viaje imperial para que su esposa pudiera regresar a Roma con motivo de la muerte de su abuelo? Véase Pilinio, *Epistulae*, 10.45-46.

una flor. Aquí, la vida de los seres humanos se puede comparar con el rocío que se desvanece tan pronto se agarra, con una facilidad y una rapidez que quita el aliento.

La idea de la incertidumbre de la riqueza es universal, pero los paralelos veterotestamentarios resultan instructivos. Proverbios 27:1 advierte: "No te jactes del día de mañana, porque no sabes lo que el día traerá". Refiriéndose a aquellos que se han apartado de Dios, Oseas 13:3 afirma: "Por eso serán como nube matutina, como rocío que temprano se evapora, como paja que se lleva el viento, como humo que se escapa por la chimenea". Son las mismas imágenes que en Santiago: hacer planes sin considerar a Dios es prueba manifiesta de necedad, porque la vida es transitoria. La parábola de Jesús en cuando a la casa edificada sobre arena viene rápidamente a la mente (véase Mt 7:24-27; *cf.* Lc 12:16-21; también Job 7:7, 9. Sal 39:5).

Para Santiago, la verdadera pregunta es cómo plantear la vida cuando el resultado es incierto. Su respuesta es: confiar en la misericordia de Dios y no en los planes humanos. Es, en realidad, uno de los mensajes fundamentales de los profetas del Antiguo Testamento. Confiar en las estrategias propias es necedad a la luz de que se puede descansar en Dios.

Que no exista un referente bíblico claro para la fórmula que Santiago recoge en 4:15 es una gran singularidad, aunque la idea de la voluntad del Señor impregna la Escritura (p. ej. Pr 19:21). Aunque los muchos y estrechos paralelos en la literatura en griego y en latín[15] pueden desvelar una referencia a la iglesia multirracial, esto no es más que una suposición. Este versículo deja claro que el apóstol no está en contra de la planificación, sino que quiere que a esto le demos la prioridad adecuada y no una mayor. Dios debe ser quien controle todos nuestros planes.

En el versículo 16, Santiago pone límite al discurso. Ya ha mencionado la jactancia: los pobres pueden vanagloriarse (1:9); la compasión triunfa en el juicio (2:13), pero la lengua no debería de jactarse (3:5). Los mercaderes no son execrados por la riqueza que poseen ni tampoco por seguir buscando ampliarla; el problema está en que lo hacen sin referencia alguna a Dios y presumen de ello. Como Laws observa,[16] aquí se trata de una cuestión espiritual y no material o tan siquiera (principal-

---

15. Véase Platón, *Alcibiades*, 135D. En este pasaje, Sócrates afirma: "Si es la voluntad de Dios" (*koti ean theos ethele*).
16. Laws, *The Epistle of James*, 193.

mente) social. La cosa está en jactarnos en nuestros propios logros y/o nuestros propios planes, en nuestros propios términos. Mientras Dios no esté en control de tales empeños, la vanagloria es mala.

Aquí es necesario exponer dos puntos. (1) El dicho de Jesús en cuanto a dar limosna ("Por eso, cuando des a los necesitados, no lo anuncies al son de trompeta, como lo hacen los hipócritas en las sinagogas y en las calles para que la gente les rinda homenaje. Les aseguro que ellos ya han recibido toda su recompensa"; Mt 6:2) ilumina este pasaje. La actitud que Dios desea es la que busca su favor, y no la alabanza del mundo. (2) "Mala" es una palabra fuerte. Había otros términos menos duros a disposición del apóstol, pero él escogió este. Para nuestro autor, la jactancia no era un asunto trivial.

Esta vanagloria es el pecado mencionado en 4:13: los mercaderes planean y llevan a cabo sus planes como si Dios no importara o como si ni siquiera existiera. En vez de actuar así, deberían haber elaborado sus planes en oración y contando con que Dios podía, de hecho, cambiarlos. Deberían estar alerta a la "nueva cosa" que Dios puede hacer. Tal vez estos comerciantes eran superficialmente piadosos en la iglesia, pero su actitud, por no hablar de sus actos, presume de su independencia de Dios.

En el versículo 17, Santiago abandona la segunda persona del plural y cambia a la tercera persona del singular, indicando así que está citando un proverbio (como en 2:13; 3:18). Laws se pregunta cómo conecta este versículo con los demás de este pasaje, pero entonces cree que los mercaderes no son miembros de la iglesia. Si, en algún caso, forman parte de la congregación, la relación es obvia y el apóstol está diciendo: "Ahora que saben lo que es correcto, ¡háganlo!".

Es posible que Santiago esté comentando aquí sobre Proverbios 3:27-28:

> No niegues un favor a quien te lo pida,
>   si en tu mano está el otorgarlo.
> Nunca digas a tu prójimo:
> «Vuelve más tarde; te ayudaré mañana»,
>   si hoy tienes con qué ayudarlo.

Sin embargo, existen dichos similares en una diversidad de fuentes del mundo antiguo. En última instancia, la identificación exacta de esta no es importante. El apóstol argumenta que los pecados de hecho y de omisión son graves, sobre todo cuando se hacen a sabiendas. Hacer planes como si el futuro fuera cierto es en sí mismo un pecado, porque, funcionalmente, es una negación de Dios, ya sea de su importancia o incluso de su existencia misma. Jactarse de ello es un pecado adicional. Es muy posible que Santiago esté ampliando el dicho de Jesús en Lucas 12:47: "El siervo que conoce la voluntad de su señor, y no se prepara para cumplirla, recibirá muchos golpes". El conocimiento del bien nos sitúa bajo la obligación moral de actuar correctamente.

Construyendo Puentes

Las dos cuestiones principales de este pasaje son juzgar y jactarse en la riqueza. Cada una de ellas requiere aclaración antes de poder empezar con la aplicación.

Juzgar. En 4:11-12 encontramos unas cuantas variaciones de la idea de "juzgar", todas ellas formas del verbo griego *krino* ("juez").[17] En la LXX, *krino* se emplea para traducir tres términos diferentes hebreos: *šapat, dyn,* y *ryb*. Esta combinación presta a *krino* un amplio abanico de significados. El primer término, *šapat*, puede significar "juzgar" y también "gobernar". El segundo, *dyn*, puede ser "juzgar", "castigar" y "obtener justicia para alguien". El tercero, *ryb*, puede querer decir "pelear" y "litigar".

En el Israel antiguo, la justicia consistía en mucho más que la adhesión a un estándar moral abstracto: incluía también la fidelidad a un sentido de paz y salud dentro de la comunidad. A veces esto significaba que se esperaba que los ricos se sacrificaran en beneficio de los pobres. Asimismo, toda justicia se atribuía a Dios; él es el Señor y juzga (véase Dt 1:17). Dios juzga a las naciones y, en el "día del Señor" destruirá toda impiedad (véase Is. 2:12, 17-18).

En el Nuevo Testamento, *krino* y la idea de juicio pueden significar "aprobar", "distinguir", y "considerar". Pero el término también puede poseer un sentido forense, como "juzgar", "condenar" y "castigar". El problema de que los seres humanos actúen como jueces no carece de controversia en el Nuevo Testamento. Por una parte, Pablo afirma que los apóstoles y la iglesia tienen la responsabilidad de juzgar. Cuando se enfrentó al grave pecado en el seno de la congregación, escribió: "¿Acaso me toca a mí juzgar a los de afuera? ¿No son ustedes los que

---

17. Véase W. Schneider, "Judgment", *NIDNTT* 2:362-67.

deben juzgar a los de adentro? Dios juzgará a los de afuera. "Expulsen al malvado de entre ustedes" (1Co 5:12-13). En otro lugar se ordena a los cristianos que ejerzan juicio en asuntos espirituales: "Queridos hermanos, no crean a cualquiera que pretenda estar inspirado por el Espíritu, sino sométanlo a prueba para ver si es de Dios, porque han salido por el mundo muchos falsos profetas" (1Jn 4:1).

Por otra parte, existen frecuentes mandamientos para que se evite juzgar a otros. Jesús dijo, por ejemplo: "No juzguen a nadie, para que nadie los juzgue a ustedes. Porque tal como juzguen se les juzgará, y con la medida que midan a otros, se les medirá a ustedes" (Mt 7:1-2). Del mismo modo, Pablo recoge este sentimiento cuando, en Romanos 2:1, escribe: "Por tanto, no tienes excusa tú, quienquiera que seas, cuando juzgas a los demás, pues al juzgar a otros te condenas a ti mismo, ya que practicas las mismas cosas".

Es evidente que estamos tratando dos cuestiones diferentes. Tenemos una orden para que evitemos juzgar, pero también el mandato de ejercer juicio en el seno de la iglesia. De hecho, hasta las advertencias de Santiago en cuanto a juzgar son una forma del juicio mismo que parece condenar. ¿Cuál es la salida a este problema?

En ambos Testamentos, todo juicio se asigna a Dios. El juicio por parte de los seres humanos se sitúa, pues, dentro del más amplio contexto del juicio de Dios. Él asigna a Jesús la tarea de juzgar. Es su representante, aunque la autoridad de juzgar la sigue teniendo Dios.[18] Cuando Jesús advierte: "No juzguen y no se les juzgará", está reflejando la imponente y terrible naturaleza de la tarea. Dios ha delegado en la iglesia la tarea de juzgar los asuntos que afectan a sus miembros. Por esta razón, Santiago y Pablo pueden juzgar y así lo hacen. Sin embargo, nos recuerdan que al juzgar estamos actuando en el lugar de Dios y, por consiguiente, se debe observar un cuidado y un control excepcionales. Dios no se toma a la ligera que su nombre y su honor se invoquen de una manera inadecuada. Hacer juicio de la forma frívola, arrogante y dura en que algunos lo han estado haciendo en su iglesia es algo que a

---

18. El Evangelio de Juan se adhiere claramente a este patrón. Dios es el juez (cf. 8:50, donde Jesús afirma: "Yo no busco mi propia gloria; pero hay uno que la busca, y él es el juez"). Juan también argumenta que Dios ha delegado en Jesús la autoridad para juzgar, porque en 5:22, este dice: "Además, el Padre no juzga a nadie, sino que todo juicio lo ha delegado en el Hijo". Que Jesús juzga en fidelidad al nombramiento de Dios se afirma en 5:30, cuando él declara: "Yo no puedo hacer nada por mi propia cuenta; juzgo sólo según lo que oigo, y mi juicio es justo".

Santiago le parece reprensible y temerario. Dios defenderá la causa de los difamados.

En resumen, son tres las ideas que destacan. (1) Solo Dios tiene derecho a juzgar. Él es el legislador, el autor de la justicia y de la rectitud. (2) En ocasiones, Dios delega esa responsabilidad. Y lo hace en Jesús y, en ciertas funciones, también en nosotros. Sin embargo, cuando estamos ejerciendo este papel, no servimos como agentes propios, sino como representantes de Dios. En algunos ámbitos, se nos ordena no juzgar según nuestras propias debilidades y propensiones, o ni tan siquiera de acuerdo con nuestras convicciones personales, sino solo en sintonía con los estándares de Dios. Esta es la única plantilla verdadera. (3) Con frecuencia juzgamos de un modo inadecuado. Cuando hacemos uso de la calumnia, la desinformación con motivos ocultos o procuramos lo que a nuestros ojos parece ser "lo bueno", lo que hacemos es más que un pecado en contra de nuestro prójimo. Estamos quebrantando la confianza de Dios; al hacerlo, en realidad nos estamos juzgando a nosotros mismos. Demostramos nuestra falta de entendimiento en lo que respecta a Dios nuestro Padre y nos ponemos en riesgo.

Mercaderes y negociantes. En el estudio de la historia del antiguo Mediterráneo, es una lamentable realidad que desconozcamos tanto sobre los negociantes (*negotiatores*). Lo poco que conocemos llega de fuentes dispares, principalmente referencias ocasionales en literatura y notificaciones en códigos tributarios. Toda la variedad existente deja este grupo mal definido, pero, en general, incluyen a todos los que se ganan la vida comprando y vendiendo, como comerciantes, tenderos, prestamistas y prostitutas.[19]

Durante muchos años, existió un impuesto sobre los negociantes, el *collatio lustralis*. Tanto las fuentes paganas como las cristianas hablan de él como de una carga terrible.[20] Cuando se ilegalizó, las rentas sobre las tierras imperiales tomaron su lugar. No podemos más que deducir que los *coloni*[21] imperiales superaron de lejos a los negociantes. Sabemos que la demanda de la mayoría de las mercancías era baja. Después de todo, la inmensa mayoría de la población solía tener problemas para

---

19. Véase A. H. M. Jones, "The Economic Life of the Towns of the Roman Empire". *The Roman Economy,* ed. P. A. Brunt (Oxford: Blackwell, 1974), 35-60.

20. Libanio, *Discursos,* 46.22.

21. El término *coloni* significa campesinos libres que estaban legalmente vinculados a la tierra.

asegurarse la comida suficiente. La mayor parte de lo que se necesitaba se fabricaba localmente, y la población campesina elaboraba prácticamente todo lo preciso en sus propias casas. Había excepciones, como la industria textil para la que, como cabe esperar, las instalaciones de producción estaban ubicadas cerca de la lana y de las tierras que producían algodón. La mayoría de la flor y nata local necesitaban capas, zapatos y otros artículos proporcionados por los vendedores itinerantes. Estos mercaderes rara vez se enriquecían, excepto cuando se medían por los estándares de los pobres. Por ejemplo, un negociante en el mercado de Hispania le dejaba una herencia a su familia de 32 kg de oro.[22] Según el nivel local, era una gran suma. Sin embargo, un senador de medios modestos podía esperar unos ingresos de entre 460 y 680 kg de oro al año.

No se solía confiar en estos negociantes o tratantes y, por lo general, se los consideraba embusteros habituales. Proverbios 20:23 declara: "El Señor aborrece las pesas falsas y reprueba el uso de medidas engañosas". Miqueas pregunta: "¿Debo tener por justas la balanza falsa y la bolsa de pesas alteradas?" (Mi 6:11). Por estas razones se les prohibía a los negociantes poder ingresar en el decurionato (el gobierno local de la ciudad). Calístrato nos dice que habría sido vergonzoso que eligieran a los negociantes para el decurionato, porque lo más probable es que los vendieran.[23] En resumen, había pocos tratantes, pero existían y con frecuencia pasaban largos periodos viajando. La riqueza que podían amasar era pequeña en comparación con los decuriones. No obstante, a los ojos de los pobres, eran ricos y augustos.

La economía romana era básicamente agrícola, y el comercio comprendía una fracción de la producción bruta total. Que se pudiera remplazar el impuesto sobre los negociantes por rentas sobre las tierras imperiales no solo demuestra el número limitado de tratantes, sino la relativa falta de importancia que se le atribuía al comercio en la economía romana. En este mundo, los comerciantes ocupaban una posición de bajo estatus, excepto en relación con los pobres. Por tanto, es posible que algunos de estos negociantes se unieran al movimiento cristiano en parte porque les proporcionaba la oportunidad para tener cierto estatus y hacer un despliegue de riqueza que se les negaba en la cultura romana en general. Ciertamente, la queja de Santiago indica que el interés de estos comerciantes iba dirigido a sí mismos y no a la iglesia.

---

22. Paladio, *La historia lausíaca,* 15.
23. Calístrato, *Digesto de Justiniano,* 60.2.12.

Nuestro mundo es bastante diferente. En Chicago, donde vivo, miles viven de la venta de productos que ni siquiera existen aún. En la Cámara de Comercio de dicha ciudad se gana y se pierde millones de dólares en especulaciones sobre el precio futuro del zumo de naranja o de la panceta. Comerciar con el precio de productos imaginarios habría sido algo inconcebible para Santiago. A pesar de esta diferencia, existen similitudes. Como aquellos negociantes primitivos, podemos jactarnos y lo hacemos, y confiamos en nuestra posición en lo que respecta a la opinión pública, nuestra reputación, nuestra riqueza, la seguridad de nuestros empleos y un sinfín de otros fundamentos falsos.

Significado Contemporáneo

La iglesia a la que escribió Santiago había adoptado como propio a un filósofo que estaba errado y mal informado. En este pasaje, Santiago destaca dos manifestaciones de esta aberrante filosofía: los cristianos se habían entregado a juzgarse los unos a los otros sin considerar que Dios había delegado esa autoridad en ellos, y se jactaban en su propia fuerza y recursos.

Juicios impíos. Cinco días después de graduarme de la universidad, me uní al personal de una gran escuela en la península de San Francisco, justo al norte de Silicon Valley. Cuando amigos, parientes y hasta los extraños supieron del lugar donde había conseguido empleo, me ofrecieron algunas variaciones de: "Debe de ser fantástico trabajar en un lugar donde todo el mundo se lleva bien, confían los unos en los otros, donde no hay maniobras políticas". No costó mucho que esa fantasía se evaporara bajo la dura luz de la experiencia. Es lamentable, pero cierto, que en cuanto al virus de la calumnia, de hablar mal y de la dura crítica, la iglesia contemporánea no sea menos inmune de lo que lo era aquella a la que el apóstol escribió hace tanto tiempo. Aunque Lutero dijo: "*Simul iustus et peccator,* justificados y pecaminosos a la vez".[24]

Durante los quince años siguientes, mientras servía en iglesias locales, presencié actos asombrosos de devoción cristiana y de servicio desinteresado realizados con integridad y sacrificio. Pero también fui testigo de otro tipo de evidencia. En etapas tempranas observé cómo se ponía en marcha un complot madurado por algunos voluntarios. Su idea

---

24. Martin Lutero, *Lectures on Romans,* ed. Hilton C. Oswald (Concordia: St. Louis, 1972), 258-60 (vol. 25 de *Luther's Works*).

incluía hablar mal, medias verdades y desinformación sobre un pastor, lo que acabó con su destitución. Ejecutaron su estrategia con precisión y le imprimaron a todo aquello una capa de espiritualidad, afirmando estar actuando "por el bien de la iglesia". Estos voluntarios estaban al tanto de varias reuniones de planificación y prácticamente de todas las decisiones tomadas por el pastor en cuestión, sin discrepar nunca con él abiertamente. Pero tan pronto como acababan las asambleas, esparcían su veneno sobre otros. Se suscitaban preguntas en secreto en cuanto a la sabiduría de las decisiones tomadas y se iban dejando sutiles indicios en cuanto al mal uso de los fondos. Estas "acusaciones" no tenían fundamento, pero el efecto fue el mismo.

Existen ejemplos aún más indignantes. Conozco un caso en mi propia denominación en la que hombres y mujeres del liderazgo de la iglesia local falsificaron actas de la iglesia y mintieron en la asamblea anual de la congregación sobre otros miembros. ¿Su lógica? Que aunque la iglesia hubiera votado para un cierto puesto, la decisión que se había tomado era deficiente y sentían que con esto bastaba para justificar arrogarse el derecho de trabajar en contra de la postura adoptada por la iglesia. Para ello se vieron obligados a actuar de formas que calumniaron a otros. Cuando se enfrentaron a ellos, protestaron aduciendo que sus motivos eran puros aunque los actos no fueran correctos. Nadie quiere creer que esto ocurra en la iglesia, pero así es.

Esta tortuosidad no se limita a la iglesia local. Mi propia denominación es un buen ejemplo de ello. La *Evangelical Covenant Church* de los Estados Unidos fue fundada por inmigrantes pietistas suecos. A este país trajeron una robusta creencia en la autoridad de la Escritura y un compromiso con la naturaleza básica de la experiencia de una nueva vida en Cristo. Pero a principios de 1900 se dejaron ver con claridad crecientes tensiones en el seno de la denominación. A lo largo de los años se pronunciaron y se escribieron duras palabras poco amables y nada veraces. Cada parte estaba segura de estar en el lado de los ángeles y todos estaban convencidos de que el alma misma de la denominación estaba en juego. Se hirieron sentimientos, se dañaron carreras y las familias y los amigos experimentaron miserias indecibles. Uno de los principales jugadores en la controversia escribió que, en aquel momento, las convicciones y los actos de ambas partes parecían nobles y puros, pero, mirando en retrospectiva, "algunos de nosotros [...] exhibimos un lamentable espíritu de partido. Confieso que asumo toda mi parte de culpa por la apoteosis injustificada de algo que, en palabras de Nietzsche, 'era humano, demasiado humano'".[25] Poseemos la capacidad de hablar palabras desconsideradas y hasta difamadoras los unos de los otros dentro de la iglesia, aunque sabemos que Santiago afirma que semejante conducta solo trae condena sobre nuestra propia cabeza.

En mi opinión existen varios pasos que podemos dar para evitar este abismo. (1) Debemos *recordar que el fin no justifica necesariamente los medios*. Casi al final de su vida, Cicerón fue testigo de la destrucción de lo que consideraba lo mejor de la civilización romana y declaró amargamente: "Cuando ya no eres lo que eras, ya no queda razón alguna para vivir".[26] Es posible "ganar" como lo hicieron los enemigos de Cicerón, pero al terrible precio del carácter y de la integridad. Hay tiempos en los que nuestro deseo de ver que una meta se logra satisfactoriamente nos abruma tanto que el proceso de su realización anula su efecto.

Pocas preguntas son tan importantes para la iglesia de Jesucristo como la del liderazgo. Uno de los rasgos verdaderamente desalentadores de mi llegada a la madurez fue darme cuenta de que, en la política de la iglesia, el fin siempre parece justificar los medios. Mike era un joven interno que servía como director juvenil en una iglesia. Se había casado hacía poco y se preparaba para asistir al seminario en otoño. Planeaba presentar su dimisión en el mes de mayo para poder viajar, junto a su flamante esposa, por todo el estado y pasar el verano estableciéndose en su matrimonio y familiarizándose con la ciudad en la que se encontraría su hogar durante los tres años siguientes. El supervisor de Mike conocía sus planes, pero no quiso interrumpir su propio programa vacacional con el fin de dirigir la búsqueda de un sustituto. De modo que convenció a Mike para que siguiera trabajando hasta una semana antes de que las clases comenzaran. Sus motivos eran egoístas, aunque la razón que expresó fue que sería "mejor para los muchachos". Su mentira le convenía a él, pero no a Mike. Abusó de su posición y, aunque lo que estaba en juego no era tan grave, su abuso reveló un cierto doble ánimo.

Recientemente, un buen amigo mío, oficial regional de su denominación, me contó una triste historia en cuanto a la administradora a quien tiempo atrás presentaba sus informes. Era una persona con talentos en muchos ámbitos y mi amigo sentía un tremendo respeto por ella. Sin

25. Karl A. Olson, "The Covenant Constitution and Its History", *Narthex*, 3/1 (febrero 1983), 11.
26. Cicerón, *Ad Familiares*, 7.

embargo, se había creado algunos enemigos, entre los cuales la consideraban una intrusa. Desde la perspectiva de mi amigo, esta mujer había hecho una gran labor, pero la reacción en contra suya había tomado la forma de una camarilla bien organizada. Varias personas destacadas de la región habían decidido hacer que la trasladaran. Formularon acusaciones que creían ciertas, pero muchas de ellas sin fundamento alguno. Confundieron a algunos miembros del personal que la apoyaban e hicieron mal uso de la información que obtuvieron de este modo. A sus ojos, que ella perdiera su puesto era básicamente por "el bien de la región". Pero el proceso que escogieron, uno de doble ánimo, de subterfugio y de tergiversación, no era digno de la causa de Cristo. La meta en la que habían fijado la vista debió de parecerles sumamente pura y exclusiva, pero el camino elegido para alcanzarla no solo manchaba y contaminaba el objetivo, sino también a ellos mismos.

(2) *Extenderse para no tener prejuicios.* Como dice el refrán, "a toro pasado todos somos toreros", es decir, a posteriori todo se explica de otro modo. Santiago les ha implorado a sus lectores que se arrepientan. Para él, la necesidad de arrepentimiento era obvia. Para sus lectores no era así. En lo concerniente a la fe hay algo que tiende a la certeza. Sin embargo, esta puede ser peligrosa cuando nos ciega. Jesús, como Santiago, intentó intensamente abrir los ojos de sus contemporáneos para que vieran su necesidad de arrepentimiento. Suplicó: "No juzguen por las apariencias; juzguen con justicia". (Jn 7:24). Con toda claridad les advirtió: "¡Ay de ustedes, guías ciegos! (Mt 23:16)". Con gran frustración, les dijo: "Si fueran ciegos, no serían culpables de pecado, pero como afirman que ven, su pecado permanece".

Si imaginamos que somos inmunes a esta misma tendencia, la historia nos enseña que es una necedad. Lo que asegura la sinceridad y la integridad de nuestra fe y nuestra práctica es, en parte, una autocrítica bíblica saludable. Pablo afirma que, en un abrir y cerrar de ojos, llegó a darse cuenta de que su confianza en la ley era en realidad una forma de idolatría que le había impedido ver la luz (Ro 10:1-4; 2Co 3:7—4:6). Pedro persistió en mantener una práctica de separación de los gentiles hasta la visión que se recoge en Hechos 10. Ambos estaban abiertos a la autocrítica contrarrestándolo todo con los estándares de la Escritura y del Espíritu. Este tipo de crítica implica el valor y la integridad de intentar discernir la sabiduría de otras posturas. Por encima de todo, significa poner a prueba nuestras propias convicciones, así como las de los demás, sobre el yunque del testimonio bíblico.

Hace varios años, un buen amigo mío que, de joven, se hizo millonario en el negocio del vestir, informó a sus amigos de que su vida había sufrido una transformación al leer el libro de John F. Alexander *Your Money or Your Life*[27] [Tu dinero o tu vida]. Le hizo sentir mal consigo mismo por el uso que le estaba dando al dinero y por el llamado de Dios en su vida. A veces él nos habla, como hizo con Pablo, por medio de la cuidadosa consideración de una postura que no estamos teniendo. Debemos permanecer abiertos a este tipo de dirección. Tenemos una deuda con nosotros mismos: leer y estudiar posturas adoptadas por otros cristianos, recordando evaluarlas sobre la base del registro bíblico y a la luz del Espíritu.

(3) *Comprometernos con la integridad personal y la fidelidad bíblica*. Los debates concernientes a la mujer en el ministerio, la ordenación de homosexuales practicantes, los estilos de liderazgo y los méritos de los líderes suelen ir cargados de política y ser altamente emocionales. Con frecuencia, poca es la razón que asiste a estas discusiones y la civilidad suele estar ausente. Santiago nos ruega que nos comprometamos con la integridad personal y la fidelidad bíblica.

No "ganemos" a costa del sacrificio de nuestros principios. Integridad significa que estamos deseando decir en público lo que afirmamos en privado. "Te voy a decir algo que comentó, pero tienes que guardarlo en secreto" es un semillero en el que Satanás hace su trabajo. Recuerda, cuando juzgamos, lo hacemos como agentes designados por Dios. Él no tolera la falsedad, el engaño ni el doble ánimo. Podemos "ganar" y, al hacerlo, llevan a cabo una masacre con nuestra víctima teniendo la seguridad de que la causa es justa. Pero una victoria semejante es pírrica y está manchada, y será la causa de nuestra propia condenación.

La idiotez de jactarse en lo incierto. Cuando Santiago nos advierte que el mañana nunca es cierto, tiene toda la razón. Los antiguos lo sabían y hablaban sobre la caprichosa fortuna que gobernaba la vida de mujeres y hombres. Tal vez los ejemplos más a mano de los vientos impredecibles de la vida sean los que implican las finanzas. Los estadounidenses están fascinados con el dinero y, en particular, con la abundancia

27. John F. Alexander, *Your Money or Your Life: A New Look at Jesus' View of Wealth and Power* (San Francisco: Harper and Row, 1986).

financiera. Es más que un deseo de tener una seguridad económica. Estamos resueltos a conseguir abundancia. Nuestra cultura está cautivada con la riqueza, con su adquisición y su exhibición. A este respecto, no estamos muy lejos de los negociantes que Santiago conocía.

Los infomerciales (anuncios informativos) saturan los canales de televisión en los fines de semana presentando testimonios de personas que antes ganaban un simple sueldo y que ahora, tras un breve curso por correspondencia, se han convertido en millonarios que compran bienes inmuebles sin entregar un depósito y solo trabajan diez horas a la semana. Las revistas que las líneas aéreas ofrecen como cortesía están repletas de cursos de video ofrecidos por "gurús" financieros de éxito que prometen dinero fácil. Millones de personas van como en manada a Atlantic City y a Las Vegas cada año, esperando dar el pelotazo. La industria de la publicidad alimenta esta enfermedad, como lo hace con todo lo demás, desde los autos de lujo a las opciones de recreo y vacaciones, ropa, casas, cigarrillos, los muebles de cocina, y el papel higiénico —eso sí, uno que es el no va más— se vende a domicilio haciendo hincapié en la riqueza y el lujo. En el caso de que algún rincón poco utilizado de nuestra conciencia se sienta mal por este egoísmo, los anunciantes nos aseguran que merecemos y necesitamos esa opulencia.

Es una distorsión del sueño americano. En la película *The Jerk* (Un loco anda suelto) se nos presenta una oscura visión cómica de dicho sueño. Steve Martin interpreta a un simplón sin un penique que viaja a la ciudad y, por accidente, inventa un producto revolucionario que lo convierte en millonario. Pero resulta que tiene efectos físicos adversos; muy pronto, el personaje interpretado por Martin lo pierde todo. Esta historia de la pobreza a la riqueza y de vuelta a la pobreza parodia el sueño americano de que cualquiera de nosotros se puede hacer rico. Pero también resalta la naturaleza transitoria de la riqueza financiera.

En primer lugar, la riqueza no es fácil de adquirir. Bien es cierto que el paisaje social y cultural estadounidense está salpicado de historias exitosas como la del multimillonario H. Ross Perot. Hasta es posible convertirse en millonario comprando bienes inmuebles sin depósitos, pero, como Santiago nos recuerda, esta no es la idea. La abundancia económica es como el rocío: puede desaparecer en el mismo momento en que la agarramos. El sabio no convierte sus finanzas en el cimiento de su seguridad personal. Solo Dios merece ese estatus. Pero esto requiere una evaluación sincera de nuestra vida y nuestras prioridades.

Dios no desea ser un mero objeto de decoración que se aferre desesperadamente a la superficie de nuestra vida.

Por supuesto, para la mayoría de los estadounidenses, la abundancia financiera sobrepasa el ámbito de lo posible. Durante 1966, los ingresos por salarios y beneficios de los trabajadores estadounidenses crecieron tan solo en un promedio del 2,9%, según el Departamento del Trabajo El AFL-CIO [La Federación Estadounidense del Trabajo y Congreso de Organizaciones Industriales]. En 1965, un director ejecutivo medio ganaba cuarenta y cuatro veces el paquete salarial medio del trabajador medio. En 1996, la diferencia era de doscientas veces.[28]

La riqueza no solo es difícil de acumular, sino que es igual de difícil de mantener. Una vez conocí a un magnate de la inmobiliaria. Era cristiano y servía en el diaconato de su iglesia. Cuando la tecnología del video empezó a estar ampliamente disponible para el público estadounidense, él tomó dos decisiones cruciales que, juntas, equivalían a arriesgar su salud financiera. Ambas resultaron ser equivocaciones. La primera fue poner en peligro una buena porción de su riqueza comprando acciones en una firma de electrónicas, una de esas "cosas seguras", que resultó ser justo lo contrario. La segunda implicaba un trato importante para desarrollar una extensión de tierra. Todos comentaron que su plan era brillante. El terreno en cuestión estaba ubicado en un enclave ideal y el momento parecía perfecto. Un año después de que comprara la parcela, el valor se había duplicado. Pero muy pronto empezaron a ocurrir una serie de horribles sucesos. Surgieron problemas legales con las escrituras, se presentaron graves cuestiones medioambientales y varios de sus socios se echaron atrás. El trato se le vino abajo. En ambos casos sufrió inmensas pérdidas. La mejora de la seguridad financiera que tanto esperaba y que todos calificaban como algo hecho, se disipó entre sus dedos con tanta facilidad como el rocío de la mañana, al que perturba la más ligera de las brisas.

Los inversores en mercados extranjeros no asumen menos riesgos. En su revisión del libro *Kremlim Capitalism,*[29] Robert Cottrell señala que, tristemente, los años de régimen comunista han dejado a directores y trabajadores poco preparados para la destreza que se ha de tener en la economía de mercado. En lugar de vender la mayoría de acciones

28. *Chicago Tribune* (11 mayo 1997).

29. Joseph R. Blasi, Maya Kroumova y Douglas Kruse. *Kremlin Capitalism: The Privatization of the Russian Economy* (Ithaca, N.Y.: Cornell Univ. Press. 1996).

en una empresa industrial a un "inversor que aportara toda la cantidad de capital necesaria para modernizar y reestructurar la compañía", y hacerla más saludable, la mayoría de los directores y trabajadores rusos prefieren mantener la propiedad de una planta que cada vez está más obsoleta. El autor etiqueta este tipo de conducta de "suicida".[30] Existen otros peligros de invertir en Rusia. "En 1995, solo la Mesa Redonda Rusa de Negocios, una organización de destacados ejecutivos, perdió a nueve de sus treinta cargos de primer nivel a manos de asesinos".[31]

Lamentablemente, en el ministerio cristiano muchos delatan esta misma certeza petulante en la riqueza y en la posición. Jim y Tammy Faye Bakker y su ministerio PTL (*Praise de Lord*, Gloria a Dios) son un caso práctico de la virulenta extensión del deseo de la seguridad financiera y de la falsa tranquilidad que esta proporciona. La mayoría de los estrechos colaboradores de los Bakker fueron atrapados en una red que difundía mentiras, todas ellas establecidas en el contexto de un ministerio que una vez fue viable. El deseo de dinero pervirtió a los Bakker y a sus socios más cercanos de un modo no solo exhaustivo, sino lo bastante sutil como para no reconocer su propia infección hasta que fue demasiado tarde y miles de personas inocentes y confiadas sufrieron, como también la reputación de la iglesia de Jesucristo. Ni los Bakker ni sus socios soñaron jamás que su mundo de abundancia podría disiparse con tanta rapidez y de un modo tan completo.

En su sorprendentemente compasiva revisión de los libros más recientes de Jim Bakker y Tammy Faye Nesser,[32] Martin Gardner cataloga la triste historia de un ministro cristiano seducido por el anhelo de ser el centro de atención y el dinero, y la rápida propagación de esta infección. Richard Dortch, el copastor de Bakker que le pagó a Jessica Hahn 363.700 dólares en dinero negro, fue sentenciado a ocho años de prisión y una multa de 200.000 dólares. Otro de los máximos ayudantes de los Bakker, David Taggart y su hermano James, decoradores de interior de PTL fueron condenados en 1989 por evasión de impuestos en un montante de 500.000 dólares. Cada uno de ellos fue sentenciado a diecisiete años de prisión. Jim Toms, amigo y abogado de Bakker, se declaró culpable de malversación de fondos de sus clientes por un valor

---

30. Robert Cottrell, "Russia: The New Oligarchy", *New York Review of Books* (27 marzo 1977), 28.
31. *Ibíd.*, 30.
32. Martin Gardner, "How He Lost It", *The New York Review of Books* (29 mayo 1997), 29-32.

de 1.400.000 dólares. Roe Messner, amigo de Bakker, contratista para el extinto parque temático cristiano Heritage USA y actual esposo de la exmujer de Bakker, fue enjuiciado por un tribunal de Wichita, Kansas, por ocultarle al gobierno 400.000 dólares cuando se declaró en bancarrota tras el escándalo de PTL. El ansia de riqueza se escondió bajo el disfraz de un ministerio auténtico y demostró ser un enemigo letal.

Gardner escribe que mientras Jim Bakker estaba en prisión, llegó a entender que su evangelio de *health and wealth* [salud y riqueza] era erróneo. Cita unas palabras al parecer pronunciadas por Bakker: "Para mi sorpresa, tras meses de estudiar a Jesús, llegué a la conclusión de que no tuvo ni una sola cosa buena que decir sobre el dinero [...]. Tuve que enfrentarme a la horrible verdad de que había estado predicando una falsa doctrina durante años ¡y sin saberlo siquiera!".[33] Gardner sigue diciendo que Bakker ya no cree en la frecuente justificación a la que Tammy recurría para explicar su lujo material: "Nos lo merecíamos".

El otro factor es, por supuesto, lo que la gente de todas partes piensa que la riqueza les puede conseguir: felicidad. Una encuesta reciente en la que se preguntaba a los estadounidenses: "¿Qué le haría a usted más feliz?" informó que el 32% de las respuestas fue: "Ser más listo", y el 48%: "Ser rico". Esta es una de las grandes creencias falsas de nuestro tiempo. Ed Diener, psicólogo de la Universidad de Illinois, y sus colegas sondearon a cuarenta y nueve de los estadounidenses más ricos (según la lista de la revista *Forbes*). Reportaron tan solo unos niveles de felicidad ligeramente más altos que el promedio de todos los estadounidenses. De estos cuarenta y nueve, cada uno de ellos con un patrimonio de más de cien millones de dólares, el 80% estuvo de acuerdo con la frase: "El dinero puede aumentar *o* disminuir la felicidad, dependiendo de cómo se use". Muchas de estas encuestas afirman que eran básicamente infelices, y una de estas personas tremendamente ricas contestó que no conseguía recordar si alguna vez había sido feliz.

En 1957, la renta per cápita en los EE. UU., expresada en dólares de 1990, era de 7.500 dólares; en 1990 se había duplicado a 15.000. A pesar de ello, tanto en 1957 como en 1990, solo el 33% de aquellos que fueron sondeados por el Centro Nacional de la Opinión de la Universidad de Chicago afirmó ser "muy feliz". Somos el doble de ricos, pero no más felices. De hecho, entre 1956 y 1988, el porcentaje de estadouni-

---

33. *Ibíd.*, 30.

denses que reconocieron estar "bastante satisfechos" con su situación financiera bajó del 42 al 30%. La riqueza no da la felicidad.

Erno Rubik, inventor del cubo de Rubik, vio cómo su vida se transformaba por el éxito de su producto; pasó de ser un profesor de ciento cincuenta dólares al mes a la persona más rica de Hungría. Con todo, cuando guió a un entrevistador en la visita de su nueva mansión con piscina, garaje para tres autos y sauna, el reportero observó que no había comedor. "¿Piensa invitar a mucha gente a cenar?", le preguntó a Rubik. "Espero que no", fue su respuesta.[34]

Lo inesperado puede acarrear una riqueza repentina, como le ocurrió a Erno Rubik. Sin embargo, con mayor frecuencia, parece ser que lo que llega de improviso no trae buenas nuevas, sino malas. Durante las primeras fases de la Guerra del Peloponeso, cuando los atenienses habían sufrido un golpe imprevisto, Pericles habló con ellos y les dijo: "Cuando lo inesperado ocurre de repente y contra todo pronóstico y unos planes bien establecidos, es como si te sacaran el corazón..."[35] Cuando ocurre lo que no se espera, nosotros también sentimos la sacudida. Confiamos en la riqueza, y sin embargo el derrumbe bursátil de 1987 acabó con un hombre que conocí, y que se hallaba a tan solo seis meses de la jubilación. Confiamos en la seguridad de nuestro empleo, y, sin embargo, los dividendos de la paz ocasionados por el colapso de la Unión Soviética condujeron a que Lockheed despidiera a más de veinte mil de sus treinta mil empleados en su planta de Sunnyvale, California. Confiamos en miles de recursos que, en palabras de la Biblia, solo son rocío. La vida es impredecible, dice Santiago, y somos necios si descansamos en algo que no sea Dios.

Para los cristianos, confiar en cualquier otra cosa excepto en Dios es carecer de integridad; significa ser de doble ánimo. La integridad es a lo que Santiago está apuntando. Nuestro mundo parece desprovisto de integridad. Las compañías tabaqueras mantuvieron durante décadas que no tenían conocimiento de que la nicotina fuera adictiva, pero en marzo de 1997, una de estas empresas admitió lo que el resto de nosotros sospechamos durante años: las compañías conocían las propiedades adictivas de la nicotina y nos mintieron a todos. Al parecer, la búsqueda de la riqueza se valoraba más que la verdad.

---

34. Para estos ejemplos, véase David G. Myers, *The Pursuit of Happiness; Who Is Happy and Why* (Nueva York: William Morrow, 1992), 40-42.
35. Tucídides, *Las guerras del Peloponeso*, 2.61.

A los países no les va mejor. Aunque afirman defender los derechos humanos y declaran su repugnancia en público ante la masacre de la Plaza de Tiananmen, el gobierno de los Estados Unidos siguió extendiendo el estatus comercial de Nación más Favorecida a la República Popular de China.[36] Pero este abismo es en verdad una extensión del que existe dentro del alma humana. Estamos desgarrados, por un lado tira el *yeşer ha-ra,* y, por el otro, el *yeşer ha-tov.* Con todo, Santiago nos implora que seamos personas *íntegras*, coherentes, marcadas por la integridad y maduros. ¿Cómo se logra esto?

En su breve volumen *Shaping Character* [Moldear el carácter],[37] Arthur F. Holmes perfila un curso de acción con el pretendido resultado de crear una mente y un corazón ordenado dentro de nosotros, alertas a la dirección del Espíritu y a la enseñanza de la Escritura. Holmes indica que la ética ha sido marginalizada en nuestra cultura, y que la mayoría de los estadounidenses exhiben una actitud funcionalmente relativista: "Es bueno para mí, pero tal vez no para ti".[38] En respuesta, Holmes bosqueja once pasos en el desarrollo de esta identidad moral del cristiano íntegro.

- *Concienciación*, ser consciente del mundo exterior a nosotros mismos, el dolor y el sufrimiento de otros, los abusos sistemáticos que son las manifestaciones de la perversa influencia continua de Satanás sobre nuestro mundo.

- *Sensibilización de la conciencia,* sentir compasión por los que están atrapados en la red de este mal.

---

36. El presidente Clinton prometió, mientras hacía campaña por la presidencia, hacer todo lo que estuviera en su mano para ocuparse de las violaciones de los derechos humanos en China, pero el 28 de mayo de 1993 abandonó su promesa, afirmando que el compromiso económico con este país mejoraría las posturas de todos. Esto ha demostrado ser una postura hueca. Al final, la postura de la administración Reagan frente a Sudáfrica sí asistió al final del *apartheid*. No existe un desarrollo paralelo en el futuro inminente de China.

37. Arthur F. Holmes, *Shaping Character: Moral Education in the Christian College* (Grand Rapids: Eerdmans, 1991).

38. El trabajo del sociólogo James Davison Hunter parece confirmar esto. Su investigación lo ha conducido a dos conclusiones. (1) La mayoría de los estadounidenses creen en Dios y en la existencia de absolutos. (2) La mayoría de los estadounidenses no siente adecuado imponer un conjunto universal de principios morales a los demás. Hunter atribuye esta división al éxito en los medios de comunicación que convencen a los estadounidenses de la "corrección" del relativismo moral. La ironía es, por supuesto, amargamente divertida. Véase Richard John Newhay, "Tongue-Tied in Public", *First Things* 70 (febrero 1997), 58-59.

- *Análisis de valores,* entender las valores que las naciones, las compañías y otras personas tienen y que, en la práctica, moldean sus conductas.

- *Clarificación de valores,* formulándonos a nosotros mismos preguntas en cuanto a estos valores: ¿Son los que deberían operar en nuestra vida individual y corporativa?

- *Imaginación moral,* pensando en términos universales, con el fin de construir una estructura moral basada en principios bíblicos.

- *Análisis ético,* explorando los elementos de situaciones moralmente complejas. Por ejemplo, la Biblia está en contra de mentir, ¿pero sí fue correcto mentir a la Gestapo con el fin de conservar la vida de los judíos escondidos en las casas?

- *Tomar decisiones morales,* teniendo el valor de actuar basándose en los resultados de la tarea analítica que se acaba de hacer.

- *Actuar como agentes responsables,* tomando tales decisiones morales sobre una base coherente, la práctica de la acción moral ayuda a sellar tales principios en nuestros corazones.

- *Desarrollo de la virtud:* desarrollar un carácter piadoso, no conductas simplemente correctas. Por esta razón, el desarrollo espiritual y el moral van de la mano. Como afirmó Jesús, el árbol bueno da buen fruto.

- *Identidad moral,* convertirse en una persona unificada, lo que Santiago 1:4 llama perfecto e íntegro.

Holmes argumenta que la vida nos permite miles de decisiones éticas y que, a menudo, basamos dichas resoluciones en un conjunto de normas que tenemos cerca y a mano. Estas normas se apoyan, a su vez, en principios que, en última instancia, tienen alguna base fundamental. Jesús operaba de esta manera. Cuando se enfrentó al problema del divorcio, fue más allá de la ley mosaica hasta la base fundamental del judaísmo, la doctrina de la creación, y derivó de esto un principio: que los hombres y las mujeres deben aprender a amarse y perdonarse unos a otros. Wolfhart Panneberg ha argumentado hace poco precisamente de este modo en cuanto a los problemas éticos contemporáneos que afronta la iglesia.[39] Semejante proceso nos indica que debemos depender de Dios y no de nuestras posesiones o de nosotros mismos.

---

39. Wolfhart Pannenberg, "Revelation and the Homosexual Experience", *Christianity Today* (11 noviembre 1996) 35, 37.

Jesús tomó decisiones basándose en los principios arraigados en la Escritura y en una sensibilidad a la voluntad de Dios. Santiago quiere que vivamos vidas de una fidelidad similar: vidas que integren actos, mente y corazón. Esta es la vida del carácter cristiano. De otro modo, nosotros también sabemos lo que es bueno, pero no lo hacemos. Ahora que sabes que no debes juzgar y que solo debes confiar en Dios... ¡hazlo!

Santiago 5:1-6

Ahora escuchen, ustedes los ricos: ¡lloren a gritos por las calamidades que se les vienen encima! ² Se ha podrido su riqueza, y sus ropas están comidas por la polilla. ³ Se han oxidado su oro y su plata. Ese óxido dará testimonio contra ustedes y consumirá como fuego sus cuerpos. Han amontonado riquezas, ¡y eso que estamos en los últimos tiempos! ⁴ Oigan cómo clama contra ustedes el salario no pagado a los obreros que les trabajaron sus campos. El clamor de esos trabajadores ha llegado a oídos del Señor Todopoderoso.⁵ Ustedes han llevado en este mundo una vida de lujo y de placer desenfrenado. Lo que han hecho es engordar para el día de la matanza. ⁶ Han condenado y matado al justo sin que él les ofreciera resistencia.

Sentido Original

Santiago vuelve su atención de la clase de los mercaderes, que acaba de recibir el beneficio de su sincera valoración negativa, a la clase de los terratenientes, que recibirán lo mismo. Ambas secciones están vinculadas mediante el hilo común del deseo por la riqueza. Santiago no asume el manto de maestro o predicador, sino de profeta, porque sus advertencias son avisos de la destrucción y la ira que vienen.

Martin sostiene que el paralelo con los profetas del Antiguo Testamento indica que los ricos terratenientes deben de ser incrédulos.[1] Es un indicador de una de las mayores falacias comunes de la erudición del Nuevo Testamento.[2] Sería razonable que Santiago esperara que los

---

1. Ralph P. Martin, *James*, 172; Sophie Laws, *The Epistle of James,* 195 y Peter H. Davids, *The Epistle of James,* 174 también consideran que los ricos terratenientes no forman parte de la iglesia cristiana.
2. G. B. Caird, "The Development of the Doctrine of Christ in the New Testament", *Christ For Us Today,* ed. N. Pittenger (Londres: SCM, 1968), 69-70, señaló que, por útil que pueda resultar el significado original de un término, la única cuestión de principal importancia es entender lo que el autor pretendía decir a través de él.
   Los paralelos al Nuevo Testamento en otras literaturas y religiones no son, en sí mismas, prueba alguna de dependencia, e incluso cuando esta se puede probar, el caso sigue siendo que seguirle la pista a una palabra, una idea o una práctica hasta sus orígenes nos ayuda poco a explicar lo que significa en su nuevo entorno. Una investigación en los orígenes premosaicos de la Pascua judía no nos dice nada sobre la Eucaristía cristiana. Bultmann nos ha dicho que el prólogo del Cuarto Evangelio tiene una existencia previa como himno gnóstico y, hasta donde yo sé, puede estar en lo cierto. Pero aunque esto se pudiera demostrar más allá de la duda razonable, sería un hecho de importancia real-

hermanos y hermanas equivocados se reconocieran en las descripciones negativas tomadas de los profetas. Además, como observa Martin mismo, los duros tonos que el apóstol ha utilizado en las secciones previas (1:9-11; 2:2-4, 5-12, 15-16; 4:13-17) iban dirigidos a algunos dentro de la comunidad cristiana, sobre todo a quienes se gloriaban en su propio estatus y posición, en oposición a los más humildes que formaban la congregación.

Esta sección sirve a muchos propósitos. Advierte a los ricos de la destrucción que llega para ellos y, aunque aquí no haya un llamado claro al arrepentimiento, sería bastante razonable suponer que esta es la implicación. Santiago también deja claro el destino de quienes persisten en reivindicar una verdadera identidad cristiana sin la vida concomitante de la práctica que ha bosquejado. Finalmente, el pasaje ofrece esperanza a los justos que sufren, ya que el destino de quienes han causado este sufrimiento es el contrario al de ellos.

La falta preeminente que aquí se describe es el deseo de posesiones. Se ha amontonado la riqueza (ropa elegante, oro y plata), y, sin embargo, no sirve de nada. La producción se ha podrido en el almacén, la ropa ha sido pasto de las polillas, el oro y la plata que un día resplandecían se han opacado con el tiempo y el desuso. Pero la posesión también se manifiesta en la disposición a la tacañería a la hora de pagar los salarios. Esta vida de egoísmo y lujo irresponsable da lugar incluso al homicidio, porque los ricos han visto la pobreza de los menesterosos a su alrededor y no han emprendido acción.

El tono evidente en este pasaje es más estridente que en 4:11-17. Aquí, los ricos terratenientes se ven amenazados con juicio *antes* de una descripción de sus pecados (5:3). No se criticó a los mercaderes por su riqueza como tal, pero, aquí, este sí parece ser el caso.

En cuanto a estructura, el pasaje es una unidad clara, que contiene una condena de los indiferentes terratenientes de la nobleza que recuerda el vocabulario y el tono de los grandes profetas. Existen, no obstante, transiciones discernibles. El versículo 1 figura a modo de nítida advertencia introductoria. Los versículos 2-3 componen un breve catálogo de riquezas que se han almacenado en tiempos difíciles, pero de todos

---

mente pequeña para el comentarista del Evangelio. Lo que el himno significara para su espurio autor gnóstico puede proporcionar un interesante ejercicio para el anticuario. Pero para la exégesis del Evangelio, lo único que importa es el significado que tenía para el evangelista, y esto es algo que solo podemos descubrir leyendo el Evangelio.

modos son inútiles, porque representan la confianza en la planificación humana. Los versículos 4-6, que ofrecen un lacónico inventario de pecados particulares perpetrados contra los pobres y la gente común por parte de la clase terrateniente, forman la base para la ira y el juicio que está a punto de caer sobre ellos.

Introducción condenatoria (5:1)

Santiago comienza condenando la actitud insensible y egoísta de los ricos terratenientes. Como en 4:13, usa la rara frase *age nun* ("Ahora escuchen"). No obstante, a pesar de esta similitud, este grupo no es el mismo que el "ustedes que dicen" de 4:13 (es decir, los mercaderes). Por otra parte, aunque los miembros de estos dos grupos fueran profundamente conscientes de las diferencias entre ellos, para las personas comunes eran básicamente iguales, porque ambos tenían la misma enfermedad: un deseo irracional por la riqueza y una absoluta confianza en ella.

Laws[3] observa que no se califica a "los ricos". Al parecer, Santiago no deja lugar a la posibilidad de un terrateniente que no oprima a los pobres. Hace un llamado para que los ricos abran repentinamente los ojos y vean que, en realidad, están explotando a los menesterosos.

Estos ricos deben "llorar a gritos". "Llorar" (*klaio*) significa responder al desastre de la forma correcta: llorar desde las profundidades del propio ser en señal de dolor y remordimiento. "A gritos" (*ololuzo*) quiere decir aullar, sobre todo como resultado de un mal súbito e inesperado, y lamento (véanse Is 15:2-3, 5; Jer 13:7; Lm 1:1-2 como paralelos en el Antiguo Testamento). Este remordimiento se justifica porque la suerte de estos ricos es la "miseria" (*talaiporia*, un término que solo se usa aquí y en Ro 3:16, de todo el Nuevo Testamento). Es muy probable que Santiago tuviera Jeremías 12:3 en mente: "Apártalos para el día de la matanza". La razón no es su riqueza *per se*, sino el hecho de que no hayan procurado utilizarla para aliviar los sufrimientos de los pobres. En realidad, su deseo por la riqueza es la causa de gran parte de este sufrimiento de una forma directa, porque los pobres trabajan para los terratenientes.

---

3. Sophie Laws, *The Epistle of James*, 197.

Un catálogo de futilidad (5:2-3)

Una vez condenados los ricos terratenientes por su indiferencia, Santiago señala a continuación que las riquezas son inútiles en lo que se refiere a la salvación. Los términos que aquí se utilizan ("riqueza", "ropas", "oro y plata") forman un catálogo estándar de riquezas en el mundo antiguo, sobre todo si "riqueza" se refiere a la tierra y a su producto. Toda la producción del terreno se ha "podrido" y la ropa está apolillada (*cf.* Job 13:28: "El hombre es como un odre desgastado; como ropa carcomida por la polilla"). El oro y la plata se han oxidado o corroído. Técnicamente, en el caso de estos metales, esto no es posible; sin embargo, el apóstol está pintando con la mirada de un profeta.

Es una medida de su habilidad como estilista y su deuda con la tradición profética que Santiago utiliza estos tres verbos en tiempo perfecto. La decadencia todavía no se ha producido, pero el ojo de un profeta ve el resultado tan claro como la llegada del alba para los centinelas en el muro. Los ricos siguen disfrutando del beneficio de sus bienes y su posición; pero a menos que se arrepientan, su destino ya está establecido y Santiago lo puede ver.

La corrosión de los metales preciosos se llama al estrado como testigo contra los ricos. En Mateo 6:20, Jesús dijo: "Más bien, acumulen para sí tesoros en el cielo, donde ni la polilla ni el óxido carcomen". Esta corrosión no solo actúa sobre los metales, sino que afecta de forma mucho más grave a la carne de los ricos, así como el fuego arrasa todo lo que tiene por delante. La idea, por supuesto, es que su riqueza acusará a estos terratenientes, en especial porque, a pesar de las señales, han seguido amontonando "riqueza" aunque aquellos fueran "los últimos tiempos" (v. 3).

Con esto no queremos decir que Santiago esté imaginando una inminente Parusía. Más bien explica que así como sería criminalmente ridículo apilar riqueza pensando que la venida del Señor estaba a punto de suceder, los cristianos que han escuchado el mensaje de Jesús y, a pesar de ello, timan a los obreros necesitados y amontonan riqueza, son moralmente responsables. El tesoro que los espera no es ropa elegante ni oro, sino "miseria". Como los ciudadanos de Cartago que se deleitaban en el circo mientras su ciudad estaba siendo sitiada y, más tarde, fue atacada por Genserico en el 439 d.C.,[4] los ricos terratenientes han

---

4. Salvian, *El gobierno de Dios,* 6.12.

estado haciendo una tarea que en ese momento les parecía importante, pero tras una reflexión adicional solo se les puede considerar idiotas. De forma alternativa, la idea se podría tomar en sentido figurado: esta conducta almacena un "tesoro" de castigo que pronto se les entregará.

Santiago proporciona cuatro razones para que los ricos terratenientes lloren: su riqueza es temporal y está sujeta a los estragos del tiempo; son culpables de un crimen contra sus hermanos y hermanas; serán juzgados y condenados por este uso egoísta de los bienes temporales; y han ido añadiendo a su tesoro material como si el mundo fuera a durar para siempre.

Un inventario de egoísmo (5:4-6)

Santiago enumera ahora conductas específicas que han contribuido al amontonamiento de riqueza. Por una parte, no han pagado lo que debían a los obreros contratados, robando así a sus propios vecinos la paga que habían ganado.[5] Los salarios debidos a los obreros, aún en la tesorería del propietario, gritaban expresando la iniquidad como la sangre de Abel gritaba desde la tierra con respecto al pecado de Caín (Gn 4:10). Esta es una imagen de gran poder. El asesinato de Abel a manos de Caín es, quizá, el pecado arquetipo y su sangre clama a Dios. Comparar el pecado de ese momento con el homicidio de Abel es enfatizar su gravísima naturaleza: es mucho más serio de lo que los terratenientes han imaginado. Además, la Biblia deja claro que Dios es el defensor de los pobres y de los oprimidos.

La combinación de estos dos temas concede a este pasaje un poder y un patetismo especial. Dios ya ha escuchado el clamor; por tanto, la voz de juicio contra los ricos ya ha comenzado a sonar. Santiago dice que el doble grito (el de los trabajadores y el de los salarios) ha llegado a los oídos del "Señor Todopoderoso". Aquí, la NVI ha hecho un flaco favor,

---

5. La mayoría del tiempo, estos propietarios eran dueños ausentes. Tácito (*Anales,* 12.23) nos habla de los senadores romanos que poseían inmensas fincas en provincias lejanas. Plinio consideró comprar una cierta hacienda cerca de muchas otras que poseía, pero que no había visitado jamás. Le inquietaba que pudiera ser una compra pobre, porque le gustaba tener propiedades en zonas lejanas, ya que le "divertía" viajar (Plinio, *Epistulae,* 3.19); la mitad de la provincia romana de África pertenecía a seis terratenientes (íd. *Historia natural,* 18.35). Durante el reinado de Trajano, solo el 7% de la población era propietario del 40% de las diversas regiones de Italia (Geza Alfoldy, *The Social History of Rome,* tr. D. Braud y F. Pollock [Baltimore: John Hopkins Univ. Press, Baltimore, 1988], 107). De la misma manera, Lc 12:16-21 y 14:18-19 hablan de riqueza en cosechas y tierras, mientras que Mt 25:14-30 habla de prestar dinero como forma de hacerse rico.

porque el apóstol usa la expresión *kurios sabaoth,* "el Señor de los ejércitos" (una frase que solo aparece aquí y en Ro 9:29 de todo el Nuevo
Testamento). Este título conjura la imagen de Dios que sale a la guerra
contra los ricos para defender a sus pobres oprimidos.[6]

En el versículo 5, Santiago vuelve su atención de la dureza impuesta
sobre los demás a la comodidad y la pereza de los ricos. Lanza dos alegaciones: (1) Han vivido una vida de "lujos" y "placer desenfrenado".
La fuerza de los términos sugiere que aquí hay algo más que una simple
vida de placer. Los términos sugieren, más bien, tal superabundancia
que esta vida de lujo se persigue a costa de otros y con una actitud de
desprecio insensible hacia ellos. La frase "en este mundo" (lit. "en la
tierra") identifica correctamente la propiedad de la tierra y la agricultura
como base de una riqueza real y heredada en la antigüedad.[7] La frase
de apertura "Ustedes han llevado" también indica con precisión que la
riqueza tendía a ser hereditaria.[8]

La idea del versículo 5 recuerda[9] la parábola del rico y Lázaro en
Lucas 16:19-31. En ambas, los ricos han recibido en esta vida toda la
comodidad que tendrán. Ya no pueden esperar más que tormento en la
próxima vida.

Martin señala con gran sabiduría que, a diferencia de los mercaderes
en 4:13-17, que hacen el mal, estos terratenientes no hacen nada, ¡ni
siquiera ante la gran miseria! Esto se apoya mediante el término "placer
desenfrenado" (*spataleo; cf.* también 1 Ti 5:6), que Santiago considera
un gran pecado, una negación de Dios y de nuestra humanidad común.
Expresa esta idea con claridad pasmosa en la frase final del versículo
5: "Lo que han hecho es engordar para el día de la matanza". Pocas
conductas son más descriptibles que la de aprovecharse de la muerte de
los demás. La NVI no le hace justicia a la fuerza del texto griego. Una

---

6. En la LXX, Is 5:9 tiene la frase *kyriou sabaoth*, que declara la desolación de las grandes
mansiones de la clase terrateniente.

7. Plinio (*Epistulae,* 3.19) escribe que existen tres formas de hacer dinero: la herencia, el
préstamo con intereses, y casarse por dinero. La primera se refiere a terreno que era la
única base segura para la riqueza. Catón recomendó el cultivo de una cosecha comercial
como el aceite de oliva (Catón, *De Agri Cultura,* 2.7).

8. La noción estadounidense de "escalar los peldaños" del éxito económico no habría
tenido sentido alguno para los antiguos. Como ha señalado M. Woloch ("Four Leading
Families in Roman Athens", *Historia* 18 [1969]), la riqueza y el estatus seguía siendo,
a un sorprendente alto nivel, el área de los grupos de familias rígidamente seguros en
cualquier lugar.

9. Ralph P. Martin, *James,* 180.

mejor traducción sería: "Ustedes han atiborrado su corazón en el día de la matanza". Esto transmite el sentido de un egoísmo completo y de permitirse todas las lujurias sin pensamiento de vergüenza.

"Para el día de la matanza" es, en cierto modo, una frase problemática. El versículo desvela claramente una dimensión escatológica, aunque se utiliza la preposición *en* en lugar de *eis*, que cabría esperar si se tuviera en mente una orientación futura. Tal vez la mejor forma de resolver el problema sea entendiendo que, para Santiago, el día del ajuste de cuentas ya ha comenzado: el día del juicio, así como el de la matanza de los enemigos de Dios (Jer 46:10). Esto armoniza muy bien con los relatos del Evangelio en cuanto a los dichos de Jesús; como hemos visto, Santiago tiene capacidad para escribir de ese modo.

(2) La acusación final dirigida a la clase de los terratenientes es su maquinación para dar un trato incorrecto y hasta asesinar al inocente (v. 6). Este versículo presenta dificultades si se toma de forma literal, pero al margen de la repugnancia que se siente al leerlo, existen pocas razones, gramaticales y otras, para procurar verlo de otro modo que no sea el literal. La muerte a la que aquí se alude puede ser el resultado del hambre sufrida por los trabajadores al serles retenidos sus salarios. O tal vez, como la nobleza terrateniente de todos los lugares del imperio, estos hombres se consideraban los reyes de sus propias tierras.[10] En el imperio, se le debía justicia al ciudadano, no a quienes no lo eran. Sus víctimas no se oponían a ellos, probablemente porque no podían.[11] Sufrían y morían y la clase terrateniente ni siquiera se enteraba de su difícil situación. Esta es, quizá, una ofensa más grave que si los ricos estuvieran observando esta aflicción con escalofriante alegría.

Existe una antigua tradición que sugiere que el "inocente" (lit. "justo") es Jesús mismo (Santiago usa aquí el singular; *cf.* Hch 3:14; 7:52;

---

10. Amós 5:11-12 habla de esto: "Por eso, como pisotean al desvalido y le imponen tributo de grano, no vivirán en las casas de piedra labrada que han construido, ni beberán del vino [...] Ustedes oprimen al justo, exigen soborno y en los tribunales atropellan al necesitado".

11. Plutarco nos dice que Catón se consideraba a sí mismo la ley en sus tierras, y presidía incluso los juicios capitales (Plutarco, *Marco Catón,* 21.3-7). Otras prácticas apoyadas por Catón, como encadenar por grupos a los esclavos (Catón, *De Agri Cultura,* 56) y su consejo de que el propietario o su representante se arrogaran el papel de juez y jurado (véase Plutarco, *Marco Catón,* 145), demuestran con meridiana claridad que la justicia romana era para los ciudadanos de Roma y, con todo y con eso, especialmente en los entornos urbanos.

1P 3:18; 1Jn 2:1). Aparte de entender la iglesia como el Cristo corporativo, esta opinión tiene poco mérito. Por otra parte, no deberíamos suponer que la idea del Cristo corporativo sea una mera curiosidad sin importancia. Los ricos deberían entender que Dios se toma de forma personal el que tratemos a otros como basura, como si no merecieran ni siquiera nuestra atención cuando mueren. En Mateo 25:31-46, Jesús dice que considera el trato que damos a los pobres, los presos y los sedientos, como si fuera dirigido a él.

Construyendo Puentes Esta sección es una advertencia de juicio a los ricos terratenientes, a los que Santiago acusa de insensibilidad y hasta de homicidio, por su vida de excesivos lujos. Los agricultores de hoy utilizan una maquinaria compleja y cara. Sin embargo, en el mundo antiguo no existían tales opciones. Los ricos propietarios de terrenos que jugaban a ser "agricultores" empleaban a esclavos y personas libres pobres para que trabajaran sus tierras. Estos caciques se encontraban entre los más adinerados del imperio. Hoy, los superacaudalados rara vez hacen su dinero en la producción agrícola. Por esta razón debemos investigar tanto los antiguos patrones de riqueza y la propiedad de las tierras como los paralelos contemporáneos con el fin de poder entender el significado que este pasaje tiene en la actualidad.

Santiago amenaza a los ricos con juicio *antes* de describir su pecado. A los comerciantes de 4:13-18, el apóstol solo les pronunció juicio *después* de hacer un recuento de sus pecados. ¿A qué viene este curioso cambio? La respuesta a esta pregunta es que, en la antiguedad, la propiedad de las tierras rurales y su producto eran fuente de verdadera riqueza.

Un rico terrateniente era, por definición, un explotador de los pobres. Las parábolas de Jesús indican que la riqueza se asociaba a la producción del aceite de oliva, el grano, la propiedad de la tierra, y al préstamo de dinero con intereses (Mt 20:1-16; 25:14-30; Lc 7:41-43; 12:16-21). Catón solía dar un consejo claro en cuanto a gestionar una granja con éxito: vender excedentes de grano y vino, vender aceite de oliva (pero solo si el precio es bueno), y vender los bueyes y los esclavos viejos y agotados.[12] Plutarco relata que no solo hizo dinero con los cultivos

---

12. Catón, *De Agri Cultura*, 2.7.

comerciales, sino también especulando con la tierra, poniendo especial cuidado en comprar a vendedores en apuros y escoger una propiedad que "no pudiera ser arruinada por Júpiter".[13] Cicerón sabía que:

… las profesiones que requieren un grado más alto de inteligencia o que aportan un gran beneficio a la sociedad, como la medicina, la arquitectura y la enseñanza, son aceptables para aquellos cuya posición social las hace adecuada. El comercio, si es a pequeña escala, es vulgar; sin embargo, la venta al por mayor y a gran escala [...] hasta parece merecer el mayor de los respetos [...]. Pero de todas las ocupaciones mediante las cuales se asegura la ganancia, ninguna es tan provechosa o más agradable que la agricultura.[14]

Cicerón no tenía en mente, claro está, a los agricultores tal como nosotros entendemos el término, sino solo a aquellos que eran lo suficientemente ricos para ser propietarios de fincas. Plinio concuerda y ofrece su consejo de que a quienes produjeran vino ¡les esperaba la fortuna![15] La erudición moderna ha demostrado que Plinio tenía razón.[16]

Varrón nos cuenta que la agricultura se realizaba de tres formas: articulada (personas), inarticulada (ganado) y muda (herramientas agrícolas).[17] Escribió: "Toda la agricultura se lleva a cabo por seres humanos, ya sean esclavos, libertos o ambos". Los únicos hombres libres que trabajaban las tierras eran los muy pobres o quienes se ofrecían a trabajar para pagar una deuda. Los esclavos eran la fuente habitual de labor, pero él prefería campesinos libres, *coloni*. Su debate presupone grandes fincas que pertenecían a terratenientes ausentes, supervisadas por capataces que podían ser esclavos o *liberti*, y trabajadas por esclavos, *liberti* y pobres libres. El cacique era quien dictaba cada aspecto de la vida de estas máquinas humanas (que Varrón calificaba de "equipamiento"[18]), y lo hacía por medio del capataz: con quién se casaban, cómo se les pagaba, qué tipo de castigos se aplicaban. Aunque la agricultura, y en especial la producción de cultivos comerciales, se

---

13. Plutarco, *Catón*, 21.5-6.

14. Cicerón, *De Officiis*, 42

15. Plinio, *Historia natural*, 14.5.47-57.

16. N. Purcell, "Wine and Wealth in Ancient Italy", *Journal of Roman Studies,* 75 (1985): 1-19.

17. Varrón, *Rerum Rusticarum*, 1.17.1-7.

18. *Ibíd.*, 1.17.7.

consideraban el camino más seguro a la riqueza, nadie perteneciente a la élite quería hacer por sí mismo el trabajo.[19]

Según Santiago, los ricos terratenientes no pagaban lo debido a sus obreros. Ya hemos visto cómo hacían sus fortunas los ricos mediante los cultivos comerciales. En su *Vida de Apolonio*, Filóstrato relata una historia desconcertante sobre el egoísmo y la indiferencia de los ricos:

> Las revueltas por el pan no eran asunto fácil [...], pero Apolonio era capaz [...] de manejar a personas de este talante [...]. [En Aspendus] hasta el precio de la algarroba era algo, la gente vivía con raciones de sitio, ¡porque la clase gobernante había encerrado bajo llave y cerrojo toda la provisión de grano para poder exportarla y sacarle mayor beneficio![20]

Santiago ha acusado a los ricos terratenientes de homicidio. Este pasaje de Filóstrato confirma que el apóstol podría estar hablando perfectamente de forma literal. Tal era la indiferencia de los ricos y la fuerza de su adicción al dinero.

El historiador romano Salustio denuncia este craso deseo por el dinero que, en su opinión, había infectado y destruido a su amada Roma. Refiriéndose a las generaciones de romanos fallecidos en los últimos tiempos, escribe:

> Pero cuando nuestra nación se hizo grande por los esfuerzos continuados y la justicia [...] las ansias de dinero y, después, de poder los venció; estas cosas fueron, a mi parecer, la raíz de todos los males. Porque la avaricia destruyó el honor, y la integridad [...] y en vez de estas virtudes enseñó la insolencia y la crueldad.[21]

Ganímedes, uno de los invitados a la cena de Trimalquio en *El Satiricón* de Petronio, se quejaba de que los precios eran tan altos que ni siquiera podía permitirse comprar pan. Decía: "Y así, el populacho sufre".[22] Juvenal afirmó que *Pecunia* ("dinero") era una diosa a la que se adoraba:

---

19. *Cf.* también Filóstrato (*Vit. Soph.* 547-48); nos cuenta que el fabulosamente rico ateniense de principios del imperio, Herodes Ático, se hizo rico por medio de sus latifundios trabajados por pobres agricultores arrendatarios.
20. Filóstrato, *Vit. Apollonius*, 1.15.
21. Salustio, *Conjuración de Catilina*, 10.
22. Petronio, *El Satiricón*, p. 44 de la versión en inglés.

Que triunfe el dinero, que el sagrado oficio se le asigne a un recién llegado con los pies blancos a nuestra ciudad. Porque a ningún dios se le tiene tanta reverencia entre nosotros como a la riqueza, incluso tú, vil dinero, no tienes templo propio, porque no hemos levantado aún altares al dinero en la forma en que adoramos la Paz, el Honor, la Victoria y la Virtud o la Concordia.[23]

Los campesinos sufrían la peor parte de las circunstancias severas,[24] incluidos los impuestos. En Judea, soportaban la carga del tributo del templo, el gravamen romano,[25] otras tasas especiales,[26] y la contribución para los programas de edificación de Herodes que, según Josefo, "sangró al país hasta dejarlo seco".[27] El porcentaje de estos arbitrios que pagaban los campesinos se estima en un 40% sin miedo a faltar a la razón.[28] La devastadora hambruna del 46-48 d.C. no hizo más que exacerbar estas condiciones.

Santiago nos ha ofrecido una advertencia en cuanto a la riqueza, su poder y su peligro. Los antiguos conocían el ácido poder del dinero. Séneca dijo: "Lamentablemente, estimamos a un hombre por su riqueza y no por su alma".[29] Santiago nos llama a abrir los ojos de repente, a ver que, como evangélicos en la nación más rica de la historia humana, tenemos la responsabilidad de entender el poder y el peligro de nuestra riqueza y usarla de forma responsable. Como los romanos, estimamos a las personas por su fortuna y no tan a menudo por su alma. Las revistas populares idealizan a los famosos y su dinero, proceda este de los negocios (Donald Trump o Bill Gates), de Hollywood (Liz Taylor o Arnold Schwarzenegger) o de la música (Michael Jackson o Madonna).

---

23. Juvenal, *Sátiras*, 1.110-16.
24. Véase Gerd Theissen, *The Shadow of the Galilean,* tr. John Bowden (Filadelfia: Fortress, 1987), 75-82; S. Applebaum, "Judaea As a Roman Province: The Countryside As a Political and Economic Factor", *ANRW,* 2ª serie, ed. H. Temprorini y W. Haase (Berlín: Walter de Gruyter, 1977). 8:355-99.
25. Josefo, (*Antigüedades,* 14.202-3) escribe: "Cayo César, emperador por segunda vez, ordenó que se pagara un impuesto por la ciudad de Jerusalén [...], cada año excepto el séptimo [...]; además, también pagarían los diezmos a Hircano y sus hijos, así como pagaron a sus antepasados".
26. Josefo, (*Guerras de los judíos,* 1.219-22) relata cómo se vendió a los habitantes de varias ciudades para que fueran esclavos cuando se retrasaron en pagar sus impuestos.
27. Josefo, *Antigüedades,* 17.304-8.
28. Véase Richard Horsley y John Hanson, *Bandits, Prophets, and Messiahs. Popular Movements in the Time of Jesus* (San Francisco: Harper and Row, 1985), 55-56.
29. Séneca, *Epistulae* 41.7.

A pesar de que la riqueza no dé la felicidad,[30] los quioscos de prensa estadounidenses están repletos de periódicos dedicados a la riqueza y a su adquisición. Se llaman *Forbes, The Wall Street Journal, Business Week, Fortune, Entrepreneur,* y una con un nombre asombroso: *Money.*[31] Al igual que la sociedad romana, nosotros, de forma individual y como cultura, estamos fascinados por el dinero. Las iglesias que son sensibles a quienes buscan a Dios suelen hacer un credo para evitar hablar de dinero, no sea que la congregación "se ofenda". En la subcultura evangélica estadounidense nos inclinamos con regularidad ante la diosa Pecunia, ya sea en el dinero que gastamos en edificios de iglesia o en la selección de personas para los distintos cargos eclesiales que se basa en la riqueza y el estatus.

Hace poco hablé en una reunión de líderes de iglesia en la zona de Detroit, donde compartí almuerzo con un administrador denominacional. Mientras disfrutábamos de nuestra comida en la cafetería de una hermosa iglesia, él hizo una pausa, echó una mirada alrededor de la sala y habló en tono muy bajo: "A veces me preocupa el dinero que gastamos en nosotros mismos. ¡Cuántos niños que se mueren de hambre podrían ser alimentados durante un año con el dinero que se ha gastado para embellecer estas instalaciones más allá de lo meramente funcional!". Santiago nos llama a abrir nuestros ojos. El primer paso hacia la integridad en esta cuestión es, como ha hecho mi amigo, preguntarse y formular la interrogante.

En su libro *Rich Christians in an Age of Hunger: A Biblical Study,* Ronald J. Sider cita de un sermón de Paul E. Toms, expresidente de la Asociación Nacional de Evangélicos: "No hace mucho leí que Upton Sinclair, el autor, leyó este pasaje (Stg 5:1-7) a un grupo de ministros. A continuación, le atribuyó aquella porción a Emma Goldman, una agitadora anarquista de entonces. Los ministros estaban indignados y su respuesta fue: '¡Habría que deportar a esa mujer enseguida!'". Sider responde tajantemente: "La mayoría de los cristianos del hemisferio norte no creen en la enseñanza de Jesús en cuando al peligro mortal de las posesiones. Todos sabemos que Jesús advirtió que los bienes son altamente peligrosos, tanto en realidad que resulta extremadamente difícil

---

30. Véase David G. Myers, *The Pursuit of Happiness: Who Is Happy and Why* (Nueva York: William Morrow and Company, 1992), 40-42.
31. La historia de portada de la edición de junio 1997 de *Money* fue: "Cómo crear riqueza a partir de un modesto ingreso".

que un rico sea cristiano. 'Le resulta más fácil a un camello pasar por el ojo de una aguja, que a un rico entrar en el reino de Dios' (Lc 18:24-25). Pero no creemos a Jesús. Los cristianos de los Estados Unidos viven en la sociedad más rica de la historia mundial, rodeados por mil millones de vecinos hambrientos. Con todo [...] insistimos más y más. Si Jesús fue tan poco estadounidense que consideró la riqueza como algo peligroso, entonces debemos ignorar o reinterpretar su mensaje".[32]

Sider señala también que este mensaje con respecto a la riqueza trasciende a Jesús y a Santiago. Pablo escribe, por ejemplo, en 1 Timoteo 6:9-10:

> Los que quieren enriquecerse caen en la tentación y se vuelven esclavos de sus muchos deseos. Estos afanes insensatos y dañinos hunden a la gente en la ruina y en la destrucción. Porque el amor al dinero es la raíz de toda clase de males. Por codiciarlo, algunos se han desviado de la fe y se han causado muchísimos sinsabores.

El amor al dinero es la raíz de toda clase de males. La frase en latín es *radix omnium malorum avaritia,* y, durante la Reforma, el acróstico ROMA se hizo popular como símbolo de los abusos percibidos de la Iglesia Romana.[33] Aquí empezó un pecado de orgullo que marca la tradición protestante. El protestantismo se ha caracterizado desde hace mucho tiempo por un orgullo, apenas ocultado, de ser libre de la mancha del pecado de avaricia, pero hoy es un orgullo sin justificación. Existe una amplia evidencia de que los protestantes son tan culpables de este pecado como la jerarquía católica del siglo XVI. Desde el Nuevo Testamento hasta Salustio, el mensaje es el mismo: el dinero tiene un poder atrayente cuyos efectos son letales.

Cuando yo era niño, solía pensar que Cristo tal vez habría exagerado cuando advirtió sobre los peligros de la riqueza. Hoy lo entiendo mejor. Sé lo difícil que es ser rico y evitar que se agrie la leche de la bondad humana. El dinero tiene una forma peligrosa de poner escamas sobre los

---

32. Ronald J. Sider, *Rich Christians in an Age of Hunger: A Bible Study* (Nueva York: Paulist, 1977), 131.
33. Véase Lewis W. Spitz, *The Renaissance and Reformation Movements*, v. 2, *The Reformation* (St. Louis: Concordia, 1971), 313.

ojos de uno, una manera peligrosa de paralizar las manos, los ojos, los labios y los corazones de las personas.[34]

Significado Contemporáneo

El dinero plantea un grave peligro que la iglesia ignora y es un peligro para ella. Como nos advierte Santiago, el amor al dinero acarreará juicio de Dios. El dinero tiene el potencial de hacer que dejemos a Dios de lado y que nos volvamos insensibles a las necesidades de nuestros hermanos y hermanas, y el resultado de esto será el juicio si hemos utilizado nuestra riqueza de forma egoísta. El amor al dinero tiene este poder, porque nos ciega con tanta facilidad a la fuerza de su encanto que ignoramos su peligro.

El poder y el peligro de la riqueza: ignoramos a Dios. Santiago nos formula una importante pregunta: ¿nos ha cegado nuestra riqueza para no ver a Dios? ¿Nuestro deseo de seguridad y hasta de excesos ha amortiguado nuestros oídos de manera tan significativa que apenas oímos la voz de Dios? ¿Está en lo cierto Ron Sider cuando afirma que nuestra cultura nos influye tanto que debemos ignorar el llamado de Jesús o reinterpretarlo de un modo radical?

Cada dos años imparto una clase llamada "Estudios cristianos" que alienta a los estudiantes a pensar seriamente en el llamado de Cristo en nuestra vida en este mundo cada vez más complicado. El curso combina un estudio de pasajes bíblicos, la lectura de diversos libros sobre temas de teología, ética y cuestiones contemporáneas, y una variedad de presentaciones por parte de personas cuya vida y ministerio están marcados por un amor apasionado por Dios y por la preocupación por los demás. Uno de mis oradores es Erika Carney, una joven graduada de North Park College, cuya visión es cuidar, amar y apoyar a los jóvenes en la comunidad que rodea la escuela. Nuestro campus es urbano, y nuestro vecindario está marcado por los habituales "problemas" urbanos.

Hace unos pocos años, Erika se sintió guiada a comenzar un programa después de la escuela para los jóvenes de la zona. Lo que empezó siendo una oportunidad de una tarde a la semana para jugar al billar en un salón recreativo de North Park se ha expandido hasta incluir toda una amplia gama de opciones para los estudiantes de la escuela secundaria

---

34. Don Hélder Cámara, *Revolution Through Peace* (Nueva York: Harper, 1971), 142-43, citado en Ronald J. Sider, *Rich Christians in an Age of Hunger,* 122.

básica y la escuela secundaria superior, incluida la asistencia académica y un programa de ministerio juvenil. Erika los llama "After Hours", y el programa ha sido reconocido por el senador Paul Simon y el presidente Clinton. En 1996, Erika fue invitada a tomar un vuelo a Washington para encontrase con el presidente Clinton, donde se reconoció el programa "After Hours" como uno de los mejores programas de voluntarios de los Estados Unidos. Un estudiante que escuchó a Erika cuando se dirigió a la clase fue Anji Ecker. Este es su relato:

> Sé que tengo el deseo de encontrar una pasión como la que Erika ha hallado. Ella me ha ayudado a sentir el anhelo de buscar mi "pasión" para que pueda llegar a la fase donde pueda *vivirla*. Erika indicó un pasaje en *Compasión*[35] que a ella le parecía resumir el desafío que ella afronta. Está relacionado con el mandamiento que Jesús nos dio: "Sean ustedes compasivos así como su Padre es compasivo". Este mandamiento no replantea lo que es obvio, algo que ya quería pero que se ha olvidado, una idea en línea con nuestras aspiraciones naturales. Por el contrario, es un llamado que va directamente a contracorriente; esto nos vuelve por completo y requiere una conversión total del corazón y la mente. En realidad, es un llamado radical, un llamado que va hasta las raíces de nuestra vida.

> De lo que yo sé de Erika, ella podría haber hecho cualquier cosa. Compartió cómo algunas personas donde ella vivía cuestionaron su juicio por haber escogido aquella ocupación y le dijeron que "lo superaría". Creo que ha vivido de primera mano lo que este pasaje está tratando. Ha ido a contrapelo, contra ese "empuje ascendente" hacia la fama, la riqueza y posiciones más altas. Puedo ver lo que es en realidad un "llamado radical", y al acercarse el día de la graduación, parece aún más radical. Mis tendencias son considerar trabajos en los que haré más dinero para poder llenar mi vida de "cosas". El ejemplo de Erika me ha desafiado a encontrar algo con más sentido, algo que "requiere la conversión total del corazón y de la mente".

---

35. Donald P. McNeill, Douglas A. Morrison, Henri J. M. Nouwen, *Compasión, reflexión sobre la vida cristiana* (Santander: Sal Terrae, 1985).

La sociedad nos alienta a ir hacia arriba. Por "hacia arriba" quiero decir luchar por cosas como mejores salarios y posiciones más prestigiosas. "El tirón hacia abajo" al que *Compasión* se refiere es lo que reflejó la vida de Jesús. "En lugar de luchar por una posición más alta, más poder y más influencia, Jesús pasa de las alturas a las profundidades, de la victoria a la derrota, de la riqueza a la pobreza, de los triunfos al sufrimiento, de la vida a la muerte", dice Karl Barth.

Anji ha captado correctamente el mensaje de Santiago. Su sonido no es dulce a nuestros oídos, porque, como dice Anji, nuestra sociedad alienta a la dirección ascendente. Pero al apóstol no le interesa moldear el evangelio y darle la forma que exige la sociedad, sino que nos llama a echar una mirada sobria y constante a nuestra vida como individuos y como iglesia, y nos insta a un repentino "abrir de ojos" en cuanto a la riqueza.

El dinero nos ha cegado, como dijo Salustio de sus propias hermanas y hermanos. El arzobispo Óscar Romero[36] comentó sobre el mismo punto cuando dijo:

> Cuántos hay a los que más les valdría no autodenominarse cristianos, porque no tienen fe. Creen más en su dinero y sus posesiones que en el Dios que los fabricó.[37]

El poder y el peligro de la riqueza: ignoramos a nuestras hermanas y hermanos. ¿Qué pensaría Santiago de la forma en que las iglesias evangélicas estadounidenses y los feligreses gastan el dinero? Gastamos millones en nuevos santuarios, sistemas de sonido y conferencias cristianas para la familia. En general, pertenecemos a la clase media-alta, tenemos coches lujosos, piscinas y la ropa a la última moda. ¿Están mal estas cosas, o solo son un indicativo de que se puede hallar un término medio y que es necesario un mayor equilibrio?

---

36. El arzobispo Óscar Romero de San Salvador, El Salvador, fue asesinado el 24 de marzo de 1980. Había sido arzobispo de San Salvador durante tres años. En ese transcurso, habló semanalmente contra la combinación de las élites ricas y el gobierno para su campaña sistemática de tortura y asesinato. Esto le valió la ira de ellos y, finalmente, su martirio. El papa Juan Pablo II dijo que Óscar Romero había entregado su vida "para la iglesia y los habitantes de su amado país" (véase Óscar Romero, *La violencia del amor*, recopilado por James R. Brockman [Santander: Sal Terrae, 2002], xii de la edición en inglés).

37. *Ibíd.*, 162.

En 1997, Michael Horowitz del Instituto Hudson empezó a desarrollar una preocupación por los cristianos perseguidos por todo el mundo. De manera similar, A. M. (Abe) Rosenthal ha venido utilizando su columna del *New York Times* para destacar la difícil situación de quienes son perseguidos solamente por ser cristianos, especialmente en China. Ambos son judíos y están decididos a avergonzar a los estadounidenses, y (tal vez de forma especial) a los cristianos estadounidenses, para que se preocupen por otros creyentes. ¿Qué se puede pensar del evangelicalismo estadounidense cuando somos tan miopes y tan egoístas?

En su libro conjunto *Their Blood Cries Out: The Growing Worldwide Persecution of Christians* [Su sangre clama: la creciente persecución mundial de cristianos],[38] Paul Marshall y Lela Gilbert creen saberlo. Señalan en China que cada vez asisten con mayor regularidad los cristianos a adorar en comparación con toda Europa occidental, y que un 75% de cristianos hoy son personas de color que viven en el Tercer Mundo. Los cristianos estadounidenses, alegan los autores, están tan marcados por una vaga culpa postcolonial que se niegan a tomar una postura moral contra cualquier otro país, en especial cuando la cuestión es la persecución de los cristianos (después de todo, el cristianismo es el paradigma de la muerta hegemonía europea, masculina y blanca) o, en su defecto, son cautivados por la espiritualidad personal y anestesiados por el ambiente tapizado y climatizado de sus cultos de adoración que ignoran a Dios y las necesidades de los demás.

No cabe duda de que Marshall y Gilbert ¡no están del todo equivocados! Los abusos contra los derechos humanos en China constituyen un buen ejemplo. La revista conservadora cristiana *World* citó a Samuel Berger, asesor de seguridad nacional de Clinton, que afirmó: "No podemos decir que las condiciones de los derechos humanos en China sean mejores hoy que hace un año".[39] Hasta *The Nation,* orgullosa de su archiliberal reputación, encuentra pocos argumentos para redimir el intento de la administración Clinton de defender su política con China.[40]

Antes de que Donorgate aflojara la mano, el presidente Clinton estaba planeando presionar para conceder a China el estatus comercial M.F.N. (Most Favored Nation [nación más favorecida]) permanente y un ac-

---

38. Paul Marsharll y Lela Gilbert, *Their Blood Cries Out: The Growing Worldwide Persecution of Christians* (Dallas: Word, 1997).
39. *World* (31 mayo/7junio 1997), 10.
40. Robert L. Borosage, "Chyna Syndrome", *The Nation* (9 junio 1997), 6-7.

ceso más temprano y fácil a la Organización Mundial del Comercio. La administración argumenta que los mercados libres y el crecimiento generarán una clase media y una evolución hacia la democracia, que involucran a China en tratados y leyes globales, desde la no proliferación de misiles hasta la Organización Mundial del Comercio, fomentando el estado de derecho dentro del país.

El argumento solo carece de evidencia. La represión china es peor desde que la administración Clinton se echó para atrás a la hora de vincular el comercio con los derechos humanos. Los líderes chinos no comparten la suposición de que el capitalismo requiera la democracia. En China, más de ciento cincuenta millones de personas se describen de forma oficial como desempleados migrantes. La desigualdad es fuerte, la corrupción rampante. Las multinacionales quieren una orden de protección, que se proteja la propiedad y que la labor sea disciplinada. El autoritario régimen chino les resulta atractivo en vez de repelente.

Aquí tenemos un caso de asombroso consenso entre líneas ideológicas opuestas y, a pesar de ello, la comunidad evangélica estadounidense expresa poca preocupación al respecto. Por intereses monetarios, el bienestar y la renovación espiritual personales, nuestra mirada a los hermanos en Cristo de China es una mirada perdida. Es posible que nuestra cultura nos tenga tan vacunados y tan apagados que sencillamente no nos importa, o creemos que no hay nada que podamos hacer. No podemos confiar en nuestro gobierno, como tal, para que se ocupe de la obra de la iglesia de Jesucristo. ¿Pero acaso no implica esta tarea una preocupación por los no cristianos en la misma medida que por los que sí lo son?

Santiago ha enseñado sistemáticamente que nuestra relación con Dios da forma al carácter y este influye y hasta determina nuestros actos, quizá de manera especial en cómo tratamos a los demás.[41] Óscar Ro-

---

41. Lutero capta perfectamente esta idea. El gran erudito y catedrático de Stanford sobre Lutero, Lewis W. Spitz, lo dice de esta manera (*The Protestant Reformation: 1557–1559* [Nueva York: Harper and Row, 1986], 86):

   El cristiano vive solo por fe, una fe que es confianza en Cristo (*fiducia*) y no simplemente creencia (*credulitas*). Debe ser la fe individual personal (*fides explicita*) y no un acuerdo general con los hechos del relato bíblico (*fides historica*) o una conformidad con la postura de la iglesia (*fides implicita*). La fe es la vida del corazón (*via cordis*) que inquieta el aplomo e insiste en la trasformación del hombre, en el crecimiento en santidad de la vida. Lutero esperaba ser conocido como el doctor de buenas obras (*doctor operum bonorum*). El hombre de fe produce buenas obras; no son las obras

mero capta con gran destreza el carácter mutuamente implicatorio de estas dos dinámicas en un pasaje en el que habla del poder libertador del evangelio:

> La enseñanza social de la Iglesia le dice a todo el mundo que la religión cristiana no tiene un significado meramente horizontal ni un sentido sencillamente espiritista que pasa por alto la desgracia que la rodea. Es levantar la mirada hacia Dios y, desde él, bajarla hacia el prójimo como a un hermano o hermana, y una conciencia de que "todo lo que hicieron por uno de estos, lo hicieron por mí". [...] de nada sirve tener liberación económica en la que todos los pobres tuvieran su propia casa, su propio dinero, pero fueran todos pecadores, y su corazón estuviera separado de Dios. ¿De qué valdría? En la actualidad existen naciones bastante avanzadas económica y socialmente, como por ejemplo las del norte de Europa: pero, a pesar de ello, ¡cuánto vicio y cuántos excesos![42]

Santiago argumenta a favor de la fe como una "vida del corazón" que inquieta el aplomo e insiste en nuestra transformación. ¿Utilizamos nuestra riqueza e influencia para la paz y la justicia? ¿Nos preocupamos de nuestros hermanos y hermanas en Cristo esparcidos por todo el mundo? ¿Le permitimos al Espíritu Santo y a la Escritura que nos "inquieten" y buscamos la verdad dondequiera nos lleve? Si nuestros ojos tuvieran que "abrirse de repente" ¿qué verían? El apóstol ha comparado el pecado de los terratenientes con el de Caín. Es una transgresión mucho más penosa de lo que habían imaginado. Tenían que llorar a gritos por la miseria que estaba a punto de caer sobre ellos.

El poder y el peligro de la riqueza: el juicio. Santiago pronuncia una grave advertencia a los ricos. No condena la riqueza como tal, sino más

---

las que hacen al hombre bueno, como argumenta Aristóteles en la *Ética a Nicómaco*. El hombre es, a la vez, justo y pecador (*simul justus et peccator*): es justo a los ojos de Dios cuando se le perdona por causa de Cristo; con todo, mientras siga en la tierra, seguirá siendo parcialmente un pecador a sus propios ojos y a los de su prójimo. Está justificado en la esperanza, pecador en realidad (*justus in spe, peccator in re*). No obstante, el hombre puede y debería crecer en santidad de vida o santificación. Los énfasis más destacados en la ética de Lutero eran la responsabilidad, la gratitud y la mayordomía, como expresiones de amor a Dios y a nuestros congéneres, al prójimo en necesidad de amor.

42. Óscar Romero, *La violencia del amor,* pp. 3, 10 de la edición en inglés.

bien una actitud hacia ella que insensibiliza a los ricos hacia otros y los hace vivir en el exceso aunque sus hermanos y hermanas estén en necesidad. Jesús ofreció una advertencia similar de juicio cuando habló de las ovejas y de las cabras en Mateo 25:31-46. Ezequiel habló del juicio y de la destrucción de Sodoma:

> Tu hermana Sodoma y sus aldeas pecaron de soberbia, gula, apatía, e indiferencia hacia el pobre y el indigente. Se creían superiores a otras, y en mi presencia se entregaron a prácticas repugnantes. Por eso, tal como lo has visto, las he destruido. (Ez 16:49-50)

Santiago nos advierte que nuestra inclinación a ignorar a Dios y a los demás, mientras disfrutamos de los bienes materiales y nuestro deseo por el dinero, nos predispone a la miseria y el juicio. En el Nuevo Testamento, la idea de juicio es enormemente compleja; por ejemplo, está el juicio de castigo cuyo objetivo es la restauración (1Co 11:32), y la separación de Dios y la destrucción eterna (Jn 3:19; Heb 10:27). No queda claro cuál de estas cosas es la que Santiago tiene en mente, pero ninguna es digna de envidiar. Al final, la "miseria" que imagina es el tomar conciencia de que la riqueza y los bienes materiales en los que habíamos confiado se han torcido; han demostrado ser indignos de confianza, se han podrido ante nuestros ojos.

Pero no deberíamos olvidar que Jesús enseñó una lección tan dura y difícil como el pedernal. A algunos que lo llaman "Señor, Señor" no los reconocerá en el Día del Juicio, porque no ofrecieron un vaso de agua fresca a otra persona que estaba en necesidad (Mt 25:31-46). A aquellos a los que no reconoce, el rey les dirá: "Apártense de mí, malditos, al fuego eterno preparado para el diablo y sus ángeles" (v. 41).

Santiago no condena la riqueza *per se*, sino más bien que los ricos no hayan procurado usar sus bienes para aliviar los sufrimientos de los pobres. Los evangélicos estadounidenses son ricos, están saciados y viven cómodamente. De modo que el llamado del apóstol resuena a través de los siglos hasta alcanzar nuestros oídos. Debemos abrir nuestros ojos a las Escrituras y nuestros oídos a Dios, y considerar con mucha oración cuál es la mejor forma de usar nuestro dinero. Santiago nos dice que si no actuamos así estaremos cometiendo un pecado más grave de lo que imaginamos.

Santiago 5:7-11

Por tanto, hermanos, tengan paciencia hasta la venida del Señor. Miren cómo espera el agricultor a que la tierra dé su precioso fruto y con qué paciencia aguarda las temporadas de lluvia. ⁸ Así también ustedes, manténganse firmes y aguarden con paciencia la venida del Señor, que ya se acerca. ⁹ No se quejen unos de otros, hermanos, para que no sean juzgados. ¡El juez ya está a la puerta!

¹⁰ Hermanos, tomen como ejemplo de sufrimiento y de paciencia a los profetas que hablaron en el nombre del Señor. ¹¹ En verdad, consideramos dichosos a los que perseveraron. Ustedes han oído hablar de la perseverancia de Job, y han visto lo que al final le dio el Señor. Es que el Señor es muy compasivo y misericordioso.

Sentido Original Desde este punto hasta el final de la carta encontramos la última sección importante de Santiago. Tiene mucho en común con la que justo la precede e incluye de manera bastante relevante, una orientación escatológica. La presente porción se ocupa del llamado a la paciencia. La siguiente (5:12-18) tiene que ver con cuestiones generales de la salud de la iglesia (juramentos, oración, enfermedad). La sección final (5:19-20) es un llamado a los miembros de la iglesia para que hagan exactamente lo que el apóstol ha hecho en esta carta: traer de nuevo a la fe a aquellos que se han desviado.

Santiago 5:7-11 es un llamado a una vida paciente bajo circunstancias adversas. El término raíz para paciencia, *makrothymeo*, aparece cuatro veces en estos cinco versículos. Otro vocablo, *hypomone,* que la NVI traduce "perseverancia", figura dos veces. Estas dos palabras son paralelos cercanos y, en Colosenses 1:11, son prácticamente sinónimos. La raíz *makrothymeo* conlleva la idea de esperar con calma y expectativas, y los términos asociados con *hypomone* transmiten el sentido de soportar con paciencia y fortaleza.

Este pasaje consta de un argumento conciso, pero con tres componentes discernibles. En el primero (vv. 7-8), Santiago nos llama a la paciencia y nos proporciona un ejemplo para la vida cotidiana. Saca la conclusión de que nosotros también deberíamos ser pacientes. A continuación (v. 9), el apóstol afirma que la paciencia debe mezclarse con la armonía que resulta de una conversación y una conducta controladas; de ese modo, aconseja en contra de quejarse los unos de los otros. En la sección final (vv. 10-11), vuelve al asunto de la paciencia, citando los ejemplos bíblicos de los profetas y de Job.

El pasaje también ofrece un interesante ápice de cristología. En los versículos 10 y 11, Santiago utiliza la palabra *kyrios* en referencia a los ejemplos del Antiguo Testamento de Job y de los profetas. Esta palabra debe referirse a Dios. Pero en 5:7, Santiago ha utilizado la frase *parousias tou kyriou* ("la venida del Señor"), y resulta difícil ver cómo aplicar esta frase a otro que no sea Jesucristo. En otras palabras, ¡Jesucristo es el Señor!

El llamado a la paciencia (5:7-8)

Como Francis ha argumentado convincentemente, estos versículos comienzan la sección final de la carta.[1] Con todo, hay mucho que la une a las anteriores, sobre todo el regreso del término "hermanos", que Santiago ya ha usado en otros lugares para recordar a sus lectores que, aunque los ha hecho objeto de una gran represión, es su hermano y todos son uno en Cristo. Aunque en 5:1-6 el énfasis recae en la riqueza, aquí la mayor parte del pensamiento del apóstol va dirigida a los pobres.

Se les ordena a los cristianos que sean pacientes hasta que el Señor venga (*parousia tou kuriou*; lit., "la venida del Señor"). El uso de *parusía* señala aquí el esperado regreso de Jesús y, por tanto, "Señor", un término que suele usarse para Dios y que Santiago acaba de emplear recientemente (5:4), aquí alude a Jesús. Aunque el terreno en el que nos encontramos es demasiado débil para construir un gran edificio cristológico, no debemos perdernos la implicación. Muchos argumentan que Santiago es absolutamente carente de cristología. Aunque decir que las preocupaciones y el lenguaje cristológicos están ampliamente ausentes de Santiago es una valoración precisa, aquí tenemos presente una declaración de alta cristología. Esta *parusía* incluirá la liberación por parte de Jesucristo de los oprimidos (*cf.* Lc 4:16-21). Pero la espera es un largo proceso y, en sus difíciles grupos de personas, la tentación de criticar será abrumadora. Por esa razón, Santiago ofrece una serie de ilustraciones para nuestra consideración.

---

1. Fred O. Francis, "The Form and Function of the Opening and Closing Paragraphs of James and 1 John", *ZNW* 61 (1970): 110-16.

Como ilustración práctica de semejante paciencia, el apóstol alude a un granjero que espera pacientemente el momento de la cosecha y las lluvias de otoño y primavera. En el Mediterráneo oriental, lo normal son dos estaciones de lluvia que son necesarias para una cosecha de éxito.[2] Aquí, el énfasis es doble, no solo sobre la paciencia, sino también en cuanto a la seguridad del agricultor de que las lluvias y la cosecha llegarán con toda certeza, cada una en su debida estación. Esta espera es psicológicamente dura, porque ante los caprichos del tiempo que determina la calidad de la cosecha, el agricultor está indefenso. Pero la espera también implica una gran cantidad de duro trabajo y enfrentarse a las vicisitudes de la existencia normal.

De manera similar, el cristiano y la comunidad cristiana deben esperar pacientemente la venida del Señor, porque no hay nada que se pueda hacer para apremiar la *parusía* en su camino. La espera suele ser dura. Hay que tratar con las dificultades dentro de la comunidad y debe enseñarse y mantenerse un correcto entendimiento y práctica de la fe y la dinámica de las obras. Resulta fácil de malinterpretar, como la carta misma lo demuestra. Ciertamente, Santiago llama a los cristianos a que permitan que sea Dios quien juzgue a los perversos. Arrogarnos esta tarea es acarrear su juicio sobre nosotros mismos.

El versículo 8 recuerda el relato de Marcos del inicio del ministerio de Jesús, ya que ambos usan el mismo verbo *engizo*. El tiempo perfecto de este verbo, *engiken,* es ambiguo, en parte porque el lenguaje de cercanía implica ambigüedad. Cuando Judas "se acercó" para besar a Jesús, tuvo contacto con él. De modo que *engiken* puede querer decir "viene en breve" (como es el caso aquí), o también "ha llegado". Esta ambigüedad es intencionada en Marcos 1:15, donde Jesús anuncia: "Se ha cumplido el tiempo [...] El reino de Dios está cerca". *Parusía* es, claro está, un término técnico en Santiago 5:7 para indicar la venida de Cristo. Aunque la evidencia creciente demuestra que la iglesia primitiva no estaba a la expectativa del inminente regreso de Cristo,[3] se ha de admitir que esta conclusión no se puede descartar.

Además, en la frase "hasta que el Señor venga", el término "hasta" (*eos*) puede conllevar no solo el matiz del tiempo, sino también el del

---

2. *Cf.* Mishná, *Taanith* 1.1-7, que se refiere a esto.
3. Marcus Borg, "An Orthodoxy Reconsidered: The 'End of the World Jesus'"; *The Glory of Christ in the New Testament, Essays in Christology in Memory of George Bradford Caird,* eds. L. D. Hurst y N. T. Wright (Oxford: Clarendon, 1987), 207-17.

propósito. Que Santiago imaginara un retorno inminente de Cristo, tal vez la idea aquí sea que los cristianos deben vivir en comunidad los unos con los otros, como si el nuevo día ya hubiera amanecido. Esta segunda lectura no es incoherente con el campo de acción general del Nuevo Testamento.[4] Esta idea recuerda a los lectores de Santiago que cada día debería vivirse con tanta devoción a los principios cristianos y morales como si fuera el último. De otro modo, seremos culpables de pereza "en el día de la matanza" (5:5).

Evitar las quejas (5:9)

Si estamos en lo correcto al ver que esta sección tiene su principal audiencia en los pobres que sufren los dardos y la indiferencia letal de los mercaderes (*cf.* 4:13-17) y de los terratenientes de la nobleza (*cf.* 5:1-6), entonces en el versículo 9, Santiago tiene una advertencia también para ellos: a pesar del abuso al que ya se han acostumbrado, no murmuren. El término clave aquí, como señala Davids,[5] es *kat'alklon* ("unos contra otros"). Santiago les recuerda a los pobres que los ricos, tan a menudo los enemigos autoimpuestos de los pobres, son hermanos y hermanas, creyentes como ellos en Cristo. Hasta los comprensibles sentimientos de enemistad por lo que pudieran haber sufrido a manos de los ricos indiferentes expone a los pobres al juicio. Solo Cristo, el Juez, tiene derecho a criticar así. El enfrentamiento interno es un mal que puede acosar fácilmente a la iglesia y ocuparla, impidiéndole de este modo realizar su principal tarea.

La vida trae pruebas, por supuesto, pero de nada sirve cultivar un espíritu de queja. Santiago quiere que recordemos 3:16 y 4:2, que las quejas no conducen a la paz, sino al desorden y que tampoco hacen nada para aliviar el verdadero problema. El apóstol refuerza esta idea recordando a sus lectores que viene el juicio y que ya les ha prohibido, en el nombre del Juez, que digan cualquier tipo de mal los unos contra los otros (4:11).

---

4. Véase G. B. Caird y L. D. Hurst, *New Testament Theology* (Oxford: Clarendon 1994), 32-33.
5. Peter H. Davids, *The Epistle of James,* 184-85.

Ejemplos bíblicos de paciencia (5:10-11)

Es evidente que Santiago espera que sus lectores estén familiarizados con los ejemplos bíblicos de sufrimiento paciente.[6] Los profetas, como mensajeros de Dios, experimentaron padecimiento.[7] Pero lo soportaron con paciencia aguardando con esperanza el juicio y la misericordia de Dios. Laws observa la creciente tradición de los profetas como mártires, pero también comenta que solo Zacarías, hijo de Joiada (véase 1Cr 24:20-22) tuvo una muerte violenta.[8] También es verdad que se puede ser un mártir sin sufrir persecución hasta la muerte. Los profetas "hablaron en el nombre del Señor", lo que indica que, en este mundo, quienes asumen el nombre de Dios por bandera sufrirán.

Semejante curso de acción también trae consigo el alto honor y el respeto de conseguir la etiqueta "bendito" (v. 11). La gramática de este versículo sugiere que esta "bendición" está reservada para aquellos que hayan sido hallados fieles hasta el final. También podría ser el caso, claro está, que debamos esperar hasta el final para poder entonar el juicio de dicha "bendición", mientras que alguien como Job disfrutó de la experiencia cuando aún estaba vivo. Pero, es posible que en la mente de Santiago esté principalmente el que aquellos que han pasado a la presencia de Dios habiendo vivido este tipo de vida de perseverancia son verdaderamente "benditos". La idea de que la bendición sea una recompensa para quienes soporten el padecimiento se representa ampliamente en el Nuevo Testamento y se encuentra también en los labios de Jesús (Mt 5:10-12; 23:29-36).

Del ejemplo de los profetas, Santiago pasa al ejemplo específico de Job. Esta elección les parece extraña a muchos intérpretes, porque el patriarca se quejó amargamente a Dios.[9] Sugieren que Santiago puede haber estado pensando en el libro apócrifo *Testamento de Job,* en el que el patriarca es paciente mientras su esposa sí se queja. Es una

---

6. Esto es obvio. También confirma nuestra anterior decisión de ver a los terratenientes de 5:1-6 como miembros de la comunidad cristiana, y bastante familiarizados con el Antiguo Testamento para ver en su propia conducta un paralelo con los ricos reprendidos por los profetas.

7. Sentimientos similares en cuando a sí mismo y a su pueblo no fueron poco frecuentes en los labios de Jesús, incluso cuando anticipó su propia persecución final y su muerte (véase Mt 23:37; Lc 9:22).

8. Sophie Laws, *The Epistle of James,* 214.

9. Véase el argumento en Ralph P. Martin, *James,* 194 (aunque Martin no simpatiza con esta opinión).

hipótesis muy respaldada.[10] No obstante, aunque atractiva, acepta una interpretación demasiado simple de Job. En realidad, este permanece fiel a la imagen que posee de Dios y solo cuestiona la exactitud de la misma. Como en algunos de los salmistas,[11] la queja de Job a Dios nació de la fe. Como resultado de sus sufrimientos, consiguió un mayor conocimiento de Dios, que puede muy bien ser el propósito de Dios y la esperanza que Santiago tiene como resultado de los sufrimientos que son los antecedentes de este pasaje.

El apóstol emplea una frase que ha ocasionado no poca especulación. El *to telos kuriou eidete* que la NVI traduce: "Ustedes [...] han visto lo que al final le dio el Señor" se traduce mejor "el final [*to telos*] del Señor que ustedes vieron". Es posible que *to telos* se refiera aquí a la crucifixión de Jesús[12] o a su *parusía*, de modo que uno puede "ver" lo que aún está por suceder, así como los profetas podían percibir la catástrofe que se acercaba.[13]

Sin embargo, lo más probable es que *to telos* aluda al "propósito" o "plan" del Señor.[14] Se puede decir que la muerte y resurrección de Jesús como conclusión de este plan sintetiza todo el designio, pero que estamos sobre terreno seguro con solo indicar al plan en su totalidad. El plan del Señor en la vida del creyente, como Santiago se ha esforzado tanto en destacar, consiste en vivir una vida de virtud cristiana basada en una enseñanza precisa. La búsqueda exitosa de semejante curso de acción nos conduce a ser llamados "benditos". Dios usa el sufrimiento para producir cristianos maduros, que entienden la dinámica de la fe y las obras, y que persiguen la paz y no el desorden.

---

10. Existen cuatro razones principales. (1) El término *hypomone* ("perseverancia") y sus cognados, que aparecen en 5:11, destacan en Santiago (1:3,4,12), aunque solo figuran una vez en Job en la LXX (14:9), e incluso entonces no queda claro que se refieran a Job. Sin embargo, este tipo de formas son frecuentes en el *Testamento de* Job. (2) En el *Testamento de Job*, las quejas salen de la boca de su esposa, pero no de la de Job. (3) La prueba se describe como un paralelo a la prueba que sufrió Abraham y es claramente satánica. (4) Se recalca la caridad de Job.

11. Véase, por ejemplo, Sal 6 o Sal 69:1, donde el salmista declara: "que las aguas ya me llegan al cuello". En estos y otros "salmos de lamento", el salmista se pregunta si Dios oye su grito y si será fiel al pacto y responderá.

12. San Agustín supuso que esto se refería a la muerte de Jesús, véase Martin, *James, 195*.

13. Véase el análisis en pp. 330-331.

14. Véase Caird y Hurt, *New Testament Theology,* 27-30. *Telos* puede significar "fin" en el sentido de terminación de algo y "final" en el sentido de meta.

Finalmente, el propósito y el plan de Dios incluyen su "compasión y su misericordia". Ya hemos visto antes estos temas (4:6), pero el apóstol sabe que los seres humanos no solo están constantemente en necesidad de que se les asegure la seguridad de la gracia y el perdón, sino también del hecho de la gracia y el perdón de Dios.

Construyendo Puentes Santiago se centra aquí en la paciencia en el contexto de la adversidad y en la necesidad de evitar juzgar a otros, sobre todo a aquellos que causan el infortunio. La imagen se hace más interesante y más difícil al haber escogido emplear el lenguaje de la escatología para exponer su idea: "Por tanto, hermanos, tengan paciencia hasta la venida del Señor" (5:7). Esto introduce la pregunta sobre el papel que juega en este pasaje el lenguaje escatológico.

La cuestión de la inminente *parusía* ("aparición") o regreso de Cristo es uno de los temas más espinosos del Nuevo Testamento. Por una parte, numerosos pasajes parecen sugerir que Jesús y los cristianos primitivos creían en una *parusía* inminente. Algunos eruditos argumentan que Pablo, en 1 Tesalonicenses, cree claramente que la *parusía* está a punto de suceder y, por tanto, 2 Tesalonicenses no debe ser paulino, ya que plantea un esquema escatológico distinto.[15] Por otra parte está el hecho incontrovertible de que la *parusía* no ha tenido lugar aún. ¿Qué es lo que el Nuevo Testamento enseña al respecto?

La dificultad comienza con el significado del término "escatología" mismo.[16] El *Diccionario Oxford English* de 1891 y 1933 lo define como "el departamento de ciencia teológica que se ocupa de las cuatro cosas finales: la muerte, el juicio, el cielo y el infierno" [el Diccionario de la Real Academia de la Lengua Española lo define como: "Conjunto de creencias y doctrinas referentes a la vida de ultratumba"; N. de T.]. Esta definición clásica se ocupa básicamente del destino del individuo. En los años más recientes, el término ha venido a referirse al destino del

---

15. Véase, por ejemplo, R. H. Fuller, *A Critical Introduction to the New Testament* (Londres: Duckworth, 1966), 57-58. Pero R. Jewett, en su *The Thessalonian Correspondence: Pauline Rhetoric and Millenarian Piety* (Filadelfia: Fortress, 1986), 16-18, resumiendo la obra de muchos otros, ha argumentado de forma eficaz por la autoría paulina de ambas cartas.

16. Caird y Hurst, *New Testament Theology*, 243 (para un análisis completo de la cuestión véase 243-67).

mundo. La dificultad se halla, pues, en que empleamos un vocablo para describir dos formas muy diferentes de entender el futuro: una individual y otra cósmica.

Esta dificultad se compone, además, de otros dos asuntos: los usos del lenguaje escatológico y las creencias escatológicas de Jesús. El primero es enormemente flexible y se emplea con frecuencia para describir una variedad de doctrinas adicionales, de una forma muy parecida a un sobre de entrega inmediata que puede contener una amplia variedad de tipos de correspondencia. Isaías, por ejemplo, tuvo una visión de la restauración del paraíso, en el que el lobo y el cordero vivirán juntos, el leopardo se echará con el cabrito, la vaca pastará con la osa y sus crías descansarán juntas, el león comerá paja y un niño jugará con una cobra (Is 11:1-9). La visión se emite en lenguaje escatológico, pero no trata de la escatología, sino más bien de un reino terrenal ideal. El lenguaje escatológico se utiliza aquí para describir una esperanza histórica futura.

Un ejemplo aún más claro se encuentra en Isaías 13, un pasaje que contiene una descripción del Día del Señor y emplea un lenguaje escatológico:

> ¡Miren! ¡Ya viene el día del Señor
> —día cruel, de furor y ardiente ira—;
> convertirá en desolación la tierra
>   y exterminará de ella a los pecadores!
> Las estrellas y las constelaciones del cielo
>   dejarán de irradiar su luz;
> se oscurecerá el sol al salir
>   y no brillará más la luna.
> Castigaré por su maldad al mundo,
>   y por su iniquidad a los malvados.
> Pondré fin a la soberbia de los arrogantes
>   y humillaré el orgullo de los violentos. (Is 13:9-11)

Aunque emitido en lenguaje típicamente escatológico, el contexto más amplio deja claro que Isaías está hablando de la futura invasión de los medas. Los profetas eran, pues, capaces de describir crisis históricas en el lenguaje de la escatología, porque cada crisis era un ensayo general para la crisis máxima, cuando la nación se enfrentó a las preguntas de vida o muerte.

Jesús también habló en estos términos. En Lucas 17:20-24, afirmó:

> La venida del reino de Dios no se puede someter a cálculos. No van a decir: "¡Mírenlo acá! ¡Mírenlo allá!". Dense cuenta de que el reino de Dios está entre ustedes.
>
> ... Llegará el tiempo en que ustedes anhelarán vivir siquiera uno de los días del Hijo del hombre, pero no podrán. Les dirán: "¡Mírenlo allá! ¡Mírenlo acá!". No vayan; no los sigan. Porque en su día el Hijo del hombre será como el relámpago que fulgura e ilumina el cielo de uno a otro extremo.

Por otra parte, Jesús indicó que no habría señales, aunque, por otra, habrá señales que crucen el cielo. El enigma se resuelve cuando nos damos cuenta de que Jesús hablaba de dos realidades distintas: una histórica, y la otra de esperanza escatológica.

Lucas 21 manifiesta este asunto de forma aún más explícita. En este capítulo, Jesús predice guerras y rumores de guerras, y ejércitos que rodearán Jerusalén. El capítulo acaba con la predicción de la venida del Hijo del Hombre y el dicho de que "no pasará esta generación hasta que todas estas cosas sucedan" (21:32). Pero Jesús también aconsejó a sus seguidores que "oren para que puedan escapar de todo lo que está por suceder" (21:36). No podía haber sido tan ingenuo como para sugerir que sus seguidores pudieran escapar a la consumación final del reino, porque no hay escapatoria de ella. La respuesta, claro está, es que como los profetas del Antiguo Testamento, Jesús está utilizando un lenguaje escatológico para analizar tanto los acontecimientos históricos como el desenlace final de la historia, es decir, la destrucción de Jerusalén que viene y su *parusía.*

Esto significa que, a diferencia de Schweitzer, Jesús no concibió una *parusía* inminente. La imagen confundida de Schweitzer de un Jesús del "fin del mundo" le llevó a creer que este predicó un sistema ético nada práctico para este breve ínterin (*Interimsethik*), que nunca podría servir para un periodo de tiempo extenso.[17] Aunque estaba equivocado sobre el regreso de Cristo, su reconocimiento de que la ética predicada por Cristo tenía que estar en vigor es sensato. Los que siguen a Jesús deben vivir como si el reino se hubiera realizado por completo.

---

17. Véase L. D. Hurst, "The Ethics of Jesus", *DJG,* 210.

En el caso presente, la referencia al regreso del Señor no trata tanto de la *parusía* en tanto que sirve a los intereses de la vida espiritual. Santiago sabe que la promesa del retorno del Señor le da esperanza a aquellos que están sufriendo. Los espirituales de los esclavos afroamericanos desvelan este mismo espíritu. Canciones como "Estoy destinado a la Tierra Prometida"[18] y "Esfúmate"[19] enfatizan la expectación del cielo con el fin de distraer la atención del infierno de la existencia terrenal.[20] Santiago desea que los pobres hagan algo más que esperar expectantes la venida del Señor. Quiere que aprovechen este tiempo de sufrimiento. Por esta razón utiliza la imagen del agricultor que espera pacientemente durante la estación del crecimiento, sabiendo que este es el único camino seguro hasta la cosecha.

Pasé una parte de mi infancia en la granja de mi tío en el valle de Sacramento, en California. Cada año, en el mes de octubre, mi tío plantaba trigo y avena y, durante el largo invierno, observaba cómo brotaban las plantas y crecían fuertes y altas. Finalmente, en el calor de junio, empezaba a cosechar. El resultado final era la cosecha, pero esta no era posible sin que se realizara el crecimiento durante los difíciles meses de invierno. Así mismo ocurre con la vida espiritual. Nuestro destino es estar con Cristo, pero suele ser en el crisol de la dificultad donde Dios nos prepara para aquel día. Santiago utiliza el ejemplo de los profetas y de Job, personas cuya vida estuvo marcada por unas circunstancias difíciles que con frecuencia no entendían, pero en las que Dios forjó su carácter espiritual. Como dice mi esposa, Santiago desea que nuestra

---

18. Estoy destinado a la tierra prometida;
    Oh ¿quién vendrá e irá conmigo?
    Estoy destinado a la tierra prometida.
    Estoy destinado a la tierra prometida

19. Escabúllete, esfúmate,
    escabúllete hasta Jesús,
    escabúllete, esfúmate hasta el hogar,
    no estarás mucho tiempo aquí.

20. Albert J. Raboteau, *Slave Religion: The "Invisible Institution" in the Antebellum South* (Nueva York: Oxford Univ. Press, 1978), observa que los propietarios de esclavos e incluso los misioneros creían que el énfasis del cristianismo en la otra vida contribuía a la docilidad entre los esclavos (290). Sin embargo, Raboteau sigue diciendo que el cristianismo ha sido, a menudo, el semillero de la subversión por razones éticas. Cita el caso del esclavo Henry Atkinson que dijo: "Oí predicar al ministro blanco y pensé dentro de mí: buscaré un mundo mejor, aquí soy esclavo y, si arriba hay un mundo mejor, donde no me empujarán ni tirarán de mí de un lado para otro, ni me atormentarán, como aquí, lo buscaré". Pero Raboteau también observa que Henry Atkinson cumplió esta palabra con un intento de fuga (303-4).

atención cambie de dirección y que en lugar de mirar a lo que nos está ocurriendo, contemplemos lo que Dios está formando en nosotros.

Pero el lenguaje de escatología puede servir a otra función correlativa en este pasaje. Santiago ha hablado aquí de juicio. Por lo general, el Nuevo Testamento vincula la ética con una imagen positiva, por ejemplo, cuando Pablo afirma que Dios desea que seamos "transformados según la imagen de su Hijo, para que él sea el primogénito entre muchos hermanos" (Ro 8:29). Pero, aquí, Santiago no es reticente a aplicar la imagen del Juez que está a punto de llegar. Ya ha proporcionado advertencias similares en cuanto a una evaluación repentina e inesperada, mediante la imagen de una frágil flor que se seca bajo el calor del día (Stg 1:11) o de la riqueza que se ha vuelto inútil en el almacén (5:2-3).

Tampoco está Santiago solo en esto. Jesús pronunció una seria advertencia de juicio escatológico basado en actos de compasión (Mt 25:31-46), y pudo ofrecer un incentivo más positivo: "Sean compasivos, así como su Padre es compasivo" (Lc 5:36). Santiago espera que los creyentes a los que les escribe recordarán la generosidad de Dios (Stg 1:5), a cuyo nombre pertenecen (2:7) y vivan una vida de humildad y compasión, como hizo Jesús. Pero no le asusta traer de nuevo a la memoria de ellos, cuando sea necesario, que Dios también es el Juez. Dada las consecuencias, esto es menos una amenaza y más una voz de alarma de un amado amigo. Tampoco debería olvidarse que el juicio escatológico tiene dos lados: está formado por la condena y por la prometida recompensa.

Significado Contemporáneo

Santiago se concentra aquí en dos enseñanzas. (1) La paciencia es importante, porque permite el crecimiento de los cristianos en medio de los momentos difíciles. (2) No deberíamos juzgar a los demás, aunque sean la fuente de las dificultades que nosotros afrontamos. Ambas cosas tienen aplicaciones en nuestra vida.

La paciencia. Santiago argumenta a favor de la paciencia, porque quiere que esperemos la venida del Señor, y, como ocurrió en el caso de Job y de los profetas, nuestro carácter se forja en el yunque de la dificultad. No es de sorprender que la enseñanza escatológica se encuentre en estrecha correspondencia con la que concierne a la paciencia durante las dificultades, porque la "escatología surge del choque entre la fe en un propósito benevolente de Dios y los duros hechos de un mundo cruel".[21]

En tiempos de aflicción, es natural que las personas esperen cierto alivio, y, sin duda, muchos de los primeros cristianos esperaban ser liberados de este mundo en la forma del regreso de Cristo. Con toda seguridad, una variedad de sucesos en aquel siglo I creó un entusiasmo escatológico floreciente en cada agotado pecho. Palestina conoció "guerras y los rumores de guerras", tal como Jesús había predicho (Mr 13:7), que tuvieron su devastadora aparición en la guerra judía del 66–70 d.C. Calígula declaró su intención de erigir una estatua de sí mismo en el templo de Jerusalén, y esto debió de parecer "el horrible sacrilegio" (*cf.* 13:14). Pero Santiago utiliza el lenguaje de la escatología con el fin de preparar a sus lectores para el crecimiento espiritual. Dentro de la historia de la espiritualidad cristiana, las circunstancias difíciles (a) se consideran una parte normal y necesaria del proceso de crecimiento espiritual. (b) requieren una cierta actitud para tratar con ellas de forma eficaz y (c) consiguen ciertos resultados.

Las dificultades son normales y necesarias. San Juan de la Cruz y Teófanes el Recluso son ejemplos de la creencia ampliamente generalizada de que el sufrimiento es una parte normal y hasta necesaria de la vida espiritual de los cristianos. San Juan de la Cruz nació en Castilla en 1542 y se convirtió en monje carmelita en 1564. Teresa de Ávila lo puso a cargo de la orden y, a través de este puesto, así como de sus escritos, destacó en el movimiento de reforma católico. Más tarde fue arrestado y encerrado por aquellos que se oponían a él y, durante este periodo, escribió su *Noche oscura del alma.* El libro describe la forma en la que Dios obra en el alma humana, por medio de la tristeza y la oscuridad, y no solo a través del gozo y de la luz. Escribió:

> En esta noche oscura comienzan a entrar las almas cuando
> Dios las va sacando del estado de principiantes, que es de
> los que meditan en el camino espiritual, y las comienza a
> poner en el de los aprovechantes, que es ya el de los con-
> templativos, para que, pasando por aquí, llegue al estado de
> los perfectos, que es el de la divina unión del alma con Dios.
> Por tanto, para entender y declarar mejor qué noche sea ésta
> por la que el alma pasa, y por qué causa la pone Dios en

---

21. Caird y Hurst, *New Testament Theology,* 244.

ella, primero convendrá tocar aquí algunas propiedades de los principiantes [...]. Es, pues, de saber que el alma, después que determinadamente se convierte a servir a Dios, ordinariamente la va Dios criando en espíritu y modo que la amorosa madre hace al niño tierno regalando, al cual al calor de sus pechos le caliente, y con leche sabrosa y manjar blando y dulce le cría, y en sus brazos le trae y le regala. Pero, a la medida que va creciendo, le va la madre quitando el regalo y, escondiendo el tierno amor, pone el amargo acíbar en el dulce pecho, y, abajándole de los brazos, le hace andar por su pie, porque, perdiendo las propiedades de niño, se dé a cosas más grandes y sustanciales. La amorosa madre de la gracia de Dios, luego que por nuevo calor y hervor de servir a Dios [...] y veráse también cuántos bienes trae consigo la noche oscura de que luego habemos de tratar, pues de todas estas imperfecciones limpia al alma y la purifica.[22]

San Juan entendió claramente que lo que percibimos como dificultades y pruebas, Dios puede utilizarlo —y, de hecho, lo hace— para sus propósitos y para nuestro crecimiento espiritual, incluso si la experiencia nos resulta dolorosa y angustiante. Este es un tema que Santiago introdujo en el capítulo 1.

Para Teófanes el Recluso, el sufrimiento era una necesidad y cabe esperarlo.

Uno debe darse cuenta de que la verdadera señal de esfuerzo espiritual y el precio del éxito en el mismo es el sufrimiento. Quien procede sin sufrir no lleva fruto [...]. Cada lucha en el entrenamiento del alma, ya sea físico o mental, que no vaya acompañado por el sufrimiento, que no quiere el máximo esfuerzo, no producirá fruto alguno [...]. Muchas personas han trabajado, y siguen haciéndolo, sin dolor, pero por causa de la ausencia de este, ellos son extraños a la pureza...[23]

Las actitudes adecuadas. Entre las varias actitudes necesarias para percibir de forma correcta la adversidad como una oportunidad para el

---

22. San Juan de la Cruz, *Noche oscura del alma* 1.1-3.
23. Teófanes el Recluso, citado en *A Guide to Prayer for Ministers and Other Servans,* eds. Reuben P. Job y Norman Shawchuck (Nashville: The Upper Room, 1983), 113-14.

crecimiento espiritual, existen tres y son las que representan Thomas Merton, Henri Nouwen y Catalina de Génova.

Una de las dificultades que nosotros, los modernos, tenemos con las disciplinas espirituales es nuestra adicción a la comodidad y a "sentirnos bien". Pero cómo nos "sintamos" tiene poco, por no decir nada, que ver con el beneficio espiritual de una situación. Thomas Merton deja esta idea bien clara en su *Contemplative Prayer*.

> Si soportamos la dificultad en oración y esperamos pacientemente el tiempo de la gracia, podemos descubrir que la meditación y la oración son experiencias sumamente gozosas. Sin embargo, no deberíamos juzgar el valor de nuestra meditación por "cómo nos sintamos". Una meditación dura y aparentemente sin fruto puede en realidad ser mucho más valiosa que una que sea fácil, alegre, iluminada y, al parecer, un gran éxito.[24]

Otra fuerza mortal relativa a la madurez espiritual es la seducción de nuestro mundo. Henri Nouwen argumenta que se requiere una gran determinación para vencer este peligro. Nouwen fue sacerdote católico y hasta su muerte en 1997 fue amado por católicos y evangélicos por igual, por sus escritos sobre la vida espiritual y su ejemplo en ella. En su libro *Making All Things New,* Nouwen argumenta que Dios consigue nuestra atención y nos salva de la seducción del mundo, alentándonos a negar las prioridades de este y apelando a nuestra decidida resolución y nuestro esfuerzo determinado:

> La vida espiritual es un don. Es el don del Espíritu Santo que nos levanta hasta introducirnos en el reino del amor de Dios. No obstante, decir que ser alzado al reino del amor es un don divino no significa que esperemos pacientemente hasta que se nos ofrezca dicho regalo.
>
> Jesús nos dice de poner nuestro corazón en el reino. Situar nuestro corazón en algo no solo implica nuestra seria aspiración, sino también una fuerte determinación. La vida espiritual requiere un esfuerzo humano. Las fuerzas que siguen tirándonos hacia atrás para que permanezcamos en

---

24. Thomas Merton, *Contemplative Prayer* (Garden City, N.Y.: Doubleday [Image Books], 1971), 34.

una vida llena de inquietudes están lejos de ser fáciles de vencer.

Jesús mismo exclama: "¡Qué difícil es [...] entrar en el reino de Dios!" (Mr 10:23). Y, para convencernos de la necesidad de un duro trabajo, añade: "Si alguien quiere ser mi discípulo, tiene que negarse a sí mismo, tomar su cruz y seguirme" (Mt 16:24).[25]

Nouwen, como Santiago, nos dice que se requiere una paciencia activa.

De manera similar, Catalina de Génova nos alienta a echarnos en los brazos de Dios y no confiar en las posesiones mundanas. Su biografía confirma la verdad de sus palabras. Catalina nació en 1447, en el seno de una próspera e importante familia religiosa. En 1463 se casó con un hombre comprometido con la riqueza y con aumentarla cuanto más mejor, y esto fue la fuente de no poca tensión. Sin embargo, cuando su marido perdió la mayor parte de su fortuna, ambos decidieron vivir y trabajar entre los pobres de Génova. En aquella vida halló mayor gozo y se sintió más realizada de lo que nunca había disfrutado con la riqueza y la comodidad. Su obra principal se titula *Life and Teachings*, y, en ella, escribe lo siguiente:

Yo [...] vi a otros que luchaban contra sus perversas inclinaciones y se obligaban a resistirlas. Pero también vi que cuánto más batallaban contra ellas, más se comprometían con ellas. De modo que les dije: "Tienen razón en lamentarse por sus pecados y sus imperfecciones, y yo también suspiraría por ellos de no ser porque Dios me está sosteniendo. Ustedes no pueden defenderse por sí mismos, como tampoco yo puedo hacerlo por mí. Lo que debemos hacer es renunciar al cuidado de nosotros mismos y dejárselo a Dios, que puede defender nuestro verdadero 'yo'. Solo entonces podrá hacer por nosotros aquello que para nosotros es imposible realizar".

En cuanto a la renuncia de nosotros mismos, les dije: "Tomen un trozo de pan y cómanselo. Cuando lo hayan comi-

---

25. Henri J. M. Nouwen, *Making All Things New: An Invitation to the Spiritual Life* (San Francisco: Harper and Row, 1981), 65-66.

do, su sustancia entrará en ustedes y nutrirá el cuerpo y el resto se eliminará. Y es que el cuerpo es más importante que el pan; fue creado como medio y no para que permaneciera con nosotros por siempre. Del mismo modo, debemos eliminar todas las inclinaciones perversas de nuestro cuerpo; no pueden vivir dentro de nosotros, no sea que muramos".[26]

Según Catalina, el mundo y los bienes materiales no pueden compararse con el gozo que aporta el crecimiento espiritual. Esta es una lección que corta con una agilidad afilada y aguda, traspasando hasta el corazón de la ética materialista estadounidense.

Los resultados de la perseverancia a través de la adversidad. La paciencia en la adversidad trae beneficios, argumenta Santiago. Muchos de los gigantes de la espiritualidad cristiana coinciden con esto. Tomás de Kempis observa que la perseverancia en la adversidad nos purifica; Benedicto de Nursia demuestra que crea humildad, y Malcolm Muggeridge argumenta que nos permite ministrar a otros.

Tomás de Kempis se convirtió en monje a la edad de diecinueve años en 1399. Su gran tratado espiritual *Imitación de Cristo*, es su obra más relevante (aunque algunos creen que la escribió Gerhard Groote y la editó Thomas). En el siguiente pasaje, Thomas discute la utilidad de las dificultades:

> Y, a pesar de todo, las tentaciones pueden sernos de utilidad aunque parezcan no causar sino dolor. Son útiles, porque pueden hacernos humildes, purificarnos y enseñarnos. Todos los santos pasaron por tiempos de tentación y tribulación, y los utilizaron para progresar en la vida espiritual [...]. Nadie está completamente libre de tentaciones, porque la fuente de estas se halla en nosotros mismos [...]. No podemos ganar esta batalla escapando a solas; la clave para la victoria es la verdadera humildad y la paciencia; en ellas vencemos al enemigo.[27]

Benito de Nursia nació en el 480 d.C., y en el 529 fundó un monasterio en Monte Cassino. Constantino había convertido el cristianismo en la religión favorecida de su imperio más de un siglo antes, y Benedicto

---

26. Richard J. Foster y James Bryan Smith (eds.), *Devotional Classic: Selected Readings for Individuals and Groups* (San Francisco: HarperCollins, 1993), 213-14.
27. Tomás de Kempis, *Imitación de Cristo*, 13.2-3.

vio que la fe ya había empezado a mezclarse con lo secular. En este contexto, escribió *La regla*, un famoso conjunto de disciplinas para la vida espiritual. En el siguiente pasaje escribe sobre el fruto espiritual de la humildad. Considera la aflicción y la dificultad como una de las herramientas que Dios emplea para desarrollar este rasgo en nuestra vida:

El cuarto paso de la humildad es aceptar las dificultades de los mandamientos y soportar con paciencia las injurias y las aflicciones a las que nos enfrentamos. Hemos sido llamados a soportar y a no cansarnos ni a abandonar, sino a resistir. Las Escrituras nos enseñan: "El que se mantenga firme hasta el fin será salvo".

Los que tienen fe deben soportar toda cosa con la que no estén de acuerdo por amor al Señor, teniendo en mente la promesa: "Sin embargo, en todo esto somos más que vencedores por medio de aquel que nos amó". Dios nos probará mediante fuego, así como la plata se prueba y se purifica. Nuestro Señor nos enseña que, cuando nos golpean en una mejilla, debemos poner la otra; cuando se nos pida una prenda de nuestra ropa, entregarla toda; y cuando nos soliciten que caminemos una milla, andemos dos; cuando otros nos maldigan debemos bendecirlos.[28]

¡Qué diferente somos, al desear que se haga justicia contra nuestros enemigos, y qué débil es nuestra voluntad de perdonar!

En un pasaje dolorosamente sincero, Malcolm Muggeridge reflexiona sobre las elecciones que hizo en la vida y destaca que escoger permanecer en condiciones que nuestra cultura etiquetaría de locas le permite a uno crecer en estatura espiritual. Escribe lo siguiente:

Escapé y me mantuve lejos; Madre Teresa se movió y se quedó allí. Esa fue la diferencia. Ella, una monja, más bien de complexión endeble, con unas pocas rupias en el bolsillo, sin ser particularmente inteligente ni especialmente dotada en las artes de persuasión. Solo con este amor cristiano que resplandecía a su alrededor, en su corazón y en sus labios. Preparada solamente para seguir a su Señor y, de acuerdo con sus instrucciones, ver como él a cada indeseable aban-

---

28. Foster y Smith, *Devotional Classics*, 179.

donado a la muerte en las calles; escuchar el grito de cada niño abandonado, aun en el diminuto chillido del feto desechado, el lamento del niño de Belén, reconocer en las llagas de cada leproso las manos que un día tocaron las cabezas y los calmó, que restauraron la salud a la carne enferma y a los miembros torcidos. En cuanto a mis expiaciones en las miserables condiciones sociales, lamento confesar que hasta dudo de si, en alguna justificación divina, igualarán una única media sonrisa incrédula concedida por la Madre Teresa a un niño pobre de la calle que su vista captara.[29]

Muggeridge destaca que un beneficio de la paciente entereza en la aflicción es lo que nos concede la oportunidad de ministrar a los demás que están en la misma situación. Estas son palabras duras, pero ciertas. Mi esposa y yo llevamos quince años casados y no tenemos hijos. Los médicos dicen que jamás los tendremos. Las emociones frenéticas e inesperadas de esta dolorosa carencia son difíciles de describir. Pero mi esposa y yo hemos podido unirnos a otros que afrontan un dolor similar, el de una madre cuyo hijo murió al nacer, o el de parejas que, como nosotros, no tienen prole. No puedo decir que este papel nos consuele demasiado, pero hemos encontrado que es un papel que podemos desempeñar.

No juzguen. Santiago ya ha proporcionado alguna enseñanza sobre la cuestión de juzgar (4:11-12), pero vuelve a hacerlo aquí. Advierte a los pobres que no se tomen la justicia por su mano ni aun teniendo la razón de su parte, porque los ricos que los han oprimido también son sus hermanos y hermanas en Cristo. El llamado de Santiago es a amar a estos hermanos y hermanas en lo concreto y no en lo abstracto. No es tarea fácil. Eric Hoffer, el filósofo estibador que se hizo famoso en los años sesenta, observó en una ocasión: "Resulta más fácil amar a la humanidad que amar a nuestro prójimo".[30]

Uno de los asuntos impresionantes de este pasaje es que los ricos que han explotado a los pobres ni siquiera han pedido perdón, y, aun así, el apóstol insta a los menesterosos a que perdonen. Esta es una de las

---

29. Malcolm Muggeridge, *Something Beautiful for God,* citado en *A Guide to Prayer For Ministers and Other Servants,* eds. Reuben P. Job and Norman Shawchuck (Nashville: The Upper Room, 1983), 111.

30. Eric Hoffer, entrevista con Eric Severeid, de las noticias de la CBS (14 noviembre 1967).

cuestiones más difíciles a las que se enfrenta el ser humano. En su extraordinaria novela *The River Beyond The World,* Janet Peery toca este tema. La novela relata la historia de Luisa, quien, siendo una muchachita, vive con su madre y con Chavela, su tía. Esta es a menudo cruel, sobre todo con Luisa.

> Una vez, cuando su madre estaba moliendo grano, Luisa le preguntó por qué Chavela era tan mala. "Los corazones están hechos de dos maneras", respondió su madre. "Algunos están llenos de aquello que se les da, por pequeño que sea, y otros no pueden olvidar lo que no pueden tener".
>
> Su madre se detuvo para enfriar la mano del molino; a continuación esparció semillas sobre la piedra lisa en la que molía y sopló sobre ellas para darles fuerza. Sacudió la cabeza. "Perdónala".
>
> "Pero nunca pide perdón".
>
> Su madre levantó los hombros, y retomó la molienda. El maíz crujía entre las dos piedras. "Con más razón aún".[31]

En este pasaje hay gran sabiduría. Yeats dijo en una ocasión que una vida de semejante compasión y negación acababa por amortiguar el espíritu: "Un sacrificio durante demasiado tiempo puede convertir el corazón en una piedra",[32] pero no había considerado el corazón que está lleno de servicio a Dios. El enojo de Luisa se justifica y también la condena que hace de Chavela, porque su tía es cruel e indigna de su perdón. No sería natural que la perdonara; no obstante, su madre, llena de sabiduría, le ofrece ese consejo.

Un asesino que confiesa y parece exhibir signos de remordimiento nos conmueve, por lo general, y nos hace reconsiderar seriamente la indulgencia. Después de todo, no es el único que se ha equivocado; todos hemos tenido alguna vez impulsos irracionales, y todos podemos quizá imaginarnos en una postura similar. No obstante, el criminal impenitente se gana nuestro odio y nuestro temor irracional, porque no podemos concebir una actitud tan descarada de indiferencia. Lo mismo ocurre con estos ricos de Santiago 5. Pueden ser vagamente conscientes de que algunos de sus empleados pobres han muerto como resultado

---

31. Janet Peery, *The River Beyond the World* (Nueva York: Picador, 1996), 9.
32. W. B. Yeats, "Easter, 1916", líneas 57-58.

de su exigencia para su lujosa comodidad (como sugiere 5:6). Pero no tienen noción alguna de los individuos a los que han perjudicado. En tales casos, lo habitual para quienes han recibido el daño y han sido calumniados es que deseen, en cierta medida, la venganza; pero Santiago lo prohíbe. Exigir venganza equivale a ser culpable del crimen mismo que se ha cometido contra ellos. "¡El Juez —afirma Santiago— ya está a la puerta!" (5:9).

Santiago asevera que Dios no desea que nos condenemos unos a otros. Tras esta declaración subyace otra razón, a saber, que con demasiada facilidad nosotros mismos podemos llegar a ser culpables de los mismos pecados. Debemos ser pacientes y refrenarnos de la condenación, porque cada uno de estos es un ingrediente necesario para el viaje espiritual al que el apóstol nos llama. Condenar es hundirse hasta el mismo nivel que quienes han perpetrado el mal. Soportar con paciencia es poner el pie sobre la senda que conduce a la madurez espiritual.

Santiago 5:12-18

Sobre todo, hermanos míos, no juren ni por el cielo ni por la tierra ni por ninguna otra cosa. Que su «sí» sea «sí», y su «no», «no», para que no sean condenados.

¹³ ¿Está afligido alguno entre ustedes? Que ore. ¿Está alguno de buen ánimo? Que cante alabanzas. ¹⁴ ¿Está enfermo alguno de ustedes? Haga llamar a los ancianos de la iglesia para que oren por él y lo unjan con aceite en el nombre del Señor. ¹⁵ La oración de fe sanará al enfermo y el Señor lo levantará. Y si ha pecado, su pecado se le perdonará. ¹⁶ Por eso, confiésense unos a otros sus pecados, y oren unos por otros, para que sean sanados. La oración del justo es poderosa y eficaz.

¹⁷ Elías era un hombre con debilidades como las nuestras. Con fervor oró que no lloviera, y no llovió sobre la tierra durante tres años y medio. ¹⁸ Volvió a orar, y el cielo dio su lluvia y la tierra produjo sus frutos.

Sentido Original

Santiago está a punto de concluir su carta. Al hacerlo, se centra en tres temas presentes en el comienzo de su carta: la forma de hablar, la oración y el sufrimiento. Del mismo modo que la epístola se inició con una doble apertura, el apóstol nos regala algo así como un doble final. En 5:7-11, analiza las pruebas, los ricos frente a los pobres, y una conversación pura, tres temas que han dominado el conjunto de la carta. Ahora coloca el toque final sobre su análisis haciendo énfasis en una forma de hablar pura (oración) y su poder en los tiempos de adversidad.

Los versículos 12-18 contienen dos secciones naturales. El versículo 12 es un mandato en contra de hacer juramentos, mientras que los versículos 13-18 conciernen a la oración. El pasaje se mueve desde la situación de uno que sufre a la de uno que está gozoso y regresa al que padece. Lo que une todo el pasaje es que ambas secciones tienen que ver con nuestra forma de dirigirnos a Dios y con el uso de la lengua.

Hacer juramentos (5:12)

"Sobre todo" (*pro panton*) significa "de forma más importante" o "pero en especial". No obstante, dado el cuidado con el que Santiago ha desarrollado otros temas —por ejemplo, el gran hincapié que ha hecho en la paciencia— resultaría sumamente extraño que considerase este mensaje sobre los juramentos como el más importante de toda la carta.[1] El término debería entenderse, más bien, como "finalmente" o "para resumir", es decir que Santiago está alertando a sus lectores de que la misiva está a punto de concluir.

Cualquier intento de defender la actual ubicación de esta expresión debe mostrar cómo conecta con lo que se ha dicho antes o con lo que viene después. Como muchos han observado, este dicho de Cristo parece fuera de lugar. Sin embargo, cuando se considera como un uso inadecuado de la lengua en contraposición con las utilizaciones apropiadas señaladas en 5:13-18, queda claro que este versículo tiene su sitio aquí de pleno derecho. Esto, por supuesto, conecta el versículo con lo que viene después. ¿Pero qué hay de la sección precedente? Martin[2] opina que Reicke está en lo correcto cuando argumenta que hacer juramentos es una señal de la impaciencia exhibida por los pobres que viven bajo el trato arrogante y nada cristiano de los ricos de su comunidad. Como Santiago ya les ha aconsejado a estos pobres que sean pacientes y que esperen la liberación de Dios, la percepción de Reicke puede ser sumamente acertada.

En este versículo, la idea en cuestión es hacer un juramento, es decir, invocar el nombre de Dios con el fin de reforzar la veracidad de lo que uno acaba de decir. Aquí, Santiago está completamente en línea con la enseñanza del Antiguo Testamento en cuanto a que el perjurio y hacer juramentos en general está prohibido. Levítico 19:12, por ejemplo, advierte: "No juren en mi nombre solo por jurar ni profanen el nombre de su Dios. Yo soy el Señor" (*cf.* también Jer 5:2; Os 4:2; Mal 3:5).

Pero la cuestión no es tan sencilla. En Génesis 22:16, Dios jura por su propio nombre (*cf.* Heb 6:13-18). En el pasaje de Levítico que acabamos de citar se prohíbe "el perjurio", dejando como tema abierto el "juramento veraz". En los Diez Mandamientos, no se prohíbe estrictamente el hacer juramento, sino que se limita a aquellos asuntos que uno pueda llevar a cabo (véase Éx 20:7). Aquí también se trata de evitar invocar el nombre de Dios en un juramento que es falso. Después de todo, Dios es alguien cuyas palabras siempre cumplen su propósito (Is 55:11). Lo que dicen los seres humanos, por otra parte, "no se reali-

---

1. Véase Peter H. Davids, *The Epistle of James,* 189.
2. Ralph P. Martin, *James,* 203.

zará" (8:10), ni se le aplica 1 Samuel 3:19: "... confirmó todo lo que le había dicho".

Invocar el nombre de Dios en falso es, pues, implicarlo en una falsedad. El problema está, por supuesto, en que algunas veces los seres humanos pronuncian falsedades a sabiendas, pero en otras ocasiones son incapaces de cumplir lo que pretenden. La prohibición reconoce esto y sirve de límite para excluir estas infidelidades no intencionadas. Ciertamente, el Antiguo Testamento revela un problema en desarrollo con la falsedad consciente (véase Jer 5:2; 7:9-10).

Pero existen otras cosillas sobre el asunto. En Éxodo 22:10-11se requiere un juramento "ante el Señor", siendo la idea que tal compromiso asegure la veracidad del testimonio. En otras palabras, parece ser que la idea de las Escrituras consistía en evitar usar el nombre del Señor en un juramento concerniente al futuro, porque los seres humanos son incapaces de asegurar que aquello que prometen se hará realidad. Esto tiene sentido en el contexto de Santiago, ya que el apóstol ha argumentado recientemente que tal "certeza" es una señal de *hybris* impía (Stg 4:13-17). Pero, en el caso del testimonio en cuanto a acontecimientos pasados, el nombre del Señor sirve de fiador de la veracidad.

El judaísmo desarrolló la idea de que la mejor política consistía en eludir el emplear el nombre de Dios en ningún juramento.[3] Jesús parecía estar de acuerdo con esto, añadiendo en una coda las formas de juramento que son de origen satánico (Mt 5:34-37). También criticó a los fariseos por lo que él consideraba circunloquios semánticos en hacer juramentos (23:16-22).

En realidad, existe una estrecha similitud entre la enseñanza de Santiago y la de Jesús en Mateo 5:34-37. El texto mateano está salpicado de detalles adicionales, que incluyen todos los elementos que el apóstol menciona aquí.

Mateo 5:34-37	**Santiago 5:12**
No juren de ningún modo:	no juren
ni por el cielo, porque es el trono de Dios	ni por el cielo

---

3. Sirácides 23:9,11.

ni por la tierra, porque es el estrado de sus pies	ni por la tierra
ni por Jerusalén, porque es la ciudad del gran Rey	ni por ninguna otra cosa.
Tampoco jures por tu cabeza, porque no puedes hacer que ni uno solo de tus cabellos se vuelva blanco o negro	
Cuando ustedes digan "sí", que sea realmente sí	Que su «sí» sea «sí», y
y cuando digan "no", que sea no	su «no», «no»,
Cualquier cosa de más, proviene del maligno.	para que no sean condenados.

Algunos consideran esto como una prueba de la naturaleza primitiva de Santiago, ya que el dicho mateano es más completo y, por tanto, según la lógica, debe ser más tardío. Sin embargo, también es probable que Santiago esté apoyándose en un dicho de Jesús y que sencillamente lo haya acortado. Además, la idea de que "simple" ha de significar "primitivo" o "temprano" y de que "completo" tiene que ser necesariamente tardío es una falsedad,[4] a pesar de su atractivo imperecedero.

Existen un cierto número de paralelos de esta fórmula dentro del judaísmo. La que encontramos en *Ruth Rabba* 3.18 (que se adjudica a Rabbi Huna) es: "El sí de los justos es sí, y el no, no". En el Talmud (*Nedarim* 20a) leemos: "No conviertas el hacer votos en una práctica, porque en última instancia pecarás en el asunto de los juramentos". Josefo escribe en referencia a los esenios: "Cada una de sus declaraciones es más segura que un juramento; entre ellos se evita jurar, porque creen que es peor que el perjurio. Y es que dicen que quien no es digno de confianza excepto cuando apela a Dios ya está bajo condenación".[5]

¿Por qué da Santiago este consejo? (1) para evitar la situación de Jefté, que pronunció un juramento que lo ató a unas consecuencias desastrosas (Jue 11:30-39); (2) para asegurarse de que los cristianos no están influenciados por las formulas paganas de votos y juramentos; (3) para

---

4. G. B. Caird, "The Development of the Doctrine of Christ in the New Testament", *Christ For Us Today,* ed. N. Pittenger (Londres: SCM, 1968), 66-80.
5. *Antigüedades,* 15.10.

mantener un alto estándar de verdad en todo discurso; y (4) para evitar implicar a Dios en una falsedad si, por casualidad, somos incapaces de cumplir aquello que pretendemos hacer. Las consecuencias de cada uno de estos apartados es caer bajo el juicio de condenación y esto es lo que el apóstol quiere que evitemos.

La oración (5:13-18)

Aunque el rasgo más obvio de esta sección parece ser la sanidad, y, de forma más específica, la oración sobre el enfermo y la unción (v. 15), el verdadero tema del pasaje es la oración (v. 16). Toda la sección está repleta de cuestiones que implican la oración, ya que se menciona a esta en todos los versículos. Aquí, Santiago trata la oración del individuo (v. 13), la oración de los ancianos (vv. 14-15), las oraciones de amigos y compañeros los unos por los otros (v. 16) y, finalmente, la oración del justo profeta Elías (vv. 17-18).[6]

La primera cuestión suscitada es la del sufrimiento (v. 13a). Claramente, esto establece un puente con 5:7-11. Vemos aquí, asimismo, la forma en que Santiago va llevando su carta al final, ya que este tema formó la primera cuestión que se levantó en la epístola (1:2). El apóstol es bien consciente de que la vida, y tal vez de forma especial la vida cristiana, es una en la que experimentamos problemas, y de tal manera que podríamos sentirnos tentados a cuestionar la bondad de Dios y la de nuestros congéneres. En este tipo de momentos, nuestro autor no aboga por el enojo ni por la resignación estoica, ya que lo primero envenena el espíritu y lo segundo embota la mente. En lugar de esto, defiende la oración. Es una respuesta que nos permite ser activos y positivos, y nos mantiene en comunicación con Dios.

Algunos consideran que este versículo combina una afirmación declarativa con un imperativo. "¿Está afligido alguno entre ustedes? Que ore". Con todo, ya sea que se escoja esta interpretación o la menos tradicional (una afirmación seguida por un imperativo), la fuerza es la misma. En momentos de aflicción, el mejor recurso es la oración.

El término griego para "aflicción" aquí es *kakopatheo*, que significa "sufrir infortunio"; no es un vocablo que se suela utilizar para la enfermedad. Davids ofrece la opinión de que esta palabra no indica un infortunio específico, sino más bien la "experiencia interna de tener

---

6. Esto se basa en la obra de J. A. Motyer, *The Message of James,* 186-208.

que soportar el infortunio".[7] Como en el capítulo 1, Santiago no está abogando por una oración para la eliminación de la causa de la aflicción tanto como para pedir la fuerza de soportar la problemática situación del momento.

A continuación, Santiago analiza el caso de aquellos que están de buen ánimo. El término que utiliza (*euthymeo*) transmite mucho más que la alegría superficial que depende de las circunstancias. En su lugar, alude a una felicidad profundamente arraigada, un contentamiento del corazón.[8] El apóstol se está refiriendo al creyente que, a través de la oración, puede estar en buen espíritu cuando las condiciones transitorias son difíciles, porque tiene una confianza bien establecida en la fiabilidad de Dios. El vocablo traducido "cante alabanzas" (*psallo*) significaba originalmente "tocar el arpa". Se emplea con frecuencia en Salmos, como es de esperar (p. ej. Sal 33:2; 98:4-5; 149:3).

En este versículo de "aflicción" y de "estar de buen ánimo", no es improbable que Santiago tenga en mente los salmos de lamento, que presentan un sincero cuestionamiento de Dios que parecen bordear la duda, pero que siempre acaban con una declaración de alabanza y confianza. El salmista puede sentirse abandonado: "Pero ahora nos has rechazado y humillado" (44:9); sin embargo, esta "duda" siempre está en el contexto de la relación del pacto: "Levántate, ven a ayudarnos, y por tu gran amor, ¡rescátanos!" (44:26). Del mismo modo, Santiago quiere que sus lectores recuerden que Dios desea y merece nuestras oraciones y alabanza tanto en nuestros momentos difíciles como en los agradables.

Una vez tratadas dos ocasiones para la oración, el apóstol ahora pasa a una tercera: la enfermedad. El término para "enfermo" es *astheneo*, que tiene una amplia gama de significados, todos ellos relacionados con la debilidad de cualquier tipo. Es el vocablo que Pablo empleó para señalar su "aguijón en la carne", clasificándolo de una "debilidad" que se alegraba de soportar, porque su fragilidad permitía que el poder de Cristo fuera evidente en él (2Co 12:7-10). Pero, como destaca Davids,[9] existen razones para concluir que, aquí, *astheneo* tiene un sentido más concreto, es decir, la enfermedad física. El uso del término *sozo* ("hacer completo") y el participio *ton kamnonta* ("el enfermo") en 5:15, junto

---

7. Davids, *The Epistle of James*, 191.
8. D. Moo, *La epístola de Santiago*, 271.
9. Davids, *The Epistle of James*, 192.

con el uso de *kakopatheo* para aflicción aparte de enfermedad, todo indica que Santiago alude a la enfermedad física en 5:14.

El enfermo debería llamar a los ancianos de la congregación para que acudan y oren por él, ungiéndole con aceite. *Proskaleomai* ("llamar") sugiere que la situación es desesperada y requiere medidas un tanto extremas. La palabra "ancianos" se usó en los Evangelios con respecto a los líderes judíos de la sinagoga, pero a lo largo del resto del Nuevo Testamento indica a los líderes de la iglesia cristiana.[10] Se ha de avisar a todo el grupo de estos dirigentes locales. Santiago no sabe nada de una persona en particular ni de un carisma conocido como "sanador/curación por fe", don que algunos afirmaban tener y que Pablo reconoció en la iglesia corintia (1Co 12:9,28,30). Es decir, aquí no estamos tratando con un ejemplo de "sanación por fe", sino más bien del acto de la oración y el ungimiento para sanidad que realizan los líderes reconocidos de la iglesia. En 5:13, a la persona "afligida" se le insta a que ore por sí misma; aquí se le solicita al enfermo que llame a otros que le ministren.

Han de emprenderse dos acciones. Hay que "orar por" el enfermo. Orar pidiendo sanidad no era algo desconocido dentro del judaísmo (véase Sal 35:13; 41:4). En cuanto al ungimiento, la gramática no es clara en cuanto a si el aceite se debe aplicar antes o durante la oración, y esto tiene probablemente poca importancia. Tampoco queda claro si hay que imponer las manos sobre el enfermo, aunque no es algo inverosímil. La ausencia de cualquier directriz concreta de "imponer manos sobre" el enfermo es sorprendente, dada la práctica de Jesús (Mr 6:5) y sus seguidores (Hch 9:17). Por supuesto, se podría presuponer la "imposición de manos" en la aplicación del óleo.

Resulta obvio que la base de esta acción sea la firme creencia de que Dios es la fuente de la sanidad, porque el ungimiento ha de hacerse "en el nombre del Señor". Existen cuatro posibilidades en cuanto a la precisa implicación de la frase.[11] Podría significar (1) mediante la invocación del nombre del Señor (*cf.* Lc 10:17), o (2) apelando al poder asociado con el nombre del Señor (*cf.* Hch 3:6), o (3) como alguien que ha sido comisionado por el Señor (*cf.* Gá 1:1,15), o (4) conscientemente congregado como una comunidad cristiana (*cf.* 1Co 5:4). En última instancia, poco importa ya que la idea es que el Señor está manos a la obra

10. Véase Hch 11:30; 1Ti 5:17-19; 1P 5:1; véase también L. Coenen, "Bishop", *NIDNTT,* 1:192-201.
11. Martin, *James,* 208.

en las acciones de los ancianos que son sus representantes. Cualquier curación se debe a su poder y acción, y no a cualquier esfuerzo humano.

Ungir al enfermo con aceite se menciona dos veces en otro lugar del Nuevo Testamento. En Lucas 10:34, Jesús, al relatar la parábola del Buen Samaritano dice que este vendó las heridas del hombre que los ladrones habían dado por muerto, "le curó con vino y aceite". La otra referencia es Marcos 6:13, una cita siempre presente para los modernos curanderos religiosos. Aunque en Marcos 6:5 afirme que Jesús no pudo hacer milagros en Nazaret, el mismo versículo relata que sanó a unos pocos, aunque al parecer no usaba aceite. En el siguiente texto, Jesús envía a los doce, y Marcos nos dice (v. 13) que ungían a los enfermos con aceite. No es irrelevante que, en este versículo, se separe claramente el ungimiento del enfermo del exorcismo. La implicación es que Jesús discierne una diferencia entre la enfermedad causada por medios naturales y la que es de origen satánico.

Como en la sección anterior, "el Señor" debe ser Jesús. Esto nos dice que, aunque Santiago no tiene prácticamente una cristología discernible, la que posee es ciertamente alta.[12]

Por lo general se dan dos razones para el ungimiento.[13] (1) Algunos eruditos lo ven como símbolo de que Dios no deja de interesarse por su pueblo durante tiempos de presión. Que lo que Dios estimaba mejor para Israel no siempre fuera lo que a este le parecía más adecuado era un rasgo esencial en el desarrollo de la fe israelita. De este modo, los grandes profetas pudieron argumentar que la derrota militar y política de Israel y Judá no señaló la impotencia de Dios, sino más bien su poder y su propósito en funcionamiento. Teniendo en mente este antecedente, el ungimiento aquí mencionado no se hace con la certeza de que Dios sanará, sino con la seguridad de que él se preocupa. Orar con la convicción de que Dios sanará parece contravenir uno de los temas más destacados de la carta, a saber, el soportar las dificultades, porque Dios las puede utilizar para llevar a cabo su propósito en nuestra vida.

(2) Otros eruditos consideran que se trata de un ungimiento práctico y medicinal. Se creía que el aceite de oliva tenía poderes medicinales de

---

12. Véase comentarios sobre 5:7-11, p. 348.
13. Sobre este asunto, véase Martin, *James,* 208-9.

amplia aplicación en el mundo antiguo.[14] Aquí, su uso era claramente con la expectativa de que la sanidad física pudiera ocurrir.[15]

Cualquiera que sea la definición precisa y el significado del acto del ungimiento, es "la oración que se hace con fe" (o, mejor, "la petición ferviente que se ofrece por fe") y *no* el ungimiento en sí lo que restablece al enfermo (v. 15). Esta es una idea que se suele perder en los recovecos del asunto del ungimiento. El énfasis debería recaer en "ferviente fe" que es una oración que expresa confianza en Dios y que fluye desde un profundo compromiso con él (*cf.* vv. 17-18). La oración y la fe son, evidentemente, las de los ancianos, ya que solo se menciona esta. La cuestión de precisamente cuál es el tipo de "fe", y por tanto su eficacia, que se tiene en mente es importante, pero esto es un tema que se trata mejor en la sección de Construyendo Puentes.

Esta oración conlleva dos resultados: (1) se le hace un bien al enfermo (*sozo*) y (2) el Señor lo levantará (*egeiro*). El verbo *sozo* se emplea mayormente en el Nuevo Testamento en referencia a la escatología y la salvación de los creyentes, y esta puede ser la intención del lenguaje aquí (que implica la resurrección; *cf.* "lo levantará"). Por ello, numerosos comentaristas consideran que esta cuestión trata de la muerte espiritual, no física. El verbo "ser sanado" (*iaomai*) en 5:16 se reserva normalmente a la sanación física, pero se puede utilizar para la curación espiritual.

La cuestión principal es, pues, si los verbos en futuro "salvar", "levantar" y "perdonar" aluden a una sanidad escatológica y, por tanto, espiritual, o aun física. Aunque se puede hacer que estos verbos lleven un matiz escatológico, el peso de la evidencia gramatical y léxica se inclina hacia una comprensión física del pasaje. Después de todo, la persona sobre la que esto se escribe ¡sigue con vida! Aunque es posible que el apóstol tenga ambas cosas en mente, resulta difícil escapar a la conclu-

---

14. El aceite de oliva se utilizaba para toda una variedad de propósitos medicinales, incluida la limpieza y el calmar las heridas (Is 1:6; Lc 10:34). Herodes probó un baño de aceite caliente para sanar una variedad de enfermedades internas y externas (Josefo, *Antigüedades,* 17:172); y Plinio nos cuenta que se utilizaba el aceite para tratar las encías y los dientes, mantener el cuerpo flexible, neutralizar "todos los venenos", restaurar el vigor cuando se estaba fatigado, servir de laxante y mejorar la vista (cuando se mezclaba con miel) (Plinio, *Historia Natural,* 23.39-40).

15. J. Wilkerson, "Healing in the Epistle of James", *SJT* 24 (1971): 326-45. Argumenta que el aceite era medicinal y no un procedimiento religioso. Su idea consiste en que la iglesia debería aceptar todas las formas de curación, y debería apoyarlas por medio de la oración.

sión de que, como mínimo, se está refiriendo a la curación física de una enfermedad. Evitar esta conclusión basándose en una teología determinada no le hace justicia al texto. Por otra parte, Santiago ha aconsejado paciencia frente a la aflicción. La clave para resolver este aparente dilema se halla en la oración de discernimiento de los ancianos.

La primera frase del versículo 16, donde el apóstol insinúa que el pecado puede causar enfermedad, va con el 15. Esto es sana enseñanza neotestamentaria, plenamente en armonía con el resto del Nuevo Testamento. Sin embargo, este no enseña que toda enfermedad sea resultado del pecado (véase Jn 9:1-3), o que todo pecado cause enfermedad, o que Dios siempre desee quitar las enfermedades para que no nos acosen (cf. el aguijón en la carne de Pablo en 2Co 12:7-10). No obstante, Santiago enseña aquí claramente que la enfermedad causada por el pecado se puede aliviar por medio de una confesión pública y la oración por la sanidad. Que no se mencione a los ancianos en el versículo 16a no indica necesariamente que se tenga a la vista un nuevo caso, sino que refuerza la idea de que la oración de fe les pertenece a los ancianos y también a los demás.

En el versículo 16b, el apóstol introduce una nueva línea de pensamiento: el ejemplo de "un hombre justo". La oración de semejante persona, afirma nuestro autor, es "poderosa y eficaz". El "justo" es aquel que está comprometido a hacer la voluntad de Dios y a cultivar una relación con él, a conocer su corazón. El participio *energoumene* significa "es capaz de hacer" (si se entiende en la voz media) o "está facultado para hacer [por el Espíritu de Dios]" (si se entiende en la voz pasiva). Cualquiera de estas elecciones es gramaticalmente viable. En ambos casos, la oración tiene un poderoso efecto. Semejante oración puede tener consecuencias que se noten en una persona cuya enfermedad es el resultado del pecado, en tanto que (o en especial si) el pecado ha sido confesado.

Santiago ya ha hecho referencia a tres ejemplos del Antiguo Testamento (Abraham, Rajab y Job). A esta lista añade ahora a un cuarto, el profeta Elías, a quien apela como ejemplo de una persona de fe. Para Elías, la oración era una función de fe y confianza en Dios, aun frente a una situación difícil.

Elías era un hombre "como nosotros" (*homoipathes bemin*), una expresión que transmite el sentido de las mismas limitaciones. Lucas emplea la misma expresión en Hechos 14:15, cuando Pablo y Bernabé intentaron convencer a los ciudadanos de Listra de que no eran seres divinos, sino personas como todas las demás. La idea del apóstol es que tal oración es posible para la persona a la que se está dirigiendo. La frase "con fervor" (o, de forma más literal, "oró mediante la oración") es un semitismo que transmite la sensación de una oración intensa. Porque Elías era un hombre de fe sincera, discernió el corazón de Dios y este honró su plegaria.

Nuestro autor se refiere aquí al relato de 1 Reyes 17–18. Primero de Reyes no nos dice de forma específica que Elías orara para que la lluvia cesara y, después, para que esta volviera a empezar de nuevo, pero su oración se insinúa a lo largo de toda la historia (cf. su oración por el hijo de la viuda en 17:20-24 y porque descendiera fuego del cielo en 18:36-37). La alusión a los "tres años y medio" es sorprendente, porque 18:1 menciona simplemente que la sequía cesó "en el tercer año". Es probable que Santiago, igual que Lucas (Lc 4:25) esté reflejando un simbolismo apocalíptico en el que "tres años y medio" es un número de siniestro presagio, ya que es la mitad del número siete, la cifra perfecta (cf. Dn 7:25; Ap 12:6,14; 13:5).

Santiago concluye con el pensamiento de que así como el resultado de la oración del justo Elías fue refrescar la tierra, así también la del creyente justo puede tener por resultado el refrescar y sanar a un cristiano afligido por la enfermedad causada por el pecado.

Construyendo Puentes Este pasaje trata principalmente de la oración y, de hecho, toca varios tipos de plegarias. Tal vez la más problemática para nosotros sea la cuestión de la oración para pedir sanidad. Hace varios años, hablé en una pequeña reunión de líderes cristianos donde se planteó el tema de los dones "carismáticos" (sanidad, lenguas, profecías, etc). Aunque éramos un grupo de no más de veinte, las creencias que sosteníamos con firmeza eran ampliamente divergentes. Algunos creían que solo el don de sanidad y solo en contadas ocasiones específicas era la verdadera obra del Espíritu hoy día, mientras que otros parecían dispuestos a declarar que quienes apoyaban esta primera opinión ¡tenían que ser exorcizados! Por la naturaleza controvertida del asunto de la enfermedad, el pecado y la sanidad, nos centraremos en ello en esta sección.

Viajé hace poco a otra ciudad para un compromiso que tenía de una conferencia. Tras registrarme en mi habitación de hotel, deshice mi equipaje, me lavé la cara y encendí la televisión. Tras cambiar unas cuantas veces de canal encontré la emisora local cristiana y oí decir a un predicador: "Satanás es quien causa la enfermedad y Dios quiere que estés bien". Más tarde, refiriéndose a oraciones de sanidad que, al parecer, no tienen efecto, afirmó: "Debes tener suficiente fe, de otro modo Dios no te va a sanar". Declaraciones como estas desvelan un planteamiento decididamente antibíblico del asunto de la enfermedad. ¿Qué podemos decir sobre esta cuestión, basándonos en la evidencia del Nuevo Testamento?

(1) Aunque el Nuevo Testamento sí argumenta que la enfermedad puede ser el resultado del pecado, este no es *necesariamente* el caso. En Juan 9:1-5, Jesús y los discípulos se encontraron con un hombre ciego de nacimiento. La pregunta de los discípulos: "Rabí, para que este hombre haya nacido ciego, ¿quién pecó, él o sus padres?" puso de manifiesto que creían en un vínculo necesario entre el pecado y la enfermedad. Jesús no compartía su suposición. Respondió que esta enfermedad particular no se debía a ningún pecado específico en absoluto. En resumen, aunque la enfermedad se relacione a menudo con el pecado, no tiene por qué ser forzosamente así. Por esta razón, deberíamos ser menos rápidos a la hora de atribuir a cualquier dolencia una fuente arraigada en el pecado o en lo demoníaco.

(2) Dios puede usar la enfermedad y la aflicción —y así lo hace— para sus propósitos. En 2 Corintios 12:7-10, Pablo analiza su "aguijón en [la] carne" que él define como el "mensajero de Satanás". Nos comenta que ha orado para ser aliviado de su aflicción. Si alguna vez hubo un ejemplo para la teología del teleevangelista que yo estaba viendo aquel día, es este. Satanás había afligido a Pablo, y este era un hombre de fe incuestionable. Con todo, el apóstol explica que Dios permitió su aflicción con el fin de mantenerlo humilde. Dios estaba utilizando lo que aparentemente era un padecimiento físico (Pablo lo denomina "un aguijón en mi *carne*") con un propósito espiritual. Y, lo que es más, como resultado de la oración, Pablo así lo entendió. Fue capaz de soportar el sufrimiento, porque Dios le reveló su propósito. Esta es precisamente la idea que Santiago expuso en 1:5.[16]

---

16. *Cf.* también Heb 11:32-40.

(3) La *capacidad* que Jesús tenía de realizar lo milagroso no tiene nada que ver con la "fe" de la persona enferma. Él no "necesita" la fe del paciente para poder sanar, como si precisara un impulso de energía para ser eficiente. De lo que se trata, en realidad, es de la *calidad* de la fe. Con frecuencia, Jesús no llevaba a cabo "milagros" cuando discernía que el resultado sería creer en su habilidad como hacedor de maravillas, en oposición a creer en su persona y en su mensaje.

Esto aflora firmemente en Juan 6:60-66, un pasaje que sigue a la alimentación de los cinco mil y la difícil enseñanza de Jesús en cuanto a que sus discípulos deben comer la carne y beber la sangre del Hijo del hombre. Juan escribe entonces que muchos de sus seguidores lo abandonaron. Habían visto sus señales y "creído" (*cf.* Jn 2:11); con todo, su creencia era anémica. No tenía ningún poder sustentador. Querían a un Jesús que pudieran poseer solo bajo sus propios términos. Él desea una fe que penetre más allá de lo milagroso hasta llegar al núcleo central de su mensaje y de su persona, que lo entiende y lo acepta a él con sus condiciones.

(4) Dado que la enfermedad puede ser causada por el pecado y hasta por la posesión demoníaca, a Jesús le interesaba la sanidad. Esto no es menos cierto en nuestro tiempo. Algunas veces, el pecado implicado es una adicción al alcohol u otras sustancias que hacen que ignoremos nuestras responsabilidades para con la familia y la comunidad. En otras ocasiones es una inclinación a conductas pecaminosas, como el abuso físico o sexual. Hay casos de enfermedad emocional provocada por una amargura o por la envidia. En todos estos ámbitos, y en muchos otros, Dios desea sanar. Y nos llama a orar. Muchos de estos asuntos se desarrollan de manera más amplia en los diversos tipos de plegarias que Santiago describe aquí. Ahora los trataremos.

Significado Contemporáneo En el fondo, este pasaje trata sobre la oración, sobre la que Santiago toca una diversidad de tipos: oración y gozo en la adversidad, oración por los enfermos, la oración de confesión en el seno de la comunidad, y la oración del justo.

Oración y gozo en la adversidad. En 5:13, Santiago aconseja la oración en la adversidad, y vincula esta plegaria al gozo frente al infortunio. En algunas ocasiones, nuestra reticencia a aceptar el dolor y la pérdida es comprensible, porque suele ser difícil discernir la gracia de Dios.[17] Varias personas cercanas a mí se han visto recientemente en situaciones semejantes: una pareja llora la muerte de su hijo asesinado, otra se acaba de enterar de que uno de ellos tiene un cáncer inoperable. En escenarios como estos, hemos de ser sinceros y admitir que los caminos de Dios suelen ser a menudo inescrutables para nosotros.

No todas las adversidades son tan difíciles como estas, pero hallar gozo en medio de cualquier situación adversa es, francamente, algo ajeno a nuestra cultura. Vivimos en un mundo social y cultural en el que se pone un gran énfasis en la eliminación del malestar. Nuestra televisión, por ejemplo, anuncia comodidad en todo, desde la tapicería de cuero del auto hasta sofás reclinables, a unos pagos más bajos en el hogar, a la búsqueda de un dentista; tales anuncios publicitarios demuestran que los estadounidenses tienen apetito por la eliminación del estrés y el dolor.

Frente a esta potente norma cultural, los evangélicos tienen que ir contracorriente y apropiarse de un entendimiento bíblico de la adversidad. Santiago ha proporcionado varios pasos que debemos seguir. El primero consiste en ver que Dios utiliza el infortunio en interés de la preparación espiritual. Hannah More (1745-1833) nació en una clase privilegiada cerca de Bristol, Inglaterra. Siendo una muchacha entabló amistad con Sir Joshua Reynolds, Edmund Burke y el actor David Garrick. Se convirtió en una famosa poetisa y dramaturga, pero su creciente amistad con John Newton, el extratante de esclavos converso, profundizó su interés en las cosas espirituales. Empezó a considerar que su potente deseo por la fama era incompatible con la vida espiritual y cada vez se fue sintiendo más incómoda con la escena social de Londres. Finalmente se "retiró" a la zona cercana a Bristol, donde padeció asma y bronquitis. En la década de 1780, se implicó de forma activa en la campaña para acabar con el comercio de esclavos, trabajando con John Newton, William Wilberforce y el Grupo de Clapham. Afirmó:

> La aflicción es la escuela en la que se adquieren las grandes virtudes y en las que se forman los caracteres extraordinarios. Es como un gimnasio espiritual en el que los discípu-

---

17. Véase el libro de Gerald Sittser, *A Grace Disguised: How the Soul Grows Through Loss* (Grand Rapids: Zondervan, 1996), que explora por medio de la tragedia personal la relación entre sufrir una pérdida y experimentar la gracia de Dios.

los de Cristo se entrenan en el ejercicio robusto, en un resistente y considerable esfuerzo físico y en el conflicto severo.

No escuchamos hablar de héroes militares en tiempos de paz ni de los santos más distinguidos en tiempos de tranquilidad y sin acoso de la historia de la iglesia. El valor del guerrero y la devoción del santo sigue sobreviviendo, listo para ser llevado a la acción cuando los peligros asedian al país o las pruebas asaltan a la iglesia, pero debemos admitir que en largos periodos de inactividad, ambos son susceptibles de decaer.[18]

Pero la oración en la adversidad también nos insta a renunciar al materialismo y el egocentrismo del mundo. Este ha sido un tema constante en Santiago. También es una reserva de sabiduría, aunque nuestra cultura parezca ignorarla. "Gobierna tus deseos no sea que ellos te dominen a ti", advirtió Publio Siro.[19] San Serafín de Sarow (1749-1833) afirmó en una ocasión:[20]

Más nos vale despreciar lo que no es nuestro, es decir, lo temporal y pasajero, y el deseo de lo propio, a saber, la incorrupción y la inmortalidad. Porque cuando seamos incorruptibles e inmortales [...] nos juntaremos en una unión con Dios que sobrepasa la mente, como las mentes celestiales. Porque seremos como los ángeles, e hijos de Dios, "hijos de Dios porque toman parte en la resurrección" (Lc 20:36).

La adversidad también es una señal del amor y el cuidado de Dios y, por medio de la oración, podemos empezar a reconocerla como tal. Hannah More escribió:

Si un cirujano tuviera que poner en la mano de un paciente herido la sonda o el escalpelo, ¡con cuánta ternura se trataría el herido a sí mismo! ¡Qué superficial sería el examen, qué ligera la incisión! El paciente escaparía al dolor, pero la herida podría llegar a ser fatal. Por tanto, el cirujano mismo es quien utiliza sus instrumentos. Tal vez examine en bas-

---

18. Hannah More, *Religion of the Heart,* ed. Hal M. Helms (Orleans, Miss.: Paraclete 1993), 198.
19. Publio Siro, *Sententiae,* 50.
20. Brenda Meehan, *Holy Women of Russia: The Lives of Five Orthodox Women Offer Spiritual Guidance Today* (Crestwood, N. Y.: St. Vladimir's Seminary Press, 1997), 4.

tante profundidad, pero nunca más hondo de lo que el caso requiere. El dolor puede ser agudo, pero se preserva la vida.

De la misma manera, aquel en cuya mano estamos es demasiado bueno y nos ama demasiado para fiarse de nuestra propia cirugía. Él sabe que no iremos en contra de nuestras propias inclinaciones, que no nos obligaremos a sufrir ningún dolor voluntario, por necesaria que sea su imposición, por saludable que sea su efecto. Por gracia, Dios mismo lo hace en nuestro lugar, porque, de otro modo, sabe que no se realizará jamás.[21]

En otro pasaje, Hannah More combina la renuncia al mundo, la preparación espiritual y el gozo que viene frente a la adversidad.

Entre las misericordias de Dios es donde él fortalece a sus siervos, endureciéndolos por medio de circunstancias adversas, en lugar de abandonarlos a languidecer bajo el resplandeciente sol de la prosperidad no enturbiada, aunque el sol también marchita. Cuando no pueden ser atraídos a él mediante influencias más suaves, él envía estas tormentas y tempestades que purifican a la vez que alarman. Nuestro Padre misericordioso sabe lo larga que será la felicidad de la eternidad para sus hijos.[22]

Una razón más de que el sufrimiento es la suerte de los cristianos es que Cristo sufrió. En Colosenses 1:24, Pablo escribió: "Ahora me alegro en medio de mis sufrimientos por ustedes, y voy completando en mí mismo lo que falta de las aflicciones de Cristo, en favor de su cuerpo, que es la iglesia". Pablo nos recuerda que hemos de ser sufridores con Cristo al "participar en sus sufrimientos" (Fil 3:10).

Existe un tipo de sufrimiento que es redentor, un concepto que a nosotros nos resulta difícil de entender, ya que tomamos parte en la cultura de los sillones reclinables y de la comodidad. Toda nuestra sociedad está dedicada a evitar el sufrimiento. En su libro *Prayer: Finding the Heart's True Home* [La oración: encontrar el verdadero hogar del corazón] Richard Foster observa que necesitamos hallar un valor al sufrimiento. Jesús fue un varón de dolores, nos recuerda Foster. Los cristianos que hablan de "victoria" han pasado quizá por alto lo que Foster denomina

21. More, *Religion of the Heart,* 199-200.
22. *Ibid.,* 202.

el "sacramento del sufrimiento". Hay triunfo en el sufrimiento, pero tiene que ser pasando *a través* del padecimiento y no *rodeándolo*.[23]

Finalmente, la oración nos permite entender lo que Dios está formando en nosotros por medio de este sufrimiento. Sue Monk Kidd escribe sobre una experiencia que tuvo una vez mientras se encontraba en un retiro espiritual, algo que pone de manifiesto nuestra necesidad culturalmente expuesta de una actividad frenética que con tan sospechosa facilidad confundimos con el progreso:

> Un día, tras las oraciones matinales, caminé por el borde del estanque y me senté sobre la hierba. Escuché el suspirar del viento sobre el agua e intenté quedarme quieta, estar allí sencillamente y esperar. Sin embargo, de forma casi instantánea, surgió mi caos interno. La necesidad de seguir moviéndome, actuar, resolverlo todo, me dominó. Me puse en pie.
>
> Al volver a las dependencias de invitados, observé a un monje, con la capucha metida hasta las orejas, sentado junto a un árbol, perfectamente quieto. Había tanta reverencia en su silueta, tanta firmeza tranquila que me detuve a mirar. Era la imagen de la espera.
>
> Más tarde lo busqué. "Te vi sentado junto al árbol, solo allí sentado, tan quieto. ¿Cómo puedes esperar con tanta paciencia? No parece que yo pueda acostumbrarme a la idea de no hacer nada".
>
> Rompió en una maravillosa risa. "Bueno, ese es exactamente el problema, jovencita. Te has tragado el mito cultural de que cuando esperas no estás haciendo nada".
>
> Luego, alzó sus manos y las situó sobre mis hombros, me miró directamente a los ojos y dijo: "Espero que escuches lo que estoy a punto de decirte. Espero que lo escuches con todo tu ser, desde la cabeza hasta los pies. Cuando esperas, no es cierto que *no* estés haciendo nada. Estás haciendo la cosa más importante que existe. Estás permitiendo que tu

---

23. Richard Foster, *Prayer: Finding the Heart's True Home* (San Francisco: Harper, 1992), 219.

alma crezca. Si no puedes estar quieta y esperar, no puedes convertirte en aquello para lo que Dios te creó".[24]

La sabiduría de este monje es clara. Cuando esperamos delante de Dios, como dice Santiago, él nos permite ver lo que está formando en nosotros. La oración es la disciplina necesaria.

La contemplación en oración nos permite ralentizar, dejar que nuestra alma "crezca" y capte un vislumbre del propósito de Dios al permitir que experimentemos la aflicción. Sin embargo, no se nos da bien esperar ni estar quietos delante de Dios. Antes de que mi esposa y yo nos mudáramos a Chicago, vivíamos en el norte de California. Durante unos quince años, había dirigido viajes mochileros a las montañas de Sierra Nevada, la mayoría de las ocasiones con estudiantes cristianos. Muchos de ellos no habían estado nunca antes en las montañas y cinco días allí de excursión, a una altura de unos tres mil seiscientos metros, les permitía distanciarse de las multitudes y de los tirones de su vida y obtener una nueva apreciación de aquellas "cosas importantes" de las que el monje hablaba. El plan típico consistía en buscar un campamento temprano el cuarto día y pasar la tarde a solas. Enviaba a los estudiantes alrededor del lago o bajando por el río para que estuvieran solos durante unas seis horas. Algunos de ellos no habían vivido jamás una experiencia semejante. Recuerdo con bastante claridad a una chica de dieciséis años que me dijo: "No puedo hacerlo; ¡me aburriré! ¡Nunca he estado sola durante más de quince minutos!". Para su sorpresa, le encantó la experiencia.

En una ocasión, un joven sufría seriamente de una difícil y hasta peligrosa situación familiar. Habíamos pasado muchas horas hablando de esta circunstancia a lo largo de los meses anteriores y él estaba desconcertado por ello. Cuando acabó el tiempo a solas, regresó al campamento, silencioso pero de algún modo en calma. Más tarde, aquella noche, me contó que durante este tiempo apacible de oración, Dios le había revelado algo que lo había sorprendido, pero, cuanto más pensaba en ello, más sentido tenía. Dios le había dicho que la lucha de su propia familia lo estaba entrenando en la paciencia y en el estímulo.

La oración por los enfermos. Cuando Santiago instruye a sus lectores que pidan a los ancianos que oren por ellos y los unjan con aceite

---

24. Sue Monk Kidd, *When the Heart Waits: Spiritual Direction for Life's Sacred Questions* (San Francisco: Harper, 1990), 21-22.

cuando estén enfermos, nos dirige al tema de la oración de sanidad. Richard Foster cuenta la historia de su primera experiencia con esta cuestión. Implicaba a un hombre que lideró una misión con treinta y tres hombres en la Segunda Guerra Mundial. Se encontraron arrinconados por el fuego enemigo. Oró durante toda la noche pidiendo liberación, pero en vez de ello, seis de sus hombres fueron abatidos. Esta experiencia lo convirtió en un confirmado ateo. Sin embargo, desde aquel día no había podido dormir. Foster preguntó si podía orar por el hombre, que accedió. La oración fue por sanidad emocional e incluía, como un pensamiento añadido, que pudiera dormir toda la noche. El hombre regresó una semana después con este informe: "He dormido todas las noches profundamente y cada mañana me he despertado con un himno en la mente. Y soy feliz... feliz por primera vez en veintiocho años".[25] Esta experiencia convenció a Foster de que el ministerio de sanidad de Jesús está previsto para toda la persona: física, emocional, mental y espiritual.

En la comunidad evangélica, muchos son escépticos en cuanto la oración de sanidad. No es necesariamente algo malo. El agnosticismo sano nos impide que nos engañen los anticristos que también pueden hacer señales y prodigios.[26] Pero Santiago afirma que debemos llevar a cabo la tarea de la oración de sanidad. Richard Foster propone cuatro pasos a este respecto.[27] (1) Debemos escuchar a Dios y a las personas, y permitir que nuestro espíritu discierna al Espíritu Santo. (2) Debemos preguntar con valentía. Cuando su amigo Melanchton estaba enfermo, Lutero "rogó al Todopoderoso con gran vigor [...], citando de la Escritura todas las promesas que pudo recordar".[28] (3) Tenemos que creer. Foster nos llama a ejercer la confiada seguridad en la fidelidad de Dios. (4) Hemos de dar gracias a Dios por su compasión y su misericordia.

Desde mi nacimiento hasta que dejé mi hogar para ir a la universidad, asistí a una buena iglesia evangélica cerca de San Francisco. No era una iglesia hostil a las exhibiciones obvias del poder del Espíritu Santo, pero nadie las alentaba. Sin embargo, había una señora en la congregación que, años antes, cuando tenía alrededor de sesenta años, había pasado por una intervención quirúrgica durante la cual los médicos des-

---

25. Foster, *Prayer Finding the Heart's True Home,* 205.
26. *Cf.* Mr 13:22-23, cuando Jesús advierte: "Porque surgirán falsos Cristos y falsos profetas que harán señales y milagros para engañar, de ser posible, aun a los elegidos. Así que tengan cuidado".
27. Foster, *Prayer: Finding the Heart's True Home,* 210-16.
28. Citado en *ibíd.,* 211.

cubrieron que un cáncer envolvía sus vísceras. Abandonaron el plan quirúrgico y le informaron de que, como mucho, le quedaban seis meses de vida. Ella pidió al pastor y a los ancianos que la ungieran con aceite y que oraran pidiendo sanidad, y ellos así lo hicieron. Seis meses después le practicaron una segunda operación y, para sorpresa de los cirujanos, no encontraron cáncer alguno. La mujer vivió hasta los noventa siendo testigo del poder de la oración.

Sin embargo, no todo aquel por el que oramos será sanado. Un médico amigo mío que también es un devoto cristiano me confió que a lo largo de los años se había ido cansando y hasta enojando con los pastores que entraban en las habitaciones de los pacientes con una seguridad y una confianza demasiado petulante y falsa. "Con frecuencia, no siempre, pero bastante a menudo —me comentó— prometen mucho más de lo que se recibe". A él le duelen los pacientes, cuya fe puede fluctuar como consecuencia de ello. En opinión de mi amigo, estos pastores tienen que entender aún el "sacramento del sufrimiento".

Richard Foster afirma que hay numerosas razones por las que la sanidad no se realiza. Al principio de la lista se halla la posibilidad de que hayamos malinterpretado el enfoque de nuestra oración cuando el Espíritu nos impulsa a orar. Otros incluyen el que no se utilicen los recursos médicos disponibles, porque no deseamos considerar la ciencia médica como una vía que Dios pueda usar para la sanidad. Tal vez no hayamos orado de una forma lo suficientemente específica. En cualquier caso, Foster nos dirige sabiamente a apartarnos de echarle la culpa al paciente y nos insta a actuar siempre de forma compasiva, con sensibilidad a su dolor y a su estado debilitado.[29]

La confesión y la comunidad. Santiago nos dice que nos confesemos nuestros pecados los unos a los otros por al menos dos razones. (1) Es la práctica de la vulnerabilidad. La iglesia a la que Santiago escribió estaba llena de arrogancia, política de poder y disensión. Con el fin de combatir estas fuerzas, el apóstol insta aquí a la vulnerabilidad pública. Proverbios afirma: "La respuesta amable calma el enojo" (Pr 15:1) y nuestro autor nos ofrece aquí un consejo similar. La práctica de la vulnerabilidad y de la confesión enfriará los genios y ayudará a sanar las divisiones en el seno de la iglesia. Santiago está abogando por el modelo de Jesús, de convertirse en siervo y ser vulnerable delante de los demás.

---

29. *Ibíd.*, 206-7.

Asimismo, la confesión de las faltas cometidas contra las hermanas y hermanos es una senda segura que lleva a la sanidad interpersonal.

(2) Richard Foster destaca que tanto Moisés como Daniel, aunque inocentes, se identificaron con los pecados de su pueblo.[30] Sobre el monte Sinaí, Moisés le pidió a Dios que perdonara a su pueblo con respecto al becerro de oro y, si no quería hacerlo, le ofreció su propia vida a cambio (Éx 32:31-32). Daniel oró: "Hemos pecado y hecho lo malo [...]. No hemos prestado atención [...]. Señor y Dios nuestro, no hemos obedecido" (Dn 9:5-10). A esta lista podemos añadir a Nehemías (véase Neh 1:6) y, por supuesto, a Jesús, que se identificó con nosotros hasta la muerte.

Santiago nos llama a dejar de lado las vanas preocupaciones personales y a asumir voluntariamente una responsabilidad que, técnicamente, no es nuestra. De esta manera, nos convertimos en la comunidad de los fieles. Cuando los aliados liberaron el campo de concentración de Ravensbrück, se encontró un trozo de papel junto al cuerpo de un niño muerto. En él había una oración escrita:

> Oh Señor, no solo recuerda a los hombres y mujeres de buena voluntad, sino también a los de inquina. Pero no te acuerdes solo del sufrimiento que nos han infligido, sino también del fruto que adquirimos gracias a este sufrimiento: nuestra camaradería, la grandeza de corazón que ha producido todo esto. Y cuando lleguen a juicio, deja que el fruto que hemos producido sea su perdón.[31]

La oración del justo. El último tipo de oración que Santiago menciona es el de la persona justa. Semejante plegaria es poderosa porque la persona recta ya ha discernido la guía soberana de Dios. Estos sabios santos se encuentran en todas las congregaciones y merecen la cuidadosa atención del liderazgo de la iglesia, aunque sus líderes sean de esos que tienen éxito en los "negocios". Pero la súplica paciente también es beneficiosa, por cuanto Dios recompensa la persistencia de la viuda que ora día y noche (Lc 18:1-8). A Elías se le distingue, porque su corazón era sensible a Dios. Aquí la idea es que el pecado estorba a nuestra capacidad de orar. Dios ciertamente oye las plegarias de los pecaminosos,

---

30. Foster, *Prayer: Finding the Heart's True Home,* 221-22.
31. De Rob Goldman, "Healing the World by Our Wounds", *The Other Side* 27, n. 6 (noviembre/diciembre 1991): 24.

pero el pecado embota nuestra sensibilidad hacia Dios y nos volvemos cada vez menos en sintonía con él. Esto es lo que Santiago quería decir en 4:3 cuando regaña a sus hermanos por pedir mal.

Santiago también afirma que la oración de la persona justa es poderosa y eficaz. Como hemos visto, la persona recta está en contacto con el corazón de Dios. A muchos les gusta hablar de una sensación de energía que fluye a través y desde ellos cuando oran por los demás, sobre todo cuando imponen manos sobre ellos. Richard Foster conoce esta sensación y añade: "No puedo hacer que ocurra el fluir de la vida celestial, pero sí puedo detenerlo. Si me resisto o me niego a ser un conducto abierto para que el poder de Dios entre en una persona, este poder no seguirá adelante".[32] Aunque muchos dentro del campo evangélico son menos entusiastas que Foster en cuanto a la exhibición contemporánea del poder del Espíritu de esta manera, todos nosotros podemos estar de acuerdo en que debemos ser conductos del amor de Dios, pero que también podemos servir para bloquear este flujo, y tristemente lo hacemos.

---

32. Foster, *Prayer: Fionding the Heart's True Home,* 209.

Santiago 5:19-20

Hermanos míos, si alguno de ustedes se extravía de la verdad, y otro lo hace volver a ella, [20] recuerden que quien hace volver a un pecador de su extravío, lo salvará de la muerte y cubrirá muchísimos pecados.

Sentido Original

En esta lacónica conclusión, Santiago regresa a las cuestiones del pecado y el perdón. Actuando de este modo, revela su corazón pastoral. El pasaje está relacionado con la anterior sección en la que el perdón sigue a la confesión. Los oponentes del apóstol en la iglesia se arrogaron el derecho de enseñar y de impartir una doctrina claramente en discrepancia con la tradición de Jesús, una tradición que nuestro autor conoce.

Los efectos de esta falsa enseñanza corroían salvajemente la verdadera fe. Exaltaba un insolente espíritu antinomiano que todo lo impregnaba y que podía hasta descartar el gran mandamiento y afirmaba que la "fe" es algo aparte de cualquier ética particular.[1] También exaltaba los valores de la sociedad provincial romana, y, al hacerlo, retrataba a la iglesia cristiana como uno entre los muchos *collegia,* y, por tanto, una vía para escalar socialmente y para la estratificación social de las veintenas que no estaban incluidas (o solo de forma marginal) en la más amplia vida política y social de la comunidad ciudadana. Con todo, a estos proveedores de doctrina perniciosa, Santiago les extiende la mano de perdón y alienta a los demás de la iglesia cristiana a que los recuperen para la fe verdadera. Es un modelo de la enseñanza misma que él expone. Es la conclusión adecuada, ya que toda la carta está escrita para apartar a las personas del error e impedir que otros caigan en él.

El pasaje es breve, de hecho, es una sola frase. Pero no se debería pasar por alto que, en esta única declaración, el apóstol dirige nada menos que tres ideas teológicas significativas: (1) Los cristianos tienen la opor-

---

1. Pablo se encontró en una situación similar cuando escribió 1 Corintios. Allí había miembros de la comunidad cristiana que también procuraban utilizar la iglesia como una vía para exaltarse a sí mismos y se habían arrogado el manto de maestro y profeta con el fin de validar estas posturas teológicas y culturales.

tunidad y la responsabilidad de interesarse los unos por los otros, por medio de la tarea de la amorosa corrección doctrinal y moral. Aquí la cuestión no es la evangelización, sino el cuidado y el mantenimiento de la comunidad cristiana. (2) La paga del pecado es la muerte; Santiago no va a ser ambiguo en esto. (3) En este proceso, el agente de reconciliación "cubre" una multitud de pecados.

Los elementos paulinos concluyentes habituales (saludos y comentarios personales a individuos con los que está familiarizado, así como una bendición) no forman parte del arsenal de Santiago. En vez de ello, acaba con una exhortación a buscar a aquellos a los que la enseñanza y la práctica han apartado de la verdad. Esto implica, por supuesto, una exhortación a evitar la desobediencia.[2]

Como ha venido haciendo con frecuencia, el apóstol utiliza la frase "hermanos míos" para recordarles a sus lectores la relación que tiene con ellos, una relación marcada por un respeto interpersonal cálido y por una condición compartida delante de Dios. Al instar a los cristianos a buscar y salvar a los que están extraviados, nuestro autor resume con gran habilidad el núcleo central de la idea de la carta. Los muchos errores particulares que ha catalogado (el mal uso de la lengua, los celos, el deseo por un estatus social a expensas de los hermanos y hermanas en la fe, las riñas, la falsa enseñanza en cuanto a la fe y las obras) pueden resumirse como indicadores de caminos extraviados. En la NVI no se percibe con la suficiente firmeza que Santiago está dirigiendo esta conclusión a la comunidad cristiana, ya que traduce *tis en bumin* "uno de ustedes" cuando en realidad debería ser, probablemente, "uno de entre ustedes".

El término utilizado para "extraviarse" es *planao,* que puede significar "llevar por el mal camino" y también "divagar". La implicación es que esta divagación no es del todo inocente. Quien anda deambulando o divagando ha buscado el camino de forma accidental o inconsciente; sin embargo, los que enseñan y practican ese error son ciertamente conscientes de ello como distinto a la verdad que conocen. Este término hace aparecer una rica selección de referencias veterotestamentarias, la mayoría de las cuales tienen que ver con la transgresión de la ley y, de forma más particular, con la idolatría (véase, p. ej., Pr. 14:8; Is 9:15-16; Jer 23:17; Éx 33:19). Es posible que Santiago vea este deliberado ca-

---

2. Ralph P. Martin, *James,* 218 es preciso, aunque no técnicamente correcto al afirmar que Santiago concluye con un llamado a refrenarse de la desobediencia.

pricho como algo influenciado por Satanás. Ya ha hecho referencia a esta posibilidad (Stg 3:15; 4:7), y dicha enseñanza está en consonancia, por lo general, con el testimonio del Nuevo Testamento (*cf.* Ro 1:27; Ef 4:14; 1P 2:25).

El que se ha extraviado se ha alejado de "la verdad" (*aletheia*). Para Santiago, la verdad no es sencillamente algo que se ha de creer, sino también y necesariamente, algo que se tiene que practicar. Está mucho más cerca de nuestro término "convicción". La Bíblia refleja esto en su inclinación a decir la verdad como forma de caminar, una senda que se ha de seguir, el "camino de [...] la verdad" (Mt 22:16; *cf.* Sal 26:3). Y al extraviado no se le abandona a su suerte, sino que se pone la carga de la recuperación de este sobre la comunidad. En esto, Santiago tiene mucho en común con Pablo en 2 Corintios 5:18-21. Aunque Pablo parece estar refiriéndose a la conversión inicial y Santiago a una segunda vuelta a Dios, ambas son "conversiones".

Santiago concluye su carta de una forma sorprendentemente abrupta (v. 20). La persona que "hace volver" al extraviado equivocado lo salva de sus pecados. El término griego que el apóstol usa para "hacer volver" es *pistrepho*. Aquí, la idea debe probablemente su origen a dos pasajes de Ezequiel. El primero es Ezequiel 33:11:

> Diles: "Tan cierto como que yo vivo —afirma el Señor omnipotente—, que no me alegro con la muerte del malvado, sino con que se convierta de su mala conducta y viva. ¡Conviértete, pueblo de Israel; conviértete de tu conducta perversa! ¿Por qué habrás de morir?"

El otro pasaje es Ezequiel 34, en el que se acusa de calumnia a los falsos pastores de Israel y se exalta a Dios como verdadero pastor de ellos. Una de las funciones que Dios se autoasigna es la de buscar y salvar a los que están perdidos. Además, Dios nombrará a un verdadero pastor para Israel, su siervo David, que llevará a cabo las mismas tareas.[3] De este modo, los que buscan y salvan a los extraviados son verdaderamente el pueblo de Dios, porque son como él. "Muerte" (*thanatos*) es aquí, por supuesto, la muerte espiritual. Por lo general, y en consonancia con la enseñanza de la Biblia, esta muerte tiene consecuencias eternas (Dt 30:19; Job 8:13).

---

3. Aquí encontramos de nuevo una impresionante similitud con Jesús (véase esp. Mt 18:12-14; Lc 15:23-7; 19:10).

Cuando llegamos a la frase "cubrirá multitud de pecados" entramos en un pasaje difícil. Ciertamente, aquí se trata de perdonar pecados. La acción del sumo sacerdote en el Día de la Expiación consistía en cubrir (*kaphar/kippur*) los pecados del pueblo rociando sangre sobre el propiciatorio, la tapadera del arca (Lv 16:15-16) y Santiago se está apoyando en esta imagen. Lo que no queda claro es la identidad de aquel que es salvado de la muerte ni de aquel cuyos pecados son cubiertos. La NVI ha tomado una decisión exegética en el primer asunto, indicando claramente que es el extraviado quien es rescatado de la muerte. Teológicamente es una decisión con sentido, ya que es adecuada a la idea de Santiago y a la teología de Ezequiel. Es, asimismo, una buena determinación en lo que a gramática se refiere, aunque esta también respaldaría la idea de que aquel que salve al extraviado también será salvo por esta acción.

La segunda cuestión sufre de la misma ambigüedad gramatical y, en este caso, hay menos trayectoria teológica para que pueda servir de referencia. Es probable que Santiago pretenda el "cubrimiento" de los pecados tanto del extraviado como de quien lo salva. Tampoco deberíamos olvidar que, en general, el apóstol deja la responsabilidad del extraviado a la comunidad cristiana. En realidad, este no es más que un ejemplo del tipo de cuidado y responsabilidad mutuos que espera de todos los que están en el seno de dicha comunidad.

Santiago acaba su carta de forma abrupta recordando a sus lectores que la persona sabia camina con Dios en sabiduría. El pecado es un problema corporativo y también personal. Es sutil, tenaz y peligroso; no se debería subestimar. Los cristianos tienen una responsabilidad con su mundo y los unos con los otros.

Construyendo Puentes

Para Santiago, una clara prioridad ha sido la de establecer la idea de la iglesia como una comunidad. Por esta razón ha utilizado el término "hermanos", ha hablado de preocupaciones compartidas y le ha pedido a la iglesia que confiese públicamente sus pecados. Ahora el apóstol añade algo a la lista: instruye a la iglesia en su totalidad que busque y salve a los perdidos y los extraviados.

Esta idea de comunidad cristiana no nos llega de forma natural. Un buen amigo mío es pastor empleado por una iglesia de casi cuatro mil miembros. Su lista de las distintas posiciones del personal pastoral es asombrosa: pastor titular, pastor ejecutivo, tres copastores titulares, pastor para los ministerios de educación, pastor de alcance, pastor para los ministerios de pequeños grupos, ministro de visitación, pastor para los solteros, director de ministerios estudiantiles, pastor universitario, pastor de escuela secundaria, pastor superior de jóvenes y director de ministerios infantiles. Una iglesia de este tamaño puede muy bien necesitar tantos pastores, con unas descripciones tan estrictamente centradas en su trabajo. Pero esta especialización progresiva no tiene un efecto secundario demasiado sabroso, porque con frecuencia crea una sensación de profesionalización en cuanto al ministerio. Cuando esta idea se encasilla en la mente de nuestra congregación, ya estamos lejos de la idea neotestamentaria.

He formado parte del personal de dos iglesias distintas y estoy bien familiarizado con la dinámica laboral de una docena más de ellas. Una de estas iglesias dedicó más de un año a la creación de una declaración de misión, cuya idea era que los miembros de la congregación son los "ministros" y el personal pastoral los "facilitadores". Tras consagrar tanto tiempo y energía a la creación de la declaración correcta, con meses y meses transcurridos solo en regatear la terminología a escoger, los miembros de la iglesia estaban ya exhaustos.

Sin embargo, su declaración de misión no está más cerca de ser una realidad que el día en que se concibió. Muchos en la iglesia siguen pensando en el personal pastoral como su "ayuda pagada", cuya tarea consiste en hacer la obra del ministerio. Esto nos proporciona una lección crítica que consiste, de forma bastante simple, en no estar nunca satisfecho con la doctrina correcta. Santiago nos implora que combinemos la práctica correcta con la creencia correcta. Debemos encontrar formas de enseñar y formar a nuestros miembros en la responsabilidad de la comunidad cristiana.

El modelo del Nuevo Testamento es distinto del que opera en muchas iglesias evangélicas. En su profundo libro *Paul's Idea of Community* [La idea de comunidad de Pablo],[4] Robert Banks destaca que Pablo parece no haber hecho distinción alguna entre el clero y lo laico; más bien se diría que ha encomendado a toda la iglesia, y no solo a los ancianos, prácticamente todas las responsabilidades dentro del cuerpo.

---

4. Roberts Banks, *Paul's Idea of Community* (Exeter: Paternoster, 1980).

Observa que todos somos libres en Cristo (2Co 3:17) y que esta libertad es una libertad para vivir en interdependencia.[5] De hecho, en asuntos de organización,[6] el bienestar corporativo[7], la disciplina[8] y el crecimiento,[9] Pablo no asigna la responsabilidad a un grupo específico del cuerpo, sino a la totalidad del mismo.[10] Para Pablo, las funciones del sacerdocio oficial, es decir, de mediar entre Dios y los seres humanos, se comparten por toda la comunidad cristiana. Nunca dice que solo le pertenezcan a una persona o grupo.[11]

Santiago ofrece una imagen extraordinariamente similar. Con pocas excepciones (como la oración por la sanidad de 5:13), el apóstol enfatiza a personas en papeles de liderazgo *solo* cuando se está refiriendo a *falsas* enseñanzas y prácticas. Toda su carta es un llamado a la comunidad cristiana *en general,* y no simplemente a sus líderes. Sus instrucciones en cuanto a la oración, la doctrina, las divisiones en el seno de la iglesia son, salvo pocas excepciones, instrucciones a toda la comunidad. Se nos llama a buscar formas de ser fieles a esta enseñanza.

Significado Contemporáneo   Santiago coloca aquí, ante nosotros, dos responsabilidades: enseñar y practicar un modelo bíblico de comunidad cristiana y de equilibrar la disciplina con la misericordia. Las tratamos a continuación.

La comunidad cristiana. El Nuevo Testamento concibe la comunidad cristiana en formas que, con frecuencia, resultan alarmantemente distintas a nuestros propios patrones de organización. Con esto no queremos decir que tener pastores cuyo trabajo se describe de forma específica esté mal, porque el Nuevo Testamento no ofrece modelo alguno

---

5. *Ibíd.,* 32.

6. En 1Co 11:33-34, por ejemplo, Pablo instruye a toda la congregación en cuanto a la Eucaristía; no le da directrices a los "ancianos" (véase también 14:39-40; 16:2-3).

7. Pablo instruye a toda la congregación para que se ayuden los unos a los otros a "llevar sus cargas" (Gá 6:2) y "anímense y edifíquense unos a otros" (1Ts 5:11).

8. Pablo dice que cuando un miembro tiene algo contra otro, deberían llevarlo ante los miembros de la congregación, no ante los líderes de la iglesia (1Co 6:1-6).

9. En Ro 15:14, Pablo afirma: "Por mi parte, hermanos míos, estoy seguro de que ustedes mismos rebosan de bondad, abundan en conocimiento y están capacitados para instruirse unos a otros".

10. Robert Banks, *Paul's Idea of Community,* 139-41.

11. *Ibíd.,* 133.

de liderazgo eclesial. Pero sí afirmamos que tenemos una responsabilidad hacia y para los unos con los otros como cuerpo local de Cristo y que estas responsabilidades suelen implicar a menudo asuntos de orden en la iglesia, disciplina, enseñanza y bienestar. Es competencia de los pastores enseñar esto como una cuestión de teología neotestamentaria.

Para que esto ocurra, nuestros pastores necesitan permitir que otros de la congregación den un paso adelante y desarrollen los dones que Dios les ha dado. Esto requiere cierta humildad por parte de los pastores. Bien recuerdo mi primera experiencia en mi ministerio entre los jóvenes. Llevaba un mes fuera de la universidad y ciento trece estudiantes de la escuela secundaria se habían inscrito para salir a hacer esquí acuático. Me pusieron a cargo del evento. Afronté la tarea con cierto nerviosismo, porque aunque había crecido en California, jamás había intentado hacer esquí acuático. No obstante, me tomé mi misión en serio. Planeé y estudié cada estudio bíblico. Llevaba un registro de cuándo salía a esquiar cada estudiante y en cuál de nuestros seis barcos. Decidí cuándo levantarnos y cuándo era hora de tocar a silencio por la noche. En resumen, aparte de cómo cocinar los alimentos, me había reservado todas y cada unas de las decisiones "oficiales" a tomar en el viaje. Como resultado, no solo privé a los demás consejeros de las oportunidades para desarrollar sus dones y aptitudes, sino que también apreté tanto mi agenda que no me quedó tiempo que pasar con los estudiantes. Fui todo lo contrario a un buen ejemplo a todos los respectos. Aprendí aquel fin de semana que, como pastor, tenía la responsabilidad de permitir que otros obtuvieran experiencia en el ministerio, y que yo no podía hacerlo todo.

Es necesario que busquemos formas de ayudar a los miembros de nuestra congregación a descubrir sus dones para el ministerio y a comprometerse en un servicio cristiano responsable según el patrón general perfilado en el Nuevo Testamento. Esto se puede hacer de diversas formas, incluido el ofrecer sondeos de dones espirituales, escuelas de oración, conciertos de oración y entrenamiento en el ministerio de Esteban. Comoquiera que se lleve a cabo, como evangélicos necesitamos permitir a los demás creyentes que arrimen el hombro para llevar las cargas y las responsabilidades que tienen que ver con la membresía de la iglesia. No somos fieles a nosotros mismos ni a nuestros miembros si fallamos a este respecto.

Perdón y disciplina. En varios puntos de su carta, Santiago indica que está en contacto con la tradición de Jesús, tal vez incluso con porciones de la tradición más rudimentarias que las que se relatan en los Evangelios. Su enseñanza aquí es otro ejemplo y tiene similitudes con la enseñanza mateana sobre la disciplina de la comunidad y el perdón.[12]

Mateo 18:1-35 manifiesta una clara tensión entre rigor y misericordia, algo que también es evidente en Santiago. Se espera que los miembros de la comunidad crezcan hasta la madurez e incluso a la perfección (Stg 1:4). Con todo, la comunidad también está llamada a seguir lo que Richard Hays denomina "la hermenéutica de la misericordia".[13] Tanto Santiago como Mateo instruyen a los miembros de la comunidad a que intenten recuperar a aquellos que están vagando, para que regresen a la verdad. Ambos dejan claro que el caso de un pecador impenitente es grave, porque la justicia se tiene que tomar en serio. En Mateo, Jesús aconseja la expulsión de un pecador impenitente e instruye a la comunidad a tratar a dicho pecador como "un incrédulo o un renegado" (Mt 18:17), es decir, como una persona que se convierte en el objeto de los intereses y esfuerzos misioneros de la iglesia. Con Santiago, la situación no es distinta. Aquel que está extraviado necesita convertirse en el objeto de la reconciliación de la iglesia. Su pecado los ha colocado fuera de la comunidad. Jesús y Santiago argumentan que toda la comunidad de fe debe emprender esta tarea y tomar las decisiones relevantes (*cf.* Mt 18:17-19).

La enseñanza de Santiago a lo largo de su carta es con frecuencia dura y hasta rígida. Pero es que así fue el mandato dado por Jesús. Sin embargo, aquí, al final de su carta, Santiago permite la nota de gracia. Ha sonado en *pianissimo* a lo largo de toda la epístola y, aquí, resuena alta y veraz. Hay que ofrecer el perdón, pero debe ir equilibrado con la fe activa, la que ha captado la mente, el corazón y el cuerpo.

Esta tensión es enormemente difícil de vivir. Por una parte, no debemos caer víctimas de los cantos de sirena de la lasitud. Con demasiada frecuencia, la iglesia de Jesucristo ha adaptado, como si fuera un camaleón y con los sentidos embotados, su visión moral para que encaje con la cultura de su entorno. Ron Sider nos recuerda que Jesús habló algu-

12. Sobre este asunto véase Richard B. Hays, *The Moral Vision of the New Testament: Community, Cross, New Creation. A Contemporary Introduction to New Testament Ethics* (San Francisco: Harper, 1996), 101-4.
13. *Ibíd.*, 101.

nas palabras extraordinariamente duras en cuanto al poder corrosivo del dinero,[14] pero los evangélicos estadounidenses escogen fácilmente ignorar estas palabras.

Los años recientes han visto la creciente aceptación de mujeres en el ministerio dentro de los círculos evangélicos y algunos dicen que, de la misma manera, la práctica homosexual llegará a ser aceptada. El aspecto molesto de esta declaración es que se pronostica la concesión a la cultura como algo natural, inevitable y *bueno*. Como evangélicos estamos comprometidos con las Escrituras como nuestra guía, y no con los caprichosos vientos de la moda social. No le hacemos favores a nadie cuando les decimos que las actitudes y las conductas que la Biblia tacha de pecaminosas son, en vez de esto, elecciones de un estilo de vida que Dios en realidad bendice.

Pero, por otra parte, existe un grave peligro. Necesitamos ser sinceros con nosotros mismos, con la seguridad de que los pecadores de hoy (y esto nos incluye a ti y a mí) deberían recibir de nosotros el mismo amor incondicional que los de la Palestina del siglo I recibieron de Jesús. Es demasiado fácil mantener una actitud y una postura práctica de superioridad moral que excluye a personas sobre quienes Jesús derramaría su amor incondicional, Hannah More lo expresa muy bien:

> Nos disponemos a hacer que la venganza misma parezca religión. Hacemos descender truenos sobre muchas cabezas con el pretexto de que aquellos sobre los que los invocamos son enemigos de Dios, cuando quizá lo hacemos porque son los nuestros.[15]

Santiago nos llama a reconocer el pecado *y* a perdonar al pecador con una cálida bienvenida. No hacer lo primero es tomarse el pecado muy a la ligera. Excusar el pecado, como si fuera un rasgo inofensivo o la elección de un estilo de vida, es negar tanto la gravedad de la ofensa como la responsabilidad del ofensor. Para esto, el apóstol ofrece la advertencia más seria de su mandamiento: el resultado es la muerte. Pasar por alto lo segundo es, sin embargo, caer presa de una doctrina estéril

---

14. Ronald J. Sider, *Rich Christians in an Age of Hunger: A Biblical Study* (Nueva York: Paulist, 1977).

15. Hannah More, *Religion of the Heart,* ed. Hal M. Helms (Orleans, Miss.: Paraclete 1993), 205.

y perderse el espíritu perdonador que se halla en el núcleo central del ministerio de Jesús. Ambos son necesarios.

Esta tensión entre la justicia y la misericordia es difícil de negociar de forma adecuada. Rara vez lo hacemos bien, como revela incluso una investigación superficial de conceptos populares de la fe cristiana. Esta confusión en cuanto a la tensión entre la moralidad y el rigor demuestra que la comunidad cristiana no ha entendido de forma coherente ni ha practicado el equilibrio tal como lo expresaron Jesús y Santiago.

Nuestro autor nos llama a la pureza moral y a mantener un corazón de perdón. Cuando lo hacemos, somos verdaderos hijos de Dios, combinando fe y hechos a la manera que Santiago ha enseñado. Es un llamado verdadero al Señor al que el apóstol sirvió y a quien le debemos la máxima lealtad. Pero el autor no es meramente el adalid de un código de conducta estéril e impersonal, sino que escribe desde la experiencia del Cristo vivo, que anima a este estándar, proporcionando aliento y vitalidad a lo que, de otro modo, podría convertirse en un código estéril y sin profundidad. Nos invita a entrar en su relación de amor con Dios y a aprender lo que significa vivir en el Espíritu. George Caird lo explicó muy bien cuando afirmó:

> Seguir a Jesús o seguir su ejemplo resulta ser, tal como la tradición popular ha sostenido, el camino más alto, esa moralidad particular que el evangelio impone a los cristianos. Pero tal moralidad no consiste en una conformidad con cualquier modelo estereotipado; es más bien aprender de Jesús una actitud de mente que abarca la sensibilidad a la presencia de Dios y a la voluntad de Dios, que es la única autoridad, la constante sumisión del interés personal para buscar esa voluntad en el bienestar de los demás y una confianza en que, cualesquiera que parezcan ser las consecuencias inmediatas, el resultado pueda dejarse con toda seguridad en las manos de Dios.[16]

---

16. G. B. Caird y L. D. Hurst, *New Testament Theology* (Oxford: Clarendon 1994), 204.

Nos agradaría recibir noticias suyas.
Por favor, envíe sus comentarios sobre este libro
a la dirección que aparece a continuación.
Muchas gracias.

Vida

Vida@zondervan.com
www.editorialvida.com

www.ingramcontent.com/pod-product-compliance
Lightning Source LLC
Chambersburg PA
CBHW011154090426
42740CB00018B/3384